高等学校经济与工商管理系列教材

战略管理教程

（第 2 版）

主编　黎　群　汤小华　魏　炜

清 华 大 学 出 版 社
北京交通大学出版社
·北京·

内容简介

本书内容包括：战略管理概论，企业使命、愿景与目标，企业外部环境分析，企业内部环境分析，企业总体战略，企业经营单位战略，企业战略方案的评价与选择，企业战略实施，企业战略实施的评价与控制，企业并购与战略联盟，企业国际化经营战略和企业文化战略。全书贯彻案例教学的思想，编入了许多国内外战略管理的新近案例。

本书适合高等院校经济管理类专业本科教学使用，也适合 MBA 等专业学位研究生教学及各类管理干部培训使用，还可供政府部门及企事业单位从事经济管理工作的相关人员参阅。

图书在版编目（CIP）数据

战略管理教程/黎群，汤小华，魏炜主编．—2版．—北京：北京交通大学出版社：清华大学出版社，2017.8

（高等学校经济与工商管理系列教材）

ISBN 978－7－5121－3322－8

Ⅰ．①战…　Ⅱ．①黎…　②汤…　③魏…　Ⅲ．①企业战略-战略管理-高等学校-教材　Ⅳ．①F272.1

中国版本图书馆 CIP 数据核字（2017）第 193706 号

战略管理教程
ZHANLÜE GUANLI JIAOCHENG

责任编辑：黎　丹
出版发行：清 华 大 学 出 版 社　　邮编：100084　　电话：010－62776969　　http：//www.tup.com.cn
　　　　　北京交通大学出版社　　邮编：100044　　电话：010－51686414　　http：//www.bjtup.com.cn
印 刷 者：北京时代华都印刷有限公司
经　　销：全国新华书店
开　　本：185 mm×260 mm　　印张：19.5　　字数：487 千字
版　　次：2017 年 8 月第 2 版　　2017 年 8 月第 1 次印刷
书　　号：ISBN 978－7－5121－3322－8/F・1715
印　　数：1～2 000 册　　定价：39.00 元

本书如有质量问题，请向北京交通大学出版社质监组反映。对您的意见和批评，我们表示欢迎和感谢。
投诉电话：010－51686043，51686008；传真：010－62225406；E-mail：press@bjtu.edu.cn。

前　言

随着经济市场化、信息化和全球化的发展，企业所处外部环境的一个最为突出的特征是：变化成为唯一不变的事物。如何能够创造和保持竞争优势，如何在竞争日趋激烈且复杂多变的市场环境中求得长期生存和可持续发展，成为企业面临的首要问题。解决这一问题的关键在于企业是否确立了适应外部环境变化和自身条件特点的企业战略，并能够有效实施和适时调整。

西方国家大多数企业都积极地实施了战略管理，许多规模较大的企业还设有专门的战略规划部门。改革开放 30 多年以来，中国处于从计划经济迈向市场经济、从封闭经济迈向开放经济的转型发展过程之中。竞争是市场经济的灵魂，而中国加入 WTO 更意味着我国企业开始真正融入国际经济的大舞台，直面世界范围内企业间的竞争。目前，我国经济发展已步入新常态，正在着力转变经济发展方式，推进增长方式由主要依靠要素投入、规模扩张向主要依靠科技进步、劳动者素质提高、管理创新转变。中国企业已迎来战略管理时代，面对新的外部环境，企业迫切需要将战略管理的理论应用于企业的商业实践。战略管理的思想和方法同时还可应用于一般非营利性组织及政府组织，甚至还可以运用到每一个人的事业规划之中。

本书第 1 版于 2012 年出版。本次修订力求继续体现以下特点。

(1) 反映学科前沿。本书力求反映企业战略管理的最新理论，并结合当代企业战略管理实践的需要，编入了企业并购与战略联盟、企业国际化经营战略和企业文化战略等新内容。

(2) 贯彻案例教学的思想。本书编入了许多国内外企业战略管理的新近案例，以便学习参考和课堂案例教学研讨。

(3) 逻辑结构合理。本书逻辑性强，体系清晰，既有利于教师授课，也有利于学生学习。本书根据战略管理课程的思维方法，按照企业战略管理的 3 个阶段（战略形成、战略实施和战略评价与控制）组织核心内容。本书很好地反映了企业战略管理各部分内容的内在联系，体现了企业使命—企业目标—企业战略的层次关系。

(4) 注重知识的系统性。本书根据战略管理学科的特点，从概论、战略形成、战略实施、战略评价与控制、特定企业战略和职能战略等层面，完整地体现了战略管理课程的知识体系，便于教师授课和学生学习。

(5) 结构完整。本书结构完整，每章后附有小结、思考题，有助于学生理解课程知识和掌握课程的重点和难点。教材最后还附有课堂研讨案例，便于组织课堂案例讨论。

随着战略管理理论与实践的发展，本书在保持第 1 版特点的基础上，对全书进行了修订，主要修订内容如下。

① 第 6 章舍弃了"分散行业和集中行业中的企业竞争战略""居于行业不同发展阶段的

企业竞争战略”“经营单位战略态势的选择”三节的内容，增加了一节“动态竞争”。第11章增加了一节“国际化经营战略的风险”。

② 跟踪学科前沿与实践动态。第4章增加了企业能力分析方法，第8章增加了董事会与公司战略的关系，第10章增加了博弈论和竞合理论的相关内容，第11章增加了“一带一路”的相关内容。

③ 对第1版的绝大部分案例进行了更新或替换，并补充了不少新近的案例。案例的选择更加突出本土化、时代性和典型性，编入了华为、滴滴出行、YKK拉链、海底捞、万科、青岛啤酒、美的集团、京东、联想、海尔、捷安特等知名企业案例。

全书共分12章，编写分工如下：黎群编写第1、2、5、7、12章；汤小华编写第3、4、8、9、10、11章；魏炜编写第6章，并参与大部分案例的搜集与更新工作。全书由黎群统稿。

本书在编写过程中得到了北京交通大学经济管理学院研究生曹晓妍、房华坤、戴航、周礼、田芬等的大力协助，在此一并向他们表示衷心的感谢。

本书在编写过程中参考了大量国内外学者的文献，在此谨向作者们深表谢意。

本书配有教学课件和相关的教学资源，有需要的读者可以从网站 http：//www. bjtup. com. cn 下载或者与 cbsld@jg. bjtu. edu. cn 联系。

战略管理是一门较为年轻的学科，其理论和实践均处于不断发展之中。由于编者水平所限，书中不足之处在所难免，恳请广大读者予以指正。

编　者

2017年8月

于北京交通大学红果园

目 录

第1章

战略管理概论

案例导入

柯达能否华丽转身

2012年1月19日柯达宣布，柯达及其美国子公司已经向美国曼哈顿破产法院提交破产保护申请。这家成立于1880年的公司2012年的资产总额为51亿美元，债务为68亿美元。

柯达CEO彭安东（Antonio M. Perez）2011年8月接受媒体采访时表示，柯达在顺应数字时代转型的过程中慢了5年。与2005年相比，柯达2010年的收入减少了一半，仅为72亿美元，自2008年以来的亏损已超过17.6亿美元。2005年从惠普跳槽到柯达的彭安东试图通过降低成本、开发喷墨打印机来拯救这个品牌。自1997年以后，除了2005年外，柯达再无盈利记录，市值更是在十年间蒸发了九成。公司虽然在2003年裁员了4万人，并从2008年到2012年通过专利出售共取得近20亿美元的收入，但它未能及时开发出替代产品。2012年1月4日，柯达收到了来自纽约证券交易所的通知，面临被摘牌的风险，一时间公司将申请破产的传闻四起。半个月后，柯达不得不申请破产保护。

可以说，从数码成像技术出现的那一刻起，就已经宣告了柯达胶卷将走进历史博物馆，这就如同爱迪生的电灯和光源革命将红极一时的煤气灯行业打入冷宫一样。如果柯达在经营胶卷业务的同时，也在早期投入数码成像技术方面的研发并进行商业化开发，柯达还是有可能再续辉煌的。在过去，胶卷与数码成像技术是两个不同的领域，但在今天看来，柯达当初如果能“跨领域”并顺利地完成其间的转换，它仍然是专注主业，是专业化经营。

胶卷并不是柯达公司的唯一业务，其他的业务还包括摄影器材、医疗影像和商业影像服务等。柯达其实进入数码影像领域并不晚，甚至是数码摄影技术的发明者，它拥有的数码成像专利多达1 000项以上。早在1976年，柯达就开发出了数码相机技术，并将这一技术运用于航天领域。在1991年，柯达就有了130万像素的数码相机。1996年，柯达推出了其首款傻瓜相机。1998年，柯达开始生产民用数码相机，但只是把它作为热身运动，缺乏长远而明晰的战略。对传统影像业务的倚重，使得柯达高层错估了数码影像市场的发展速度。1999年，美国市场传统胶卷的销售增长速度仍高达14%。2000年年初，在美国市场销售的新相机中，数码相机还仅占5%。2000年年底，胶卷需求开始停滞。柯达的判断出现错误，它以为这种状况是整体经济衰退造成的，而没有想到是数码技术的“创造性破坏”。柯达高层似乎将在数码成像方面的技术开发当成了向社会炫耀的一种摆设，并没有真正重视数码技术的发展及其商业化应用，仍把关注的重点放在传统模拟相机的胶卷生意上，放在如何防止胶卷销量的下降方面。直到2002年年底，柯达才意识到，在数码影像技术的冲击下，传统胶卷的辉煌时代已经一去不返了。2000—2003年，柯达胶片利润下滑了70%。直到这个时候，柯达才意识到数码技术是大势所趋，柯达宣布停止投资胶片业务，开始试图真正转型，可惜已经晚了！2003年第一季度，柯达胶片产品在美国市场上的销售额同比降低24%，在全世界市场上则降低了9%。直到2009年，柯达才因为数码相机广泛使用而停止生产。在数码成像技术日新月异的背景下，这一转型实在太慢了。

柯达高层在战略决策方面的重大失误，除了与他们对技术发展和市场需求缺乏敏锐的洞察力有关外，还与利润和品牌有关。当时，公司大部分利润都来自传统胶片市场，数码相机的利润率和利润贡献比都不高。柯达担心数码影像会蚕食胶片市场，而数码产品的市场未来能占据多少还有很多不确定性。并且，在柯达的观念中，柯达的品牌主要依靠胶卷来支撑。所以，虽然在数码领域有领先优势，柯达并不愿意积极地推广数码技术。

与柯达形成鲜明对照的是，在进入IT时代后，富士公司主动及时收缩胶卷业务，积极进行包括数码相机在内的摄影器材的市场开发。2002年，柯达的产品数字化率只有25%左右，而竞争对手富士已达到60%。柯达后来只能抬头仰视由佳能、尼康、奥林巴斯、卡西欧、富士等组成的数码成像产品列强。富士还找到了以TAC膜为主的平板显示材料来取代原先的胶卷。随着液晶电视在与等离子电视的竞争中占据上风，作为液晶电视TAC膜的生产商，富士赚得钵满盆满。并且，富士还频频并购企业尤其是外国企业，将被并购企业的技术直接化为己有。

柯达这家百年企业并不甘心破产。2013年年初，伊斯曼柯达完成了重组。它进行了裁员，通过出售部分专利技术获得了7.93亿美元贷款，并向KPP（英国柯达退休基金）剥离个性化影像和文档影像业务，正式脱离了破产保护。KPP创立了新公司——柯达乐芮（Kodak Alaris）。由此，柯达拆分成两个独立公司，两家公司都拥有柯达品牌的永久授权。经过重组后，柯达获得新生。2014年，担任柯达乐芮公司顾问的叶莺在接受媒体采访时表示，伊斯曼柯达分拆为新柯达与柯达乐芮之后，船小好调头，有利于在多变的互联网时代生存。

新柯达把重心放到了企业市场上。2014年年初，新柯达宣布将旗下的知识产权投入到印刷、包装等领域的市场中，开始了从胶片到印刷的转型，成为一家“小而专注”的商业图文印刷公司，且重返纽约证券交易所。柯达乐芮的业务则大致分为两部分，分别是文档影像业务（DI）和个性化影像业务（PI）。文档影像业务主要涉及文档信息采集和管理，而个性化影像业务致力于提供图片输出设备，主要面向那些为普通消费者和专业摄影师提供服务的零售、专业及大型冲印店。或许是从老柯达错失数码成像浪潮的挫败中吸取了教训，柯达乐芮试图抓住移动互联网的浪潮，将触角伸向了手机照片即时打印领域，将其命名为即时印业务。2015 年，公司制定了五年规划目标，期望在 2018 年成为世界一流的综合影像解决方案提供商。

资料来源

[1] 叶德磊．柯达如何把自己送进博物馆 [N]．解放日报，2012-01-19.
[2] 齐琳，曲忠芳．柯达归来 前途未卜 [N]．北京商报，2014-07-21.
[3] 陈鸿斌．日本富士“华丽转身”未蹈柯达覆辙 [N]．文汇报，2014-08-01.
[4] 刘琼．“不死鸟”柯达为什么 [N]．第一财经日报，2014-09-19.
[5] 吴艳．柯达是自寻死路，还是华丽转身 [N]．知识产权报，2015-03-12.
[6] 关健．柯达：我还可以抢救一下 [N]．第一财经日报，2015-3-30.
[7] 吴杰，卢翔．柯达迟暮启示录．中国管理案例共享中心案例库教学案例，2013.

随着经济市场化、信息化和全球化步伐的进程，如何在竞争日趋激烈且复杂多变的市场环境中求得长期生存和可持续发展，这已经成为当今企业面临的首要问题。解决这一问题的关键在于企业是否确立了适应外部环境变化和自身资源条件的企业战略，并有效实施与及时评价控制。美国著名管理学大师彼得·德鲁克（Peter Drucker）曾指出：“对企业而言，未来至关重要，经营战略使企业为明天而战。”那么，什么是企业战略？什么是企业战略管理？企业战略管理遵循怎样的模式？谁是企业战略的管理者？这是本章将要讨论的主要问题。

1.1　企业战略的概念与特征

1. 企业战略的产生

1）名称由来

企业要在复杂多变的环境中求得生存和发展，必须对自己的行动进行谋划。20 世纪 60 年代以前，在一些企业中虽然也存在类似于这种谋划的活动，但所使用的概念不是企业战略，而是长期计划、公司计划、企业政策或企业家活动等。直到 20 世纪 60 年代，1965 年美国经济学家 H. I. 安索夫（H. I. Ansoff）的《公司战略》一书出版后，企业战略才以一种具有科学性的概念在企业管理中使用。

2）产生背景

在早期的企业管理中没有企业战略，它是市场经济发展到一定阶段的产物，是在企业外部环境范围扩大、内容趋于复杂、变化趋于频繁，从而使企业的生存和发展经常面临严峻挑战的背景下产生的。20 世纪 60 年代企业战略理论首先在美国提出，后来传到德国、日本，现在已在世界范围内传播开来。

在 20 世纪上半叶，美国的生产经营经历了两个时代。

第一个是大批量生产时代（前 30 年）。从经济发展上看，这个时代主要是巩固和发展 19 世纪工业革命的成果。从企业来看，主要是完善大批量生产的机制，促使单位产品成本降低。当时的企业管理者对企业的发展前景十分乐观，认为只要能提供低价的、标准的产品，就能获得盈利和发展，所以企业把主要精力放在提高内部生产效率上。虽然工业领域的扩大为企业提供了许多新的发展机会，但企业很少想到要改变经营方式和进入新的经营领域。企业在社会中备受推崇，政府限制很少。显然，在这种环境下，企业还没有谋划未来的紧迫需要。

第二个是大批量销售的时代（后 20 年）。从经济发展上看，这个时代基本消费品的需要正逐步趋向饱和，当时工业生产的主要任务是适应基本消费品以外的更高层次的需求及市场国际化的要求。从企业来看，应对环境的变化、满足市场多样化的需求成为最重要的问题，企业不得不面向外部更广阔的市场进行激烈的竞争。另外，企业在国际市场上还要经受关税、金融汇率、保护政策、文化差异等的影响。与过去相比，企业的环境趋于复杂，更富有挑战性，竞争更加激烈，因此企业产生了以销定产和产品差异等新的经营观念，并出现了谋划未来发展的要求和行为，采取了推断式的管理方式，如目标管理、预算管理和长远计划等。那时的长远计划是建立在未来一定会比过去好、未来可以根据历史推断的假设基础上的，依靠历史的推断来确定企业未来的目标和行动，显然还不是对企业未来发展的科学谋划。

从 20 世纪 60 年代起，美国进入了一个崭新的时代（有人称为后工业时代），这个时代的主要特点如下。

（1）需求结构发生变化

通过工业经济的发展，基本消费品的需求已经达到饱和，社会已从对生活“数量”的需要转向对生活“质量”的需要，需求发生了多样化的转变。这就引起了许多基本消费品生产增长速度的减慢，许多老企业经营面临困难，出现了许多提供高档消费品的新行业。

（2）科学技术水平不断提高

在第二次世界大战中研究开发的科学技术，一方面导致许多传统行业过时，另一方面又使一些以新技术为基础的新行业得以产生。由于技术革命的加快和技术革新周期的缩短，推动企业大力开展研究与开发，从而增加了企业的技术密度，更进一步加速了产品和制造工艺的发展，生产了许多属于“创造需要”性的新产品，因而进一步加剧了企业间的竞争。

（3）全球性竞争日益激烈

在这个时期，不仅产品的出口数量和范围有了很大扩展，而且资本输出，特别是跨国经营也发展到了新的水平，跨国公司迅速成长，从而使得争夺国外资源、国际市场的竞争趋于激烈。这种对国际市场的争夺，既形成了对企业的威胁，又为企业发展提供了新的机会。

（4）社会、政府和顾客等提高了对企业的要求

20 世纪上半叶大多数企业一味追求利润，给社会带来了许多消极影响，如垄断、对消费者操纵、带有夸耀性和欺骗性的广告、售后服务低质、环境污染等。这一切引起了社会、政府和顾客对企业的不满，从而提高了对企业的要求，并对企业提出了许多限制措施。

以上这些特点，再加上资源开始趋于短缺、突发事件不断出现等，使企业外部成为一种特别复杂的、变化频繁的、难以预料的环境，使企业经常面临生死攸关的挑战。企业仅靠推断式的管理已不能保证自己的生存和发展了，而必须对新的环境进行深入分析，做出新的响

应，采用新的管理方式，以谋求自己的生存和发展。企业战略就是在这种背景下应运而生的。

2. 企业战略的概念

企业是指从事生产、流通或服务性经济活动的独立的经济组织。企业是一个经济范畴，一方面企业应满足社会生产或人们生活的需要，另一方面企业应坚持经济性原则，以获得良好的经济效益。

战略原是军事学上的一个术语，其本意是基于对战争全局的分析、判断而做出的筹划和指导，后来演变为泛指重大的、全局性的、左右胜败的谋划。

对于企业战略，许多学者纷纷给出了各自的定义。

1962 年，钱德勒（Alfred Dupont Chandler，Jr.）在《战略与结构》一书中认为，战略是决定企业的基本长期目标，以及为实现这些目标而进行的行动和资源分配。

1965 年，H. I. 安索夫在《公司战略》一书中认为，战略是企业为了适应外部环境，对目前从事的和将来要从事的经营活动所进行的决策，即战略是一条贯穿于企业活动与产品/市场之间的“连线”，涉及产品/市场范围、增长向量、竞争优势和协同作用。

肯尼斯·安德鲁斯（Kenneth R. Andrews）认为，公司战略是公司决策的模式，它确定和揭示公司的目的或目标，制订实现这些目标的主要方针和计划，规定公司将从事的业务范围、公司现在的或期望的经济和人文组织类型，以及公司期望为其股东、雇员、顾客和社区做出的经济与非经济贡献。

亨利·明茨伯格（Henry Mintzberg）认为，在生产经营活动中，人们在不同的场合以不同的方式赋予企业战略不同的内涵，为此他提出了企业战略 5P 观，即战略是一种计划（plan）、战略是一种策略（ploy）、战略是一种行为方式/模式（pattern）、战略是一种定位（position）、战略是一种观念（perspective）。

迈克尔·波特（Michael E. Porter）认为，战略讨论的是如何界定独特有利的定位、如何在竞争中做出明确的取舍、如何加强各项运营活动之间的关联性。

格里·约翰逊、凯万·斯科尔斯（Gerry Johnson，Kevan Scholes）认为，战略是一个组织长期的发展方向和范围，它通过在不断变化的环境中调整资源配置来取得竞争优势，从而实现利益相关者的期望。

综上所述，本书认为，企业战略是企业面对经营环境，为求得长期生存和持续发展，为创造和保持竞争优势，对企业发展目标、达成目标的途径和策略的总体谋划。它是企业经营思想的集中体现，是企业经营范围的科学规定，同时又是制订规划（计划）的基础。

具体而言，企业战略需要分析企业与环境的关系，规定企业从事的经营范围、成长方向和竞争策略，合理地调整企业结构和配置企业的资源。

在理解企业战略的概念时，需要把握好以下几点。

① 企业应该把未来的生存和发展问题作为制定战略的出发点和归宿。一个好的战略应有助于企业实现长期生存和发展的目的。要做到这一点，企业不仅需要了解自身及所处行业的过去和现在，而且需要把握行业内外环境因素未来发展变化的趋势。在政治、经济和其他外部环境因素发生剧烈变化的时代，仅凭过去的经验和传统的分析方法已不能满足企业建立和保持竞争优势的要求，失去对未来动态环境的充分估计和把握，企业将失去目标和方向；反之，则可能抓住有利的机遇，使企业获得快速发展。

② 企业应当有一个明确的战略目标。对于一个企业来说，这种目标不仅指明未来的发展方向和引导资源的配置，而且有助于协调不同部门和个人之间的活动，增强组织的凝聚力。

③ 企业战略的实质是帮助企业创造和保持竞争优势。如果一家公司的盈利能力高于行业平均水平，就称它拥有竞争优势。这个差距越大，则竞争优势越强。如果能够长期保持高于行业平均水平的盈利能力，则称这家企业具有持续的竞争优势。要使企业长期生存和发展，就必须创造和保持竞争优势，也只有保持或不断地创造新的竞争优势，才有可能使企业获得长期生存和发展。过去战略思维的基本出发点是扬长避短，认为企业优势是可以长期保持的，但在动态竞争环境下，企业的竞争优势通常会受到侵蚀，这种侵蚀有的是因为竞争对手的有效模仿，有的是被竞争对手所超越。因此在动态竞争环境下，企业一方面要想方设法保持已有的竞争优势，另一方面则要不断创造新的竞争优势。

商业模式（business model）是管理者将企业所实行的一组战略编织成具有内在一致性的整体以获得竞争优势和实现卓越绩效的安排。商业模式决定着如何将企业的各项战略和投资协调一致以实现超越平均水平的盈利能力和利润增长。商业模式通常包括企业的下列活动：

- 选择顾客；
- 定义产品和实现差异化；
- 为顾客创造价值；
- 获得和保留顾客；
- 生产产品和服务；
- 在市场上交付产品和服务；
- 组织企业内部的活动；
- 配置企业的资源；
- 实现和保持高水平的盈利能力；
- 在长期中发展业务。

例如，沃尔玛的商业模式是用自助模式取代之前的全方位服务的零售模式，在大面积的、只有简单装饰和设备的卖场中提供广泛的商品选择，这样可以降低经营的成本。由此而节省的费用让企业得以降低商品的价格，从而使消费者受惠，这反过来又将增加企业的销售，从而在更大的经济规模上进一步降低成本。

3. 企业战略的特征及与其他决策方式、计划形式的区别

1）企业战略的特征

（1）全局性

企业战略具有综合性和系统性。一个企业在经营管理过程中总要遇到各种各样的情况，处理各种各样的问题，其中一些决策涉及整个组织范围，另外一些可能只与局部利益有关。企业战略是以企业的全局为对象，根据企业总体发展的需要而制定的。它规定的是企业的总体行为，它所追求的是企业的总体效果。虽然它必然包括企业的局部活动，但是这些局部活动是作为总体行动的有机组成部分在战略中出现的。

（2）长远性

企业战略既是企业谋求长远发展要求的反映，又是企业对未来较长时期内如何生存和发展的通盘筹划。虽然它的制定要以企业外部环境和内部条件的当前情况为出发点，但是这一

切也都是为了更长远的发展。因此，评价战略优劣的一个重要标准就是看其是否有助于实现组织的长期目标和保证长期利益的最大化。战略更关注长远利益。

（3）竞争性

企业战略是关于企业在激烈的市场竞争中如何与竞争对手抗衡的行动方案，同时也是迎接来自各方面的冲击、压力、威胁和困难等挑战的行动方案。它与那些不考虑竞争、挑战而单纯以改善企业现状、增加经济效益、提高管理水平等为目的的行动方案不同。市场如战场，现代的市场总是与激烈的竞争密切相关。企业战略之所以产生和发展，就是因为企业面临着激烈的竞争、严峻的挑战，企业制定战略就是为了取得优势地位，战胜对手，从而保证自己的长期生存和发展。

（4）纲领性

企业战略规定的是企业总体的长远目标、发展方向和重点，以及所采取的基本行动方针、重大措施和基本步骤，这些都是原则性的、概括性的规定，具有行动纲领的意义。它必须通过分解和落实等过程，才能变为具体的行动计划。

（5）相对稳定性

战略必须在一定时期内具有一定的稳定性，这样才能在企业经营实践中具有指导意义。如果朝令夕改，就会使企业经营发生混乱。当然企业经营实践又是一个动态过程，指导企业经营实践的战略也应该是动态的，以适应外部环境的不断变化。因此，企业战略具有相对稳定性的特征。

2）企业战略与其他决策方式、计划形式的区别

企业战略的上述特征决定了企业战略与其他决策方式、计划形式的区别。

（1）战略与战术、策略的区别

由企业战略的定义及特征可知，企业战略的基本含义始终都是有关企业全局性、未来性、根本性的重大决策。战略不同于战术，它们之间既有密切联系，又有明显区别。一般来说，战略与战术主要是全局与局部的关系，战略是指企业为确立长期经营目标及达成目标的途径和手段所做的总体谋划，而战术则是指为达到战略目标所采取的具体行动。

战略与策略主要是目的与手段的关系。一般来讲，先有战略，后有策略，策略必须服从和服务于战略。例如，企业为达到某一战略目标，在投资、技术改造、人才培训等方面采取的措施和办法，一般就可称为投资策略、技术改造策略、人才培训策略等。

（2）战略与规划、计划的区别

从广义上讲，战略、规划、计划都是对未来的筹划，也可通称为计划。国外也往往采用广义的计划概念，只是按时间区分为短期计划（1 年以下）、中期计划（3～5 年）和长期计划（5 年以上）。

从狭义上讲，战略、规划、计划既有联系，又有区别。战略是规划和计划的灵魂，规划和计划必须体现既定的战略，因此战略是规划的基础，规划又是计划的基础，应当先有战略，再有规划，再作计划，使其成为可以部署、可以检查的具体行动方案。从这个意义上讲，规划和计划又是战略的深入和细化。

从实施的范围看，企业战略是全面的，企业规划和计划可以是全面的，也可以是局部的；从实施的时间看，企业战略是长期的，企业规划一般是中期的，也可以是长期的，企业计划是短期的；从实施的内容看，企业战略是原则性的，企业规划是轮廓性的或粗线条的，

企业计划是细线条的；从实施的方法看，企业战略以定性为主，企业规划是定性与定量并重，企业计划则是以定量为主。战略、规划与计划的关系如图 1-1 所示。

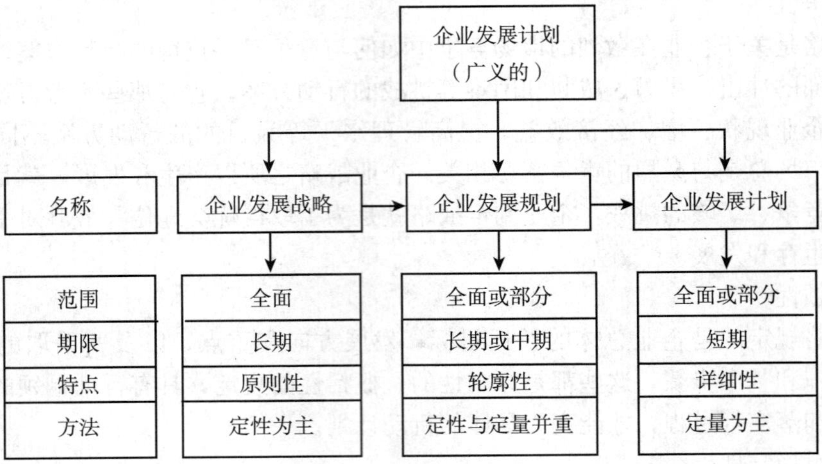

图 1-1　战略、规划与计划的关系

4. 企业战略的层次

战略在组织内是分层的，一般可以将战略划分为 3 个层次。

（1）公司层战略

公司层战略又可称为企业总体战略，是指根据企业的目标，选择企业参与竞争的经营领域，合理配置企业的资源，使各项业务相互支持与相互协调。它是企业整体的战略总纲，是企业最高管理层指导和控制企业一切行为的最高行动纲领，是企业战略中最高层次的战略。公司层战略突出两个方面的问题：一是“我们应该做什么业务”，即确定企业的产品与市场领域；二是“我们怎样去发展这些业务”，即在企业不同的业务单元之间分配资源等。

以联想集团为例，对联想集团总部而言，企业总体战略考虑的主要问题是组织的整个经营范围，从结构和财务的角度来考虑该如何经营；怎样将资源分配给联想集团在世界各地的经营活动等。联想致力于为全球用户打造卓越的个人计算机和移动互联网产品，以全面客户导向为原则，满足家庭、个人、中小企业、大行业大企业 4 类客户的需求，为其提供有针对性的信息产品和服务。

（2）业务层战略

业务层战略又可称为竞争战略或经营单位战略，它是在公司层战略的指导下，就如何在某个特定的市场上开展竞争所制定的战略。因此，业务层战略关心的主要问题是应开发哪些产品和服务，以及将其提供给哪些市场；关心它们满足顾客的程度，以寻求竞争优势，并达到组织的目标（如远期盈利能力、市场增长速度或者提高效率等）。同时，业务层战略还要协调各职能层战略，使之成为一个统一的整体。

以联想集团为例，联想业务层战略之一是着力在传统个人计算机上实现突破，使计算机产品更加时尚、更加轻薄，拥有更长的电池使用时间，更容易连接。同时，坚定在个人和中小企业业务领域，打造具有说服力的、世界一流的、高品质的产品，借此建立起与 ThinkPad 在商用领域相媲美的高端品牌形象。

（3）职能层战略

职能层战略是指为了贯彻、实施和支持公司层战略与业务层战略而在企业特定的职能管理领域所制定的战略。职能层战略关心企业的不同职能部门（如研究与开发、营销、人力资源和生产等职能部门）如何为业务层战略或公司层战略服务，当然这些服务对于组织如何提高竞争力是很重要的。

以联想集团为例，为了确保战略的有力执行，联想的职能层战略之一是对全球的组织架构进行重新设计和调整，把全球市场划分为 4 个大区，进行人员配置，其目的就是要让各个大区更加专注和高效。

虽然本书所讨论的问题与战略的 3 个层面都有关，但本书将重点探讨公司层战略与业务层战略，即企业总体战略和经营单位战略，分析组织应开展哪些方面的业务（或经营的领域是什么），以及在各业务领域怎样展开竞争。

企业战略的 3 个层次之间的关系如图 1－2 所示。

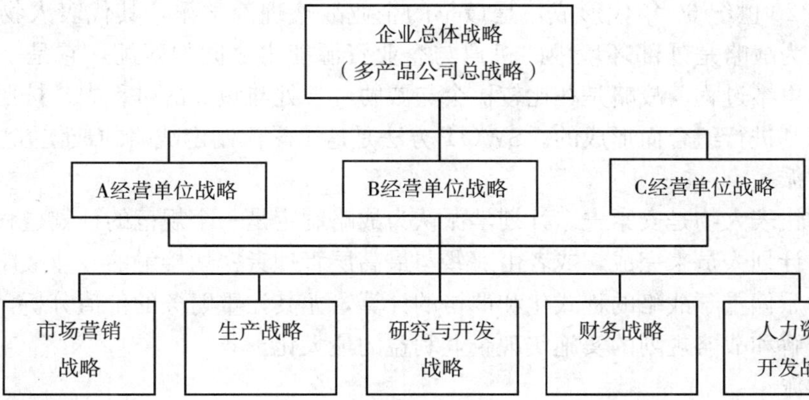

图 1－2　企业战略的层次

5. 战略决策的特点

通常战略决策有以下一些特点。

（1）战略决策一般与组织业务活动的范围有关

战略决策决定组织是集中在某个领域活动还是几个领域活动。经营范围对战略决策非常重要，因为这与那些负责管理组织的人们所界定的组织界限有关，与他们希望组织干什么有关。

（2）战略决策与组织的外部环境有关

战略决策应分析企业的外部环境，明确外部环境因素是如何影响企业的；这些因素将会发生什么样的变化；这种变化将会以何种方式给企业带来影响。简而言之，就是通过外部环境因素分析明确企业发展将会面临什么样的机会和威胁。

（3）战略决策与组织的资源条件有关

企业在进行战略决策时，特别是面临发展机会时，必须考虑自身的资源条件。如果所需要的资源没有或不能获得，或者战略制定在不充分的资源基础上，就谈不上获得新的机会。

（4）战略决策受到企业内外当权者的影响

战略决策不仅受外部环境和资源条件的影响，而且还受到那些在企业内部或企业周围当权者的价值观和期望的影响。企业是扩大业务还是合并其他企业、企业的活动界限是什么，从这些问题可以看出那些影响战略决策的当权者的价值观和态度。

综上所述，战略决策从本质上讲是非常复杂的，这种复杂性至少有三方面原因。第一，战略决策通常具有很高的不确定性，即制定决策时可能根据的是管理者无法确定的对未来的看法。第二，战略决策常常要求用一系列综合性的方法去整合和管理一个组织。管理者要跨过职能和经营界限来处理战略问题，并与其他的管理者一起讨论以达成一致协议。第三，战略决策可能涉及企业的重大变革。

随着科学技术及国内外经济环境的快速变化，企业外部环境的动态性增强，环境的不确定性因素增多，因此企业战略的制定及实施具有一定的风险性。

6. 战略理论的主要流派

战略理论发展至今可谓百家争鸣，不同的学者对于战略有着不同的理解和认识。亨利·明茨伯格在分析了战略理论研究人员的学术观点后，将战略理论归纳为十大学派。

（1）设计学派

设计学派在 20 世纪 60 年代形成，是最早的企业战略理论学派，其代表人物是安德鲁斯。设计学派认为战略是外部环境中的机遇与企业资源能力之间的匹配，它是一个有意识的、深思熟虑的思维过程。战略是在比较机会与威胁、长处与短处的过程中，按照扬长避短和趋利避害的原则进行组合而形成的。SWOT 方法是这个学派制定战略的最佳方法。

（2）计划学派

计划学派的代表人物是安索夫。计划学派认为战略制定是一个规范的计划过程，强调由受过严格培训的计划人员来完成，或者由那些与最高层管理者密切接触的专业战略规划部门来制定。计划学派偏重于战略的程式化和严格的计算，尤其注重财务的价值分析，力求通过对战略意图的分解和战略规划的实施实现企业利益的最大化。

（3）定位学派

定位学派的代表人物是波特。定位学派提出企业战略的目的是获得高于行业平均水平的利润，企业的盈利水平从根本上说取决于行业的盈利能力及企业在这个行业中所占的位置。定位学派认为，在既定的行业中只有少数可供选择的战略，即通用的战略。

（4）企业家学派

企业家学派的代表人物是科林斯和摩尔。该学派认为企业战略不是精心设计和内容完整的长期计划，而是企业家对企业未来发展的看法。企业家学派非常重视领导者的能力，强调最高领导者的直觉和判断。

（5）认知学派

认知学派的代表人物是斯道。该学派认为战略家的才能来自于对行业知识和经验的积累，从而形成了自己的知识结构和思考过程。认知学派认为企业战略制定不仅是一个理性思维的过程，而且也包括了非理性思维的因素。

（6）学习学派

学习学派的代表人物是奎因。该学派认为企业外部环境过于复杂多变，战略的出现往往是个人或者更多的时候是集体学习的结果，包括学习了解外部环境的变化和学习如何使组织应变。因此战略不是预先深思熟虑的决策，而是管理组织学习的过程。

（7）权力学派

权力学派的代表人物是普费弗。该学派认为战略制定的过程实际上是各种正式或者非正式利益团体运用权力、施加影响和不断谈判的过程。权力学派将战略看作是一个政治过程，在组织中由于存在个人、集团和联盟之间的利益冲突，使得任何决策的制定最后都是组织内部权力制衡的结果。

（8）文化学派

文化学派的代表人物是莱恩曼。该学派认为战略制定的过程实际上受到企业文化及其背后社会价值观念的影响。文化学派强调文化对决策风格的影响、文化如何阻止战略变革、如何克服文化对战略变革的阻碍、建立企业主导价值观和解决文化冲突等方面。

（9）环境学派

环境学派的代表人物是明茨伯格。该学派认为企业必须适应环境，并且在适应环境的过程中寻找自己生存和发展的位置。在战略制定过程中环境的影响是最主要的，领导者和组织只能选择适应环境，否则就会被淘汰。

（10）结构学派

结构学派的代表人物是米勒。该学派认为组织在大多数情况下都可以被描述成某种稳定的结构，在特定的时期内采用特定的结构形式，与特殊的内容相配导致组织建立特殊的行为，从而产生一套特殊的战略。这种稳定状态偶尔会被打破，组织跃迁到另一种结构，这种结构的交替表现出某种规律就成为组织的生命周期。战略管理的关键就是维持稳定，当需要转变时，在不破坏组织的前提下管理这个转变过程。

1.2　企业战略管理的含义和过程

1. 企业战略管理的概念

管理是指负责某项工作使之顺利进行。

对于企业战略管理，不同管理学者、不同战略家，所给出的定义不尽相同。安索夫在 1976 年出版的《从战略计划走向战略管理》一书中提出了战略管理，1979 年他又出版了《战略管理论》。安索夫认为企业战略管理是把企业的日常业务决策同长期计划决策相结合而形成的一系列经营管理业务。斯坦纳在 1982 年出版的《企业政策与战略》一书中则认为，企业战略管理是确定企业使命，根据企业外部环境和内部经营要素确定企业目标，保证目标的正确落实，并使企业使命最终得以实现的一个动态过程。汤普森认为，战略管理是通过指明企业长远发展方向，建立具体的业绩目标，根据有关的内部条件和外部环境，制定各种战略，进而执行所选择的行动计划，以达到业绩目标的过程。

战略管理是一种崭新的管理思想和管理方式。这种管理方式的特点是对企业现在的及未来的整体经营活动实行战略性管理，可以说战略管理是现代企业管理发展的高级阶段。全部战略管理活动的重点是制定和实施战略，制定和实施战略的关键在于对企业外部环境、内部条件和企业目标三者的动态平衡，以保证实现企业的战略目标。

综上所述，企业战略管理是一个动态管理的过程，它是对企业的生产经营活动实行的总体性管理，是企业制定和实施战略的一系列管理决策与行为，其核心问题是使企业自身条件与外部环境相适应，以求得企业的长期生存与发展。

2. 企业战略管理的意义

在市场经济条件下，企业实行战略管理是十分必要的。

（1）有利于树立适应外部环境的思想

在市场经济中，企业的外部环境是动态变化的。为此，企业需要进行战略性的管理，将内部资源条件与外部环境的变化结合起来考虑，从而有效建立具有竞争力的管理模式。

（2）有利于树立竞争优势的思想

实行战略管理，企业可以根据现有的资源条件与能力，选择经营领域，强化在市场上的竞争能力，提高获利能力和经济效益，形成企业自身特有的竞争优势。

（3）有利于树立战略联盟的思想

在战略管理中，仅仅片面强调企业间的竞争关系是不够的。在某种条件下，企业之间往往会强烈要求形成一种联盟关系，共同适应外部环境的变化，求得共同的发展。例如，企业之间组建合资企业，就是一种建立战略联盟的方式和行为。

（4）有利于提高企业的长期经营业绩

研究表明，运用战略管理的企业比那些没有运用战略管理的企业更能盈利、更为成功。例如，美国学者历时 3 年对 101 家零售、服务和制造企业进行的纵向研究表明，与那些不进行系统规划的企业相比，采用战略管理的企业更明显地增加了销售、盈利和提高了生产率。库克和费里斯认为，高绩效企业的实践反映了更强的战略导向和更长远的目标规划。高绩效企业趋向于进行系统化的计划，以适应未来内部环境和外部环境的变化。计划系统更加遵循战略管理理论的企业一般在本产业中表现出更高水平的长期财务业绩。

（5）有利于提高企业的综合素质

格林利强调，战略管理可产生如下作用。

① 使人们识别、重视和利用机会。

② 使人们客观地看待管理问题。

③ 加强对业务活动的协调与控制。

④ 将不利条件和变化的作用降至最小。

⑤ 使重要决策更好地支持已树立的目标。

⑥ 使时间和资源更有效地分配于已确定的目标。

⑦ 使企业将更少的资源和时间用于纠正错误或专项决策。

⑧ 建立了企业内部人员沟通的环境与条件。

⑨ 将个人的行为综合为整体的努力。

⑩ 为明确个人的责任提供了基础。

⑪ 鼓励向前式思维。

⑫ 提供了对待问题和机会的合作的、综合的工作方法和积极的工作态度。

⑬ 鼓励对变化采取积极的态度。

⑭ 加强了企业管理的规范化。

3. 企业战略管理的过程

（1）企业战略管理的阶段

企业战略管理的过程如图 1－3 所示，由战略形成、战略实施和战略评价 3 个基本阶段组成，这 3 个阶段之间存在相互制约、相互影响、相互作用的联系。

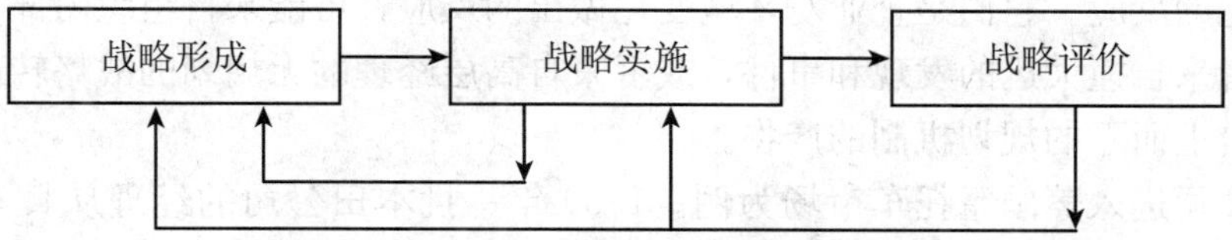

图 1-3　企业战略管理过程的 3 个阶段

战略形成包括确定企业使命、分析企业的外部机会与威胁、分析企业内部的优势与弱点、建立战略目标、提出供选择的战略及选择特定的实施战略。由于没有任何企业拥有无限的资源，战略制定者必须确定在可选择的战略方案中哪一种战略方案能够使公司获得最大收益。战略决策将使公司在相当长的时期内与特定的产品、市场、资源和技术相联系。

战略实施要求企业形成战略实施计划、制定政策、配置资源和激励员工，以便使形成的战略得以贯彻执行。战略实施活动包括培育支持战略实施的企业文化、建立有效的组织结构、制定预算、建立和使用信息系统等。

战略评价是战略管理过程的最后阶段。管理者需要了解企业战略的推进状况，而战略评价便是其运用的主要方法。由于外部因素及内部因素处于不断变化之中，所有战略都将面临可能的调整与修订。基本的战略评价活动包括：重新审视外部因素与内部因素，这是决定现时战略正确与否的基础；度量业绩；必要时采取校正措施。

(2) 将直觉与分析相结合

战略管理可以被描述为一种关于企业重大决策的客观的、逻辑的和系统的方法，战略管理旨在对定性和定量的信息进行组织，以便在不确定的条件下作出有效决策。然而，战略管理不是一门精密、纯粹的科学，基于以往经验、判断和感觉的直觉对于制定良好的战略决策至关重要。在具有很大不确定性或所做的事情没有先例的情况下，直觉对于战略决策尤为重要。在存在高度相关变量的情况下，当决策者就决策是否正确面临巨大压力时，以及必须在若干可行的战略方案中做出选择时，直觉对于最终决策也很有帮助。

一些企业的高层管理者常常具有超常的靠直觉制定出色战略的能力。例如，曾经管理通用汽车的威尔·杜兰特就被艾尔弗雷德·斯隆描述为："至少就我所知，他是一位仅仅用绝妙的灵感来指引自己行动的人，他从不觉得应该用工程式的精细来寻求事实，然而他总是不时地做出惊人正确的决策。"

尽管一些企业由于有直觉天才在进行管理而得以生存和发展，但大多数企业却受益于这样的战略管理，即将直觉与分析结合起来进行决策。分析式思维与直觉式思维是可以互为补充的，靠直觉还是靠分析进行决策不是一个非此即彼式的判断，企业管理者应当将他们的直觉和判断融入战略管理分析中去。

德鲁克曾说过："只有受纪律约束的直觉才是可信的，只进行诊断而不用事实对其进行检验的'预感'式艺术家，作为一个医生会治死病人，作为一个管理者会搞垮企业。"从某种意义上说，成功的战略管理取决于对直觉与分析的有效结合。

(3) 意图的战略与突发的战略

明茨伯格提出了一种更加符合实际的战略设计理论。他认为，企业真正实现了的战略是已经付诸实施的意图（规划）的战略与突发（无规划）的战略相结合的产物。由于环境不可预知的变化，许多事先规划的战略未能得到实施。突发战略（emergent strategies）是对未预见到的变化的反应。它们是企业对环境变化做出的反应，可能来自组织内部基层经理的自发行为，或者来自撞大运的发现和事件，或者来自高层经理的无规划的战略转向。它们通常不是规范的自上而下的规划机制的产物。

以本田公司进入美国摩托车市场为例。1959 年一批本田公司的经理从日本来到洛杉矶筹建美国分公司。他们最初的目标（意图战略）是排气量为 250 mL 和 350 mL 的摩托车爱好者市场，而不是在日本大获成功的 50 mL 摩托车市场。他们最初认为本田 50 mL 系列不适合美国市场，因为美国市场上的产品普遍比日本市场的体型更大、更豪华。然而，实际情况却是 250 mL 和 350 mL 的本田摩托车销售平平，看起来本田的战略即将陷入失败。与此同时，骑本田 50 mL 摩托车在洛杉矶市内办事的经理却受到了关注。之后，他们接到了一个西尔斯百货采购员的电话，表示愿意面向更大的市场销售本田 50 mL 摩托车，而不仅仅是面向摩托车爱好者。本田公司的经理们确定不了是否应当销售小排量的摩托车，因为担心这样做会得罪严肃的摩托车爱好者，他们也许会将本田想象为一种“软弱”的车种。最终由于本田250 mL和 350 mL 摩托车销量不佳促使经理们下定了决心。从此，本田公司在美国误打误撞地进入了此前无人耕耘的、巨大的细分市场，即从未买过一辆摩托车的普通美国人。本田公司同时还发现了一个以前从未尝试过的销售渠道——百货商店，而不是传统的摩托车专卖店。

1.3 企业战略管理的模式

1. 企业战略管理模型

实施战略管理的最好方法是采用模型，每个模型都代表了某种过程。图 1－4 所示的是一种被广泛接受的、综合的战略管理模型。这一模型清楚地描述了一种实用的战略形成、战略实施和战略评价的方法，同时还明确了战略管理过程中要素间的关系。

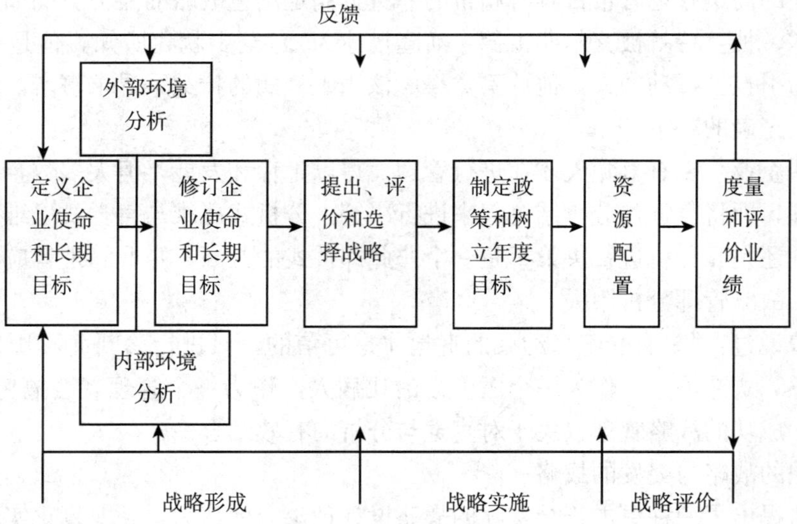

图 1－4　企业战略管理模型

2. 企业战略管理的基本程序

企业战略管理是一个系统的决策和实施过程。战略管理过程比较复杂，必须遵循一定的逻辑程序，包含若干重要的环节，由此形成一个完整的体系。企业战略管理的基本程序如图 1－5 所示。

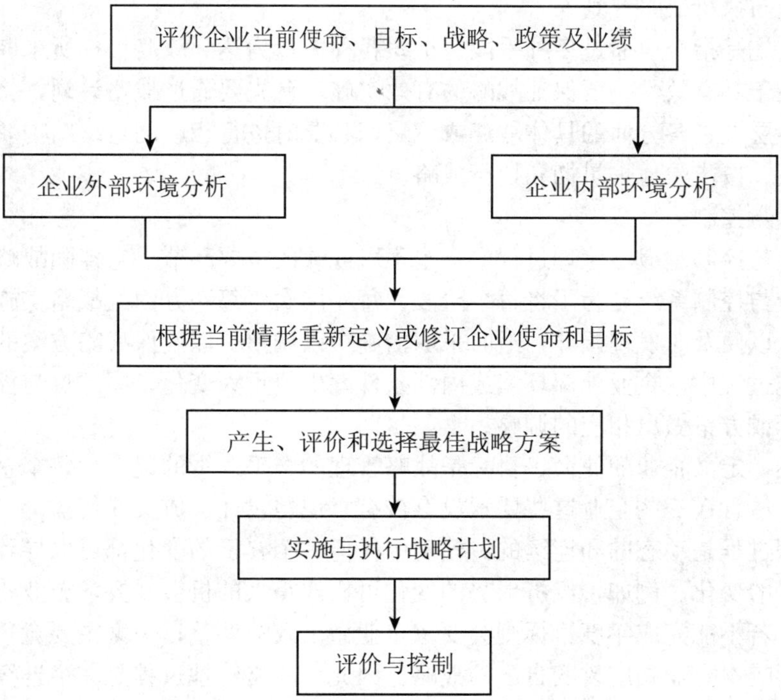

图 1－5　企业战略管理的基本程序

（1）评价企业当前使命、目标、战略、政策及业绩

评价企业当前使命、目标、战略、政策及业绩，就是根据企业当前使命、目标、战略、政策，利用投资报酬率、市场份额、利润率等指标的当前值与变动趋势来分析企业当前的业绩情况，回答企业当前使命、目标、战略、政策是什么，以及企业运行状况如何等问题。

（2）企业外部环境分析

企业外部环境是指企业的宏观环境、中观环境和微观环境，包括所有可能影响企业行为的现实与潜在的因素，如国际国内的政治、经济、科技、文化和社会环境等，掌握其变化规律和发展趋势，并着重分析企业所在行业的竞争结构和性质，分析竞争对手的优势、劣势和战略等，为正确制定企业战略打下良好的基础。

（3）企业内部环境分析

分析内部环境要重点认识和评价企业资源条件的现状与潜力，确定哪些是企业的长处和优势、哪些是企业的短处和弱势，企业有多大能力来组织和控制资源运用。

（4）根据当前情形重新定义或修订企业使命和目标

企业使命与战略目标是企业战略的出发点和归宿点，战略目标的确定是在对经营问题分析的基础上确定能解决经营问题的目标。

(5) 产生、评价和选择最佳战略方案

在未来的经营管理中，往往可以有多种途径和方法来达到战略目标，由此形成多个可能的战略方案。战略方案的产生与评价选择过程往往是相互交叉的，通过这个过程把可能解决问题的方案逐渐集中到可选方案上来。企业确定对战略方案进行评价的准则，然后再从经济、技术、社会等方面做出评价，并运用战略管理的分析工具辅助选择。

(6) 实施与执行战略计划

战略的实施是指企业通过多种手段、组织各种力量为达到战略目标所采取的行动。战略实施的关键在于其有效性。要保证战略的有效实施，首先要通过战略计划，将企业总体战略分解成企业各层次、各方面的具体战略或策略，必要时进行相应的组织结构调整，合理调配资源，分阶段、按步骤地去贯彻和执行战略。

(7) 评价与控制

战略评价与控制是战略管理过程中一个不可或缺的重要环节，它伴随战略实施的整个过程。建立评价与控制系统是为了将每一阶段、每一层次、每一方面的战略实施结果与预期目标进行比较，以便及时发现差异，适时采取措施予以调整，以确保战略方案的顺利实施。如果在战略实施过程中，企业外部环境或内部条件发生了重大变化，则评价与控制系统会要求对原战略目标或方案做出相应的调整。

综上所述，定义企业的使命、目标是战略管理的合乎逻辑的起点，每个企业都有自己的使命和目标，尽管在一些企业这些要素没有被有意识地设计、成文或传播。

战略管理过程是动态的和连续的。模型中任何一个要素的变化都可以导致其他某些要素甚至所有要素的变化。例如，经济形势的变化可构成重大的机会并要求企业改变自己的长期目标和战略；若不能完成年度目标则会要求企业做出政策调整；一家主要竞争者宣布进行战略调整也将影响本企业相应改变自己的战略。因此，战略管理过程是一个连续的过程。

3. 企业战略管理的5项任务

企业战略管理需要完成以下5项基本任务。

(1) 构想企业的愿景与定义企业的使命

构想企业的愿景将指明企业的未来业务组成和企业发展的长远目标，从而为企业规划一个长期的发展方向。定义企业的使命需要回答以下基本问题：我们的业务是什么？从客户的角度来看，我们要达到的根本目的是什么？

(2) 设定战略目标

设定战略目标的目的是将企业的战略愿景和使命转换成明确、具体的业绩目标，从而使得企业的发展有一个可以对照或测度的标准。成功的管理者建立的企业业绩目标往往需要执行者付出艰巨的努力。达到大胆的、积极进取的业绩目标所带来的挑战往往会促使企业变得更加富于创造力，更加迫切地改善和提高企业的财务业绩和市场地位，在采取行动时目的更加明确，精力更加集中。

(3) 形成战略

形成企业的战略需要企业管理层对以下关键的业务问题进行回答：是开展单一业务还是多元化的业务？是满足广大范围的顾客的需求还是聚焦于某一个特定的细分市场？产品线的广度和深度如何选择？是将企业的竞争优势建立在低成本之上还是建立于差异化基础之上？如何对新市场和竞争环境的变化做出反应？战略的形成实际上反映了企业管理者所做出的各

种选择，表明这家企业将会致力于哪些特定的产品、市场、竞争策略等。

（4）实施战略

实施和执行一个既定的战略所涉及的管理任务是要使战略运作起来，并且按照一定的日程达到既定的业绩目标。企业在战略实施阶段要决定所要采取的措施，包括建立一个能够成功执行战略的组织；制定预算，将企业的资源分配给对企业战略起着关键作用的内部活动；建立对企业战略起支撑作用的政策和运作程序；制定相应的奖惩制度；建立企业的信息系统；营造一种有利于战略实施和执行的工作环境和企业文化等。

（5）战略实施的评价与控制

战略的实施并非一帆风顺，通常总会遇到这样或那样的困难和问题，因此对战略的实施进度进行评价，寻求新的途径改善战略的执行，以及在战略实施过程中采取校正性举措就显得十分重要。企业的管理层必须驾驭企业的整个局势，从而判断企业内部事项的进展程度，同时密切关注外部环境的发展状况。如果战略执行的业绩低于预期的水平，或者战略实施进展很慢，则必须采取校正措施；如果外部环境出现了新的变化，也需要采取相应的措施进行调整。

1.4　企业战略管理者

在许多企业中，存在 3 类管理者：第一类是公司层面的管理者，或称为总体管理者，他们负责企业的总体绩效；第二类是业务层面的管理者，他们负责其中某一个经营单位或事业部的绩效；第三类是职能层面的管理者，他们对某一具体职能负责，如企业中的营销、生产、研发、人力资源、财务、信息技术或物料管理等。

这些企业是一系列经营单位与职能部门的总和，它们共同协作将具体的产品或服务提供给市场。公司层面的管理者和业务层面的管理者最关心的是整个企业或某一经营单位的运营，他们主要考虑的是如何运用所掌握的有限资源取得竞争优势和创造更高的盈利能力。图 1-6 是多事业部企业的组织结构，由此可以看到其 3 个管理层面：公司层面、业务层面和职能层面。

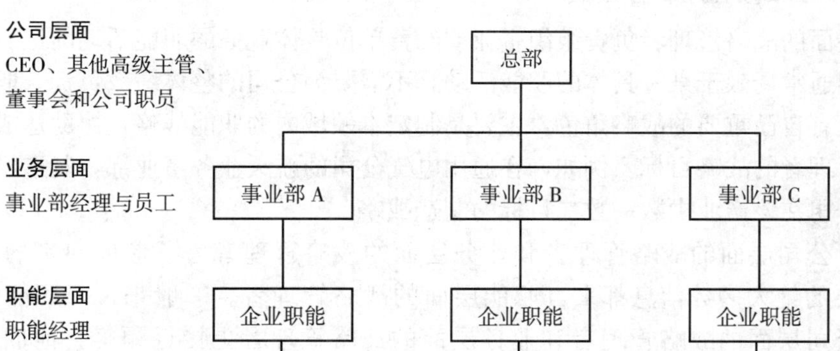

图 1-6　多事业部企业的组织结构

1. 公司层面的战略管理者

公司层面的战略管理者包括首席执行官（CEO）、其他高级主管、董事会和公司职员，其中CEO是总体管理者的核心。在其他高级主管的协助下，公司层面战略管理者的任务是负责组织的整体战略，包括定义组织的使命和目标、决定开展哪些业务、决定进入哪些市场、在不同的业务间分配资源、制定和实施跨业务的战略、领导整个组织的长远发展。

以通用电气公司为例，这家公司涉足多种业务，如照明设备、大型家电、发动机和运输设备、涡轮发电机、建筑和工程服务、工业电气、医疗设备、航天、航空引擎、金融服务等。首席执行官的主要战略职责是决定公司是否应当购买新的业务或是否应当退出某些业务，并在不同的业务领域间分配资源。也就是说，首席执行官有权决定跨部门的战略，他最为关注的是建立和管理业务组合以保证公司的利润和长远发展。在某一具体领域内（如金融业务）采取什么样的战略不是首席执行官的工作，而是负责这些经营单位的业务层面管理者的责任。然而，首席执行官有责任要求业务层面管理者保证他们所采用的战略有助于通用电气公司长远利润的实现，并且将其列入对他们的绩效考评。

除了掌握行业与市场进退和负责资源分配外，公司层面的战略管理者还要充当企业战略设计者与企业所有者（股东）之间的联系人。公司层面的战略管理者，特别是CEO，同时也是股东利益的捍卫者，保证企业和业务层面的战略符合股东的长远利益是他们的职责。

2. 业务层面的战略管理者

经营单位是一个相对独立的事业部，具备各种重要的职能部门，如财务部门、采购部门、生产和营销部门，为某一特定的市场提供产品和服务。业务层的主管总经理，即业务层经理，是事业部的负责人，这些经理的战略角色是将公司层的总体战略转换成具体的经营单位战略。公司层面的战略管理者关注跨业务战略，业务层面的战略管理者关注具体业务的战略。例如，对于通用电气公司，公司的主要目标是在所经营的全部业务领域中占据数一数二的竞争地位，而其业务层面的战略管理者则负责据此制定自己业务部门的具体战略。

3. 职能层面的战略管理者

职能层面的战略管理者负责组织企业或经营单位具体业务的职能活动的运营。职能经理的职责范围通常局限于某一具体的职能活动，不需要为公司的整体绩效负责。职能层面的战略管理者也有自己重要的战略角色，主要是制定本领域内的职能战略，协助达成业务层面和公司层面管理者的战略目标。例如，在通用电气公司的航天业务事业部，制造经理负责制定能够实现公司在该产业中数一数二目标的制造战略。

此外，公司层面的战略管理者和业务层面的战略管理者为了形成现实的和可实现的战略所需要的绝大多数信息都来自职能层面的战略管理者。一般来说，职能层面的战略管理者比公司层面的战略管理者和业务层面的战略管理者更接近顾客，他们往往可能贡献出未来能够成为整个企业发展战略的重要信息和思想。因此，公司层面的战略管理者和业务层面的战略管理者应该注重倾听职能层面战略管理者的意见和建议。职能层面战略管理者的另一个同样重大的责任是负责战略实施，他们必须能够有效执行公司层面和业务层面的战略。

本章小结

企业战略是企业面对经营环境，为求得长期生存和不断发展，为创造和保持竞争优势，对企业发展目标及达成目标的途径和手段的总体谋划。战略管理为决定企业未来发展方向提供了一种合乎逻辑的、系统化的和客观的方法。企业战略管理者根据企业的使命和目标，分析企业经营的外部环境，确定存在的经营机会和威胁；评估自身的内部条件，认清企业经营的优势和劣势。在此基础上，企业制订用以完成使命、达成目标的战略计划，根据战略计划的要求，管理人员配置企业资源，调整企业结构和分配管理工作，并通过计划、预算和进程等形式实施既定的战略。在执行战略的过程中，对战略实施的成果和效益进行评价，同时将战略实施中的各种信息及时反馈到战略管理系统中，确保对企业整体经营活动进行有效控制，并且根据变化的情况修订原有的战略或者制定新的战略，开始新的战略管理过程。因此，战略管理是一种循环往复、不断发展的全过程总体性管理。成功的战略家要用足够的时间来思考企业现在处于何处，未来又将向何处发展，并在此基础上确定并实施在恰当的时间内实现这一发展的计划与策略，以创造和保持企业的竞争优势。

思考题

1. 什么是企业战略？
2. 企业战略有什么重要特征？
3. 什么是企业战略管理？
4. 企业战略管理的过程是什么？
5. 企业战略管理的5项任务是什么？
6. 试说明企业使命、目标、战略、政策之间的相互关系。
7. 请搜集一个企业的资料，说明企业战略管理的重要性。
8. 试举例说明什么是企业竞争优势。

第2章

企业使命、愿景与目标

案例导入

阿里巴巴的使命

1999年马云与他的17位员工在杭州的一个公寓里成立了阿里巴巴公司。当时马云认为，互联网将由“网民”和“网友”时代进入“网商”时代，而中国99%的企业都是中小企业，市场经济环境与美国迥然不同，这就决定了中国要发展电子商务就只能为中小企业服务。8年后阿里巴巴已经有7 000多名员工，成为世界上最大的电子商务网站之一。

马云曾经发出感慨：“100年前，通用电气成立的时候，他们的使命是让世界亮起来；迪士尼的使命也许会是让天下快乐起来……而阿里巴巴的使命，则是让天下没有难做的生意。因为有了互联网这个工具，我们也许可以用自己的聪明和智慧达到这一点。”

马云希望阿里巴巴能把互联网带入网商时代，让天下没有难做的生意。马云认为，“公司如果只以赚钱为目的是做不大的，而如果以使命为驱动才有可能做大。”他觉得，在一个企业里，作为领导人最重要的就是要有使命感，并且要让公司的所有人都知道这种使命感，认同这个使命。明确目标以后，必须让每一个员工，甚至门口的保安、扫地的阿姨都明白使命感才行。

可以说，马云最成功的地方在于他在企业使命、价值观层面上所发挥的领导力，而不是简单地带领员工去实现目标、利润。在马云的感召下，阿里巴巴创业团队也都抱有相同的使命感，而不是单纯为公司打工。

“让天下没有难做的生意”的使命在马云看来也包含了企业的社会责任。马云曾说，中国有13亿多人口，20年以后可能很多人因为各种各样的原因失业，希望电子商务能帮助更多的人有就业机会，有了就业，家庭就能稳定，事业就能发展，社会就能稳定，这也是企业社会责任的一种体现。

从这个角度衡量，阿里巴巴B2B模式让数千万中小企业打破来自时空、空间的限制，在一个简单实用的平台上找到产业链的上下家，不仅由此改变了自己的命运，同时也提升了整个中国中小企业阶层在国际上的声誉，同时也使阿里巴巴顺理成章地成为最大的电子商务企业。而淘宝向所有人开放的C2C平台，通过使最平凡的人通过自己的努力做自己的小生意，也直接或间接地制造了就业机会。

马云认为，社会责任一定要融入企业的核心价值体系和商业模式中，这样才能行之久远。换言之，一个企业的产品和服务必须对社会负责。如果卖掉的产品和提供的服务对社会有害，即使做得很成功也不行。马云坚信，电子商务一定会改变社会。

2014年5月，马云在向阿里巴巴员工宣布申请赴美上市的内部邮件中说道，我们深知，我们生存下来不是因为战略多么的宏远、执行力多么的完美，而是我们15年来坚持了“让天下没有难做的生意”这个使命，坚持了我们“客户第一”的价值观，坚持了相信未来，坚持了平凡人一起做非凡事。上市从来就不是我们的目标，它是我们实现自己使命的一个重要策略和手段，是前行的加油站。

2014年9月，阿里巴巴集团向美国证监会（SEC）提交了招股书更新文件。在信件中，马云系统阐述了阿里巴巴在使命、愿景、商业模式、如何面对挑战、解决问题的优先级及治理机制等方面的思考。马云在公开信中表示，阿里巴巴是一家真正相信并践行使命驱动的公司，是一个由成千上万名相信未来、相信互联网能让商业社会更公平、更开放、更透明、更应该自由分享的参与者们，共同投入了大量的时间、精力和热情建立起来的生态系统。

2016年9月，马云亲授湖畔大学第一课，讲授企业的使命、愿景和价值观。当他谈到使命时说：“我最怕阿里巴巴的人进来是为马云打工，那是很累的。我们共同确定为什么要有这家公司。所有的人围绕这个使命去打工，我也一样。我在公司5年、15年，所有做的一切都是围绕我们共同的使命展开的。”

（资料来源：根据互联网资料整理）

企业在形成自己的战略时，首先需要界定其所承担的使命、构想企业的愿景和确定企业在战略规划期的目标，从而为企业战略的制定提供基础性的依据。企业使命和企业愿景共同表达了企业的根本特征及其从事的事业领域，并指明了企业发展的方向。使命与愿景引导着企业的战略，而战略又为使命与愿景的实现提供了具有一致性的方案。

2.1 企业使命

德鲁克曾指出，建立一个明确的企业使命应成为战略家的首要责任。有效的企业管理必须回答“企业存在的理由是什么？业务是什么？业务应该是什么？”这3个基本问题。这些听上去很简单的问题，正是企业必须时时做出明确答复的最大难题。有时在企业刚成立时这些问题还比较清晰，但经营一段时间后，企业逐渐扩大，增加了新的产品和新的市场，这些问题就会变得模糊起来。特别是随着新的经济时代的到来，企业需要面对各种新的变化，如转产、多元化经营、并购、合营等。在新时代、新产品、新技术、新市场等新的环境中，企业如何选择自身存在的基础、如何树立自身存在的价值和意义、如何确立企业生存和发展的信念，是当今企业所面临的重要课题。

1. 企业使命的概念和意义

1）企业使命的概念

企业使命的思想主要是以德鲁克于 20 世纪 70 年代中期创立的一整套思想为基础提出的。德鲁克认为，问“企业的业务是什么”就等于问“企业的使命是什么”。定义企业使命就是阐明企业的根本性质与存在的目的或理由，说明企业的经营领域、经营思想，为企业目标的确立与战略的制定提供依据。例如，麦当劳的使命是：在洁净友好的餐馆里为世界范围内的广泛快餐用户提供有限种类的迅速、可口、物有所值的热食。

使命陈述（mission statement）也可称为任务陈述、纲领陈述、目的陈述、宗旨陈述、经营原则陈述等，尽管提法不同，但都是用于回答“企业的业务是什么”这一关键性问题。企业使命描述了企业的主导产品和市场，反映了企业的价值观。使命是企业根本的、最有价值的、崇高的责任和任务，即回答我们做什么及为什么做这个或这些业务。企业使命是一个企业区别于其他类似企业的长期适用的对经营目标的叙述，揭示企业要想成为什么样的组织和服务于哪些用户的基本内容。例如，微软公司的使命是致力于帮助全球的个人用户和企业展现他们所有的潜力。

2）企业使命的意义

企业使命的确定是战略管理的起点，每个企业客观上都应该有一个特别的不同于其他组织的使命。清楚地表达企业使命，对于战略管理过程来说至关重要，它能为企业资源分配提供标准，从而对企业组织内部多种相互冲突的目标起到协调作用；它能为企业员工了解组织目标与方向提供机会，从而有助于在组织内部树立团结奋发的精神，将组织的根本业务目的转化为具体的行动目标。

一项对《财富》500 家企业中绩优企业和绩劣企业的企业使命的比较研究表明，绩优企业比绩劣企业有更为全面和综合的企业使命。金（King）和克莱兰（Cleland）认为，企业界精心定义企业使命的目的如下。

① 保证整个企业经营目的的一致性。

② 为配置企业资源提供基础或标准。

③ 建立统一的企业风气或环境。

④ 通过集中的表述，员工可以认识到企业的目的和发展方向，防止他们在不明白企业目的和方向的情况下参与企业活动。

⑤ 有助于将目标转变为企业组织结构，包括向企业内各责任单位分配任务。

⑥ 使企业的经营目的具体化，并将这些目的转变为目标，以便使成本、时间和绩效参数得到评估和控制。

高露洁公司前首席执行官鲁本·马克（Reuben Mark）认为，一个明确的企业使命必须在世界范围内具有合理性。马克关于企业使命的思想如下：“当它将每个员工召集到公司的旗帜之下时，重要的是在全球树立统一的形象，而不是在不同的文化中传达不同的信息。其奥妙在于使公司的形象简单而高大——‘我们制造世界上速度最快的计算机’或‘面向每一个人的电话服务'。你不要指望仅仅靠财务目标就能使每个人都去冲锋陷阵，你必须提供一些使人们感觉更好、感到自己是某种事业的一部分的东西。"

企业使命的重要意义如下。

(1) 明确核心业务与发展方向

德鲁克曾说："一个企业不是由它的名字、章程和公司条例来定义的，而是由它的任务来定义的，企业只有具备了明确的任务和目的，才可能制定明确和现实的企业目标。"企业使命可以帮助企业明确组织的核心业务与发展方向，弄清企业目前是怎样的一个组织，将来希望成为怎样的一个组织，从而为企业确立一个贯穿各项业务活动的主线，建立一个相对稳定的经营主题，为企业目标开发、资源配置及重要活动的管理提供依据，以保证整个企业在重大战略决策上做到思想统一、步调一致，充分发挥各方面力量的协同作用，提高企业整体的运行效率。例如，Polaroid公司的使命为：完善与销售即时成像系统以满足较为富裕的家庭对于亲情、友情和欢娱留念的需要。

在某些情况下，企业面临的环境可能会发生巨大的变化，这些变化往往会要求企业对自己的发展方向进行修正。英特尔公司在20世纪80年代中期就经历了这样一次战略大转型。当时，计算机存储芯片是英特尔公司的主要业务，这块业务占公司收入的70%，而日本的制造商为了占领存储芯片市场，采取了残酷的低价竞争策略。英特尔公司研究了许多战略应对方案，如建立巨大的存储芯片生产工厂，以克服日本生产商的成本优势；投资研究与开发，设计出更加高级的存储芯片；撤退到日本生产商并不感兴趣的小市场上去。最后格罗夫认为，所有这些战略方案都不能为公司带来很好的前景，最好的长期解决方案是放弃存储芯片业务，致力于为个人计算机开发出更加强大的微处理器。从存储芯片业务撤退，使英特尔公司在1986年承担了1.73亿美元的损失。格罗夫所做出的这项大胆的战略决策实际上给英特尔公司带来了一个新的使命，即成为个人计算机行业微处理器最主要的供应商，使个人计算机成为公司和家庭应用的核心，使英特尔公司成为推动个人计算机技术前进的一个领导者。

企业核心业务与发展方向的明确，一方面可以为组织的发展起到一定的规范作用，帮助企业界定战略方案选择的边界，排除某些严重偏离企业发展方向与核心业务而又前景不明的投资领域，从而做到目标明确、力量集中；另一方面使得人们能在基本符合企业发展方向与核心业务的前提下，开阔思路，积极创新，从比较广泛的角度提出与形成多种可行目标及战略方案，并对方案进行评价与选择，使企业获得创造性增长。

(2) 协调内外部矛盾冲突

企业使命主要是通过经营哲学的形式来明确方向、树立形象、提供激励、指导企业运行的，因此一个有效的企业使命陈述必须做到在语意上足够清楚准确，能为整个企业及社会所广泛理解与接受，有助于激发整个企业成员的积极进取精神，创造充满活力的企业氛围，使人们觉得在这样的企业环境中工作，一定能够取得成功，并愿意行动起来，为实现企业目标而努力奋斗。例如安利公司的使命为：通过安利直销计划，为每个人提供实现其人生目标的良好机会。

企业使命的确立是建立在企业战略管理者对于内外部环境未来发展趋势进行前瞻性分析基础之上的，这必然会受到战略管理者个人主观价值判断的影响。由于战略管理者与不同利益相关者可能会对企业的发展方向与核心业务抱有不同的期望与看法（例如，通常情况下，公众比较关心企业的社会责任，股东较为关心自己的投资回报，政府主要关心税收与公平竞争，地方社团较为关心安全生产与稳定就业)，这就可能会让他们在企业使命与目标的认识上产生意见分歧与矛盾冲突。

由于企业利益相关者所追求的目标之间存在上述矛盾冲突，因此企业战略决策者不可能对每一个利益相关者所提出的要求和所关心的问题都给予同样程度的重视。此外，对于“企业的业务是什么”这一问题，即使在企业内部不同战略管理者之间，也会由于各人经验、知识、能力等的不同而给出不同甚至相互矛盾的回答。为此，一个良好的使命陈述应能说明企业致力于满足这些不同利益相关者需要的相对关心与努力程度，注意协调好这些相互矛盾冲突目标之间的关系，对不同利益相关者之间所存在的矛盾目标起到调和作用。企业必须兼顾以下不同群体的利益。

① 企业的顾客。一般情况下，只要存在竞争与替代品的威胁，顾客就有自主选择自己喜欢的产品和服务的权利，企业就必须考虑如何才能更好地满足顾客的需要。

② 企业的股东。从长期来看，作为企业的投资者，股东如果不能从企业经营中获得满意的回报，必然会将投资转向其他企业，从而使企业的发展失去持续资金投入的支撑。

③ 企业的员工。没有满意的员工就不会有满意的顾客，因为员工的不满会在与顾客的交往中表现出来。特别是在迈向知识经济时代的今天，员工的知识和技能成为企业最重要的资产，存在于员工头脑中的思维创新能力决定着企业的长期发展潜力。

④ 企业运行其中的社会。托马斯·佩蒂特（Thomas Petit）认为，工业社会面对着主要由于大公司的出现而带来的严峻的人文和社会问题，管理者在执行公司事务时要能够解决或至少是缓解这些问题，企业为了自身的长期利益应向社会负责。佩蒂特指出，今天社会出现的许多问题与企业自身的失误有一定的关系，企业应该在解决这些问题的过程中起到应有的作用。

总之，一切企业都需要得到用户、股东、员工与社会的支持，企业使命陈述能够起到帮助企业实现与内外部利益相关者有效沟通并赢得支持的作用。企业使命通过对企业长期发展目标的说明，还可以为各级管理人员超越局部利益与短期观念提供努力方向，促进企业各层次员工形成共享的价值观，并随着时间的推移得到不断强化，以做到最终为企业外部环境中的个人与组织所认同和接纳，从而为企业树立良好的社会形象。

（3）树立用户导向思想

一个好的企业使命体现了对用户的正确预期。企业的经营应当是确认用户的需求，并提供产品和服务以满足这一需求，而不是首先生产产品，然后再为它寻找市场。理想的企业使命应认定本企业产品对用户的根本功效。美国电话电报公司的企业使命不是电话而是通信，埃克森公司的企业使命是突出能源而不是石油和天然气，太平洋联合公司强调的是运输而不是铁路，环球电影制片公司强调的是娱乐而不是电影，其道理都在于此。上述使命陈述的共同特点是专注于公司所要满足的顾客的需求，而不拘泥于具体产品形态。

下面有关商品效用需求的歌谣对于企业使命的定义很有参考价值。

不要给我东西。

不要给我衣服，我要的是迷人的外表。

不要给我鞋子，我要的是两脚舒服，走路轻松。

不要给我房子，我要的是安全、温暖、干净和快乐。

不要给我书籍，我要的是阅读的愉悦与知识的益处。

不要给我磁带，我要的是美妙动听的乐曲。

不要给我工具，我要的是用处和创造美好物品的快乐。

不要给我家具，我要的是舒适、美观和方便。

不要给我东西，我要的是想法、情绪、气氛、感觉和收益。

请，不要给我东西。

定义企业使命的一个重要目的在于吸引对企业至关重要的顾客。下面这段对企业经营目的的经典叙述揭示了用户在企业使命中的重要性："是用户决定了企业应当经营什么。正是，也仅仅是那些愿意购买商品和服务的用户将资源转变为财富，将物品转变为商品。企业想要生产什么不是最重要的，尤其对企业未来的成功不是最重要的。决定企业经营什么、生产什么及企业是否兴旺的，是用户想买什么和珍视什么。而且用户所购买的和珍视的永远不是产品，而是效用，即产品和服务对他们的功用。用户是企业的基础，是用户决定了企业的存在。"

（4）表明企业的社会政策

社会政策与企业高层领导的管理思想密切相关，社会政策会影响企业使命的定义。社会问题迫使战略制定者不仅要考虑企业对股东的责任，而且要考虑企业对用户、环境保护主义者、少数民族、社区及其他社会团体所负有的责任。经过几十年来对企业社会责任这一问题的争论，越来越多的企业正在努力建立适当的社会政策。

企业在定义使命时必然要涉及社会责任问题，社会与企业间的相互影响越来越引人注目，社会政策会直接影响企业的用户、产品、服务、市场、技术、盈利、自我认识及公众形象。企业的社会政策应当贯彻到所有的战略管理活动之中，这当然也包括定义企业使命的活动。

企业应当积极从事可带来社会效益的社会活动。例如，默克公司曾研制一种叫 Ivermectin 的药物，用于治疗流行于非洲、中东和拉丁美洲贫困地区的由苍蝇携带的寄生虫所导致的一种被称为"河瞎病"的疾病。开始，默克公司想以获利的价格销售这一药品，后来该公司了解到这种做法不可行，因为对这种药有需求的人太穷了，他们都生活在偏远贫困的地区。在当时没有一家组织出面资助的情况下，默克公司决定对每一位需要者免费提供这种药品。

尽管各企业对待社会问题的态度不同，但是绝大多数企业都力求使外人相信它们是以对社会负责的态度从事经营活动的，而企业使命就是表达企业这一态度的有效途径。例如，诺顿公司（Norton）的企业使命是这样结尾的："为完成这一任务，诺顿公司将继续表现出它对公众利益的责任感，并将继续赢得用户、雇员、股东、供应商及与它发生业务往来的社区的尊敬与忠诚。"

2. 企业使命的内涵

企业是依靠自己的生产提供物质财富或服务的组织，这是传统的企业观，这个观念在过去的年代几乎从未发生过变化。在当今时代，仅仅从企业的经济活动本身来认识企业已经远远不够。企业不仅在经济上，而且在许多方面都担负着重要的社会责任，企业活动的领域正在逐步扩展，延伸到社会的诸多方面。

以日本为例，在20世纪60年代，人们曾经把企业作为4个行为主体来认识企业的性质：

① 企业是生产物质财富、建设经济基础的“经济主体”；

② 企业是通过纳税给国家活动提供财政基础的“纳税主体”；

③ 企业是为国民和侨民提供安定就业条件的“就业主体”；

④ 企业是推进技术开发和事业开发的“开发主体”。

这些观点虽然已经从较广的范围来认识企业和企业的经营任务，实质上仍然仅仅是从经济的着眼点来认识企业的功能。在当时那个年代，社会也把企业仅仅作为国民经济增长的主要承担者。

进入20世纪70年代，日本社会对于企业的看法发生了极大的变化。1973年10—12月，日本做了一项以东京市民为对象的调查，调查目的是弄清“企业”这个概念究竟给人们一种什么印象。调查者将预先能够想到的企业重要活动事项排列了出来，一共有20项，其中有积极的因素，也有消极的因素，同时要求被调查者从20项里选出5项并按顺序排列，最后的结果表明，人们对企业的活动是这样认识的：

① 公害的制造者；

② 经济增长的动力；

③ 政治的伙伴；

④ 新产品的开发者；

⑤ 物价上涨的制造者。

从以上调查可以看出，随着经济高速增长时代的到来，人们并非更加注重企业的经济功能，而是把企业作为社会细胞之一，从社会的角度强调企业的作用，把企业的活动直接看作是社会的活动之一。

进入20世纪80年代以来，人们对企业的看法又有了新的变化。请看日本对学生就业倾向的一项调查，这项调查表明了学生们在选择就业时对企业形象的认识和希望，如图2-1所示。

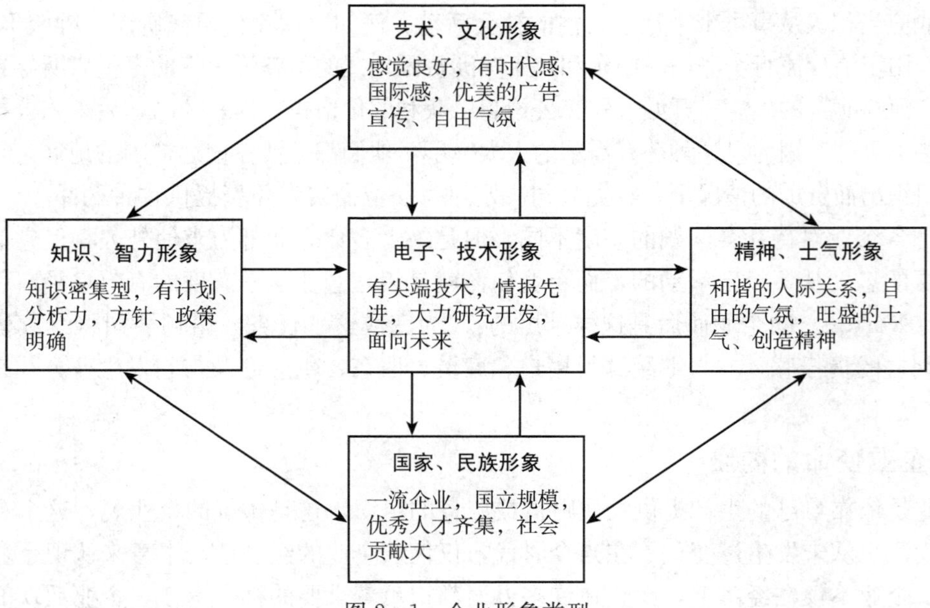

图2-1　企业形象类型

从图 2-1 中可知，不论学生就业时个人倾向于何种形象的企业，有一点是共同的，那就是学生们都是用文化的眼光来选择企业形象的，艺术、文化形象，电子、技术形象，知识、智力形象，精神、士气形象等，都是从文化角度的品评。

如果说大学生们还不能够做到完全了解企业，那么再来看看日本的企业家们是怎样看待企业和经营的。日本曾对 200 家公司的 500 名企业家进行过连续 3 年的调查，调查的主题是对企业形象的综合评价。综合评价的项目标准一共设计了 16 项，包括：

① 经营的性质；
② 产品的应用质量；
③ 技术开发力；
④ 财务；
⑤ 人才的培养和活用；
⑥ 社会责任能力；
⑦ 广告活动；
⑧ 文化活动；
⑨ 组织能力；
⑩ 销售能力；
⑪ 商品计划；
⑫ 海外活动；
⑬ 最高层经营者；
⑭ 企业的发展；
⑮ 综合经营能力；
⑯ 企业精神。

在这 16 项中，有经济的成分，也有文化的成分，文化的成分又可分为显层文化成分和深层文化成分。虽然项目中把广告活动和文化活动这样显在的文化因素列了进去，但是值得注意的是人才的培养和活用、社会责任能力、组织能力、企业精神，这 4 个要素构成了“企业人格”，这是企业文化的深层部分，这个部分得到了企业家们的一致重视。

日本企业观念的转变可以代表欧美先进国家对于企业看法的转变。从 20 世纪 60 年代到 70 年代是第一次观念飞跃，从 20 世纪 70 年代到 80 年代是第二次观念飞跃。第一次飞跃的标志是在传统的经济观念上加上了社会的观念，第二次飞跃的标志是在社会观念之上又加上了文化的观念。在 20 世纪 80 年代的企业观念中，企业已经被作为一种文化存在，企业活动也被看作是一种文化现象。

因此，企业使命从大的层面上可以划分为经济使命、社会使命和文化使命。

3. 企业使命的定义

企业使命的定义没有一个统一的模式，但通常应遵循以下基本原则。

1）首先确定好企业的经营领域

新创办一个企业或对一个企业做出重大调整时，要做的第一件事就是确定企业的性质和任务，即确定企业的经营领域。虽然在我国每个企业的营业执照一般都写有该企业的经营范围，但一般都比较笼统。在企业内部，特别是在经理人员中，对这一问题应有一个统一的认识，以便指导企业的生产经营活动。

经营领域一经确定，要在相当长的时间内保持稳定，以便企业能够稳定地发展壮大。随着社会的发展、技术的进步，需求也在不断变化，企业经营领域也可能发生变化。企业经营者应密切关注外部环境因素的变化，使企业经营领域能够追随社会需求和技术的变化，及时进行调整，以求得企业的长期生存和发展。

（1）如何确定企业经营领域

企业经营领域通常可由下述 5 个关键要素决定。

① 企业的历史。每个企业都有在某个经营领域内实现自己目标和取得一定成就的历史，选择新的经营领域时需要回顾企业过去的历史。

② 企业领导人的偏好。每个企业的领导者都有他们自己的观念和见解，这些观念和见解会影响企业经营领域的选择。

③ 企业内外环境要素。内外环境要素形成了企业的主要机会和威胁，这在确定企业经营领域时必须加以考虑。

④ 企业的资源。企业的资源能够使企业在某些领域内实现自己的目标，但同时又可能限制企业在其他领域内实现其经营目标。

⑤ 企业管理能力。企业经营领域的选择还应当建立在企业的领导、计划、组织、指挥、协调与控制等管理能力的基础上，管理基础好，管理能力强，企业就能在较宽广的经营领域内顺利地实现自己的目标；管理基础差，管理能力弱，则只能在范围较狭窄的经营领域中运作。

（2）确定企业经营领域应当注意的问题

① 要用市场导向观念来确定企业经营领域。在《营销近视》一文中，莱维特提出了下述观点：企业的市场定义比企业的产品定义更为重要。他认为企业经营必须被看成是一个顾客满足的过程而不是一个产品生产的过程。产品是短暂的，而基本需要和顾客群则往往是永恒的。马车公司在汽车问世以后不久就会被淘汰，但是如果它界定公司的经营领域是提供交通工具，则该公司可能就会从马车生产转向汽车生产。以市场为导向的使命陈述有助于企业预见需求转变，将环境的变化转化为投资机会。它可以回答“我们的业务将会怎样变化”的问题。

一些企业由于没有对业务进行定义或未能进行正确定义而最终走向衰亡。在 20 世纪 50 年代和 60 年代，许多办公设备企业（如 Smith Corona 公司和 Underwood 公司）将业务定义为打字机制造商，这一产品导向的业务定义使它们忽略了所在产业实际上是满足顾客信息处理的需要。当一项新技术（计算机）能够更好地满足顾客信息处理需要时，打字机的需求必然一落千丈。最大的打字机生产商 Smith Corona 在 1996 年宣布破产，成为以计算机为基础的文字处理技术的牺牲品。相反，IBM 正确地预见了自身业务的未来。在 20 世纪 50 年代，IBM 是打字机和机械式编表机市场上的领导者。然而，与许多竞争对手不同，IBM 对自己业务的定义是“提供信息存储和处理的方法”，而不仅仅是提供打字机和机械式编表机。遵循这一定义，IBM 后来进入了计算机、软件系统、办公系统和打印机等市场。

莱维特主张企业在确定其经营领域时应该从产品导向转向市场导向，表 2-1 列举了几个这样的例子。

表 2-1　产品导向和市场导向两种不同的经营领域定义的比较

公司	产品导向经营领域定义	市场导向经营领域定义
化妆品公司	我们生产化妆品	我们出售美丽和希望
复印机公司	我们生产复印机	我们帮助改进办公效率
化肥厂	我们出售化肥	我们帮助提高农业生产力
石油公司	我们出售石油	我们提供能源
电影厂	我们生产电影片	我们经营娱乐
空调器厂	我们生产空调器	我们为家庭及工作地点提供舒适的温度

在定义企业经营领域时，企业需要避免两种倾向：一种是过于狭隘，另一种是过于宽泛。例如，一家钢笔厂可以把自己视为生产小型书写工具的企业，由此它就可以把业务扩大到生产钢笔或打字机等其他方便书写的工具；如果把自己视为生产办公室自动化工具的企业，它就可能涉及除打字机以外的复印机、计算机、投影仪等诸多产品经营领域，而这对于一家钢笔制造企业来说则显得过于宽泛。

定义经营领域时应能激发起员工工作的激情，使企业的全体员工能认识到他们正在创造美好的生活，他们的工作是有意义的。例如，一家化肥厂如果把自己说成是为了提高农业生产力，以生产更多粮食，员工就会产生一种新的使命感。生产吸尘器的企业如果把自己说成是为人们创造一个清洁、健康的生活及工作环境，员工就会受到一种巨大的鼓舞。

② 从顾客和市场需要出发确定经营领域。要确定好企业的经营领域，必须从顾客和市场需要出发，具体分析两个问题：一个是我们的企业是干什么的？另一个是我们的企业应该是干什么的？

分析企业是干什么的，其目的是要明确现在企业从事的是什么事业。究竟你们企业属于什么行业，有时候人们其实并不十分清楚。有一家制作窗帘的企业，由于当地社会及家庭对窗帘的需求有限，使企业经营陷入了困境。咨询专家来厂调研后提出："你们企业是一家制作遮挡光线产品的企业。"由此企业经营者获得了对自身企业的一种新的认识，并开始进行大胆的改革，开发出遮挡光线的仪器、设备及用品，使企业起死回生。可见，界定清楚企业是干什么的这一问题的重要性。

搞清楚企业是干什么的问题，可以从以下 4 个方面进行分析。

谁是企业的顾客？从战略角度看，企业用户有两类：一类是产品和服务的最终使用者；另一类是与最终使用者有关的非最终使用者。例如生产电子计算机的企业既要使直接使用电子计算机的人想要买，又要使各企事业单位的决策者想要买。因此，企业必须认真分析谁是自己的顾客。

顾客在哪里？一个企业不了解自己的顾客在哪里，就会盲目行动。尤其当企业的原有顾客发生转移时，企业若没有发觉，就可能失去自己的服务对象。例如在城市生活水平提高后，原来为城市服务的中低档服装、家具等消费品的顾客转移到了农村，对于生产这些产品的企业来讲，或者放弃中低档产品的生产继续面向城市，或者继续生产中低档产品转而面向农村，或者高中低档产品都生产既面向城市也面向农村。

顾客买什么？企业管理人员常常把产品的质量作为影响顾客购买的主要因素，实际上这种认识有时与实际并不相符。例如，一件衬衫，对一些人来说，重要的不是它的耐穿性而是款式，如何与西装颜色相搭配，价格只是次要的因素；而对另一些人来说，首先考虑的是其耐穿性及价格，款式则是次要的。因此顾客所购买的不是产品本身，而是一种对需要的满足。表面上不同顾客买的都是某企业相同的衬衫，有的顾客是为了遮体御寒，有的顾客则是为了体现自己的身份。企业弄清了顾客买什么的问题，就能正确确定自己的经营领域，也才能搞清楚自己的产品在与什么产品竞争。

企业将会成为什么样子？这一问题的提出主要是为了弄清楚在企业环境发生变化时对企业的经营领域会产生什么影响，进而评估市场的潜力及发展趋势。

分析企业应该是干什么的问题，其目的在于了解有什么新的经营领域、企业可以创造些什么机会，使企业明确经营领域应当有什么样的变化才能使其得到更好的生存和发展。为此可以从以下 3 个方面进行分析。一是市场需求的变化与科技的迅猛发展为企业提供了哪些新的经营领域。例如通信事业的发展带来电子计算机硬件及软件的大发展，新的经营领域会给企业带来新的变化。二是社会、经济等方面的改革为企业提供了哪些新的经营领域。例如我国实行经济体制改革后出现了房地产市场、股票市场等，这些新的经营领域也为企业提供了许多新的机会。三是企业应当淘汰哪些没有前景的经营领域。如果企业不及时淘汰衰退的经营领域，将浪费企业的资源，也会使企业没有力量去开创新的经营领域。要确定哪些经营领域应当淘汰，必须对现有产品、市场需求、销售渠道、定价促销手段等问题进行系统分析，看是否还有继续经营的前景，最终做出慎重选择。

在分析了以上两个问题以后，还要看企业所选择的经营领域是否符合国家产业政策。凡被国家列为重点发展和优先支持的行业，如新能源工业、交通运输工业、基础新材料工业等都将得到国家的支持；而被国家列为限制发展的行业，则不论企业的经济效益如何，一般都不是国家积极支持的对象。对国家产业政策明令禁止发展的小烟厂、小酒厂、小棉纺厂、小炼油厂、小加工厂等，国家将促使其关停并转，以实现产业结构优化。从宏观上来看，新兴产业、高科技产业均属于朝阳产业，一般会有发展前途。污染环境严重、产品技术性能差、能耗高的产业，都属于夕阳工业，其发展前景不容乐观。企业应当选择有发展前途的朝阳产业作为自己的经营领域。

③ 要找到最能发挥本企业特点的经营领域。大多数企业在选择经营领域时经常发生两种错误倾向：一是企业经营者已习惯于从企业原有产品及原来的经营领域来观察周围的环境，这就限制了他们的眼界，很难开拓新的经营领域；二是企业经营者过高估计自己企业的实力，盲目乐观，开辟了许多新的经营领域，向一些完全陌生的行业投资，结果消耗了大量的人力、物力，进而使经营效益下降。

为了避免上述两种错误倾向，企业经营者一方面要跳出企业原有产品或经营领域的局限，分析企业所处的外部环境及内部条件，根据社会需求、企业当前掌握的技术及目标市场状况，确定企业的经营领域；另一方面，企业应对其经营领域的范围进行审视，实事求是地评估自身的实力，不要盲目地拓展企业的经营领域。如果经营领域数目过多，将严重分散企业资源及管理人员的精力，也难以取得经营成功。总之，企业应当紧密结合自身的优势及特长来选择经营领域。

2）注重企业所承担的社会责任

在现代社会中，企业对于社会生活的影响与作用越来越大，社会也对企业的运行提出了越来越高的要求，希望企业的运行能够更好地符合整个社会发展的需要。因此，企业如果在进行战略管理中不能正确地认识自己所应承担的社会责任，从长远的观点看，就很难保证自己在市场竞争中立于不败之地。

作为经济社会中重要而有影响力的成员，企业有责任与义务来帮助保持和改进社会的福利。企业与社会的相互作用可以表现在政治、技术、经济、环境、社会、文化等方面，为此，企业在进行战略管理时必须考虑社会责任问题。例如企业的用工制度对社区就业的影响问题、企业的生产工艺可能产生的环境污染问题、企业生产的产品和提供的服务的社会成本问题等，这些问题都要求企业本着对社会负责的理念，用更长远的眼光来看待和处理。

从企业盈利的角度来看，承担社会责任短期内似乎于企业盈利并无好处，但从长期来看，可以为企业的长期发展创造一个良好的外部环境。例如安利公司的企业文化中对于企业公民的责任是这样描述的：安利深切了解其身为企业公民对社会及生态环境所承担的责任，并会竭尽全力成为良好的企业公民。

3）建设优秀企业文化，促进社会文化的进步

企业文化将影响企业战略的制定和实施。企业文化不仅会对本企业产生巨大影响，而且还会不断地向社会传播和辐射。

随着改革开放的深入，文化的落后越来越成为中国经济发展的障碍，而社会的发展使我国无论是在体制上还是在文化上都处于新旧交替的震荡之中。作为市场经济中的企业，为了自身的生存和发展，必须建构有利于企业进步的组织文化，勇敢地致力于新文化的建设。众多企业的这种行为势必影响社会大文化的变化，从而使企业成为推动社会文化进步和产生中国新文化的坚实土壤。

企业在制定企业使命时可以分析以下几个问题：

① 企业的所有者是谁？他们对企业的长期预期和短期预期是什么？

② 企业的优势有哪些？企业能为社会做些什么？

③ 企业的客户真正想获得什么？

④ 企业能为员工提供什么？

⑤ 企业能为其他的利益相关者提供什么？

4. 企业使命的表述

1）表述企业使命时应遵循的基本原则

（1）使命表述不宜太细，也不宜太粗

企业使命作为企业经营的总体指导思想，通常需要在比较广泛的层次上阐明企业的观点与态度，客观上不应该太详细；同时，企业也应该注意到，太笼统的表述可能会显得无所不包，难以对实际操作起到真正的指导作用。

企业使命是对企业态度和展望的宣言，而不是对具体细节的陈述。企业使命的表述不宜太过具体的原因主要有以下两个。第一，一个好的企业使命有助于产生多种可行的目标和战略，过于细致的规定将限制企业创造性增长潜力的发挥。第二，有利于调和企业众多利益相关者之间的矛盾或满足他们的不同需求。

企业使命的表述不宜太过粗略，主要是指企业使命对于企业战略方案选择的指导意义。含义太广的使命表述往往可以容纳过多类型的战略方案，这在客观上将起不到指导战略方案筛选的作用。例如，若给出一个包罗万象的企业使命定义，将某企业的业务表达为“满足整

个国家的食品需要”，则这种企业使命对于企业的发展方向选择将没有太大意义，因为这样的使命表述几乎涵盖了包括农场、农机、粮食物流、粮店、餐馆等在内的所有经营领域，这显然不是一个企业所能做到的。

（2）业务范围不宜太宽，也不宜太窄

进一步考虑企业使命的表述，必须注意业务范围的宽窄问题，定义中所描述的范围太宽与太窄都会给企业运行带来不利影响。范围太宽可能在语言上太模糊而显得空洞无物，从而使得企业的特点丧失，造成当前与未来的经营范围不清；而范围太窄则又可能会由于语言上过于局限而失去指导意义，使管理人员受到不适当的限制，从而可能使企业对出现的重要战略机会与威胁视而不见。

综合考虑以上因素，在企业使命的实际表述中，通常可在企业目前产品的基础上提高一档来进行描述，这样做既有利于企业的进一步发展，又不至于使企业失去具体业务方向。例如，将电话电报公司的使命定义为“提供信息传递服务”是比较合适的，若把制笔公司的使命也定义为“提供信息传递服务”就显得太宽，而定义为“提供信息记录手段”就比较合适，因为这样可使企业有比较明确的发展方向。类似地，若把电影公司的使命定义为“制作影片”就会显得范围太窄，而定义为“提供文化娱乐服务”就比较合适，因为这有助于电影公司开阔思路，积极向电视、视频等方面发展。当然，企业使命表述的宽窄范围是相对的。对于制造音响设备的厂商来说，若将使命表述为“提供家庭娱乐服务”可能会显得范围太宽，而这种表述对于生产电视机、组合音响、收音机等多种产品的大型企业集团来说也许就更合适。

2）国内外若干企业的企业使命表述

表2-2列示了国内外一些著名企业的使命表述。

表2-2　国内外一些著名企业的使命表述

企业名称	企业使命描述
IBM	无论是一小步，还是一大步，都要带动人类的进步
通用电气	以科技及创新改善生活品质
惠普	为人类的幸福和发展做出技术贡献
麦肯锡	帮助杰出的公司和政府取得更大的成功
耐克	体验竞争、获胜和击败对手的感觉
戴尔	在我们服务的市场传递最佳顾客体验
荷兰银行	通过长期的往来关系，为选定的客户提供投资理财方面的金融服务，进而使荷兰银行成为股东最乐意投资的企业及员工最佳的生涯发展场所
沃尔玛	给普通百姓提供机会，使他们能与富人一样买到同样的东西
迪士尼	使人们过得快活
中国移动通信	创无限通信世界，做信息社会栋梁
华为	聚焦客户关注的挑战和压力，提供有竞争力的通信解决方案和服务，持续为客户创造最大价值
万科集团	建筑无限生活
腾讯	通过互联网服务提升人类生活品质

2.2 企业愿景

20世纪80年代后期尤其是进入90年代以后，企业经营环境的挑战使得战略管理理论研究开始重视愿景驱动型管理，这其中有影响力和代表性的是哈梅尔和普拉哈拉德提出的“战略意图”(strategic intent)、彼得·圣吉提出的共同愿景（shared vision）及柯林斯和波勒斯提出的“愿景型企业”(visionary company)。企业愿景驱动型管理的兴起充分表明，20世纪90年代以来的战略管理理论更加注重宏大目标对企业变革与长期发展的激励作用，更加注重战略的未来导向与长期效果。

1. 企业愿景的概念

愿景是由英文“vision”翻译而来。目前对“vision”有远景、景象等多种译法，但均不如“愿景”贴切，“愿景”反映了“vision”的原意。愿景包含两层内容：其一是“愿望”，指有待实现的意愿；其二是“景象”，指具体生动的图景。在解释愿景时，有本教科书曾用了一幅漫画，画中一只小毛毛虫指着它眼前的蝴蝶说：“这就是我的愿景。”可见，愿景是一个主体对于自身想要实现目标的具体刻画。因此，企业愿景（corporate vision）是指企业成员普遍接受和认同的企业的长远目标。

企业愿景阐述了企业成员希望达到什么目标，是他们就所能达到的理想的未来状况形成的概念。企业愿景不同于一般的短期目标，它更为笼统。

2. 建立企业愿景的意义

企业愿景可以唤起人们的一种希望，特别是内生的企业愿景更是如此。工作变成是在追求一个蕴含在组织的产品和服务之中，比工作本身更高的目的。苹果计算机使人们通过个人计算机来加速学习，AT&T借由全球的电话服务让全世界互相通信，福特制造大众买得起的汽车来提升出行的便利。这种更高的目的，可以深植于企业的文化或行事作风之中。

企业愿景会改变成员与组织间的关系，它不再是“他们的公司”，而是“我们的公司”。企业愿景是使互不信任的人一起工作的第一步，它能够产生一体感。事实上，组织成员所共有的目的、愿景与价值观是达成共识的基础。心理学家马斯洛晚年从事对杰出团体的研究，发现它们最显著的特征是具有企业愿景与目的。

企业愿景具有强大的驱动力。在追求愿景的过程中，人们会激发出巨大的勇气，去做任何为实现愿景所必须做的事。企业愿景最简单的说法是“我们想要创造什么?”正如个人愿景是人们心中所持有的意象或景象，企业愿景也是组织中人们所共同持有的意象或景象，它创造出众人是一体的感觉，并渗透到组织的全面活动中，使各种不同的活动融汇起来。当人们真正共同拥有愿景时，这个共同的愿景会紧紧地将他们结合起来。企业愿景的力量源自共同的关切。人们寻求建立企业愿景的理由，就是他们内心渴望能够归属于一项重要的任务或事业。企业愿景刚开始时可能只是被一个想法所激发，然而一旦发展成感召一群人的支持，就不再是抽象的了，而是具体存在的。

拥有企业愿景的企业可以有效协调各经营单位之间的关系。企业愿景的意义，在于使个别愿景与一个较大的愿景和谐一致。如果组织的愿景被强加于下级单位，它最多能够产生遵从而不会是奉献。如果有一个持续进行的建立愿景过程，就会使经营单位的愿景与组织的愿景不断互动且相互充实。使命、愿景与价值观的结合产生的认同感，能够将一个大型组织内部的全体员工连接起来。不论在总公司或在分公司，领导者的主要任务之一就是培育这种共识。

3. 建立企业愿景应遵循的基本原则

（1）宏伟

一个愿景要能够激动人心，就不能是普通和平凡的，它必须具有神奇色彩，要能够超越人们所设想的“常态”水准，体现出一定的英雄主义精神。大多数人是为了一种意义而活着，并追求自我实现。远大的组织愿景一旦实现，便意味着组织中个人的一种自我实现。因此，愿景规划的真正意义在于：通过确立一种组织自我实现的愿景，将它转化为组织中每个人自我实现的愿景。而要达到自我实现，愿景必须宏伟。企业的愿景描述了某种期望实现的状态，通常是用非常大胆的语言来清楚地说明企业想要实现的目标。例如，腾讯公司的愿景是成为“最受尊敬的互联网企业”。

（2）振奋

表达愿景的语言必须振奋、热烈，能够感染人。人是有感情的动物，只有用热烈的语言才能激发起人们的情感力量，企业愿景应当鼓舞人心。企业愿景越令人振奋，就越能激励员工，影响他们的行为。愿景规划给人以鼓励，它为人们满足重要需求、实现梦想增添了希望。

例如，迪士尼乐园的愿景是：“成为世界上最快乐的地方。”麦当劳的愿景是：“成为世界上最好的快餐店。”

（3）清晰

愿景还必须清晰。愿景是一种生动的景象描述，如果不清晰，人们就无法在心目中建立一种直觉形象，鼓舞和引导的作用也难以发挥。

例如，福特的“使汽车大众化”，就非常清晰与形象生动。福特还进一步表达了它的愿景：“我要为大众生产一种汽车，它的价格如此之低，不会有人因为薪水不高而无法拥有它，人们可以和家人一起在上帝赐予的广阔无垠的大自然里陶醉于快乐的时光。”

（4）可实现

愿景“宏伟”的原则并不意味着愿景的规划必须十分夸张，相反，只有可实现的“宏伟”才有意义。因为愿景不是单纯为了激发想象力，而是为了激发坚定的信念。愿景如果不能被认为是可实现的，就不可能有坚定信念的产生。

4. 建立企业愿景要注意的一些方面

企业愿景的设计与建立是一个密不可分的过程，需注意以下方面。

① 把个人愿景作为企业愿景的基础。

② 按照自下而上的顺序进行征集和筛选。

③ 反复酝酿，不断提炼和充实。无论愿景是谁提出来的，都应使其成为一个企业上下反复酝酿、不断提炼的分享过程。

为了更好地运用企业愿景，应当使它具备以下特征。

① 简单易懂。员工看到企业愿景后，能够很快领会它的意思，并且能够记住其主要内容。这一点对于运用愿景规划帮助组织实行变革尤为重要。

② 具有吸引力。员工在读到或听到愿景规划后，会这样对自己说："听上去还不错。我喜欢它，要是我们真像那样就好了。"

③ 有助于建立一整套的标准。人们能够根据某项决定、选择方案或行为是否符合愿景规划来对它们进行评估。企业愿景的一大好处是它能促使人们不断为一个共同的目标而努力。

④ 具有可操作性。能够运用企业愿景提出有助于实现设想的提案和计划。通过认清当前的现实，找出现实和企业愿景之间的差距，进而制定改革策略。

企业在制定企业愿景时可以参考以下问题。

① 在未来5～10年，企业希望在本行业哪些方面领先于竞争对手或在行业中占据什么地位（如在销售额、利润、质量和创新等方面）？

② 在本行业或其他行业中，标杆企业的愿景陈述对企业有什么启示？

③ 从组织结构、地域分布、人员和进入的市场等方面来考虑，企业希望达到什么样的规模和增长水平？

案例2－1

万科的企业愿景

万科企业股份有限公司成立于1984年5月，通过多年的转型发展，成长为目前中国最大的专业住宅开发企业。

万科的愿景是成为中国房地产行业的领跑者。

为了实现这个愿景，万科要做到：

① 不断钻研专业技术，提高国人的居住水平；

② 永远向客户提供满足其需要的住宅产品和良好的售后服务；

③ 展现"追求完美"的人文精神，成为实现理想生活的代表；

④ 快速稳健地发展业务，实现规模效应；

⑤ 提高效率，实现业内一流的盈利水准；

⑥ 树立品牌，成为房地产行业最知名和最受信赖的企业；

⑦ 拥有业内最出色的专业人员和管理人员，并为其提供最好的发展空间和最富竞争力的薪酬待遇；

⑧ 以诚信理性的经营行为树立优秀新兴企业的形象；

⑨ 为投资者提供理想的回报。

2.3　企业目标

企业在确定了企业使命和企业愿景之后就可以着手设立企业目标了。企业目标的设立是提出与选择战略方案的基础，在制订战略方案之前，首先要明确企业的战略目标。

1. 企业目标的概念和作用

1）企业目标的概念

企业愿景的前瞻性意味着企业设置了具有拓展空间的长远目标，而有效的企业愿景必须与企业阶段性的目标及经营活动相结合，以达成战略的一致性。企业目标是企业在一定时期内，依据企业使命和企业愿景，考虑到企业的内外条件和可能，沿其经营方向所要预期达到的理想成果。

企业目标通常可分为定性目标和定量目标。定性目标通常是指与组织使命相一致的一般性目标，它本质上是定性的描述。定量目标即具体目标，是与整体目标相一致的、更加精确的目标。

2）企业目标的作用

企业使命和企业愿景从总体上描述了企业的经营领域与发展方向，为指导企业的各项活动提供了一个共同主线。企业目标进一步对企业使命和企业愿景起着具体化与明确化的作用。战略目标是落实企业愿景所代表的企业长远发展目标的阶段性任务分解。战略目标提供战略方案选择的依据，企业战略最终是达成企业战略目标而进行的规划。企业目标除引导企业战略外，还具有以下作用。

（1）为管理工作指明方向

管理是一个为了达到一定目标而协调集体活动所做出努力的过程。如果不为达到一定的目标，就无须进行管理。因此，企业目标的作用首先在于为管理活动指明方向。

（2）激励作用

企业目标对于企业员工具有激励作用。大多数人都有成就需要，希望不断获得成功，而成功的标志就是达到预定目标。目标的激励作用主要表现在：一是个人只有在明确了目标后才能调动起潜在的积极性；二是个人只有在达到了目标后，才会产生成就感和满意感。要使目标对企业员工具有激励作用，目标首先要符合企业员工的需要，此外还要具有挑战性。

（3）凝聚作用

企业是一个社会协作系统，它是靠目标使全体成员联结起来的。企业的凝聚力受到多种因素的影响，其中一个主要因素就是企业的目标。只有在企业的目标充分体现了或者变成了企业成员的共同利益和共同追求时，全体成员的工作热情、献身精神和创造力才能够被激发出来。

（4）提供考核标准

定量目标是考核管理人员和员工工作绩效的客观标准。由于定量目标本身是可以考核的，而且目标又是可以分解的，因此可据此对管理者和员工的目标完成情况进行考核。

3）从单一目标模式转向多目标模式

当今世界大多数优秀企业已经摒弃了“经济利益最大化”这种单一目标模式，建立起一种将企业的经济动机与社会责任相结合的多目标模式（见图 2－2）。

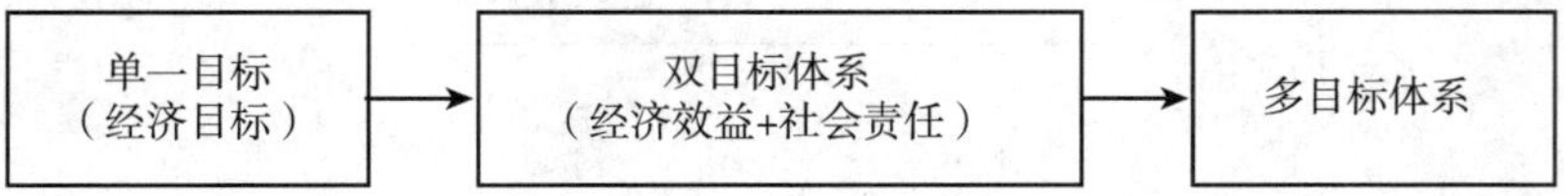

图 2－2　企业目标的变化过程

西蒙首先提出了“管理人”假设，把价值判断引入到管理活动中，使企业建立起经济效益和社会责任双目标体系。德鲁克则进一步认为，一个成功的企业应在8个方面建立自己的多目标体系，包括：市场；技术进步和发展；提高生产力；物质和金融资源；利润；人力资源；员工积极性；社会责任。因此，企业目标设定时必须根据企业的使命和共同愿景，并结合自身实际，相应地构建出一套多目标体系。

2. 企业目标体系

1）战略目标

这是指企业在其战略管理过程中所要达到的市场竞争地位和管理绩效的目标，包括在行业中的领先地位、总体规模、竞争能力、技术能力、市场份额、收入和盈利增长率、投资回收率及企业形象等。企业制定战略目标是为了使企业战略具体化、数量化，将企业总体的努力方向转变为各部门、各层次员工的行动准则。其结果不仅明确了企业的工作重点，而且提供了评价工作绩效的标准。

战略目标是选择战略方案的依据，战略方案是实现战略目标的手段。

战略目标通常可分为财务目标和非财务目标两大类。财务目标是直接与更大盈利和企业所有者的更多回报联系在一起的。例如，宝洁公司曾经提出过如下目标：未来5年内，销售增长率从6%提高到8%，每股核心业务净收益增长率从13%提高到15%。又如，富国银行曾经提出过如下目标：将银行业务（投资业务、经纪业务和保险业务）的收益贡献率从16%增加到25%。非财务目标一般与顾客或整个社会有关。例如，富国银行曾经提出过如下目标：希望绝大部分客户在接受调查时说，他们认为富国银行是最好的金融机构。

2）长期目标

这是指企业在一个相对较长的期间内所力求实现的生产经营的结果。长期目标的计划期一般为5年，并以市场占有率、投资收益率和股票价格等手段来衡量企业战略的最终效能。

企业战略决策者一般从以下6个方面考虑建立企业的长期目标。

（1）获利能力

在长期生产经营中，任何企业都会要求获得一种满意的利润水平。实行战略管理的企业一般都有自己的利润目标。在市场经济条件下，这种目标可以用企业每股股票或其他证券的收益来表示。

（2）生产效率

企业要不断地提高生产效率，生产效率经常用投入产出比率、年产量、设备自动化水平等指标来表示，有时也会把产品成本降低率、废品率等指标作为企业生产效率指标提出来进行分析。

（3）市场竞争地位

企业在市场中所占有的地位是衡量企业绩效的一个市场标准。大企业往往根据竞争地位来确立自己的目标，判断与评价自己在增长和获利方面的能力。企业的销售总量或市场占有率常常被用来作为评价这种目标的标准。

（4）企业的技术水平

企业自身的技术状况关系到企业在市场中的竞争地位，而竞争地位又关系到企业的战略选择。因此，许多企业把技术领先作为一项长期目标。

（5）员工发展

在企业中生产能力往往与员工的敬业程度及企业为员工提供的发展机会和福利密切相关。当员工感到自己在企业有发展机会时，他们往往会促进生产能力的增长。因此，企业战略决策者要考虑满足员工的期望，确立员工民主管理制度，制定有关员工职业发展的长期目标。

（6）社会责任

企业必须认识到自己对顾客和社会负有的责任，不仅要通过提供价格适宜的产品或服务来提高自己的声誉，还应通过参与社会活动、公共福利等事务来扩大自己的影响。

在确定长期目标时，企业不仅要考虑上述内容，而且要考虑目标的质量。衡量长期目标质量的标准一般有以下几个。

① 适合性。企业中的每一个目标都应该是实现其总体目标的一个具体步骤，必须服从于企业使命中规定的企业目标。违背企业使命的目标往往会损害企业自身的利益。

② 可度量性。企业在制定长期目标时，必须明确、具体地规定目标的内容及实现目标的时间进度。目标制定得越具体，越能减少误解，从而有利于操作。

③ 合意性。即所制定的目标要适合企业管理人员的期望和偏好，使他们乐于接受和完成。管理人员如果认为目标不合适或不公平，就会消极应付或拒绝实现这一目标。此外，有的长期目标还要使企业外部利益群体接受。

④ 易懂性。企业各个层次的战略管理人员都必须清楚地理解他们所要实现的目标，并理解评价目标的主要标准。为此，企业在阐述长期目标时要准确、详细，使其容易为人们所理解。

⑤ 激励性。企业长期目标既不要高不可攀，也不要唾手可得，要有一定的挑战性，激励人们去完成。在实践中，不同的个人或群体对目标的挑战性可能有着不同的认识，在这种情况下，企业要针对不同群体情况提出不同的目标，以达到更好的激励效果。

⑥ 灵活性。通常情况下，应保证预定目标的实现。如果内外环境发生了意外变化，原定目标不再合理，应当及时修订目标。

3）年度目标

这是指实施企业战略的年度作业目标，是战略实施中的一种必要手段。它与企业的长期目标有着内在的联系，为监督和控制企业的绩效提供具体的可以衡量的依据。企业主要从两个方面来考察其年度目标。

（1）与长期目标的联系

年度目标必须与企业战略的一个或多个长期目标有明确的联系。它与长期目标之间存在内在的传递与分解的关系，即年度目标将长期目标的信息传递给主要职能部门，并将长期目标按各职能部门需要分解为更具体的年度短期目标，使其便于操作和落实。

年度目标与长期目标的区别在于：一是长期目标一般要考虑未来5年或5年以上的情况，而年度目标通常只考虑一年的情况；二是长期目标着重确定企业在未来竞争环境中的地位，而年度目标则着重考虑企业职能部门或其他下属单位下一年度具体要完成的任务；三是长期目标内容广泛，年度目标内容比较具体；四是长期目标一般用相对数衡量，年度目标多用绝对数衡量。

(2) 企业年度目标与总体目标的协调

在实践中，有的企业职能部门在确定年度计划和目标时，往往会忽略企业的总体目标，而只注重本部门的利益，可能导致各职能部门在年度目标上各行其是，缺乏内在联系，从而损害企业的整体利益。为了避免这种情况发生，保持各部门年度目标间的一致性，首先，每一个年度目标都要明确说明它所要完成的工作内容、时间和衡量工作效果的手段；其次，在分别考虑各个年度目标的基础上，由企业综合考虑它们对整个企业长期目标的贡献；最后，针对各个部门的经营重点，既有分工又统一地加以实施。

3. 战略目标的确定过程

一般来说，确定战略目标需要经历调查研究、拟定目标、评价论证和选定目标 4 个具体步骤。

(1) 调查研究

将机会与威胁、长处与短处、自身与对手、需要与资源、现在与将来加以对比，搞清楚它们之间的关系，为确定战略目标奠定坚实的基础。调查研究一定要全面进行，但又要突出重点，应侧重于企业与外部环境的关系和对未来变化的研究和预测。

(2) 拟定目标

拟定战略目标一般需要经历两个环节：拟定目标方向和拟定目标水平。首先，在既定的经营领域内，依据对外部环境、需要和资源的综合考虑，确定目标方向。其次，通过对现有能力与资源等诸种条件的全面评估，对沿着战略方向展开的活动所要达到的水平做出初步规定，这便形成了可供决策选择的目标方案。

在确定战略目标的过程中，还需要注意目标结构的合理性，要列出各个目标的综合排列次序。在满足需要的前提下，要尽可能减少目标个数。一般采用的方法是把类似的目标合并为一个目标，把从属目标归于总目标，通过计算形成一个单一的综合目标。此外，要根据实际需要与可能，尽可能多地提出目标方案，以便于对比优选。

(3) 评价论证

战略目标拟定以后，就要组织多方面的专家和有关人员对提出的目标方案进行评价论证。评价论证要围绕目标方向是否正确进行。要着重研究拟定的战略目标是否符合企业使命、是否符合企业整体利益与发展的需要，还要论证战略目标的可行性。评价论证的方法主要是按照目标的要求，分析企业的实际能力，找出目标与现状的差距，然后分析用以消除差距的措施。如果能力和措施对消除这个差距有足够的保证，就说明这个目标是可行的。此外，还要对拟定目标的完善化程度进行评价，要着重考察目标是否明确、目标的内容是否协调一致、有无改善的余地。

如果在评价论证时，人们已经提出了多个目标方案，那么这种评价论证就要在比较中进行。通过对比，权衡利弊，找出各种目标方案的优劣所在。

目标的评价论证过程，也就是目标方案的完善过程。要通过评价论证，找出目标方案的不足，并想方设法使之完善起来。如果通过评价论证发现拟定的目标完全不正确或根本无法实现，那就要重新拟定目标，然后再重新评价论证。

(4) 选定目标

选定目标可从以下 3 个方面进行：目标方向的正确程度、可望实现的程度、期望效益的大小。对这 3 个方面要做综合考虑。在选定目标时，要掌握好决断的时机，既要防止在机会和困难没有搞清楚前就轻易决断，也要反对无休止的拖延和优柔寡断。

调查研究、拟定目标、评价论证、选定目标这4个步骤是紧密联系在一起的，要前后照应、协调进行。

4. 企业目标的表述

企业目标的表述要注意以下几个方面。

（1）要有单一明确的主题

每一个目标所涉及的应该是单一明确的主题。避免使用含糊不清的抽象语言与华而不实的空话和套话，如“在行业中处于领先地位”“成为积极进取的市场开拓者”等。目标单一明确，才有可能将它进一步具体化为有针对性的战略方案，并分解成一项项任务，最后把应完成的任务、应拥有的权利与应承担的责任落实到企业每一个员工身上。

（2）要有希望取得的成果

目标所涉及的应该是希望通过活动取得的结果，而不是活动本身。不要将企业准备做的事情与准备要做成的事情混淆起来。事实上，企业准备做的事情只是企业拟进行的活动，这与结果没有必然的联系，而企业准备要做成的事情才是企业真正希望取得的最终成果。

（3）可以进行评价考核

目标应该具有可衡量性，以便人们对目标最终是否实现进行比较客观的评价和考核。目标应该尽量用数量化的术语来表述。如果设定的目标不可衡量，也就无法对它进行必要的考核，从而也就不能对企业是否达到目标进行适当的评价，这显然不利于企业战略管理过程的运作。

（4）要有实现目标的期限

企业目标表述必须包括一个实现该目标的时间期限。对于任何工作或任务，在布置时如果没有提出时间上的要求，则接受该工作或任务的人就不可能清楚该工作或任务的紧迫程度，从而也就很难对所需完成的工作做出适当的顺序安排，企业管理人员也难以对其进行有效的运作。

（5）应具有挑战性和激励性

企业目标设定的水平值要科学。企业制定的目标不宜过高，否则根本达不到；也不能过低，否则不需经过太多努力就可以轻松地达到。具有挑战性的目标是指经过艰苦努力能够达到的目标。挑战性目标应该极为大胆和振奋人心，以便能够持续鼓励企业员工向既定目标迈进。

（6）目标应该符合企业的核心理念

企业在设定挑战性目标时，还应该使目标符合企业的核心理念。例如，波音747是风险特别高的项目，但是波音公司始终没有忘记公司的核心价值观：珍视产品安全，应用商用客机历来最严格的安全标准、测试和分析。不管金融压力有多大，迪士尼公司在制作《白雪公主》、兴建迪士尼乐园和佛罗里达州迪士尼世界时，仍然遵循极为注重细节的核心价值观。此外，优秀企业不会盲目地追求挑战性目标，而是追求既能加强本身核心理念又能反映企业自我定位的挑战性目标。

案例 2－2

茅台的战略目标

中国贵州茅台酒厂（集团）有限责任公司在“十三五”规划中对未来五年的企业目标作了自我定位：“通过产融结合打造多元化发展的大型酒业投资控股集团，成为受人尊敬的世界级企业，享誉全球的国酒茅台。”根据该规划，2020 年茅台集团千亿销售目标中，茅台酒板块占 700 多亿元，其余的 200 多亿元靠金融板块支撑。

案例 2－3

老凤祥的战略目标

2016 年，上海老凤祥有限公司在 2016 年至 2020 年老凤祥“十三五”发展规划中首次提出：继续突出珠宝首饰核心主业，将老凤祥品牌打造成大中华地区黄金珠宝首饰第一品牌，老凤祥品牌将逐步实现由国内领先品牌向国际知名品牌的转型。围绕这一目标，力争到 2020 年实现营业收入 630 亿元，利润总额 32 亿元，分别比“十二五”期末的 2015 年增长 76.47%和 68.42%。

本章小结

企业使命代表企业存在的根本目的或理由，而企业愿景是指组织成员普遍接受和认同的组织的长远目标。德鲁克曾指出，建立一个明确的企业使命是战略家的首要责任。企业使命为所有的战略管理活动指明了方向，它对于战略制定、战略实施和战略评价来说都至关重要。企业使命通常包括经济使命、社会使命和文化使命三个层面的内涵。在确立企业使命时，要用市场导向观念来确定企业的经营领域，以激发企业员工的工作激情，使企业员工能认识到他们工作的意义。企业使命从总体上描述了企业的经营领域与发展方向，为指导企业的各项活动提供了一条共同主线。企业目标进一步对企业使命起着具体化与明确化的作用。在企业目标体系中，企业战略目标是企业选择战略方案的依据，而在整个战略管理过程中，战略方案是实现战略目标的手段。定义企业目标时要遵循可度量和带有一定挑战性等基本原则。

思考题

1. 什么是企业使命?

2. 企业使命的意义有哪些?

3. 搜集一家公司关于企业使命的表述，并分析其表述是否具有指引战略方向和激励员工等作用。

4. 试为你熟悉的一家企业定义其使命。

5. 什么是企业愿景?

6. 搜集一家公司关于企业愿景的表述，并分析其表述是否具有指引战略方向和激励员工的作用。

7. 请谈谈战略目标、长期目标、年度目标三者之间的联系和区别。

8. 企业目标表述应注意哪些方面的要求?

第3章

企业外部环境分析

案例导入

华为手机的外部环境

华为消费者BG CEO、华为终端公司董事长余承东曾说："定位决定地位，眼界决定境界，你的眼界水平决定了你能走多远、站多高，我一直要求我的团队要比对手站得更高、看得更远、看得更深，就像下棋一样，你能看多少步之后。当人人都能看到这个应该怎么做的时候，你再这么去做，就已经晚了。"他要求各级主管都要有超越竞争对手的精神。

1. 政治环境

2012年，华为在美国遭遇"安全门"，美国方面担心华为的电信网络设备会威胁其网络安全。当时，华为大部分产品、团队撤出美国。由于手机等消费类产品并不是安全调查重点，2014年6月，荣耀、华为终端同时登录亚马逊美国电商平台，进入美国市场。由于"安全门"带来的影响，华为始终未能与运营商达成协议。2015年，华为终于与AT&T等美国本土运营商合作，开拓美国市场。截至2015年，华为进入美国市场的手机全部采用高通芯片，采用海思芯片的产品暂时未能进入美国，这使得海思芯片的信号强、待机长等差异化优势在美国市场很难得到体现。

2. 技术环境

2015年，余承东认为，"我们现在是智能手机，下一代是智慧型手机，有大量的传感技术、输入、输出、人机交互的技术用在这个产品上。另外它有强大的处理能力，最核心的是下一代智慧型手机有背后的大数据和云服务的连接，有大数据和云服务在后面支撑。"

2016年，余承东表示："未来的机会非常多，人工智能、VR（虚拟现实）、AR（增强现实）都是机会，这就好比开车，在每一个弯道或者转弯处，都会有机会超越对手。"华为将会在穿戴设备领域进行探索，余承东说："新的技术不断涌现，华为要始终走在科技创新的前沿。虽然当前穿戴设备没有取代智能手机，规模仍有限，但华为仍会进行技术储备，在这个行业具备商业化价值的时候，推出产品。”

据华为预测，2025 年全球将有 80 亿个智能手机用户，超过 1 000 亿个终端通过网络互连。“这里面 90%以上都是物与物的连接机会，而 4K/AR/VR 等高清语音、高清视频和虚拟现实等全新的用户体验方式也同样提出了更高的连接需求，需要网络、终端等诸多环节进行升级。”2016 年，华为业务 BG CEO、公司战略 Marketing 总裁徐文伟称，估计仅 VR 视频产业就有可能达到千亿美元的级别，并带来万亿美元的企业市场机会。

3. 行业环境

2014 年，余承东表示，华为是一家“竞争对手驱动型”公司，在 B2B 方面，爱立信、诺西等都扮演了“对手即能量”的角色，最终华为用长跑的姿态耗尽了对手，成功“登顶”。因此，在看到小米等手机品牌在互联网崛起时，华为尝试搞懂互联网手机玩法。

在市场份额方面，余承东在 2015 年指出，“我们的量跟苹果、三星相比还是有很大的差距的，在中国虽然我们市场份额超过了三星、苹果，但是苹果高端的量还是比我们多，在海外三星和苹果在高端市场的量也比我们多，所以我们未来有巨大的成长空间。”“明年会迅速缩小和三星、苹果的差距”。他还指出，“华为应该开始在全球市场挑战苹果和三星了。目前华为与苹果、三星的最大差距是品牌。即使产品做得很好，品牌起来还需要一段时间。”2016 年，由于三星 Note 7 炸机召回事件及苹果在创新上遭遇瓶颈等因素，华为迎来了缩小差距的市场机遇。对于未来的市场，余承东在 2016 年认为，全球手机市场将经历一个三到五年的洗牌期，这个洗牌期之后，“全球活下来的厂家只有三到四家，不会超过四家”。因此，余承东一直强调，华为手机要做一个“长跑选手”，“整个行业在变化，这个行业是一个长跑，我们比的是耐力，是长久持续的发力。”余承东还认为，“未来华为手机要打赢两场战争：一是在高端市场要超越苹果，占据更好的市场地位，获得更大的市场份额；二是在同中低端国产厂家的竞争中也要获取优势。”

华为内部人士 2015 年介绍，“两年前，老板（任正非）经常会召集终端的几个头，问‘我们跟三星还差多少’，如果没有明显的进步，都会挨批。今年开始，老板不再关注三星，而是开始问‘我们与苹果还差多少’，超越三星只是时间问题。”

在产品质量和流程管理等方面，华为也与竞争对手对标。余承东在 2016 年指出，“华为的原则是在用户体验方面对标苹果，在拍照、运动健康、云服务等领域都要把体验做到极致。”华为曾就流程管理对标爱立信，发现在从客户生成订单到项目验收的整个周期，华为流程更长，比爱立信要消耗更多的人力，与爱立信的管理水平存在较大差距。

对于未来市场机会，华为创始人任正非 2014 年表示，“公司前段时间挺骄傲的，大家以为我们是处在行业领先位置，但是我们的管理层团队用了半年时间做了‘战略沙盘预演’，发现我们在全世界未来十年的重大市场机会点的占有上不到 10%，弟兄们的优越感顿时就没有了，知道该如何努力了。这不是危机意识，这就是假设，假设未来的方向，看你现在处在什么位置。”

4. 生态环境

2015年，对于智能手机市场，余承东表示，真正的业务生态要靠大量的APP，要靠大量的业务内容合作伙伴来做，对华为来说，生态体系的构建不是靠一家吃独食，而是要靠大家共赢。

一位华为首席专家在2015年指出，"如果没有生态建设，那么电信行业会愈发管道化，沦为价值链最底层；未来的终端产品也需要与各式各样的智能设备连接，成为价值的中心，如果没有生态建设，现在的终端产品到时候就只是一个Hub（转发器）。"

2015年，华为副董事长兼轮值CEO胡厚崑指出，现在真正跨行业讨论5G的标准问题，在全球范围内还都不够活跃，"这也是华为认为下一步要去促进的工作。"他指出，"5G标准的产生，需要通过广泛合作和对话，走一个共同定义标准的过程。这种对话和协作，我们更希望它超越电信行业层面来发生。为什么需要5G，因为5G对其他行业应用产生影响，要对各个行业的工业信息化做出贡献，所以5G标准要能充分满足不同行业的要求"。他认为，"5G不仅仅是一次技术升级，它将成为未来数字世界的一项关键基础设施，为我们搭建一个广阔的技术平台，催生无数今天我们还不知道的新应用、新商业模式，甚至新的产业。"

2016年，华为轮值CEO郭平告诉21世纪经济报道记者，"我们的定位只聚焦在技术提供者，所以华为必须与行业建立良好的协作关系，共同促进未来的数字化转型"。

（资料来源：根据互联网资料整理）

外部环境影响企业的成长和获利能力，它不仅给企业带来了机遇，也可能会带来威胁，并对企业的战略行动产生重要影响。企业的外部环境就像是大海，企业就像是大海中航行的船舶，当外部环境起大风浪时，企业要想平稳地行驶是非常困难的。因此，战略管理者一定要善于判断社会宏观形势，考察行业未来发展态势及与竞争对手的竞争合作关系，明确它们对企业可能带来的影响，从而帮助企业制定正确的战略。

3.1 宏观环境分析

大部分企业正面临着一个高度动荡、复杂和全球化的外部环境，分析外部宏观环境是一个连续的过程，包括：扫描、监测、预测和评估，见表3-1。通过扫描、监测、预测和评估，企业可运用多种原始资料来分析外部宏观环境。这些资料的来源可以是各种印刷资料（如报纸、商业出版物、学术研究成果和公众调查结果等）、贸易展览、供应商、客户和员工等。当然，互联网信息资源也起着越来越重要的作用。

表3-1 外部宏观环境分析的构成

扫描（scanning）	确认环境变化的趋势和早期信号
监测（monitoring）	持续观察环境变化和趋势，探索其中的含义
预测（forecasting）	根据所跟踪的变化和趋势，形成结果预期
评估（assessing）	判断环境变化和趋势对企业战略管理影响的时间点和显著程度

宏观环境主要由政治法律（political）环境、经济（economic）环境、社会文化（social & cultural）环境和技术（technological）环境等相互影响而成，因此宏观环境分析又称为 PEST 分析，如图 3－1 所示。

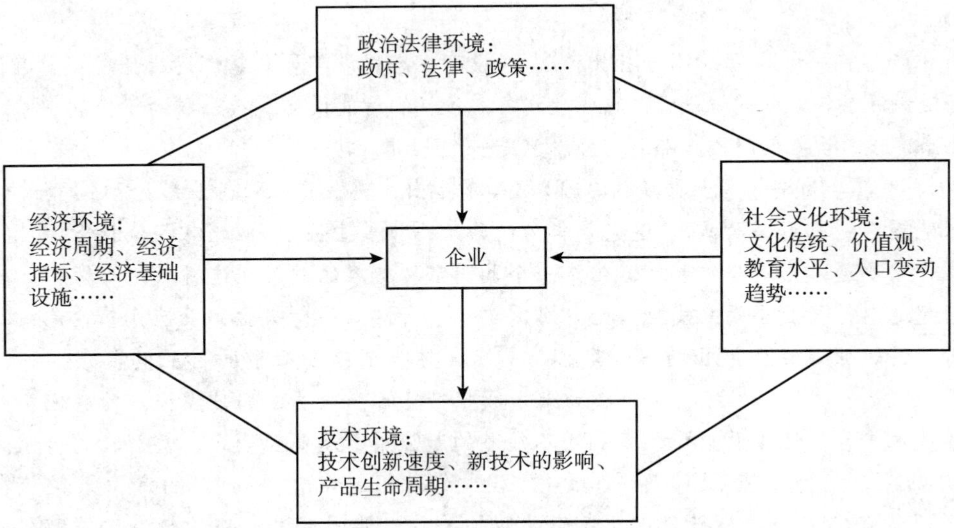

图 3－1　PEST 分析

1. 政治法律环境

企业的政治环境是指制约和影响企业的各种政治要素及其运行所形成的环境系统，涉及政治制度、政党和政党制度、政治性团体、国家的方针政策和政治形势等。企业的法律环境是指与企业相关的社会法制系统及其运行状态，包括国家制定的法律、法规、法令及国家的执法机关等。

一般来说，政府主要是通过制定一些法律、法规来间接影响企业的经济活动。为了促进和指导企业的发展，我国颁布了许多相关的法律，主要包括：保护企业权益的法规，如《中华人民共和国商标法》《中华人民共和国专利法》《中华人民共和国著作权法》等；规范企业行为的法规，如《中华人民共和国经济合同法》《中华人民共和国反不正当竞争法》《中华人民共和国反倾销法》《中华人民共和国广告法》《中华人民共和国价格法》等；保护消费者权益的法规，如《中华人民共和国消费者权益保护法》《中华人民共和国产品质量法》《中华人民共和国食品卫生法》等。

政治法律环境是保障企业开展正常的生产经营活动的基本条件。需要注意的是，政治法律环境因素对企业来说通常是不可控的，带有强制性的约束力，企业只有适应这些环境因素，使自己的经营行为符合国家的政策、法律、法规，才能获得生存和发展。

在处于市场化进程中的发展中国家或者转型经济体中，企业往往需要面对制度环境的动态变化，以及在不同区域之间呈现出的制度环境的差异和多样性。世界银行的研究发现，在中国，虽然基本的商业法律和政府管制在全国范围内大体相同，但是由于不同区域间制度效率的差别，造成企业的税费比例、非生产性时间和资源的支出等都存在巨大的差别。

2. 经济环境

所谓经济环境，是指构成企业生存和发展的社会经济状况及国家经济政策，包括社会经济结构、经济体制、经济发展速度、银行信贷、市场发育程度、宏观经济政策及经济运行的平稳性和周期性波动等。与其他环境因素相比，经济环境对企业的经营活动有更广泛、更直接的影响。

首先，要考察宏观经济的总体状况。也就是要了解目前国家经济处于何种阶段，是萧条、停滞、复苏还是增长，以及宏观经济以怎样一种周期规律变化发展。一般来说，在宏观经济的增长阶段，市场扩大，需求增加，企业发展机会较多；反之，在宏观经济的萧条、停滞阶段，市场需求增长很小甚至不增长，企业发展机会随之减少。国外企业持续看好中国市场就是因为我国长期增长的宏观经济形势。

在众多衡量宏观经济的指标中，国内生产总值是最常用的指标之一，它是衡量一国或一个地区经济实力的重要指标，它的总量及增长率与工业品市场购买力及其增长率有较高的正相关关系，如我国国内经济的高速增长伴随着机械设备的大量进口及其高速增长。同时，宏观经济指标也是一国或一个地区市场潜力的反映。近年来，东南亚和中国成为欧美国家竞相投资的热点，也是因为这一地区经济持续、稳定的高速增长所带来的巨大潜在市场。

除了分析国内生产总值这个指标外，还要分析可支配收入和恩格尔系数。可支配收入决定了社会和个人的购买能力，由此决定了潜在市场容量。例如，20世纪80年代初期，由于欧美劳动力成本的上升，世界电视机产业面临着一次大的生产基地转型。当时美国电视机企业认为中国个人的可支配收入很小，在短期内无法形成一个庞大的电视机消费市场，于是放弃进入中国市场。而日本电视机企业却认为尽管中国个人的可支配收入小，但家庭可支配收入较大，特别是中国人注重家庭氛围，于是判断中国在短期内会形成一个较大的电视机消费市场，于是选择进入中国市场。美、日电视机企业对中国个人和家庭可支配收入的不同判断决定了各自在中国家电市场上的业绩表现，实践表明日本家电企业在中国市场上取得了成功。除了可支配收入的总量之外，可支配收入的分配结构将决定具体行业所面临的市场容量和市场分布结构，影响行业结构和行业布局。可支配收入的发展速度和发展稳定性也对企业战略有重大影响，特别是对消费品行业更是如此。

《经济学人》预计，到2020年，中国中产阶级人口将超过4.7亿，中国城市私人消费预计将从目前的32 000亿美元增长至56 000亿美元，中产阶级及富裕阶层消费将占中国整体消费的81%。麦肯锡预计，到2030年，中国一半城市家庭月收入超13 000美元，中国人的消费将占到全球的12%。社会越进步，人们越追求有品质、有文化、低调奢华的时尚生活。

德国统计学家E. 恩格尔在1875年研究劳工家庭的支出结构时发现，当家庭收入增加时，多种消费的比例会相应增加，但用于购买食物支出的比例会下降，而用于服装、交通、保健、文娱、教育的开支及储蓄的比例将上升。这种趋势被称为“恩格尔定律”。衡量一个国家、地区、城市、家庭生活水平高低的重要参数是恩格尔系数。恩格尔系数的计算公式是

$$\text{恩格尔系数}=\frac{\text{食物支出变动百分比}}{\text{收入变动百分比}}$$

按联合国划分富裕程度的标准，“恩格尔系数”在60%以上的为饥寒；在50%～60%之间的为温饱；在40%～50%之间的为小康；40%以下的为富裕。麦肯锡研究认为，到2030年，中国家庭全年在食物上的支出占比将继续下降，而“可选品”和“次必需品”的支出将

持续显著增加。

除了上述宏观经济总体状况以外，企业还应考虑基础设施、利率水平、劳动力的供给（失业率）、消费者收入水平、价格指数的变化（通货膨胀率）等。这些因素将影响企业的投资决策、定价决策和人员录用政策等。其中，基础设施条件主要是指一国或一个地区的运输条件、能源供应、通信设施及各种商业基础设施（如各种金融机构、广告代理商、分销渠道、营销调研机构）的可靠性及其运行效率，它在一定程度上决定着企业运营的成本与效率。对于从事跨国经营的企业来说，还必须考虑汇率、国际贸易的支付方式、东道国政府对利润的控制、税收政策等。

3. 社会文化环境

社会文化环境是指一定时期整个社会发展的一般状况，主要包括社会结构、社会风俗和习惯、人的价值观念、宗教信仰、文化传统、人口变动趋势、生活方式和行为规范等。影响企业经营战略的社会文化因素主要有以下几种。

1）人口

社会文化环境对企业生产经营的影响是不言而喻的，特别是其中的人口因素，因为人口构成了大多数产品的消费市场，是决定市场规模的重要因素。总人口、人口的地理分布和密度、家庭数量、年龄构成及人口增长率对企业的生产和销售都有显著的影响。

（1）不同国家、地区和城市人口规模和增长率

人口规模影响市场的容量，增长率影响未来市场的增长情况。从全球范围来看，人口正在呈现快速增长的趋势：全球人口总数已超过 70 亿，并以每年 1.7%的速度在增加。中国作为世界上人口最多的国家，其消费品市场发展潜力巨大。

（2）人口年龄结构

人口年龄结构影响市场需求结构。不同年龄段的人对产品的需求有很大差别。儿童需要玩具、学习用品和营养食品；青少年需要图书、影碟和时装；老年人需要保健食品和怀旧商品。企业通过分析一定时期的人口年龄结构就能发现市场机会。例如 20 世纪 50 年代，百事可乐公司发现美国 13 岁至 19 岁的人口在总人口中的比重很大，于是决定将青少年作为主要目标市场，提出了“新一代的可乐”的宣传口号，这种市场策略赢得了青少年的青睐，获得了很大成功。

据预测，到 2050 年，我国达到或超过 65 岁的人口将会达到 3.3 亿，这几乎是全国人口总数的 1/4。企业可以利用这个细分市场人群的显著增长而获利，通过专为老年人设计产品和服务来满足他们的需要，如休闲活动、医疗产品和怀旧商品等。

（3）人口地理分布及流动

不同地区的人口密度影响市场需求量，不同地区的地理环境、气候特点影响地区居民的购买习惯和购买行为。例如，在寒冷的北方，人们对暖气设备和御寒服装需求量较大，而在炎热的南方，人们对空调设备的需求量较大。不同地区的经济发展程度不同，居民的消费偏好也有很大差异。研究人口的地理分布特点对营销战略很有意义。人口的地理分布随时间推移会发生一定变化，这就是人口流动。目前，世界上许多国家的人口流动具有两个趋势：从农村流向城市；从城市流向郊区。这两个趋势对营销战略有两方面的影响：城市市场成为企业营销的必争之地；企业销售网络布局向郊区发展。

(4) 家庭规模

家庭规模影响家庭购物和消费模式。一般来说，大家庭需要大体积的用具、大包装的食品；而小家庭则需要小型的家用设备和小包装的食品。

2) 教育水平和人口素质

目前，我国的教育无论是在内容方面还是在形式方面，都正在变得越来越丰富多彩，从全日制的中专技校、高等学校，到各种远程教育及各类短期培训班，应有尽有。教育方面的积极变化对企业经营产生许多影响。受教育程度越高，对产品的鉴别能力、接受能力越强，购买的理性程度越高，对产品质量和品牌就越挑剔，还要求突出消费个性。一般而言，消费者受教育程度越高，收入越多，购买力越强，对书籍、艺术品、旅行、文化娱乐的需求也会越多。

教育水平和人口素质是相互联系的，整个社会的教育水平高，对企业来说就可以获得高质量的人力资源；反之，若教育水平低下，劳动力素质低，很难适应企业的生产经营活动，就会影响企业的经济效益。

3) 文化传统

文化传统是一个国家或地区长期形成的道德、习惯、思维方式的总和。文化因素强烈地影响着人们的购买决策和企业的经营行为。不同国家有着不同的文化传统，也有不同的亚文化群、不同的社会习俗和道德观念。企业要通过对文化传统的分析，了解行为准则、社会习俗、道德态度等，在经营管理中对具有不同文化传统的人采取不同的方法进行管理。

中国是一个家文化传统最为悠久和深厚的国家，目前我国的民营企业中90%以上是家族企业，大部分实行家族式管理。

西方学者普遍认为华人社会的信任度很低。德国学者韦伯（M. Weber）在《儒教与道教》一书中指出，信任关系有两类：特殊信任和普遍信任，前者以血缘性社区为基础，后者以信仰共同体为基础。他认为，中国人的信任大多建立在亲缘或类亲缘的私人关系基础上，是一种难以普遍化的特殊信任。福山（F. Fukuyama）在《信任：社会道德与经济的繁荣》一书中认为，经济深植于社会生活之中，社会成员之间的信任普及程度，通常是由宗教、传统、历史、习惯等文化机制所建立起来的，他在大量实证调查的基础上认为，美国、日本、德国属于高信任度国家，而法国、意大利和中国则属于低信任度国家，中国社会的信任是建立在以血缘关系维系的家族基础之上的，中国社会的本质和信任关系的基础是家族主义，对家族之外的人缺乏信任，是一种缺乏普遍信任的社会。

目前，中国处于转轨时期，社会信任结构的基本特征是“差序格局”：家族信任和泛家族信任是基石，而制度化的社会信任度很低或有限，社会信用缺失（Hamxilton，1991；郑也夫，2003)。这在很大程度上制约了我国家族企业规模的扩张，并影响家族企业所有权结构的多元化及所有权和经营权的分离，影响古典式家族企业向现代企业制度转型。

4) 社会心理

社会心理对人们的行为起支配作用。例如一个民族精神比较强的民族，人们会自觉地维护民族利益。其行为特征是个人利益服从民族利益，局部利益服从整体利益。在企业经营中表现为以企业利益为重，容易形成有巨大凝聚力的企业精神。社会心理还可以体现为人的价值观取向、对物质利益的态度、对新生事物的态度、对企业经营风险的态度、对社会地位的态度，这些都会给企业经营带来影响。

4. 技术环境

技术环境对企业的生产活动和销售活动有直接而重大的影响，尤其在面临原料、能源严重短缺的今天，技术往往成为决定人类命运和社会进步的关键。同时，技术水平及其产业化程度也是衡量一个国家或地区综合实力和发展水平的重要标志。

2013 年 4 月，德国政府提出“工业 4.0”的概念。在“工业 4.0”时代，未来制造业的商业模式是以解决顾客问题为主。“工业 4.0”被誉为第四次工业革命。第一次工业革命始于 18 世纪 60 年代蒸汽机的改良和应用，标志着工业社会步入“蒸汽时代”；19 世纪下半叶发生的第二次工业革命开创了工业社会的“电气时代”；第三次工业革命则是第二次世界大战以后因计算机的发明及随后几十年 ICT［即信息（information）、通信（communication）和技术（technology）三个英文单词的首字母组合］的快速发展而开启的“信息时代”。我国于 2015 年出台了《中国制造 2025》，提出要顺应“互联网＋”的发展趋势，以信息化与工业化深度融合为主线，推进智能制造、绿色制造。

在这个科学技术日新月异的时代，技术环境要素将扮演越来越重要的角色。互联网正在改变企业的思维模式、业务模式和市场边界，也在改变企业的组织形式。例如，网络技术的发展影响了人们的购买行为，这就要求相应的生产企业调整战略，逐渐将销售重心转移到网络上来，以适应消费者购买行为的新变化。

技术力量主要从两个方面影响企业战略的选择。

（1）技术革新为企业创造了机遇

新技术的出现使得社会和新兴行业增加了对本行业产品的需求，从而使得企业可以开辟新的市场和新的经营范围。技术进步可能使企业通过利用新的生产方法、新的生产工艺过程或新材料等各种途径，生产出高质量、高性能的产品，同时也可能使产品成本大大降低。

（2）新技术的出现也使企业面临新的挑战

技术进步会使社会对企业产品和服务的需求发生重大变化。技术进步对某一个行业形成了机遇，同时可能会对另一些行业造成威胁。此外，竞争对手的技术不仅可能使本企业的产品和服务陈旧过时，也可能使本企业的产品价格偏高，从而失去竞争力。因此，要认真分析技术创新和技术革命给企业带来的影响，认清本企业和竞争对手在技术上的优势和劣势。

技术开发是一个战略问题，是当代企业最主要的战略之一，它在一定程度上决定着企业的战略方向和生存能力。因此，企业必须预测技术的发展及转化更新的趋势，并根据这些变化不断进行产品结构及市场结构的调整，重视新技术及新产品的开发工作，这样才能使企业立于不败之地。

3.2 商业生态系统分析

人们通常把沃尔玛和微软在现代商业中的主宰地位归因于多种因素——从公司创始人的远见和魄力到公司有效竞争的做法。然而，这两家迥然不同的企业能够取得今天的业绩，根本原因在于某种远远大于公司本身的东西——它们各自的商业生态系统（business ecosystem）的成功。商业生态系统是一些结构松散的网络，由供应商、分销商、外包公司、相关产品的生产商或服务商、技术提供商及许许多多的其他组织所构成。这些网络影响着企业产品的制造和交付，同时后者也反过来影响前者。

与自然生态系统中的物种一样，商业生态系统中的每一家企业最终都要与整个商业生态系统共命运。因此，在制定公司战略时，不能只着眼于公司本身，还应从全局考虑，了解整个生态系统的健康状况，以及公司在系统中扮演的角色。基于生态系统的战略不仅使公司自身得利，而且使所有系统成员共同受益，从而形成商业上的良性循环，使公司得以持续发展。微软和沃尔玛正是采用这种生态系统战略的佼佼者。

1. 商业生态系统的提出

人们对组织与环境之间关系的认识经历了一个较长的过程。传统组织理论将组织看成是一个高度结构化的、机械的、封闭的系统，很少甚至不考虑外界环境的变化与影响。随着市场环境和顾客需求的变化，人们对组织与环境之间关系的认识也在不断深化。

（1）开放系统理论：组织要认识环境的重要性

由贝塔朗菲（Bertalanffy）提出的开放系统理论（open system theory）的主要观点是：组织要满足自身的各种需要，要生存和发展下去，就必须与其所处的环境进行物质、能量和信息等各方面的交换，否则就会难以生存。贝塔朗菲指出："生命系统本质上是开放系统。开放系统被定义为与环境交换物质的系统。"因此，组织必须像生物体一样对环境开放，建立一种与周围环境融洽的关系。卡斯特认为，物理系统和机械系统在它们与其环境的关系中可以认为是封闭系统，与此相反，生物系统与社会系统则不是封闭的，而是与其环境不断相互作用的。开放系统观认为，环境是一个值得时刻注意的关键要素，组织作为开放系统与它所处的环境之间发生着持续的、动态的相互作用。这一观点与古典管理理论有着根本的不同，后者极少关注环境，只重视组织内部的设计并将其封闭起来。开放系统理论的出现开辟了组织理论和管理理论的新思路，打破了官僚和封闭的思维方式。

（2）权变理论：组织要适应环境

权变理论（contingency theory）则更进一步认为，组织除了要对环境开放外，还必须考虑如何适应环境的问题。权变理论的主要思想包括：组织是开放系统，需要精心管理以满足和平衡内部需要并适应环境；没有最佳的组织形式，组织的适当形式取决于任务或所处环境的类型；在同一组织中，完成不同的任务需要不同的管理方法；不同的环境需要不同的组织类型。

权变理论的基本观点是有效组织的设计决定于环境的特性，它的理论核心就是通过组织和它所处的环境之间的联系，以及组织的各子系统内部和各子系统之间的相互联系来确定各种变数的关系类型和结构类型。现实中不存在一成不变的组织内外环境，因而也不存在一成不变、普遍适用的组织管理原则和模式，组织管理要根据所处的内外环境条件而变。

（3）种群生态学：环境对组织的自然选择

种群生态（population ecology）学则又比权变理论更进一步。权变理论认为组织要适应环境，而种群生态学则要回答这样一个问题：如果现在有几个同类的组织都适应环境，那么哪一个组织能生存、发展得最好呢？种群生态学主要是将达尔文的自然选择学说移植到了组织分析中，认为组织像自然界中的生物一样，其生存依赖于它们获得充足资源的能力。由于面临其他组织的竞争及资源的稀缺性，只有"最适应环境"的组织才能够生存。在某个特定时间里，组织的性质、数量和分布依赖于可得到的资源及各种组织种群内部和相互之间的竞争。因此，环境通过优胜劣汰选择最强者，环境成为决定组织成败的关键因素。这种观点强调竞争，由于组织必须争夺有限的资源以维持自身的生存和发展，因此组织之间的关系以竞争为主，尤其是属于同一种群的组织，更是互为直接竞争者。

(4) 组织生态学：组织与环境是合作关系

种群生态学和权变理论都是将组织与环境对立起来，假定组织和环境是分离的。在现代系统理论的观点下，这种假设是有疑问的。组织像生物体一样，不是孤立存在的，也不是自给自足的，它们存在于一个复杂的生态系统中。

组织生态（organizational ecology）学则认为组织与环境是合作关系。整个生态系统的演变包括组织与环境的关系集合的演变，正如自然界中生物组成环境一样，组织的环境也是由大量组织构成的，因此组织与环境是互动的。不仅环境会选择组织，组织也会主动构造自己的未来，尤其是当组织联合起来时，环境就会变得可协商，而不是独立的、影响组织的外在力量。

组织生态学最著名的观点是，“进化是相互适者生存（the survival of the fitting），而不是最适应者生存（the survival of the fittest）”。组织生态学强调的是合作，即一个相互联系的群体之间通过相互适应实现整个群体生存，这是个动态的过程，而在前面最适者生存的进化理论中，竞争被视为组织生活的基本形式，强调个体组织的生存。关注现实生活中的各种经济现象，可以发现合作和竞争常常同时存在。例如，同行业组织常常组成协会以便于合作并分享利益、企业间联合研究开发以降低风险等。

(5) 合作竞争理论：合作与竞争共存

组织生态学强调组织与环境的合作，而合作竞争（coopetition）理论则强调合作与竞争的同时性。Adam M. Brandenburger 和 Barry J. Nalebuff 对企业之间既合作又竞争的关系进行了深入的研究，他们认为，企业之间既不是单纯的竞争，也不是单纯的合作，而是合作与竞争共存。他们把与企业相关的伙伴企业分成 4 类：顾客、供应商、互补者和竞争者，企业与它们之间形成了二维的价值网。

一般来说，企业与不同伙伴之间的合作竞争关系表现在：当这些不同的企业走到一起的时候，都是为了一个共同创造利益的目标——“做蛋糕”而来。在“共同做蛋糕时”，伙伴之间是合作的关系；而在完成了任务，分享利益——“分蛋糕”时，伙伴之间就体现为竞争关系。这一点不仅体现在项目完成后，而且体现在项目进行过程中每一次存在分配的情况。这说明伙伴之间的合作与竞争总是同时发生的。如果把其他企业合作伙伴只看成合作者，那么就只会注重相互合作的一面，而忽略相互竞争的一面，这样反而不利于合作；反过来，如果只看成是竞争关系，而忽略相互合作的一面，也是不正确的。

(6) 商业生态系统理论：共同进化

合作竞争理论从静态的角度考察了企业与其所处的环境——顾客、供应商、互补者和竞争者之间合作与竞争并存的关系，但是并没有从更广泛的角度（如不同行业的企业组成的群落）研究企业之间的关系，以及这种关系随着时间的变化。1993 年穆尔（Moore）在《哈佛商业评论》上发表了“*Predators and Prey: A New Ecology of Competition*”一文，在这篇文章中，他首次提出了商业生态系统的概念。

商业生态系统理论（business ecosystem theory）的主要观点是：用商业生态系统来描

述组织所处的环境；任何一个企业都应与其所处的环境“共同进化”，而不只是竞争或合作，不只是单个企业的进化。企业必须与环境共同进化，塑造一个开放、抵抗力强的商业生态系统。“共同进化”是该理论的核心。有密切关系的企业群体会形成一个企业共同体，这些企业无论是以竞争、合作的形式共存还是以合作竞争的形式共存，都要在相互作用中发展进化。企业与生物种群的区别在于企业行为是有意识的，因此企业可以有意识地塑造共同体的关系构架，使之达到有序状态，促进共同进化的进程，这也正是企业对环境能动作用的一种体现。Moore 强调，企业要成功，仅仅完善自身还不够，还要塑造整个商业生态系统的发展，因为其所处生态系统的前景制约着企业的发展。

2. 商业生态系统的内涵和特征

穆尔在其 1996 年出版的《竞争的衰亡》（*The Death of Competition*）一书中详细阐述了商业生态系统理论，并将商业生态系统定义为：以组织和个体（商业世界中的有机体）的相互作用为基础的经济联合体，这种经济联合体生产出对消费者有价值的产品和服务。商业生态系统的主要成员包括核心企业、消费者、市场中介（包括代理商、销售渠道、销售互补产品及提供服务的人）、供应商、风险承担者和有力的成员（如政府部门、立法者和各种协会等），在一定程度上还包括竞争者。也就是说，它至少必须包括能完成一个产品和服务所需的各种系统成员。

商业生态系统不是企业之间简单的结合，而是企业之间以互利的方式共同进化，它的核心是相互关系，即共同进化而非组织形式。类似于自然生态系统中的物种，商业生态系统中的企业与整个系统网络同呼吸共命运，任何企业都应与其所处环境即商业生态系统共同进化，而不仅仅是竞争或合作。企业要想在新经济中发展壮大，仅仅依靠完善自身还不够，还需要密切关注并理解相关的经济环境及影响进化的组织，必须同相关企业共同进化，以共同塑造一个开放的、抵抗力强的商业生态系统。

这里难以给商业生态系统下一个精确的定义，但可以明确的是商业生态系统超越了传统价值链，也不局限于行业部门，它是涉及供应商、分销商、外包服务公司、融资机构、关键技术提供商、互补产品制造商，甚至包括竞争对手、客户和监管机构与媒体等对企业经营产生直接或间接影响的诸多因素。

判断一个商业生态系统的健康状况有 3 个标准：一是生产率，一般以投资收益率来衡量；二是生命力，即系统抵抗各种干扰和破坏的能力，可以根据系统中企业数量的多寡来判定；三是缝隙市场的创造能力，即能否不断创造更多的细分市场。

3. 商业生态系统理论的启示

沃尔玛和微软的做法就是创造商业生态系统中其他成员可以利用的“平台”（各种服务、工具或技术）来提高自己的业绩。例如，沃尔玛的采购系统为供应商提供有关客户需求和购买偏好的实时信息，同时向零售商提供比竞争对手更大的成本优势。又如，微软为其他软件公司提供软件工具和技术，使它们能够很容易地为应用甚广的视窗操作系统编制程序，反过来，这些程序又为微软源源不断地提供新的视窗应用软件。在上述两个例子中，企业共生互利的关系不仅最终使消费者受益（沃尔玛的顾客获得了价廉物美的商品，而微软的用户则获得了许许多多新的产品功能），也使这两家公司的生态系统拥有了胜过其他竞争网络的一种集体优势。

一家企业应当采取什么样的战略来促进系统的健康和稳定，同时又保障自己的生存与发展，这取决于这家企业在生态系统中的定位。企业一般在系统中担任三种角色。一是骨干型企业（如微软和 eBay）。这类企业在系统中占据中枢位置，为系统成员提供共享资产，找到行之有效的创造价值的方法，并与其他成员分享价值。骨干型企业创造的价值对整个系统至关重要。二是主宰型企业。这类企业往往在系统中占据关键位置，不论是否控制系统中的资产，它们都力图最大限度地从中攫取价值。实物资产主宰型企业（如早期的 IBM）除了攫取价值，至少还创造价值；而价值主宰型企业（如安然公司）为系统创造的价值极其有限，却不断地从系统中拼命攫取价值。主宰型企业最终将导致整个生态系统的崩溃，从而也断送了自己的命运。三是缝隙型企业。这类企业构成了系统的主体。为数众多的缝隙型企业采取的是高度专业化的战略，对其他企业有一种天然的依赖。只有依靠别的企业提供的资源，它们才能腾出精力，专注于狭窄的细分市场，以差异化求得一席之地。

把商业网络与自然生态系统进行类比，意在说明企业的经营大环境是一个联系紧密、互为依赖的共生系统。未来的竞争不再是个体公司之间的竞赛，而是商业生态系统之间的对抗。明智的企业在制定战略时不应仅仅从自身出发，而应当顾及合作伙伴及整个商业网络的健康发展。与他人分享财富的企业最终将会获得财富，而只注重自己的短期利益、损害系统总体利益的企业，将很难发展下去。

互联网的快速发展，在为全球经济注入活力的同时，也给商业生态系统和组织变革带来了巨大的推动力。淘宝卖家数超过 1 000 万、用户数超过 4 亿；滴滴平台上聚合了 3 亿多用户和 1 500 万以上的司机。基于互联网的平台模式（大平台＋小前端＋富生态＋共治理），是一种对多个产业甚至是全社会资源进行开放重组和融合再造的组织方式。

在新的商业生态系统中，顾客不再只是被动地接受企业的产品，他们不仅可以进行个性化定制、参与产品的设计研发和生产过程，还可以参与产品的直接投资、推广。新的商业生态系统不再是主导控制模式，而是平等参与模式；不再是垂直分工模式，而是横向协同模式；不再是刚性契约模式，而是敏捷互适应模式。

3.3 行业环境分析

相对宏观环境而言，行业环境同企业的关系更直接、更具体。所谓行业或产业，是指居于微观经济的细胞（企业）与宏观经济单位（国民经济）之间的一个集合概念，迈克尔·波特在《竞争战略》中对行业的定义为："一个行业是由一群生产相似替代品的公司组成的。"

1. 行业竞争结构分析

制定企业战略必须了解企业所处行业中的竞争结构，深入分析行业竞争过程，找出竞争压力的来源，确定行业内各种竞争力量的强度，这对于制定企业战略具有极为重要的意义。

迈克尔·波特以产业组织理论中关于市场力量和盈利性的概念为基础，建立一个综合的、跨部门的框架来解释单个企业的业绩。他认为，一个产业内部竞争激烈，既不是偶然的巧合，也不能归咎于"坏运气"，其根源是其内在的基本竞争结构。一个行业的竞争，不仅存在于竞争对手之间，还存在于供应商、购买者、潜在加入者、替代品生产商这些"延伸的竞争对手”。即行业中存在5种基本竞争力量：行业中现有企业间的竞争、潜在加入者的威胁、供应商讨价还价的能力、购买者讨价还价的能力和替代品的威胁，具体如图3-2所示。

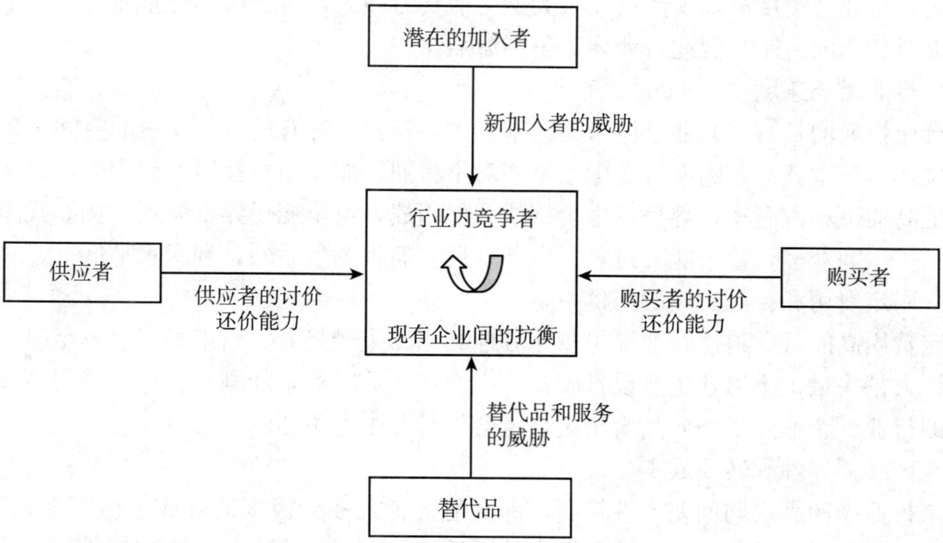

图3-2　行业竞争结构

5种竞争力量的状况及其综合强度决定了行业的竞争激烈程度及行业获得利润的能力。不同的行业其竞争力量是不同的，最终利润潜力即长期投资回报也会不同。在竞争激烈的行业（如美国的橡胶业、我国的彩电行业等）中多数企业获利较低，而竞争相对缓和的行业企业获利相对丰厚，如我国的电信业。又如，某个行业的产品科技含量虽然很高，但是却面临着供应商强大的讨价还价能力或者被其他产品替代的威胁，那么这一行业中的企业就面临较大的竞争压力。

对于不同行业或某一行业的不同时期，5种竞争力量的作用是不同的，常常是一种力量或两种力量起支配作用，其他竞争力量处于较次要的地位。应该指出的是，尽管行业结构对行业的竞争强度和获利能力具有决定性的影响，但是企业也不是无能为力的，它们可以通过制定适当的战略来谋求相对优势的地位，从而获得更高的利润。不仅如此，行业内的企业，尤其是处于领先地位的企业还可以通过战略调整改变行业的竞争结构，而这也正是战略管理所要解决的重要问题之一。对5种基本竞争力量的分析如下。

1）行业中现有企业间的竞争

行业中现有企业间的竞争是最直观、最直接也是最重要的威胁因素，它往往构成了行业竞争结构中最强的一种力量。行业中现有企业间的竞争手段十分多样，一般围绕价格、质量、产品的性能、顾客服务、广告、促销、经销商网络、产品创新等方面展开。不同行业现有企业间的竞争激烈程度是不一样的，有的比较缓和，有的比较激烈。竞争程度的强弱主要受以下因素影响。

（1）行业中现有企业的数量与力量对比

行业中企业数量越多，集中度越低，竞争越趋于激烈，因为每一个企业都想改善其竞争地位，而且都认为它的单独行动不会引起其他竞争对手较大的反应；行业内企业数量不多，集中度中等，但每个企业都处于势均力敌的地位，实力不相上下，由于它们都有支持竞争和进行激烈反击的资源，也会导致行业内企业竞争激烈；行业内仅有一个或少数几个大型企业主宰市场，行业集中度高，由于这几个大型企业实力强大，行业内其他企业与这几个大型企业实力上有相当的差距，因此行业内竞争不激烈。

（2）行业增长速度

当行业快速增长时，行业总体市场需求扩大，各企业都有进一步发展的空间，各企业都可以从快速增长中获益，因而行业中竞争相对不激烈。而在增长缓慢的行业中，现有企业为了争取更高的市场占有率，容易发生价格战和促销战，竞争变得异常激烈。例如我国的纺织行业，不仅厂商众多，生产能力过剩，设备落后，而且竞争激烈，利润水平低下。

（3）固定费用和存储费用的高低

固定费用高的行业迫使企业要尽量充分地利用其生产能力。当市场需求不足时，企业宁愿削价扩大销售量也不愿让生产设备闲置，因而使企业间竞争加剧。在存储费用高或产品不易保存的行业，企业急于把产品卖出去，也会使行业中竞争加剧。

（4）产品差异性和转换成本

如果行业中产品之间的差异性较高，那么消费者大多会根据偏好或忠诚度来购买产品，企业之间的竞争就会较少。但是，如果产品同质性较高，购买决策主要基于价格，就容易导致企业之间的直接对抗，竞争就会激烈。同样，当转换成本较低时，购买者在选择上有更多自由，也会使竞争趋向激烈。高转换成本至少能在一定程度上保护企业，抵消竞争对手吸引顾客的能力。

（5）行业中生产能力大幅度提高

如果由于行业的技术特点和规模经济的要求，行业中企业生产能力大幅度提高，这样就会打破行业的供需平衡，使行业产品供过于求，从而迫使企业不断降价销售，这样就会强化现有企业之间的竞争。

（6）退出障碍

所谓退出障碍，是指企业退出某个行业时要付出的代价。当退出障碍较高时，经营不好的企业也很难退出行业，只有继续经营，从而使行业内竞争加剧。常见的退出障碍有以下几种。

① 专用性资产。只在特定的产品或地区有价值的资产，撤出时会因清算价值降低而蒙受损失。

② 退出的固定费用高。如劳动合同费、职工安置费等都很高。

③ 战略相关性。退出某一行业会使企业形象、声誉、市场营销能力、设备能力受到很大影响。

④ 感情障碍。退出某一行业会影响到员工的事业前途及忠诚度等。

⑤ 政府和社会的约束。如政府出于对失业和对地区经济影响的关注，对企业的退出行为进行劝阻，甚至否决。

尽管进入障碍和退出障碍是两个不同的概念，但它们之间却有密切的联系，如图 3-3 所示。对于企业而言，最好选择进入障碍高而退出障碍低的行业，这时新进入者将受到抵制，而经营不成功的企业会离开本行业；反之，进入障碍低而退出障碍高是最不利的情况，这时新进入者很容易进入，而当行业不景气时又很难退出，从而加剧行业的竞争程度。

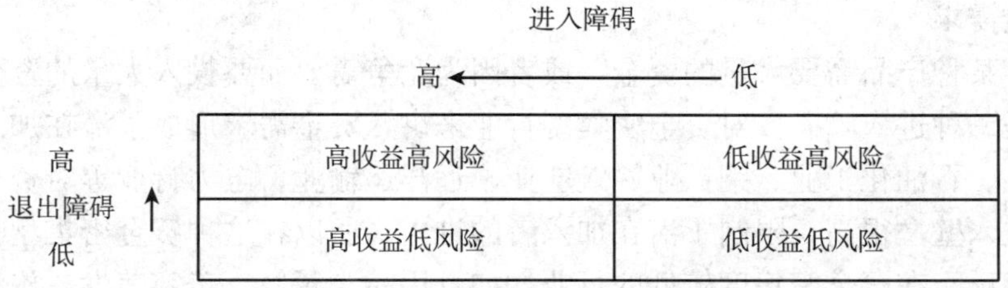

图 3-3　行业进入障碍和退出障碍组合

2）潜在加入者的威胁

高额利润永远是企业追求的目标。当某个企业尤其是某个新兴行业可以获得高额利润时，不仅会刺激行业内的现有企业增加投资来提高生产能力，而且会吸引行业外的潜在加入者进入该行业。潜在加入者，可以是一个新办的企业或者是一个采用多元化战略的企业。潜在加入者将给这个行业带来新的生产能力，并要求取得一定的市场份额。对于一个行业来说，潜在加入者的威胁大小取决于两个因素：行业的进入障碍和行业内现有企业对进入者的反击强度。行业进入障碍的高低主要取决于以下因素。

（1）规模经济

规模经济是指在一定时期内，企业所生产的产品或劳务的绝对量增加时，其单位产品成本趋于下降。这里所说的“经济”是节省、效益的意思，具体来说，就是单位产品成本的下降。用西方经济学的概念来表述，规模经济就是规模的收益递增现象。

规模经济的存在阻碍了对产业的侵入，因为它迫使进入者或者一开始就以大规模生产并承担遭受原有企业强烈抵制的风险，或者以小规模生产而接受产品成本方面的劣势，这两者都不是潜在进入者所期望的。例如生产、研究、市场开发和服务等方面的规模经济可以说是进入计算机产业的关键壁垒，当年施乐和通用电气公司都尝试打进计算机主机行业，但都因为规模经济问题而放弃；在电视机生产中，彩色显像管的生产有很强的规模经济性，而规模经济在外壳生产和整机装配方面就显得不太重要。

（2）产品差异性

在一个存在产品差异的行业中，行业内现有企业享有品牌认知和顾客忠诚的优势，它是通过长期以来的广告宣传、客户服务、产品差异等途径形成的差异优势。新进入者进入行业后必须要用很大的代价来树立自己的信誉和克服现有用户对原有产品的忠诚。例如，在保健品和化妆品行业，产品差异化是最主要的进入障碍。又如，在白酒行业，产品差异性与规模经济一起构筑了很高的进入壁垒。

美国消费者忠诚于单一品牌的百分比是大小不等的，香烟高达71%，牙刷为61%，电池、蔬菜、罐头不到30%。这些市场的新进入者必须花重金用于广告和促销，才能树立企业良好的形象，取得用户信任。一份研究发现，比起早期市场进入者，消费品市场的后期进入者所花费的额外的广告和促销成本相当于销售收入的2.12%。我国消费者不仅对家用高档消费品形成了品牌忠诚（如汽车、家用电器等），对一些一般家用消费品也形成了品牌忠诚（如香烟、服装、牙膏、洗涤剂、皮鞋等），因此新进入者必须花巨资投入广告和促销，消除顾客对原有品牌的忠诚，增加顾客对新品牌的认知，逐渐挤占原有企业的市场，这些努力会给企业带来极大的风险，同时在初始阶段也会造成亏损。

(3) 资金需求

如果生产某种产品需要大量的资金，或者因为竞争需要而要投入大量的资金，那么这种资金需求就是一种进入障碍。对资金密集型行业来讲，资金需求形成了潜在加入者的进入障碍，如汽车业、石油化工业、钢铁业、航空业、远洋运输业、电力行业等对资金的需求都非常大，因而进入壁垒很高，限制了潜在加入者的进入，所以在这种资金密集型行业中的企业数量较少。相反，在资金密集度较低的行业，如日用品、餐饮、美容美发、旅游等行业，由于所需资金量较少，因而企业数量较多。

(4) 转换成本

转换成本是指购买者变换供应者所需支付的一次性成本，包括重新培训雇员的费用、购买新的附加设备、对新供应商的产品重新检测的费用及建立新关系需付的心理代价。例如，一次性静脉注射器替代传统静脉注射器时，遇到来自护理界的较大阻力，还增加了患者的费用。又如，微软公司的 Windows 操作系统可能不是最好的操作系统，但转换操作系统的成本可能是很高的。一般来说，现有供应关系越稳定，转换成本越高。

(5) 销售渠道

产品或者服务的差异化是否对潜在进入者构成障碍与最终消费者对产品的选择偏好有关，然而对于一个新的产品生产厂家而言，它们必须改变原有经销商的偏好，使自己的商品能够通过他们进入销售渠道，这样就形成了进入障碍。对于大多数新进入者来讲，这可能是最大的进入壁垒。由于分销渠道容量有限，分销一种新产品的固定成本较高，同时分销商也要规避由于分销新产品所带来的风险，因此分销商一般不愿意经销新进入者的新产品，这时新进入者只能采用降价、分担广告费用等各种方法，使分销商获得更多的利益，促使分销商愿意接受其产品，这种方法就会降低企业利润水平，甚至新进入者要独立建立自己的销售渠道，营销自己的产品，这样就使成本大量增加，这些都会成为新进入者的进入壁垒。

(6) 学习或经验曲线效应壁垒

行业中现有企业，随着工人生产经营经验的增多，单位产品成本将下降。这种学习曲线效应的优势是新进入者不能获得的，行业中现有企业比新进入者更有经验，所以它们的成本能控制得更低。在半导体这样的行业中，生产过程的学习或经验曲线效应非常明显，累计产量增加一倍，单位生产成本往往会降低20%左右，也就是说，如果第一批100万件产品的单位成本为100美元，那么当产量达到200万件时，单位成本就是80美元（100美元的80%）；当产量达到400万件时，单位成本就是64美元（80美元的80%）。学习或经验曲线效应越大，企业在大规模生产中获得的成本优势就越大。所以，如果一个行业具有学习或经验曲线效应的特征，行业中的成员会被驱使追求较高的销售量而降低成本。一个行业的学习或经验曲线效应和规模效应越大，相互竞争的企业就越有必要制定扩大销售量和市场份额的战略。

(7) 资产专用性或专有技术壁垒

如果行业内企业资产专用性非常强，则该行业对潜在加入者的吸引力可能会减少。例如石油开采设备资产专用性较强，因此潜在加入者很难进入石油采掘业。如果行业内现有企业持有专利或专有技术，将阻止新进入者自由进入行业。例如药品的专利主要预防新进入者对新药品的仿造，在专利保护期内不允许其他组织和个人袭用已有的创造和发明。

（8）政府政策及有关法律限制的壁垒

政府的政策及有关法律是一种最有效的进入壁垒，如银行业、保险业、电信业、广播业，进入这些行业都要求有政府颁布的执照。国家对某些原材料进行严格控制也能形成重要的进入壁垒。另外，国家控制环境污染的法令，水资源保护、森林资源保护、矿产资源保护等法令都有阻止新进入者进入相关行业的作用。

除了上述进入障碍外，行业内现有企业对潜在加入者的反应也是决定进入威胁大小的重要因素之一。行业原有企业会采用降价、增加广告费、扩大生产规模、促销或者诉讼等措施阻止新进入者，使新进入者处于进退两难的尴尬境地，或迫使新进入者由于惧怕原有企业的报复行动而放弃进入该行业。例如，日本有一家杂志社，出版的杂志颇受读者欢迎，因此经营者将业务扩展到图书出版业务，与大出版社竞争，没想到遭到了大出版社的强烈反击。

3）供应商讨价还价的能力

5种竞争力量模型的水平方向是对产业价值链的描述，反映的是产品或服务从获取原材料到最终的产品分配和销售的过程。

供应商产品价格及质量的高低，对下游买方的盈利能力将产生直接的影响。供应商讨价还价的能力表现在要求提高原材料或其他供应品的价格，减少紧俏资源的供应或降低供应品的质量等，从而谋取更多的利润。供应商讨价还价的能力主要取决于以下因素。

（1）供应商的集中度相对于买方的集中度大小

市场集中度（market concentration ratio）是衡量某一市场竞争程度的重要标志，是通过市场参与者的数量和参与程度来反映竞争或垄断程度的基本概念。市场集中度可以分为卖方集中度和买方集中度。

行业集中度指数一般以某行业排名前n位的企业的销售额（或生产量等数值）占行业总的销售额的比例来度量。行业集中度指数越大，说明这一行业的集中度高，市场竞争趋向垄断竞争；反之，集中度低，市场竞争趋向完全竞争。

如果供应商集中程度较高，即本行业原材料的供应完全由少数几家企业控制，但是本行业集中程度较低，即少数几家企业供给行业中众多分散的企业，则供应商通常会在价格、质量和供应条件上对购买者施加较大的压力。例如，在美国生产糖精的企业很多，而它们的主要客户却只有两家——可口可乐公司和百事可乐公司。这样，可口可乐公司和百事可乐公司可以挑选任何一家糖精生产商作为它们的供应商，而糖精生产商的选择却只有两个，所以对它们的客户没有讨价还价的能力。

（2）供应商产品的可替代程度

如果存在合适的可替代品，即使供应商很强大，它们的竞争能力也会受到牵制。例如我国改革开放初期不会制造彩电，当时国外进口彩电价格较高；而现在我国制造的彩电质量好，价格便宜，竞争实力增强，国外彩电企业的竞争能力因而受到牵制。

（3）供应商产品的差异化程度

如果供应商的产品是高度差异化甚至是独一无二的，则企业很难找到其他的供应来源，或者转换成本很高，那么企业对供应方的依赖性就很大，供应方的议价能力就强。

（4）供应商的产品对本行业生产的重要性

如果供应商的产品对本行业的产品质量、性能有重要的影响，就会提高供应商的讨价还价能力。

(5) 供应商前向一体化的可能性

如果供应商向前发展进入买方所在的行业，自己进行产品的深加工或者产品销售，这时供应商就有能力不依赖于买方，从而在与买方的讨价还价中占据主导地位。

(6) 供应商掌握的信息多少

如果供应商掌握着更多的市场供求信息及其他有用的买卖信息，相对于买方而言，它就拥有了更强的讨价还价力量。

4) 购买者讨价还价的能力

购买者对本行业的竞争压力表现为要求产品价格更低廉、质量更好、提供更多的售后服务等。前面所探讨的供应商议价能力强的情形，实质上就是购买者讨价还价力量弱的情形。影响购买者讨价还价能力的因素主要有以下几种。

(1) 购买者的集中度相对于供应商的集中度大小

如果购买者的集中度相对较高，购买者的购买量占据行业总购买量的比重与供应商的供应量占据总供应量的比重相对更高，这时购买者由于控制了较大的购买比重，在购买条件上就有了较高的讨价还价力量。

(2) 购买者从本行业购买产品的标准化程度

如果购买者购买的是标准化产品，就有更大的自由度来选择对自己更有利的供应商，他们就能够在讨价还价中持强硬态度。如果购买者购买的是差异化产品，在其他供应商处很难买到这种产品，供应商就会具有较高的讨价还价力量。例如，生产螺钉、螺母等标准化程度很高的机械零配件的企业很多，则购买者选择的余地相当大，购买者的议价能力就较强；对化妆品、酒等具有特色的消费品，取决于购买者的偏好和忠诚，购买者对这种产品的选择余地较小，购买者的议价能力也就相对较弱。

(3) 转换成本

如果购买者要改变供应商需要付出很高的转换成本，如更新设备或者失去供应商提供的相关服务，这样购买者的讨价还价能力就较低；相反，如果购买者的转换成本低，就具有较高的讨价还价力量。

(4) 购买者形成后向一体化的可能性

如果购买者可以自己通过后向一体化战略的选择，进入供应商的产业，自己生产供应商生产的产品，这样购买者由于自己拥有供应品，因而在与供应商进行讨价还价时就拥有了较高的议价能力。例如，汽车制造厂原来是要汽车发动机专业厂来提供汽车发动机的，现在汽车制造厂决定自己制造发动机，这对汽车发动机行业来说，自然会增大其竞争压力。

(5) 购买者掌握的信息多少

如果购买者拥有更多的有关供应商的生产和供货信息，就可以在讨价还价时拥有较强的议价能力。

5) 替代品的威胁

替代品是指那些与本行业的产品具有同样功能或者说功能可以相互替代的产品。替代品往往是新技术与社会新需求的产物，如计算机代替人工计算，电子邮件代替电报、信函、传真，网络营销代替部分传统营销等。

对于现有的产业来说，替代品的威胁是不言而喻的。当企业产品存在替代品时，生产替代品的企业就与本行业企业形成了相互竞争的局面。如果替代品的价格很低，质量很高，用户转换成本很低，这种替代品的威胁就会很大。替代品的存在限制了一个产品的潜在回报，因为替代品为本行业企业设定了价格上限。如果替代品在价格上很有吸引力，则本行业企业的盈利空间就很小。可以说，替代品与本行业的产品是一个淘汰与反淘汰的过程。正因为如此，本行业与生产替代品的其他行业进行对抗常常使本行业企业采取共同措施，集体行动。当然，如果替代品是一种顺应时代发展潮流的产品，并且具有强大实力，此时与替代品抗衡就是不现实的。

如何判断替代品竞争力量的强弱呢？一是要看替代品的盈利能力。如果替代品拥有更低的成本优势或者更高的差异化优势，具有更强的盈利能力，那么替代品就具有较强的替代能力。二是要看生产替代品的企业所采取的经营战略。如果生产替代品的企业采取的是积极扩大生产规模、拓展市场的进攻型战略，那么替代品就会带来较高的威胁。三是要看用户的转换成本。如果现有企业拥有很强的顾客吸引力和顾客忠诚度，那么顾客转移到替代品的转换成本就很高，替代品的替代能力就会受到影响。

2. 行业主要经济特性分析

因为行业之间在其特征和结构方面存在很大的差别，所以行业分析往往要从整体上把握行业中最主要的经济特性。一般来说，概括某一行业的主要经济特性时所要考虑的因素基本上是一致的，具体如下。

① 市场规模。

② 竞争范围（当地性、区域性、全国性、国际性或全球性）。

③ 市场增长速度及行业生命周期中目前所处的阶段。

④ 竞争厂商的数量及其相对规模——行业是被众多的小公司所细分还是被几家大公司所垄断。

⑤ 购买者的数量及其相对规模。

⑥ 纵向一体化的程度。

⑦ 到达购买者的分销渠道的种类。

⑧ 产品生产工艺革新及推出新产品的技术变革的速度。

⑨ 竞争对手的产品和服务是强差异化、弱差异化还是同质的。

⑩ 行业中的企业能否实现采购、制造、运输或营销等方面的规模经济。

⑪ 行业中的某些活动是否有学习或经验曲线效应方面的特色，从而单位产品成本会随着累积产量的增长而降低。

⑫ 生产能力利用率高低。

⑬ 必要的资源及进入和退出的障碍。

⑭ 行业的盈利水平处于平均水平之上还是平均水平之下。

3. 行业生命周期分析

行业生命周期分析是分析行业发展状况的常用方法。通过该分析，可以识别行业正处于生命周期的哪一个阶段。企业只有了解某行业目前所处的生命周期阶段，才能决定是应该进入、维持还是撤退。对于一项新的投资，只有把握了行业生命周期阶段，才能进行正确的决策。另外，一个企业可能跨越多个行业，只有对其所在的每个行业性质都有深入的了解，才能确定恰当的业务组合，避免过高的风险，从而提高整体盈利水平。

1）行业生命周期分析框架

行业的生命周期是指行业从出现到完全退出社会经济活动所经历的时间。行业的生命周期主要包括幼稚期、成长期、成熟期和衰退期 4 个阶段。行业生命周期的演变如图 3-4 所示。

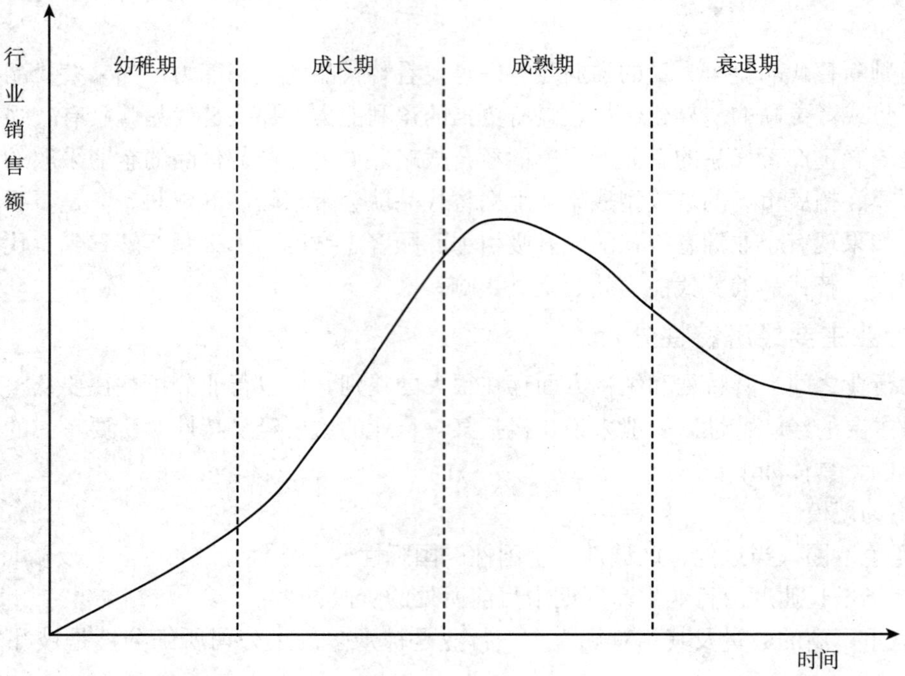

图 3-4 行业生命周期

识别行业生命周期所处阶段的主要指标包括市场增长率、需求增长率、产品品种、竞争者数量、进入或退出壁垒、技术变革、用户购买行为等。下面分别介绍行业生命周期 4 个阶段的特征。

(1) 幼稚期

在行业的幼稚期，产品设计尚未定型，销售增长缓慢，产品开发和推销成本高，利润低甚至亏损，竞争较少，但风险很大。处于幼稚期的行业中一般只有少数几家企业，因为产量和技术方面的问题，使得产品成本高，售价也高。在行业的幼稚期，企业必须积极做好新产品的宣传工作，把销售力量直接投向最有可能的购买者，尽量缩短幼稚期的时间。幼稚期行业进入壁垒较低。

(2) 成长期

在行业的成长期，顾客认知迅速提高，销售和利润迅速增加，需求高速增长，技术渐趋定型，行业特点、行业竞争状况及用户特点已比较明朗，行业进入壁垒提高，产品品种和竞争者数量增多。

(3) 成熟期

在行业的成熟期，重复购买成为顾客行为的重要特征，销售趋向饱和，利润不再增长，生产能力开始过剩，竞争激烈，买方市场形成，行业盈利能力下降，新产品和产品的新用途开发更为困难。这时企业应着力改良产品和市场，以延长行业成熟期。成熟期行业进入壁垒很高。

（4）衰退期

在行业的衰退期，销售和利润大幅度下降，生产能力严重过剩，竞争激烈程度由于某些企业的退出而趋缓，企业可能面临一些难以预料的风险，必须认真研究采取什么决策及何时退出行业。

2）行业生命周期分析方法

分析企业当前处在行业生命周期的哪个阶段，有以下两种常用的方法。

（1）定性分析

定性分析就是根据类似产品的发展情况作对比分析。

（2）定量分析

定量分析就是用产品销售增长率的数据制定定量标准，划分不同的生命周期阶段，即用ΔY（销售量增量）/ΔX（时间增量）来判断。当$\Delta Y/\Delta X$的比值大于10%时，属于行业成长期；当$\Delta Y/\Delta X$的比值处于1%～10%，属于行业成熟期；当$\Delta Y/\Delta X$的比值小于0.1%或出现负值时，行业进入衰退期。

行业生命周期在运用上有一定的局限性，因为生命周期曲线是一条经过抽象化了的典型曲线，各行业按照实际销售量绘制出来的曲线远不是这样光滑、规则，因此有时候要确定行业发展处于哪一阶段是困难的，识别不当，容易导致企业在战略上出现失误。而影响销售量变化的因素很多，关系复杂，整个经济中的周期性变化与某个行业的演变也不易区分。另外，有些行业的演变是由集中到分散，有的行业是由分散到集中，无法用一个战略模式与之对应，因此应将行业生命周期分析法与其他方法结合起来使用，才不至于陷入分析的片面性。

4. 行业关键成功因素分析

一个行业的关键成功因素（KSF）是指最能影响行业内的企业取得竞争优势的主要因素，如产品的属性、资源、竞争能力等。

回答下面3个问题有助于确认行业的关键成功因素。

- 顾客在行业内各个竞争产品之间选择的根据是什么？
- 行业内一个企业要想取得成功必须做什么？需要什么资源和竞争能力？
- 行业内一个企业要想取得持久的竞争优势必须采取什么样的措施？

要回答第一个问题，需要详细地深入分析这个行业的顾客，并把它们看成是行业得以存在的理由和利润的来源，而不是把他们看成一种讨价还价的力量，更不能看成是对企业盈利能力的威胁。企业必须识别谁是企业的顾客，识别他们的需求，并找出在行业内各个竞争产品之间顾客选择的优先级顺序是什么？如果顾客最看重的是价格，那么其关键成功因素当然是低成本。

要回答第二个问题，需要对整个行业的竞争进行分析：竞争的激烈程度如何？竞争的关键维度（如产品档次、地区等）是什么？企业应如何获得竞争优势？

要回答第三个问题，需要对企业内部的资源及竞争能力进行分析：企业在研发、技术、生产制造、市场营销、管理、品牌等方面具有哪些优势？

识别关键成功因素的基本框架如图 3－5 所示。

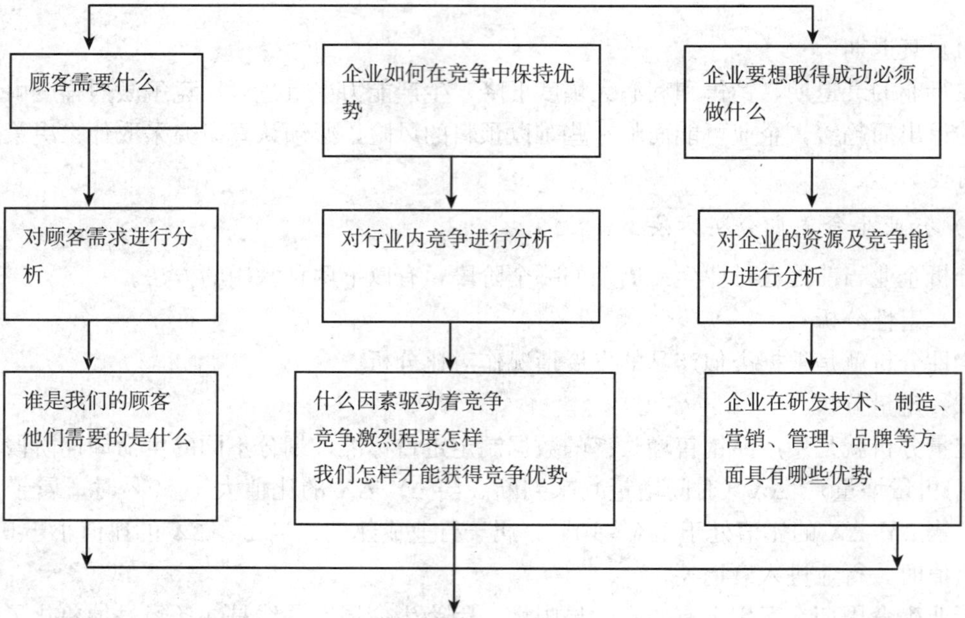

图 3－5　识别关键成功因素的基本框架

例如，在啤酒行业，其关键成功因素是充分利用酿酒能力（以使制造成本保持在较低的水平上）、强大的批发分销商网络（以尽可能多地进入零售渠道）、上乘的广告（以吸引饮用人购买某一特定品牌的啤酒）。在服装生产行业，其关键成功因素是吸引人的设计和色彩组合（以创造购买者的兴趣）及低成本制造效率（以便定出吸引人的零售价格和获得较高的利润率）。在铝罐行业，由于空罐的装运成本很大，所以其中的一个关键成功因素就是将生产工厂置于最终用户的近处，从而使工厂生产出来的产品可在经济的范围之内进行销售。

链　接

纯电商时代很快会结束

阿里巴巴创始人马云在 2016 年云栖大会上的演讲表示，电子商务是阿里巴巴最传统的一块业务，明年起阿里巴巴将不再提“电子商务”概念。新零售、新制造、新金融、新技术、新能源将是未来方向。

新零售。即线上线下和物流要结合起来，线下的企业必须走到线上去，线上的企业必须走到线下来，线上、线下与现代物流合在一起，才能真正创造出新零售。物流公司的本质不仅是要做得更快，而且要真正消灭库存，让企业库存降到零。传统零售企业要适应未来技术，与互联网公司和现代物流合作，利用好大数据，打造新零售。

新制造。过去二三十年，制造讲究规模化、标准化，未来三十年制造讲究智慧化、个性化和定制化。如果不从个性化和定制化着手，任何制造行业一定会被摧毁。所以从零售以后开始的第二次巨大的技术革命就是 IOT 的革命，即人工智能、智慧机器。未来的机器吃的不是电，未来的机器用的是数据，所有的制造行业，由于零售行业发生变化，原来的B2C制造模式将会彻底走向C2B的改造，也就是说按需定制。我们今天讲的供给侧的改革，就是改革自己、适应市场，改革自己、适应消费者。

新金融。过去的金融，两百年来支持了工业经济的发展。过去两百年是二八理论，只要支持20%的大企业就能拉动世界80%的发展。但是未来新金融必须去支持八二理论，即如何支持那些80%的中小企业、个性化企业、年轻人、消费者。互联网金融诞生以后，互联网金融希望解决的是更加公平、更加透明、更加支持那些80%昨天没有被支持到的人，所以今天新金融的诞生势必对昨天的金融机构有一定的冲击和影响，但是这个机会也是大家的。希望互联网金融的诞生，能够创造出真正的信用体系，基于数据的信用体系才能够让全世界产生真正的普惠金融，出现公平、透明、开放的普惠金融体系。让每一个人，只要你用到钱，你想要钱，都能得到钱，你得到的是足够的钱，而不是很多的钱，也不是永远得不到的钱。

新技术。出现了移动互联网以后，也许原来以PC为主的芯片将会是移动芯片，操作系统是移动的操作系统，原来的机器制造将会变成人工智能，原来机器吃的是电，未来机器吃的是数据。未来层出不穷的基于互联网、基于大数据技术的诞生，为人类创造了无数的想象空间。

新能源。过去的发展是基于石油和煤，未来的技术发展基于新能源，那就是数据。数据是人类第一次自己创造了能源、创造了资源。衣服人家穿过，你穿就会不值钱，数据是人家用过，你用会更值钱，你用过以后出去更值钱，是越用越值钱的东西。

（资料来源：根据互联网资料整理）

3.4 战略群体分析

1. 战略群体的内涵

行业中不同企业之间存在差别，这些差别将使它们面对不同的机会和威胁。而战略群体架起了行业整体分析和行业中企业个体分析之间的桥梁。当行业中的竞争企业很多时，战略群体分析方法则非常有效。

战略群体（strategic group）又称战略集团，是指在一个行业中实施相同或相似战略的一组或多组企业。企业战略的相同或相似之处主要是指这一组企业的战略及其竞争地位的决策变量比较接近，这些决策变量主要是指企业规模、产品技术选择、产品价格和质量水平、垂直化分工程度、分销渠道选择等。根据这些变量，将行业内的企业划分为一组或多组战略群体，每组企业会采取相似或相近的战略措施。

例如，在一些国家，制药行业可以分出专用药与普通药两个战略群体，如图3-6所示。第一个战略群体的特点是大规模地进行研究和开发投资，集中开发新的专卖药品，这些专卖药群体的企业采取的是追求高风险和高收益的战略。这类企业向市场推出一种新药可能需要花费1亿～2亿美元的研究与开发投资，以及10年的调查和临床测试时间，所以它采用高风险的战略。同时它又是一种高收益的战略，因为一个成功的新药可以获得专利，使它的发明者可以拥有多年垄断生产和销售的时间。它保证了发明者在专利保护的时间里为新药品制定非常高的价格，获得巨额的收益。另一个战略群体是普通药群体。这个群体的企业集中生产专利保护期已过的低成本仿制普通药品。这个群体的企业进行的是较少的研究和开发投资，并强调价格竞争。它的风险较低，因为企业没有大规模投资于研究和开发，其收益也低，因为企业无法制定较高的价格。

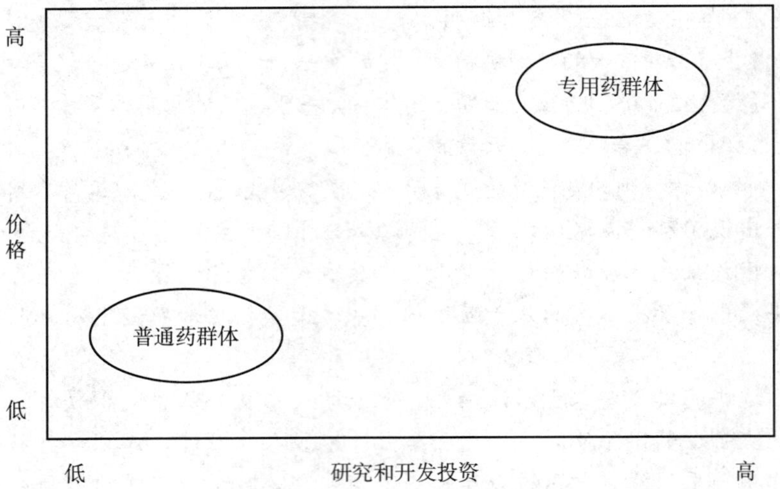

图 3-6　制药行业的战略群体

2. 绘制战略群体图的步骤

绘制战略群体图可以用来确定一个企业属于哪一个战略群体，其具体步骤如下。

① 辨析行业中将各个企业区别开来的因素。典型的变量有：价格或质量水平（高、中、低）、地理覆盖范围（当地、区域、全国、全球）、垂直一体化程度（无、部分、全面）、产品线宽度（宽、窄）、对分销渠道的应用（一个、一些、全部）、服务程度（无附加服务、有限服务、全面服务）。

② 按上述差别化特征将各企业列于一张双变量图中。

③ 把大致落在相同战略空间内的企业归为同一个战略群。

④ 给每一战略群画一个圆，使其半径与各个战略群所占整个行业销售收入的份额成比例。

以零售珠宝业为例，如果以价格、质量、品牌形象为一个竞争维度，以产品线宽度为另一个维度，可以把零售珠宝商分为不同的战略群体，如图 3-7 所示。从战略群体图可以看出，全国、区域或地方行业的“精细珠宝”商店在行业中占有主要地位，它们属于价格较高、质量较好、珠宝品种较多的销售商。可以预测，如果未来顾客对于珠宝的需求更加倾向于低价位和多样化选择，那么处于中低档位、珠宝品种多的战略群体，如全国性的珠宝连锁店、信用珠宝商等将获得更多的发展机遇。

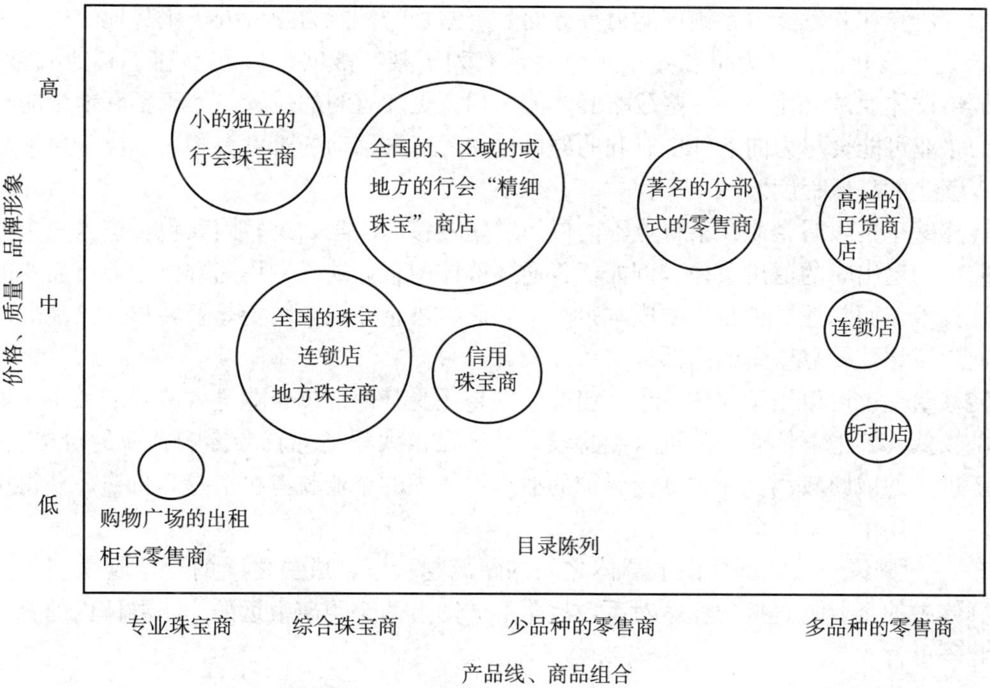

图 3-7　零售珠宝业的战略群体图

3. 战略群体图的制作原则

在行业的整个战略空间下绘制战略群体图必须遵循以下原则。

① 战略群体图坐标轴的两个变量不应具有高相关性。例如产品线宽的企业往往采用多层次的分销渠道，而产品线窄的企业往往采用单一分销渠道，通过研究产品线的宽窄所得到的信息和研究分销渠道的多寡所得到的信息一样，可见其中一个变量是多余的。

② 变量应体现竞争对手竞争方式的巨大差异。具有巨大差异的特征变量作为坐标轴变量，且作为判断某个企业属于哪个战略群体的依据。

③ 变量不必定量或具有连续性，它们可以是离散变量或定性变量。

④ 按照同一战略集团总销售额的比例来画圆的大小，以反映每个战略集团的相对规模。

4. 战略群体分析的意义

战略群体图作为一种诊断竞争、市场定位，以及同行业中企业盈利率的基本框架，对企业战略的制定有重要意义。

① 它有助于很好地了解不同战略群体的竞争状况及每一个战略群体内企业的战略与其他战略群体的区别。一个行业中如果出现两个或两个以上的战略群体，则可能出现战略群体之间的竞争，包括价格、广告、服务等。战略群体之间的竞争最终决定了行业竞争的激烈程度，进而影响着行业最终的获利潜力。

在战略群体内部同样存在竞争，主要是由于各企业的优势不同造成的。如果一个战略群体的经济效益主要取决于产量规模，则规模大的企业会处于优势地位。另外，同一个战略群体内的企业，虽然常常采用相同的战略，但各企业的战略实施能力不同，即在管理能力、生产技术、研究和开发能力、销售能力等方面是有差别的，能力强者处于优势地位。

② 行业变化的驱动力量和竞争压力经常有利于某些战略群体而不利于其他战略群体。有些战略群体通常会比另外一些战略群体能够拥有更加有利的位置，处于不利地位的战略群体中的企业可能会尽力向条件更有利的群体移动，这种移动的难度有多大取决于目标战略群体进入壁垒的高低程度。

转移壁垒是限制企业在某行业不同群体之间转移的因素。这些因素包括进入一个群体的进入壁垒和退出时的退出壁垒。例如，普通药群体的企业缺乏专用药群体企业所需要的研究和开发技术，而掌握这种技术的成本很高。因此，当企业需要决定是否转移到其他战略群体之前，应该评估转移壁垒的高低。

转移壁垒也可以用于评估一个特定群体的企业受其他群体企业进入威胁的大小。如果转移壁垒较低，其他群体企业的进入威胁较大，这在很大程度上就会影响企业的价格和利润；反之，进入的威胁较小，在这种受保护的战略群体中的企业就有机会提高价格，获得更多的利润。

③ 一般来说，战略群体图上群体之间的距离越接近，成员之间的竞争越激烈。同一个战略群体中的企业是直接的竞争对手，战略群体图上两个距离很远的战略群体内的企业几乎没有竞争可言。

3.5 竞争对手分析

企业在战略环境分析时一定要弄清竞争对手做过什么，正在做什么，将来要做什么。竞争对手分析就是在收集信息的基础上，重点分析、确定企业竞争对手，并对其进行全面的分析与评估。

1. 识别竞争对手

竞争对手分析的始点是界定主要的竞争对手。这并不是说行业内的龙头企业才是自己的竞争对手，也不是说行业内其他所有企业都是自己的竞争对手。竞争对手分析的对象是对企业自身战略产生重大影响的竞争对手。所界定的竞争对手不同，企业的主导战略就会有所不同。例如，美国西南航空公司是低价航空公司的行业领先者，该公司并不把自己的主要竞争对手界定为其他航空公司，而是把陆路运输作为其主要的竞争对手。

采用科学的辨识标准对竞争对手进行分类和排序是分清谁是竞争对手的基本做法。企业间竞争的结果往往与其所处的行业结构、市场状况有关，所以可以根据行业标准和市场标准来判别企业主要竞争对手。从行业、市场入手来辨识竞争对手，符合由远及近、由大到小、由粗到细的思维逻辑，可以避免“一叶障目”的先验式错误。

（1）根据行业标准判别竞争对手

这是指在一组提供一种或一类彼此类同或密切相关的产品的企业群中寻找竞争对手。在此基础上，企业根据自己和对手在本行业中的地位来识别主要竞争对手。例如，开关厂在行业上要分清低压开关、中压开关和高压开关，这样就会有针对性地寻找主要竞争对手。

目前，我国企业的市场竞争主要体现在行业内部同类产品之间的竞争。因此，确定一个企业的主要竞争对手，首先就要确定该企业的主要竞争产品。

（2）根据市场标准判别竞争对手

这是指在一些力图满足相似顾客群需求或服务于同一顾客群的企业中寻找竞争对手。特别是产品在市场完全放开的企业，更要侧重从市场角度来寻找主要竞争对手。我国市场经济发育日趋成熟，在营销思想上经历了3个阶段：大量营销、产品差异化营销、目标市场营销。企业根据一定的市场细分标准进行市场细分，在此基础上确定目标市场，然后根据目标市场的特点开展有针对性的营销活动。如果几个企业同时在同一细分市场上狭路相逢，竞争就在所难免。例如，服装是个大市场，可细分为外衣、内衣、工作服和领带及服装饰物等若干市场。内衣市场又可细分为保健内衣、保温内衣、文胸等市场。例如，北京市场上曾有十几家企业在多重保暖内衣上做文章，这对北京铜牛内衣来说，就是强劲的竞争对手。由于行业在不断变革，市场在不断变化，辨识标准也应随之变化，并进行动态调整。

一个企业在市场中生存与发展，往往会碰到各种各样的竞争对手。按时间顺序划分，可分为现有的竞争对手和潜在的竞争对手；按竞争形式划分，现有的竞争对手又可分为直接竞争对手和间接竞争对手。例如，对于山东济南的轻骑集团来说，在摩托车市场上受到国内名牌嘉陵、大阳、幸福、新大洲、五羊等众多企业的挑战。作为主打产品之一的木兰摩托车主要面向年轻女性，因此它只与生产轻型美观的摩托车的厂家发生竞争，这些都是现有的直接的竞争对手。而其他类型的代步工具，如女式自行车、电动自行车等应视为间接竞争者。国外本田、雅马哈等著名企业也会争夺相关市场份额，轻骑集团应将其视为潜在的竞争对手。

2. 竞争对手分析框架

竞争对手分析对所有的行业都很重要，有些行业只有少数几个企业，且它们的能力相当，这些企业似乎更加热衷于竞争对手分析。例如，可口可乐与百事可乐都想了解对方的目的、战略、想法和能力。另外，在供应超出需求的行业，如零售业，竞争更加激烈，企业更加渴望了解竞争对手。在美国，“零售企业正在面临危机，有太多的商店和很少的消费者（专家估计有20%～30%的零售能力是多余的），对眼睛、耳朵和美元（注意力和吸引力）的竞争十分残酷”。

迈克尔·波特在《竞争战略》一书中提出了竞争对手分析模型，从企业的未来目标、现行战略、假设和能力4个方面分析竞争对手的行为和反应模式，具体如图3-8所示。

企业借助竞争对手分析模型可以了解以下几方面的内容。

（1）竞争对手未来的目标

了解竞争对手未来的目标，并将本企业的目标和竞争对手的目标相比较；了解竞争对手未来将会把重点放在哪里；了解竞争对手对待风险的态度是怎样的。

（2）竞争对手的当前战略

列出竞争对手当前的战略，了解竞争对手正在做什么；分析企业目前应该怎样竞争，如果竞争结构发生变化，这个战略应怎样变化。

（3）竞争对手的想法

了解竞争对手的想法，目的在于发现竞争对手的管理人员在环境的认识方面存在的偏见和盲点。他可能把自己看成行业内的知名企业、行业霸主、低成本生产厂商等，这将会指导他的行动方式和反击方式。此外，竞争对手对于行业和行业内的其他企业也会有一个假设。

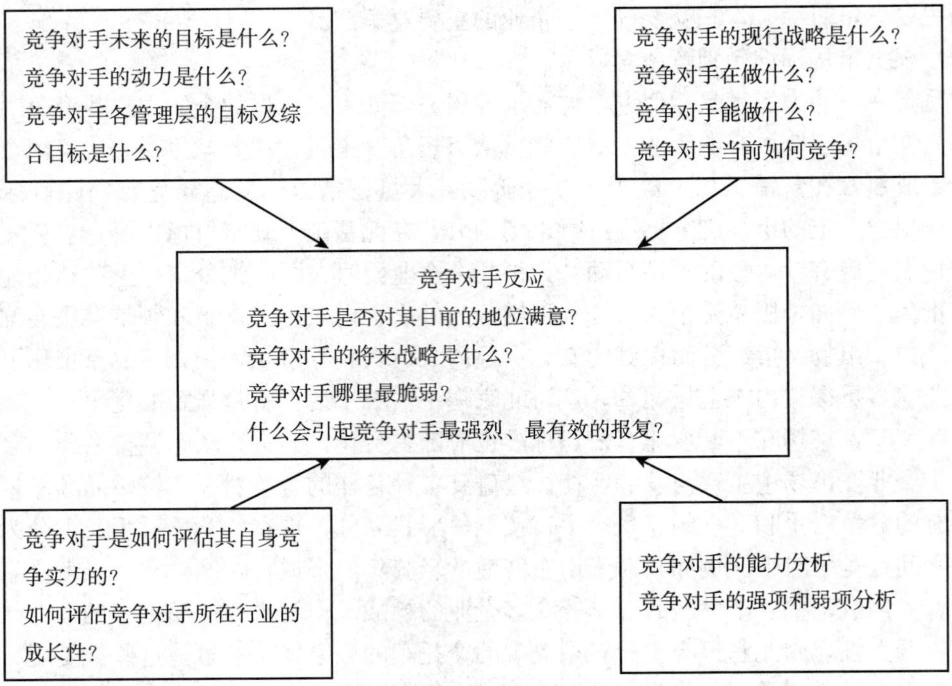

图 3－8　竞争对手分析模型

（4）竞争对手的能力

竞争对手的优势、劣势，即它的实力决定它发起进攻或反击的能力，以及处理所处环境或发生事件的能力。在进行竞争对手分析时，应重点考察竞争对手的核心能力、增长能力、快速反应能力、适应变化的能力、持久力等。

这 4 个方面的信息，将帮助企业建立起针对每一个竞争对手的预期反应方案，因此可以说，有效的竞争对手分析有助于企业了解、诠释和预测竞争对手的行为和动机。

3. 竞争情报

20 世纪 80 年代初期诞生了以提高企业市场竞争能力为宗旨、以竞争对手分析为核心的专业化的竞争情报分析。竞争情报是战略管理的基础，无论是战略的制定，还是战略的实施和评价，都需要对企业的竞争环境、竞争对手和竞争战略进行基于信息的收集、研究和分析的过程。奈斯比特曾说过，周围充满了信息，但缺少真正意义的情报。竞争情报已成为近年来信息科学研究的重要方面。

有效的竞争对手分析的关键是收集相关的数据和信息，这些有效的数据和信息总称为竞争情报。具体地说，竞争情报是指通过合法途径收集的有关竞争对手的目的、战略、想法和能力的信息和数据。

对于竞争情报工作而言，最重要的是如何获取竞争情报，即如何把原始信息变成情报的过程，这一过程称为竞争情报的周期。只有对竞争情报的周期有了清晰的认识，才能有针对性地实施竞争情报战略。根据美国中央情报局的定义，可以把竞争情报的周期分为 5 个不同的阶段，分别是情报规划、情报收集、情报处理、情报分析和情报扩散。情报规划主要是界定情报需要，确定情报方向；情报收集是情报工作的基础，是指通过公开渠道收集原始信息的过程；情报处理包括信息的格式转换、记录、集中、分类、组合和评级；情报分析是对原始信息进行综合、评价，使信息转化为情报的过程，在情报工作中居于核心地位；情报扩散是将情报产品以适宜的形式传递给最终情报用户，是将通过收集、处理、分析而得到的情报发挥其价值的阶段。

企业收集竞争情报时应当遵循社会认可的伦理标准。既符合法律要求又符合伦理标准的途径包括以下两种。

① 获取对公众披露的信息。如法庭记录、竞争对手的广告、年报、企业的财务报表等。

② 参加交易会或展览，获取竞争对手的企业介绍，参观它们的展品，听取有关它们产品的讨论。

而另外一些做法，如敲诈勒索，私闯禁地，窃听，窃取图纸、样品和文件等被广泛认为是不道德的甚至是不合法的。

4. 竞争态势矩阵

竞争态势矩阵分析是通过对行业内不同企业的关键成功因素进行评价、比较，确认企业相对于主要竞争对手的竞争地位、面临的机会与风险大小，为企业制定竞争战略提供依据。竞争态势矩阵中的关键战略因素包括内部和外部两个方面的因素，其中以内部因素为主。在竞争态势矩阵中，竞争企业的评分和总加权评分值可以与被分析企业的相应指标相比较，从而为企业提供重要的内部战略信息。建立竞争态势矩阵的步骤如下。

① 由企业战略决策者识别行业中的关键战略因素。战略决策者通过研究特定的行业环境，识别出行业中的关键战略因素并且在与企业经营成功密切相关的因素上达成共识。常见的关键战略因素有产品组合度、市场份额、规模经济性、设备的新旧与布局、价格优势、广告和促销效益、生产能力与效率、研究开发能力、财务状况及管理水平和企业形象等。

② 对每个关键战略因素确定一个适用于行业中所有竞争对手分析的权重，权重大小依据该因素对于在行业中成功经营的相对重要程度。权重值的确定可以通过考察成功竞争对手与不成功竞争对手的经营成果，从中得到启发。每个因素权重值的变化范围是0（最不重要）～1（最重要），并且各个因素权重值之和为1。

③ 对行业中各个竞争对手在每个关键战略因素上所表现的力量、相对强弱进行评价。评价的分值通常为1、2、3、4。“1”表示最弱，“2”表示较弱，“3”表示较强，“4”表示最强。评价中必须注意各分值的给定应尽可能以客观资料为依据，以得到较为科学的评价结论。

④ 将各关键战略因素的评价值与相应的权重值相乘，得出各竞争对手在相应战略因素上相对竞争力量强弱的加权评分值。

⑤ 最后对每个竞争对手在每个战略因素上的加权评分值进行加总，从而得到每个竞争对手的综合加权评分值。这一数值大小揭示了各竞争对手之间在总体力量上相对强弱的情况。

表3-2是一个竞争态势矩阵的实例。在该例中，财务状况被当作是最重要的关键因素，其权重为0.4，被分析企业在产品质量上很有优势，评分值为4，竞争对手一的财务状况很差，评分值为1。竞争对手二是总体竞争力最强的企业，综合加权评分值为2.8。

表 3-2 竞争态势矩阵实例

		被分析企业		竞争对手一		竞争对手二	
关键因素	权重	评分	加权分值	评分	加权分值	评分	加权分值
市场份额	0.20	2	0.4	2	0.40	2	0.4
价格竞争力	0.20	1	0.2	4	0.80	1	0.2
财务状况	0.40	2	0.8	1	0.40	4	1.6
产品质量	0.10	4	0.4	3	0.30	3	0.3
顾客忠诚度	0.10	3	0.3	3	0.30	3	0.3
综合加权评份值	—	—	2.1	—	2.2	—	2.8

通过竞争态势矩阵分析，企业可以发现自身与竞争对手的差距，可以向实力强的竞争对手学习，还可以为企业确立改进的方向，尤其是在关键成功因素上提高自己的实力。但是也要注意到，每个企业的总加权分值只是表明了各竞争对手之间相对竞争实力的大小，这些数值提供了一种分析的手段，供战略决策者制定战略时参考，并不能精确表示各竞争对手之间的相对强弱关系。例如，不能因为竞争态势矩阵中一家企业的分值为 3.2，而另一家为 2.8，便认为第一家企业比第二家强 40%。

案例 3-1

滴滴的成长之路

在移动互联网蓬勃发展的近几年，滴滴一直站在风口浪尖，由滴滴打车到滴滴出行，企业发生了脱胎换骨的变化，不断创新、不断进步，通过提供不同的出行方式，在中国 360 余座城市为近两亿用户提供便捷、安全、有品质的服务，每天完成约 700 万个订单，颠覆了整个传统的出行行业。滴滴已从当初单一的出租车打车软件，成长为一个涵盖出租车、快车、专车、顺风车、代驾、巴士业务的一站式移动出行平台。

作为中国最大的在线出行平台的创始人和掌门人，程维回顾这几年的创业历程，感慨万千……

1. 放飞梦想，扬帆起航

回首过往几年，移动互联网发展态势极其迅猛，智能手机广泛普及，不断搅动着国内传统行业的格局，处处彰显着移动互联网的强大力量，极大地改变了人们的生活方式。在移动互联网蓬勃发展的大趋势下，诸多企业如雨后春笋般涌现。2012 年 6 月 6 日小桔科技成立于北京中关村 e 世界。程维是小桔科技的创始人，1983 年出生于江西省，2005 年进入阿里巴巴旗下 B2B 公司从事销售工作，表现出惊人的市场敏感度和卓越的管理才能，由于出色的业绩，很快晋升为阿里巴巴的区域经理。2011 年，恰值千团大战的高峰期，程维认为必须要把握当下时代赋予的机会做一些事情。他经过了长达九个月的慎重思考，决定结束在阿里巴巴的工作生涯。

这位年轻小伙子创业的出发点是一定要做大的产业，做大众主流的刚性需求。想到衣、食、住、行，传统互联网企业如淘宝网、去哪儿网等改变了人们的衣、食、住，移动互联网是否可以改变人们的出行方式呢？他在媒体上看到有关国外租车软件的报道，但当时没有搜索到国内的打车软件。当他向身边的人征求意见时，问了10个人，10个人都说没戏。原因很简单，北京的“的哥的姐”一般都40多岁，郊区农民较多，很多人拿手机除了接打电话发短信外，根本不会用什么App。然而，程维坚信未来的趋势是智能手机越来越便宜、越来越普及，出租车这个行业一定会被互联网渗透。“人们在出行方面有痛点和需求，就像在没有淘宝网之前，我们买东西似乎也不觉得麻烦，在没有打车软件之前，我们也没觉得打车困难。而有了打车软件后，我们会发现在路边打车受冷受热是多么痛苦，而提前用打车软件叫辆车在楼下等待是多么惬意。”

想法落地，公司秉承“移动互联网让出行更美好”的理念，致力于通过移动互联网技术创新为人们出行提供高效、便捷、先进的服务和解决方案。美好的梦想即刻扬帆起航，滴滴的发展会一帆风顺、畅通无阻吗?

2. 风雨兼程，百折不挠

公司成立，从寻找金主到线下业务的拓展，再到与对手在市场上的正面碰撞，产品技术遭遇滑铁卢。滴滴无数次陷入绝境，但又想尽一切办法克服困难，跌跌撞撞，一路前行，不曾止步。

1）沼泽地中前行

创业伊始，滴滴拿到了天使投资人王刚的70万元投资和程维的10万元投资，无论是线下推广还是产品开发，80万元都显得微不足道。滴滴约见了几乎中国所有能叫上名字的VC（风险投资），但由于项目太过于早期，缺少创业经验，而且产品没有上线，这个概念又很新，几乎找不到市场上对标的模式，没有一家VC愿意投资。此后，尽管程维绞尽脑汁压缩成本，还是很快花光了当时所有的资金。天使投资人王刚的态度非常坚定“这是孵化的第一个项目，宁可后面不投其他的公司，也必须要扛过去”，后来王刚又借了公司几十万元。与此同时，限于资金和时间的约束，产品是花8万元外包开发的，但总达不到上线标准，推出时间一拖再拖。上线后产品问题非常严重，数据包太大，Bug有三十多个，不仅耗电，还耗流量。程维带着这个漏洞多得像筛子一样的外包产品到交通委演示，叫10次车，能响6～7次，如何让人信服？初上线的软件，稳定性差，经常死机，安全隐患多，架构不足以支撑大规模人群使用，还有很多无用的功能。在乘客端，一开始有注册登录界面，必须填写姓名、性别等，用户在这个页面的流失率是90%。面对这样的产品，程维也在招聘工程师。工程师一看代码，就说这个水平太差了，基本没法用，好几个大公司出来的工程师，都拒绝了他，“创业公司不确定性太大了，很多人觉得打车软件未必靠谱”。

2）滑铁卢中坚持

短短两个月内开发软件、寻找投资金主，进程坎坷。不仅如此，寻找愿意使用滴滴打车的司机之路同样艰难。当时，北京一共有189家出租车公司，程维决定全部跑一遍，目标是产品上线的时候有1 000个司机安装滴滴打车，有1 000个司机可以被叫到。

2012年7月，他们跑了100家公司，没有敲开任何一家出租车公司的门。每家公司都问一个问题：你有没有交通委的合同文件？没有的话，凭什么调度出租车？这是北京市调度中心的管理范围。程维找到交通委，对方说，我们有调度平台，你先别上线。弄不到红头文件的程维，咬着牙说，先把剩下的89家跑完再说。终于，又坚持了一个礼拜，北京昌平郊区的一个叫银山的小出租公司愿意做第一个吃螃蟹者，银山公司在公司开会的时候给程维15分钟，让他给100多个司机宣讲滴滴打车软件。结果，100人里只有20个人有智能手机，大多数人觉得这帮人是骗子，最后只有8个人尝试性地安装了滴滴打车软件。

2012年9月9日，“滴滴打车”上线，已经安装了500个司机端，但是滴滴打车的北京地图上只亮了16盏灯。第二天，灭了8盏。司机开了一整天的手机软件，一声响声都没听到，反而收到短信通知手机消耗20 MB的流量。每个司机都在抱怨，产品不好，耗费的流量高、电量高，听不到订单，定位不准。改了十几个版本，订单渐渐多起来了。两个月后，终于有超过100个司机同时在线，程维感觉有点往上走了。

2012年12月12日，北京降大雪，滴滴打车看到了第一堆炭火。司机在路边找不到乘客，乘客也找不到司机，好多人为了坐上车不得不下载滴滴App。“在雪夜里能打到车，还不用额外付费”，很多白领在微博上分享着超出期望的喜悦，滴滴打车一下子火了。那天之后，订单数猛增到10万，同时滴滴在那个月拿到了金沙江创投合伙人朱啸虎的A轮300万美元的融资。程维很感慨，“在努力到无能为力的时候，可能老天会帮你一下。”

3）迎接挑战中成长

尽管拿到A轮融资，软件逐步升级，稳定性、便捷性增强，用户逐渐增多，滴滴打车在飞速成长，但是市场环境异常险峻。

（1）竞争对手

从2012年下半年到2013年上半年，打车软件市场曾出现数十家公司混战的局面。2014年这场补贴大战持续了两个月，无力投入补贴的打车软件公司举步维艰，大多被市场淘汰。滴滴打车和快的打车凭借各自身后强大的“金主”支持，迅速占领市场。这场战役让滴滴和快的彻底拉开了与竞争对手的距离。2014年12月9日，滴滴宣布获得新一轮7亿美元融资。20天后，快的宣布获得新一轮融资，融资数额超过8亿美元。有了新一轮的支持，双方的补贴竞争更加激烈。无论是对出租车打车的加价补贴，还是专车业务的鼓励补贴，双方的竞争又到了白热化的境地。此时，一些口袋浅的股东们开始希望烧钱及早停止。2015年2月，滴滴和快的合并，基本终结了烧钱模式。

2015年，滴滴快的将触手伸向国外，投资了GrabTaxi，这是Uber（优步）在东南亚地区的劲敌。易观国际分析师张旭表示，一方面，东南亚离中国比较近，市场、社会形态也与国内相似，因此搬运国内模式的成功概率比较大。另一方面，Uber在东南亚市场做得很一般，而在欧美市场已经有一定的份额，因此滴滴快的为了躲避锋芒，选择了Uber较弱的东南亚市场来做布局。张旭表示，Uber与滴滴快的是高度竞争的关系，“滴滴快的对目前的市场份额并不满意，在国内希望通过补贴对Uber和易到用车进行压制；而在国外，其通过投资当地较好的公司对抗Uber。”张旭表示，如果直接布局东南亚，难度太大，因此滴滴快的通过收购的方式让自己的触角伸向海外。收购之后，滴滴快的的资本也能够帮助收购企业快速发展。

2016年8月，滴滴出行宣布与Uber达成战略协议，滴滴出行将收购Uber中国的品牌、业务、数据等资产并在中国大陆运营。滴滴出行的投资人朱啸虎2016年在接受《华尔街日报》采访时曾表示，“滴滴和Uber大约融资了200亿美元，这简直就像一场战争。但他们不能这样打下去，应该在达到300亿美元之前停火。”名川资本创始人、原赛富亚洲合伙人王求乐曾说，究其原因，恶性竞争和恶性补贴不可持续，长此以往企业自身缺乏动力，外界资源也没以前多，并购就成了自然而然的现象。赛迪智库互联网研究所副所长陆峰指出，“本次收购将使中国打车信息服务市场基本实现大统，市场竞争会变弱。由于缺乏竞争，创新步伐或将变慢。未来行业或将更偏重于打车平台公司与传统出租车公司之间的厮杀。”

（2）政府

随着打车平台的疯狂补贴，专车与出租车矛盾爆发，引发政府对相关政策的讨论和完善。滴滴打车走进深圳时，就曾被深圳市有关部门叫停。之后几乎每隔一两个月，就会有某个城市相关部门规范打车市场的消息传出。2015 年 3 月 16 日，合并后的滴滴快的针对自家的专车服务发布了《互联网专车服务管理及乘客安全保障标准》，明确提出了滴滴快的的专车安全管理标准。滴滴创始人程维曾公开表示，新的业态总是先于法规出现，公司也在积极改变。他认为，法律的改变和新的共识正在形成，尽管有曲折，但是趋势已经形成。

2015 年 5 月 31 日，上海市交通委、四大出租车企业代表和滴滴快的联合建设的上海出租车信息服务平台正式上线运营。6 月 2 日，北京市交通委运输管理局等相关部门共同约谈“滴滴专车”平台负责人，明确指出“滴滴专车”及“滴滴快车”业务违反了现行法律法规的规定。北京“约谈”、上海“收编”，各地官方待遇截然不同。

2015 年 10 月出台的《网络预约出租汽车经营服务管理暂行办法（征求意见稿)》，对拼车和顺风车没有做出严格的规定，为滴滴和 Uber 的这两个业务的发展留下了很大的政策空间。同时，该文件强调，不得以排挤竞争对手为目的，以低于成本的价格提供运营服务，造成不正当竞争。这说明政府并不认可靠高额补贴维持市场低价的模式。

2016 年 7 月 28 日，交通运输部等七部委公布了《网络预约出租汽车经营服务管理暂行办法》(以下简称《办法》)，从国家法规层面首次明确了网约车的合法地位。有投资界人士指出，该法规扫清了滴滴出行的政策障碍。事实上，《办法》尤为强调市场的调节能力。《办法》第 3 条规定，网约车运价实行市场调节价，城市人民政府认为有必要实行政府指导价的除外；第 19 条规定平台应公布确定符合国家有关规定的计程计价方式；第 20 条要求网约车平台公司应当合理确定网约车运价，实行明码标价，并向乘客提供相应的出租汽车发票。由此可见，基本定价权被交给了市场。连续的并购后，一些用户担忧，合并带来平台竞争地位的提升，会导致不可避免的涨价。再加上网约车新规中除了赋予专车合法身份外，还定下了市场调节价格的基调，更加剧了一些用户的担忧。

（3）出租车司机

进入 2015 年，出租车领域已经不是滴滴、快的的业务重心，各家打车软件公司都发现，在出租车领域无法形成商业模式，投资没有回报。从 2014 年下半年起，各家打车软件公司在私人订制的“专属服务”用车领域展开竞争，这就是远比出租车市场火爆的“专车”“拼车”领域。由于滴滴和快的在 2015 年的合并增加了公司的议价能力，加之《网络预约出租汽车经营服务管理暂行办法（征求意见稿)》在 2015 年出台，滴滴快的和优步减少了补贴力度。2016 年 4 月，为应对滴滴和优步将司机端的高额补贴砍掉了一半多的现状，北京地区的滴滴、优步司机举行了万人大罢工。

3. 创新中崛起

2015 年 1 月，滴滴和昔日的对手快的合并，真正实现了强强联合。合并后，滴滴业务拓展如鱼得水，不仅集中于既有的存量市场，而且迅速收割疯狂生长的增量市场，不断推出新产品，直接满足用户需求，迅速完成在出行领域的六大产品布局（见图 3-9），构建全球最大的一站式移动交通出行平台。

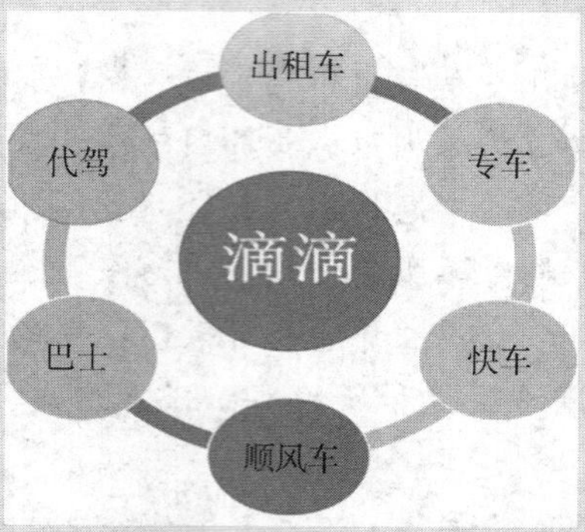

图 3-9　滴滴现有业务图

出租车是滴滴引爆市场的渠道，同时也是未来的基础力量，专车是滴滴塑造品质、品牌的渠道，快车是推广产品、拓展目标客户、培养用户忠诚度的渠道，顺风车是它自身规模壮大的核心渠道，巴士和代驾是推动滴滴建立更为丰富的商业模式的渠道。未来，滴滴希望通过平台流量、品牌影响力和数据处理能力，整合各类客车、巴士资源，推出面向公众的定制公交、智能班车和校车等业务。

移动互联网大潮汹涌而来，对站在浪潮之巅的滴滴而言既是机遇也是挑战。在移动互联网时代，发展是永恒的中心，跨界融合、跨界合作、跨界营销已经成为大势所趋。在这股潮流下，滴滴作为正在不断崛起的创新型移动互联网公司，“豹变”式的发展有目共睹。

资料来源：

[1] 杨清清．滴滴出行收购优步中国寡头初现 是否垄断待考［N］．21 世纪经济报道，2016-08-02.
[2] 李治国．打车管理的上海探索［N］．经济日报，2015-05-23.
[3] 张杰．滴滴们何以解烧钱之困?［N］华夏时报，2016-04-26.
[4] 郭梦仪．滴滴探索国际化 Uber 国内外遭狙击［N］．中国经营报，2015-07-04.
[5] 王荣．滴滴们的共享经济实践［N］．中国证券报，2015-12-02.
[6] 赵娜．滴滴收购优步中国 有多少补贴大战可以重来?［N］．每日经济新闻，2016-08-02.
[7] 曹裕．竞争与合并：滴滴的曲折成长之路．中国管理案例共享中心案例库教学案例，2015.
[8] 赵黎明，宋瑶，谢佩洪．滴滴快的商业模式创新与动态竞争：从相杀到相爱．中国管理案例共享中心案例库教学案例，2015.

3.6　外部因素评价矩阵

外部因素评价矩阵（external factor evaluation matrix）是一种综合评价企业外部环境中机遇与威胁的方法，它可以帮助战略决策者归纳和评价经济、社会、技术、政治及竞争等方面的信息。当然，运用模型存在一定程度的主观性，不能过分扩大模型的作用。建立外部因素评价矩阵的步骤如下。

① 列出在外部环境中的关键因素，即找出企业所面临的主要机会和威胁。一般因素总数在10～20个；首先列出机会，然后列出威胁；要尽量具体，可能时要采用百分比、比率和对比数字。

② 赋予每个因素一定的权重，其范围为0（不重要）～1（非常重要），并且使所有因素的权重总和为1。权重的大小意味着该因素对企业在经营中取得成功的影响程度大小，可以通过对成功企业的竞争对手和不成功的竞争对手相比较得到。

③ 按照企业现行战略对各关键因素的有效反应程度为各关键因素评分，范围为1～4分。“4”代表反应很好，“3”代表反应超过平均水平，“2”代表反应为平均水平，而“1”则代表反应很差。评分反映了企业战略的有效性，它应以企业本身为基准，而步骤②中的权重则是以产业为基准的。

④ 将每个因素的权重与相应的评分值相乘，得到各因素的加权分值。

⑤ 将所有因素的加权评分值加总，得到企业外部环境机会与威胁的综合加权评分值。

无论外部因素评价矩阵所包含的关键机会与威胁的数量有多少，一个企业所能得到的综合加权评分值最高为4，最低为1。平均综合加权评分值为2.5。综合加权评分值为4，反映企业在整个产业中对现有机会与威胁做出了最出色的反应；而综合加权评分值为1，则说明企业的战略不能利用外部机会和避开外部威胁。

表3-3是一个外部因素评价矩阵的例子。“消费者更乐意购买可用生物降解材料包装的商品”是影响该产业的最重要因素，所以其权重为0.14，该企业采用了可以有效利用这一机会的战略，评分为4分，综合加权评分值为2.64，说明该企业在利用外部机会和回避外部威胁方面略高于平均水平。

表3-3　外部因素评价矩阵示例

关键外部因素	权重	评分	加权分值
机会			
① 美加贸易协定正迅速实施	0.08	3	0.24
② 居民可支配收入增长了	0.11	1	0.11
③ 消费者更乐意购买可用生物降解材料包装的商品	0.14	4	0.56
④ 证券市场运行良好	0.06	2	0.12
⑤ 新的软件可缩短产品的生命周期	0.09	4	0.36

续表

关键外部因素	权重	评分	加权分值
威胁			
① 欧共体征收新关税	0.12	4	0.48
② 日本对美国关闭很多市场	0.10	2	0.20
③ 政府对企业支持下降	0.13	2	0.26
④ 俄罗斯政局不稳	0.07	3	0.21
⑤ 失业率上升	0.10	1	0.10
综合加权评分值	—	—	2.64

需要注意的是，应用外部因素评价矩阵时应透彻理解外部因素评价矩阵中所采用的因素、权重和评分，为了尽量避免主观性的影响，在确立这些数值时可以根据大量企业的历史数据和现实数据进行比较，从而提高定量化的科学性和客观性。

本章小结

企业不可能在封闭的环境下生存、发展和壮大，其经营活动受外部环境的影响，外部环境的最外围就是企业所处的宏观环境。分析宏观环境的一个常用工具是 PEST 分析模型，即从政治法律、经济、社会文化和技术的角度分析宏观环境变化对企业的影响。企业面临的外部环境因素中最直接的是企业所处的行业，行业的竞争远不止行业内现有企业之间的竞争，还存在 5 种基本竞争力量，即潜在加入者的威胁、替代品的威胁、购买者的讨价还价能力、供应商的讨价还价能力和行业中现有企业间的竞争。“知彼知己”才能“百战不殆”，所以除了要分析宏观环境和行业环境对企业的影响外，还要分析竞争对手。竞争对手分析就是在收集信息的基础上，重点分析、确定企业的竞争对手，并运用竞争态势工具对其进行全面的分析与评估，以帮助企业制定竞争战略。战略群体架起了行业整体分析和行业中企业个体分析之间的桥梁，当行业中的竞争企业很多时，战略群体分析十分有效。外部因素评价矩阵可以帮助战略决策者归纳和评价经济、社会、技术、政治及竞争等方面的信息。

思考题

1. 如何理解外部环境对企业战略形成的影响？
2. 如何描述行业的 5 种竞争力量模型？

3. 如何分析一个行业的经济特性？

4. 什么是行业的关键成功因素？它对管理者的作用是什么？

5. 什么是战略群体？如何绘制、分析行业的战略群体图？

6. 简述竞争态势矩阵分析。

7. 简述外部因素评价矩阵分析。

8. 以你熟悉的某个企业为例，分析新近出现的能够对该企业产生显著影响的政治法律、经济、社会文化、技术的变化趋势？外部环境中哪些是可以利用的机会？哪些是应该规避的威胁？

9. 根据迈克尔·波特的行业竞争分析理论，替代产品对所替代产品的盈利水平具有终极限制作用。软饮料行业的替代产品是水，但是为什么可口可乐和百事可乐能够创造巨大的可乐市场和很高的盈利水平？请用行业竞争结构模型分析该问题。

10. 通过互联网或其他媒体搜索你感兴趣的行业，获得足够的资料，然后回答下列问题：

（1）该行业处于生命周期的哪个阶段？

（2）该行业的主要经济特性是什么？

（3）该行业的关键成功因素是什么？

（4）分析该行业的基本竞争结构，并找出该行业中最成功或最有实力的代表企业，分析这家企业的主要战略选择是什么。

第 4 章

企业内部环境分析

案例导入

YKK 的核心能力

YKK 成立于 1934 年，创始人是现任社长吉田忠裕的父亲吉田忠雄。公司原名是吉田工业株式会社（Yoshida Kogyo Kabushikigaisha，YKK），是全球最大的拉链扣件制造商之一，业务范围覆盖全球 70 个国家。除了拉链扣件，建材和工业机械也是 YKK 的主要支柱业务。1993 年吉田忠裕正式接替父亲成为 YKK 社长。

拉链本身其实是低价值产品，但“YKK”品牌创始人吉田忠雄却坚持了 82 年，即使是面对经济大萧条、厂房被炸成废墟、成本暴涨，他也一直坚持要做好一条拉链。1958 年，YKK 完成了年产拉链长度绕地球一周的宏愿。YKK 在成立后短短 40 年间便超越了拉链发明商、曾是全球规模最大的服装扣件公司美国泰龙（Talon）。2008 年 YKK 拉链关联产品的销售额名列全球第一。2009 年，YKK 的拉链及配件制品在世界拉链市场占 55%的份额。2013 年，YKK 的营业额达 25 亿美元，年产拉链 84 亿条，产品占日本拉链市场的 90%、美国市场的 45%、世界市场的 35%。

浙江温州、义乌一带可谓是拉链企业的集中地，但是却没有出现一个知名的拉链品牌。YKK 的拉链 1 米能卖到 15 美元左右，而浙江温州、义乌生产的拉链 1 米只能卖到 0.7 元左右，相差一百多倍。价格的巨大差距折射出的是品牌的差距、理念的差距。

YKK 并不直接面对顾客，但是对于服装行业的辅料采购员及生产经理来说，YKK 就是代表品质的品牌。拉链永远也成就不了一件衣服，但是拉链可以轻易毁了一件衣服。

不起眼的小小拉链是如何成就一番大事业的呢？吉田忠裕说，虽然拉链是很小的部件，但是如果坏了，整个产品都不能用了，从这个意义上说，拉链是产品的重要的一部分，承担很大的功能。依据不同的使用目的，拉链在时尚、设计、装饰等方面都很重要。虽然是很小的产品，但是对于客人来说，性能、设计、成本都很重要。

1. 研发

YKK在拉链相关的专利方面占据明显优势。截至2002年10月，在我国申请的与拉链有关的专利共计672项，其中发明专利198项，实用新型专利310项，外观专利164项。而发明专利方面，日本的YKK占到146项，占74%；国内企业只占6.6%。国内企业在实用新型专利和外观专利上占到46%和38%；同样两项，日本YKK分别占到1%和45%。从数字上可以看出，日本YKK申请的专利大部分以发明专利为主，内容基本涵盖了众多拉链产品，甚至包括生产设备和加工方法。YKK申请的拉头形状外观专利所占比例相当高，国内许多拉链企业目前就是使用这些专利。截至2016年，YKK获得授权的中国发明专利占拉链领域已授权专利总数的70%以上，我国很多企业都向其支付专利许可使用费。

对于公司为什么能站在业界顶点，吉田忠裕说："对于任何一个客户的项目要求，我们都必须持之以恒、诚心诚意地做出产品。大家可能说拉链不都是一样的嘛，实际上由于功能不同，有很多很细的产品研发需要公司来解决，公司对于客户的实际需求都尽力满足。"

2. 设备

一份行业研究报告这样写道：拉链行业的技术水平主要体现在专用拉链制造设备的研发上，最终产品档次的高低和行业的竞争也主要取决于专用设备的技术水平。YKK之所以能长期垄断中高档拉链市场，一个重要的原因是其专用制造设备几乎全部自主开发且严格保密。

1946年1月，YKK的商标被正式采用。1947年发生的一件小事对YKK的发展产生了深远影响。一日午后，一个美国人来到吉田的办公室，提出想看看公司的拉链。吉田拿出公司最好的拉链，报价9美分1条。美国人沉默了片刻，将随身携带的一条拉链拿了出来，吉田试用了后，发觉无论是性能还是设计都远远超过YKK，而其价格更让吉田错愕：7美分40条！

此事对吉田的冲击很大，他在回忆当时的情形时说："我们根本就没有谈判的余地，我全身都在冒冷汗。"尽管企业在不断发展，但日本的拉链工艺仍处于落后阶段。吉田心里很明白，如果美国的产品进入日本市场，整个日本拉链产业都将崩溃。"未来将不再是手艺高的匠人的天下，而是靠精良机器制胜的时代。"

但是进口一台美国链牙机要3万～4万美元，单靠一家小企业无法承受，吉田倡议业界一起出钱买进口机器，建立一家共同经营的公司，结果无人响应。于是在1948年，吉田忠雄咬咬牙，一次性花了1 200万日元从美国进口了4台全自动链牙机，以生产质量更好的拉链。要知道当时公司的资本金才500万日元，因此这对于公司来说无疑是一笔极大的赌注。在这次赌注中，吉田赢得彻彻底底，拉链厂获得了极好的效益。然而吉田并没有就此止步。他又做了一件事——邀请日立精机董事长清三郎商谈，决定在3年内研制出100台更好的机器，分批交付使用。后来，100台新型高速链条机中的三三型拉链机，每分钟4000转，12分钟的生产量相当于旧机种一天8小时的工作量。

从1953年开始，YKK就开始实施设备自制战略，除特殊情况以外，公司拉链和铝型材的制造设备都是由YKK的内部工厂制造的。在工厂中，有一半人在技术研究部和制造本公司设备的设备部工作。拉链制造机器被这家公司小心翼翼地藏好，以免让竞争对手看到。

YKK在高端扣件领域竞争的成功，部分原因在于YKK的“多面属性”——该集团还经营机械与工程分支。YKK不仅制造拉链，也制造生产拉链的设备。YKK也因此有能力制造独特的定制产品。

3. 质量

YKK生产的拉链坚固耐用，甚至能够经得起铁锤的打击，加上其滑润易拉，从来不会发生拉到一半卡住的情况，被市场冠以“金锤拉链”的美称。由于YKK拉链不可代替的优良品质，定价要远远高于一般拉链。不过还是有许多同样追求品质的厂商宁愿承受高价也要选择高品质的YKK拉链。

台湾的拉链产业无论是在产量上还是在技术上都要高于温州，而且它们并不像温州的企业那样满足于低价竞争，而是着力去树立自己的品牌。但是，它们也同样困惑于如何才能打败YKK。台湾拉链商发现，他们的产品和YKK相比，如果单从一条拉链来看，似乎区别微乎其微。但是，如果拿出一万条拉链来比较，那他们的稳定性就不如YKK了。看来，在技术和稳定性的控制上，YKK同样是高人一筹。

YKK有那么多工厂，很难看到一部使用年限超过3年的机器，因为公司每年都生产上万台机器供给下属工厂更换使用。吉田忠雄认为，虽然生产拉链的机器使用寿命很长，但只有前几年才能发挥它的最佳功效，因此要时常更新。

4. 核心理念

当有人追问靠350日元起家的吉田忠雄，他成功的秘诀是什么时，他笑着说：“我在17岁念高中时读到一本书，给我的印象十分深刻，便是除非你将你所得利益，设法与他人分享，否则你这一生不会成功，这就是善的循环，它给了我成功。”

在吉田的心目中，“善的循环”就是YKK的核心理念。这种善不是强取而是给予。为了贯彻这个理念，身为创始人，吉田忠雄只占公司总股本的16%，其家族持股也不过24%，公司其余股份均由员工持有。

为了实现“善的循环”，吉田准许YKK雇员购买公司的股票，持股者每年可得18%的股息。21世纪初，YKK的职工拥有公司股份占比50%以上。另外，吉田忠雄还限定公司雇员把工资及津贴的10%和奖金的50%存放在公司里，用以改善和扩大公司规模，公司每月给存款的职工以比银行定期存款利率还要高的利率来支付利息。

（资料来源：根据互联网资料整理）

面对同样的外部环境，处于同一行业的企业采取的战略和经营行为往往会有很大的差异。企业战略不仅取决于外部环境，而且与企业的内部环境有着非常密切的联系。企业战略管理的一个重要任务就是在复杂多变的内、外环境条件下，求得企业外部环境、内部条件和经营战略目标三者之间的动态平衡。

4.1　企业资源分析

1. 企业的资源基础观

企业界和理论界都普遍关注企业竞争优势问题，企业的竞争优势是指企业在与同行业企业的竞争中所表现出的相对于竞争对手的一种优势，依赖于这种优势，该企业可以获得超过行业正常收益率的回报。

在梅森-贝恩（Mason-Bain）的SCP（Structure-Conduct-Performance，结构-行为-绩效）范式下，企业绩效或市场效率和成长取决于企业所处的市场结构和所采取的市场行为，波特的竞争战略理论也可归结为梅森-贝恩SCP范式的产业组织理论在企业层次上的应用。无论是SCP范式，还是竞争战略理论，都认为企业的竞争优势是外生的。既然企业的竞争优势是由企业的外部因素（市场结构、市场机会等）所决定的，那么为什么企业在相同的条件下，其竞争优势依然存在差别呢？

实证研究的结论更是无法证实竞争优势外生这一说法。20世纪80年代早期鲁梅尔特（R. P. Rumelt）的研究表明"产业中长期利润率的分散程度比产业间的分散程度要大35倍"，从而否定了企业竞争优势外生的说法。所以20世纪80年代以来人们逐渐开始从企业层面探索竞争优势来源问题，产生了以资源为基础的企业观点（resource-based view of firm，RBV），即企业资源观或资源基础观。RBV是关于企业绩效的模型，强调了企业所控制的资源和能力是其竞争优势的来源。

企业资源观的核心观点是：企业是由一系列资源束所组成的集合，每种资源都有多种不同的用途，企业的竞争优势源自企业所拥有的资源，外部的市场结构与市场机会对企业竞争会产生一定的影响，但并不是决定性的因素。企业是各种资源的集合体。由于各种原因，企业拥有的资源各不相同，具有异质性，正是这种异质性导致了企业竞争力的差异。

1）企业竞争优势的来源

企业资源观认为，企业在资源方面的差异是企业获利能力不同的重要原因，同时这也是拥有优势资源的企业能够获取经济租金的原因。自彭罗斯以来，资源基础理论的研究者们几乎都将企业独特的异质资源指向了企业的知识和能力。对于任何尝试将资源或能力作为竞争优势来源的企业，它们必须仔细审视以下4个问题：价值（value）问题、稀缺性（rarity）问题、可模仿性（imitability）问题和组织（organization）问题（见表4-1）。巴尼（1991）则认为作为竞争优势源泉的资源应当具备以下5个条件：有价值、稀缺性、不能完全被仿制、其他资源无法替代、以低于价值的价格为企业所取得。

表 4－1　用资源基础观考察企业内部优势和劣势时所要注意的问题

类　别	问　题
价值问题	某项资源是否有助于企业开发外部环境中蕴含的机会，和/或化解环境中存在的威胁
稀缺性问题	某项资源是否仅被少数行业参与者所掌握
可模仿性问题	缺乏某项资源的企业是否面临资源获取或开发的成本劣势
组织问题	企业政策和其他活动是否围绕有效利用其有价值的、稀缺的和难以模仿的资源加以组织

2）长期竞争优势的维持

企业竞争优势来源于企业的特殊资源，这种特殊资源能给企业带来经济租金。在经济利益的驱动下，没有获得经济租金的企业肯定会模仿优势企业，其结果则是企业趋同，租金消失。

迈克尔·戴尔说过："没有任何竞争优势和成功是永久的。赢家是那些不断进步的人，在商业中唯一不变的就是变化"。竞争优势的创造和维持或持续竞争优势的获取，一直是理论界和产业界普遍关注的问题，而且它已经成为战略管理学研究的中心议题。

企业不仅希望能够在短期内或在某个时点上获得竞争优势，更希望能够长期抵御竞争者的侵蚀并守住已有的竞争优势，不断创造新的竞争优势，即企业渴望取得持续的竞争优势。巴尼在其 1991 年发表的论文《企业资源与持续竞争优势》中指出，持续性不是一个时间概念，竞争优势的持续性并不意味着它将永远存在，它只是暗示由于企业拥有持续的竞争优势，不至于因为其他企业的复制而被淘汰出局。

如果一个企业的资源同时具有价值和稀缺性，但竞争对手通过学习可以模仿，那么这种资源只能给企业提供短暂的竞争优势，因为随着模仿企业的不断加入，将降低该资源的价值，此时企业的先动性优势较为明显，但却无法保证企业获得持续的竞争优势。所以，企业资源的难以模仿特性是企业获得持续竞争优势的重要条件之一。

研究发现，影响企业资源难以被模仿的因素主要体现在以下几个方面（见表 4－2）。

表 4－2　难以被模仿的因素

因　素	说　明
特定的历史条件	受时间、空间因素的影响，部分企业能以较低的成本获取或开发资源，而其他企业将难以做到而面临高昂的模仿成本。先发优势和路径依赖都能创造特定的历史条件
因果关系模糊	当竞争对手不能明确地辨别企业为何能获得竞争优势时，这种优势是难以模仿的
社会复杂性	如果企业用于获得竞争优势的资源和能力与人际关系、信任、文化及其他社会资源联系在一起，短期内对它加以模仿则较为困难
专利权	仅在部分行业中能作为持续竞争优势的资源，如药品和专业化学产品等

（1）特定的历史条件

一些企业能以低廉的成本获得或开发资源和能力，是与其特定的历史条件有关的。企业获得、开发和使用资源通常与其所处的时间和空间紧密相连，一旦特定时空成为过去，在获得和开发此类资源时就会面临很大的成本劣势。

企业可能因为远见或者偶然拥有某种资源而占据某种优势，但这种资源或优势的价值在事前或当时并不被大家所认识，也没有人去模仿。后来环境发生变化，形势日渐明朗，资源或优势的价值日渐显露出来，成为企业竞相追逐的对象。然而，由于时过境迁，其他企业再也不可能获得那种资源或优势，或者再也不可能以那么低的成本获得那种资源或优势，拥有那种资源或优势的企业则可稳定地获得租金。

（2）因果关系模糊

模仿企业可能并不清楚到底哪些资源和能力与该企业的竞争优势密切相关，即企业资源和能力与其竞争优势之间存在模糊不清的因果关系。因果关系不明存在于以下几种情况中。

其一，竞争优势是基于想当然的资源和能力，部分资源过于“普通”，难以引起管理层的注意，他们想当然地认为这些资源并不是关键性的。例如，高层管理者之间的团队协作、组织文化、员工之间的关系及顾客与供应商之间的关系等组织资源，这些资源每天都在发挥作用，但又不那么引人注意，导致管理层忽视了它们。如果企业管理者并没有清楚地了解其资源与竞争优势之间的关系，那么其他企业管理者要选择模仿的资源将是重大的挑战。

其二，管理者对于哪种资源和能力能使企业获得竞争优势可能存在多种假设，但是他们很难辨别出到底哪种资源和能力独立或联合地创造了竞争优势。没有严密、精确的论证，很难确定哪些资源与竞争优势存在因果关系。企业面临的环境变化具有不确定性，企业的日常活动具有高度的复杂性，而企业的租金是企业所有活动的综合结果，即使是专业的研究人员也很难说出各项活动与企业租金的关系，劣势企业更不知该模仿什么、不该模仿什么。并且劣势企业对优势企业的观察是有成本的，劣势企业观察得越全面、越仔细，观察成本就越高，劣势企业即使能够通过模仿获得少量租金，也可能被观察成本所抵消。

因果关系不明实际上形成了模仿竞争优势的一道屏障，是对现有竞争优势的一种保护。同时，如果资源和能力的特征表现为不可言明的（tacitness）且分布在整个组织内部时，这种资源和能力就会给企业带来更强的竞争优势。那些存在于组织文化、价值中的能力，往往难以被竞争对手模仿和获取。例如，其他航空公司曾试图模仿西南航空公司成功的低成本战略，其中最难以复制的不是飞机、航线或快速的周转方式，而是西南航空公司“愉快、家庭式、节俭和投入”的公司文化，没有人能明确地识别出这种文化是怎样的，如何才能产生这种企业文化。不确定性和有限理性共同构筑了强有力的模仿障碍。

（3）社会复杂性

企业资源和能力难以模仿的第三个原因是它们具有高度的社会复杂性。有些资源是复杂社会性活动的产物。例如，高层管理者之间及高层管理者与一般雇员之间的信任与友谊，企业在供应商与客户中的声誉等。这种社会复杂性是企业无法系统地管理和影响的能力。当竞争优势是基于此类社会复杂性资源时，其他企业欲模仿其资源和能力，都是很困难的。如果这种社会复杂性现象是随着时间推移而自然产生的，那么试图模仿此类资源和能力的成本将更大。企业的模仿行为存在成本，模仿成本主要包括时间成本和资金成本。如果企业的模仿行为需要花费较长的时间才能达到预期的目标，在这段时间内完全可能因为环境的变化而使优势资源丧失价值，使企业的模仿行为毫无意义。在这样一种成本威慑下，很多企业选择放弃模仿。即使模仿时间较短，优势资源不会丧失价值，企业的模仿行为也会耗费大量的资金，且资金的消耗量具有不确定性，如果模仿行为带来的收益不足以补偿成本，企业也不会选择模仿行为。

（4）专利权

在很多行业中，专利权期满前，专利能有效地阻止其他企业生产相同的产品。但是，当企业申请专利权保护时，它们必须披露关于产品的大量特殊信息，以帮助政府确认是否应该给这项技术授予专利。为了通过专利申请，企业可能会为竞争对手提供模仿此项技术的重要信息。所以，专利权可能在一定时期内限制了其他企业的模仿，但这实际上又增加了其他企业寻求替代品的动力，最终导致此项技术以其他方式被替代。

3）企业如何获取优势资源

企业资源观为企业的长远发展指明了方向，即培育、获取能给企业带来竞争优势的特殊资源。具体来说，企业可以从以下几个方面着手发展企业独特的优势资源。

（1）组织学习

许多学者把企业的特殊资源指向了企业的知识和能力，而获取知识和能力的基本途径是学习。由于企业的知识和能力不是每个员工知识和能力的简单加总，而是员工知识和能力的有机结合，通过有组织的学习，不仅可以提高个人的知识和能力，而且可以促进个人的知识和能力向组织的知识和能力转化，使知识和能力聚焦，产生更大的合力。

（2）知识普及

知识只有被特定工作岗位上的人掌握才能发挥相应的作用，企业的知识最终只有通过员工的活动才能体现出来。企业在经营活动中需要不断地从外界吸收知识，需要不断地对员工创造的知识进行加工整理，需要将特定的知识传递给特定工作岗位的人。企业处置知识的效率和速度将影响企业的竞争优势。因此，企业对知识活动过程进行管理，有助于企业获得特殊的资源，增强竞争优势。

（3）建立外埠网络

对于弱势企业来说，仅仅依靠自己的力量来发展需要的全部知识和能力是一件花费大、效果差的事情。通过建立战略联盟、知识联盟来学习优势企业的知识和技能则要便捷得多。来自不同企业的员工在一起工作、学习还可激发员工的创造力，促进知识的创造和能力的培养。

2. 企业资源分类

企业资源可以分为以下三类。

（1）有形资源

有形资源主要是指企业的物质资产和金融资产。物质资产主要包括企业的厂房、土地、设备等固定资产；金融资产主要是指企业的筹资和借款。

（2）无形资源

无形资源主要是指企业的知识产权、技术诀窍、企业形象、品牌、专利权、商标权、专用知识、商誉和企业文化等。

与有形资源相比，无形资源是一种更高级、更有效的核心竞争力来源。由于无形资源更加不可见，而且更难以被竞争对手所了解、购买、模仿或替代，企业更愿意将此作为开发企业能力和核心竞争力的基础。在全球经济中，“相对于实物资产来说，企业的成功更多地取决于先进的知识和出色的系统能力。此外，管理人力资源的能力及把人力资源转变为有用的产品和服务的能力，正在迅速成为这个时代一项非常关键的管理技能”。但是，由于无形资源的不可见性和隐蔽性，其价值常常容易被忽视。

（3）人力资源

人力资源主要是指能够推动企业发展的全体员工的能力。为了保证知识所带来的核心能力的不断发展，微软一直努力试图雇用那些比现任员工更有才能的人，这就使得微软能够不断地保护和发展它的知识产权。在信息时代，实物是辅助的，知识才是中心。企业不是从实物里获取价值，而是从人们所固有的知识、技术诀窍、知识产权和竞争能力中获取。

企业更愿意把无形资源和人力资源作为竞争优势的基础。实际上，一种资源越不可见，在它之上建立起来的竞争优势就越具有持久性。资源在被整合或组合时，它的战略价值会增加。企业如果能让一系列资源一起产生效应，就会产生独特的有形资源、无形资源和人力资源的组合。

3. 企业能力分析

企业能力是指企业所拥有的利用和整合企业资源的知识和技能。企业的能力是企业在利用和整合资源的过程中，通过实践、学习、积累而形成的，也是企业内部通过收集、传播和共享而增强的。资源的多少并不能代表其能力的大小，事实上，有许多企业获得了丰富的资源，但并未掌握发挥这些资源价值的知识和技能。

企业能力可以分为职能领域的能力和跨职能领域的综合能力两大类。职能领域的能力包括市场营销能力、财务管理与资本运作能力、人力资源开发与管理能力、组织能力、研发能力、制造和生产能力、管理信息系统开发和集成能力等。跨职能领域的综合能力则包括学习能力、创新能力、战略谋划能力、整合能力和领导力等。

通常，企业能力首先体现在职能领域。以国内企业为例，华为的研发能力强，海尔的制造能力强，小米的营销能力强。但是，企业应更加注重提升跨职能领域的综合能力，特别是学习能力和创新能力。

评价企业能力高低的主要依据是企业资源利用的效率。在分析企业能力的过程中，可以采取下列几种方法评价企业能力状况。

（1）财务比率分析法

通过与竞争对手在企业的收益性、安全性、流动性、成长性和生产性五个方面的对比，判断企业能力的高低。

（2）专家意见法

通过企业聘请的专家对企业内部和外部相关的利益团体的分析，判断企业能力的高低。

（3）问卷调查法

通过直接向企业内部和外部相关利益团体发放问卷进行调查，判断企业能力的高低。

以上三种方法各有利弊、相互补充，在进行能力分析的过程中可以综合运用。

4. 企业资源、能力和竞争优势的关系

企业资源不会独自发生作用，必须经过协调、组织管理。能力是指企业分配资源的效率，这些资源被有目的地整合在一起，以达到一种预想的最终状态。就像胶水把物品黏合在一起，能力通过有形资源、无形资源和人力资源的不断融合而产生。企业资源、能力和竞争优势的关系如图 4－1 所示。

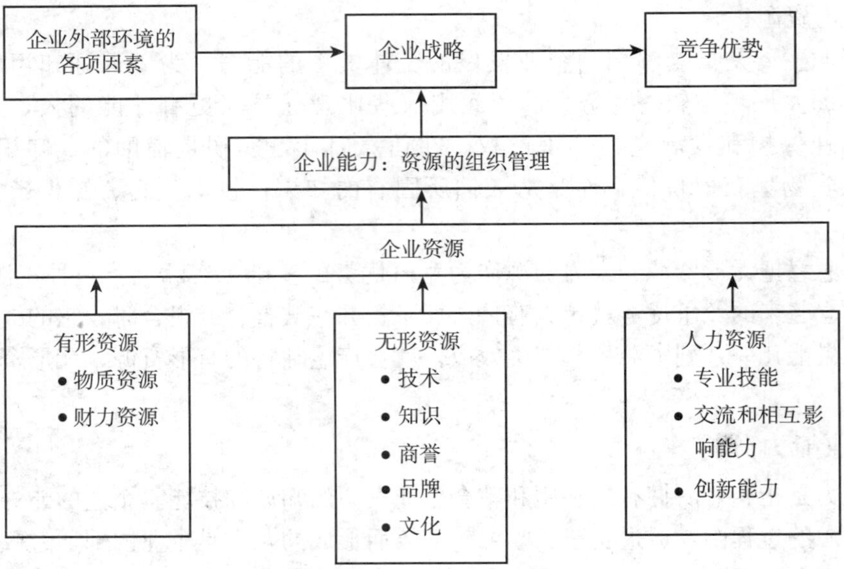

图 4－1　企业资源、能力和竞争优势的关系

5. 企业资源强势与弱势分析

企业资源是企业竞争优势的根本源泉。资源的战略意义在于它不仅能保证企业获得最大限度的利润，而且可以左右企业的成长及未来的命运。在资源分析中，列出企业资源的强势和弱势对下一步确定企业的竞争优势有重要意义。实际上，资源强势是企业的竞争资产，资源弱势是企业的竞争负债，当然最理想的情况是企业竞争资产大大超过其竞争负债。

企业内部条件分析的重要任务就是要找出企业资源的强势和弱势，对于资源强势应考虑如何更有效地发挥作用以提高其竞争力，对于资源弱势应考虑如何去弥补，从资源的角度看还需要采取什么措施才能提高企业竞争力。

（1）企业资源强势

企业资源强势往往有以下表现形式：

① 企业具有某项技能或专门技术；

② 企业有宝贵的有形资源；

③ 企业有宝贵的无形资源；

④ 企业有宝贵的人力资源；

⑤ 企业有良好的组织管理能力；

⑥ 企业具有某种特殊的竞争能力；

⑦ 企业与合作者建立了能够提高竞争力的战略联盟。

（2）企业资源弱势

企业资源弱势往往有以下表现形式：

① 企业缺乏有重要意义的技能或专门技术；

② 企业缺乏有重要意义的有形资源、无形资源、人力资源，或缺乏组织管理资源的能力；

③ 企业在关键领域中的竞争能力正在削弱或丧失。

4.2　企业核心能力

短期内，企业产品的质量和性能决定了企业竞争力，而长期起决定作用的是企业的核心能力。

1980年，美国GTE公司和日本NEC公司的销售额分别是99.8亿美元和38亿美元，而到1988年却分别为164.6亿美元和216.9亿美元。这两家公司都以可比的业务组合开始，经营的效果却如此不同。普拉哈拉德和哈默认为，主要原因是NEC公司是利用核心能力概念来构筑公司，而GTE公司却不是。据此，这两位学者于1990年在《哈佛商业评论》发表了《公司核心能力》（*The Core Competence of the Corporation*）一文。

1. 企业核心能力的概念

什么是核心能力（core competence）？目前管理学界仍没有一个统一的定义，可以说，企业核心能力目前仍是国内外管理学界研究讨论的热点问题之一。

1990年普拉哈拉德和哈默提出：核心能力“是组织中的积累性学识，特别是关于如何协调不同生产技能和有机结合多种技术流派的学识”。同时他们指出，核心能力既是组织资本又是社会资本，组织资本指的是企业内部各种资源的整合，社会资本指的是企业内部资源与外部资源的整合。

上述是关于企业核心能力最原始、最古典的定义。美国麦肯锡公司对企业核心能力下的定义是：企业核心能力是某一组织内部一系列互补的技能和知识的组合，它是具有使一项或多项关键业务达到行业一流水平的能力。

我国学者对核心能力的定义，比较有代表性的是由康荣平与柯银斌所提出的，他们在评价与改进原始概念的基础上认为：“核心能力是指企业内存在的一组技术和技能的集合体，这些技术和技能既包括硬技术，也包括软技术。”这一定义表明核心能力不仅仅局限于硬技术方面，同时也包括企业内部的销售和管理等软技术。

企业核心能力主要包括两部分，即企业技术方面的核心能力和企业管理方面的核心能力。企业技术方面的核心能力，包括企业全体员工的知识和技能水平，企业的技术和科学知识、专有数据、创造性的才能等。企业管理方面的核心能力，包括企业的管理思想、管理理念，企业战略管理，企业各职能部门的管理特色，企业文化等。一个企业犹如一部手推两轮车，它平稳快速向前运行所依赖的一个轮子是技术创新，另一个轮子是管理创新。

苹果公司通过强化研发能力、不断创新产品为消费者创造独特的价值，这说明创新是该公司的核心能力。另外，零售店优秀的客户服务能力是苹果公司的另一个核心能力，它是建立在一系列精心设计的培训和发展流程之上的。这些培训流程由各种能力组成，包括严格控制员工与客户互动的方式、现场技术支持的标准培训方法，以及根据每家门店的特点进行预装照片和音乐演示设备等细节的设置等。

企业核心能力不仅能够使一家企业具备与众不同的竞争力，而且还可以反映企业的独特个性。作为采取行动的一种能力，企业的核心能力就像是“皇冠上的一颗宝石”，使企业能在很长一段时期内为自己的产品和服务增加独特的价值。

2. 企业的核心能力、核心产品与最终产品之间的关系

如果把企业比作一棵大树，核心能力就相当于树根，核心产品相当于树干，树上的树叶、花、果实就相当于最终产品。企业的核心能力、核心产品与最终产品的关系如图 4－2 所示。

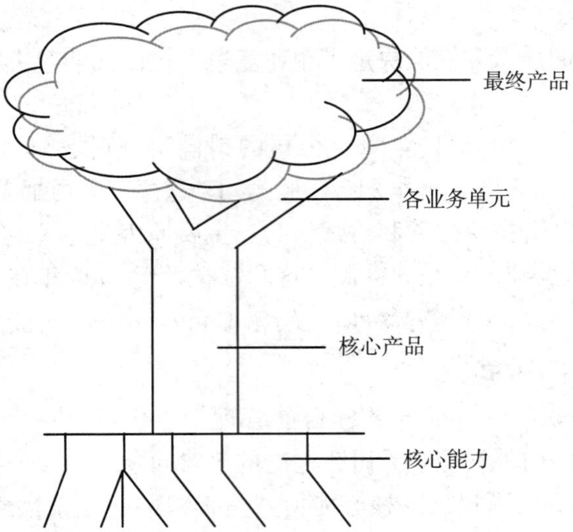

图 4－2　企业的核心能力、核心产品与最终产品的关系

例如，可口可乐的配方就是可口可乐公司的核心能力之一，对该公司来说，如果发生火灾，把全世界的可口可乐公司都烧光了，但是只要配方还在，该公司还可以东山再起，这就是企业的核心能力；而树干，就相当于可口可乐的浓缩液，这是可口可乐公司的核心产品；把可口可乐浓缩液运到各地瓶装厂，最终制成的可口可乐产品就是最终产品。

图 4－3 揭示了企业核心能力与多元化战略的关系。从图中可以看出，一个企业不一定只有一种核心能力，企业领导人要很好地“协调”与“有机组合”不同的核心能力，使之形成不同的核心业务，从而使企业多元化经营取得成功，并具有持久的竞争力。

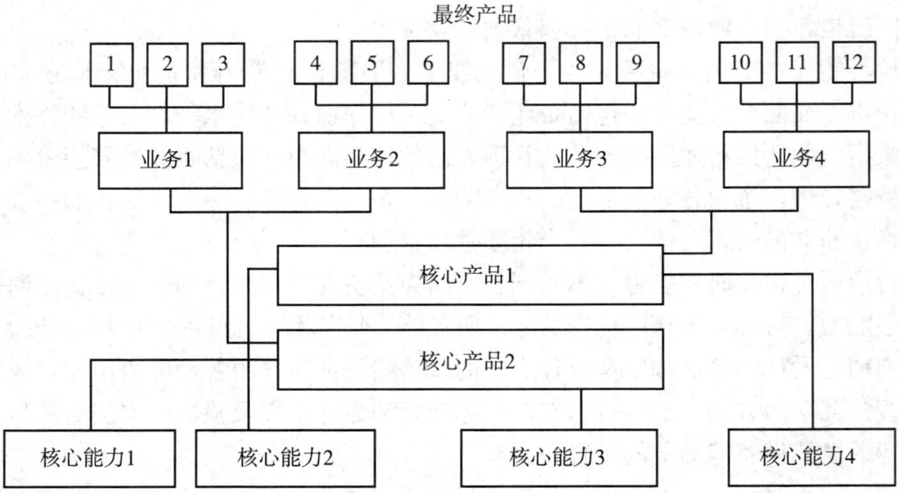

图 4－3　企业核心能力与多元化战略的关系

3. 核心能力的特点

核心能力之所以称为核心（core），是因为它能够保证企业的可持续发展与成功。核心能力具有以下特征。

（1）产生竞争价值的能力

为了保证企业的长期成功，企业的核心能力必须能够创造价值。在这里，有必要对两种价值观进行区分：一种是以企业为出发点的价值创造观，这种观点注重企业利润的提高或股东价值的提高；另一种是以顾客为导向的价值创造观，这种观点应该优先于前一种观点，同时也是前者得以实现的前提和保证。

（2）难以模仿性

这是相对于竞争对手而言的，表明企业的能力难以被对手模仿和复制。许多因素能够对核心能力的难以模仿性做出贡献，如路径的依赖性、因果关系的模糊性、各类资源聚集成族并相互补充所产生的高效率等。

（3）难以替代性

这是相对于顾客而言的，表明拥有核心能力的企业的产品和服务在顾客心目中的地位没有替代品能够替代。

（4）延展性及多样性

企业核心能力不是局限于企业某一种产品或服务，而是能够应用于多种产品和服务领域，即可以最大限度地实现范围经济效应。如果企业的某项能力不能衍生出新产品和服务，那它就不是企业的核心能力。表 4-3 所示是企业核心能力延展性的例子。核心能力将有助于企业开拓未来商机，它能够在企业未来的发展变化中衍生出成群的新产品和服务，成为构建新兴产业的基础。

表 4-3　企业核心能力延展性举例

公司名称	核心能力	产　品
日本本田公司	发动机和电动火车技术	摩托车、汽车、发电机、割草机等
美国 3M 公司	黏结（黏性材料）技术	砂纸、磁带、录像带、告示贴等
日本索尼公司	小型化、袖珍化技术	袖珍录像机及收录机、小型液晶电视等
日本佳能公司	光学与图像技术	复印机、照相机、激光打印机等

（5）经过较长时期形成，是企业竞争优势的支撑

核心能力是企业特殊历史进程的产物，又称为“管理遗产”。企业的管理遗产影响企业未来的收益和战略选择，并由此呈现出某种程度的路径依赖。核心能力的培育不可能一蹴而就。企业核心能力的形成主要依靠企业内部培育，需要企业全体员工的支持与配合，员工对核心能力的认同需要一定的时间，因此核心能力的形成需要一个过程。核心能力一旦形成，将对企业的竞争优势给予强大的支撑，企业的持续竞争优势不会脱离企业的核心能力而存在。

（6）动态性

企业核心能力也有生命周期，要防止企业核心能力的刚性。过去企业的核心能力在今天有可能退化为一般能力，企业为了具有长期竞争优势，必须不断识别、获取、扩展和保持自

己的核心能力，使得核心能力达到动态良性循环。

所有的核心能力都有可能成为潜在的核心僵化阻力。核心僵化阻力是早期核心能力种下的组织惯性和阻碍企业对环境变化进行反应的阻力。在变化频率和幅度不断加大的时代中，核心能力容易变成“老核心能力”：老化并固化。数码相机技术的成熟和广泛应用，让柯达公司的核心能力一下子“老化”过时；曾经以高纯度胰岛素获得大量市场份额的礼来公司，被“固化”在提高胰岛素纯度的能力“轨道”上，以至于它们忽视了来自诺和诺德的小发明“注射笔”，而痛失胰岛素领域的半壁江山。

（7）不可交易性

企业核心能力是不能在市场上买来的，只能通过企业内部研发或企业并购、战略联盟、合资等方式获得。核心能力必须通过把企业内部的技能、能力与外部获得的能力“协调”“结合”成统一有机的整体而获得。

4. 核心能力的识别

格兰特（Grant）在 1991 年提出，企业应以以下 4 个特点为依据来评价企业的核心能力。

（1）占用性

占用性是指由企业内部某些战略资产产生的、不能归企业所有而被某些个人据为已有的利润的占有程度。对资产的占用性越低，企业持续获得利润的能力就越高。如果一种资产深深地扎根于企业之中，它就很难被其他人占用。存在于企业中的特殊能力更突出地表现为一个组织所拥有的资产，而不是企业某个人的私人资产。如果企业利润主要来自企业众多经理人员和员工组成的团队的优异表现，那么利润就很难被某些人据为己有，任何人才的流失都不可能对企业利润造成很大的影响。因此，对战略资产的占有程度越低，企业的利润就越高。

（2）耐久性

战略资产的耐久性主要是指其作为利润源的持久程度，而不是指其物理耐久性。耐久性的无形特征很重要。因为产品和技术生命周期的不断缩短，大部分资产的耐久性大大降低，但企业无形资产的卓越特征却并未因此而受到影响。著名品牌对企业来说是耐久性很高的无形资产。尽管产品不断出现或消失，而家喻户晓的品牌（如可口可乐、雀巢、杜邦等）的良好商誉在社会公众眼里却长期保持不变。很明显，核心能力的耐久性越强，利润的可持续性就越高。

（3）转移性

有些资源是很容易转移的，如原材料、具有通用技能的雇员、机器甚至工厂，从这个意义上来说，这些资产都不是企业的战略资产，因为他（它）们很容易被买进或卖出。战略资产的基本特征之一是它对企业的占有程度，即扎根于企业组织之中，融于企业的文化和管理模式之中。资产转移程度越低，其保持利润的战略品质就越高。

（4）复制性

如果某个企业的核心能力或者资源虽然不能被轻易转移，但竞争对手通过适当的投资或者直接购置新的资产，就可以形成几乎相同的生产能力，那么这个企业就不会拥有真正持久的竞争优势。新的进入者会通过复制核心能力，生产相同的产品然后在竞争中削减价格，无情地将产品推向低利润状态。资源和能力越容易被复制，就越不能保持竞争优势。

所以，支持企业的持续竞争优势的核心能力需要具有低占用性、高耐久性、低转移性和低复制性。在企业管理实践中，管理者体会到支撑持续竞争优势的核心能力最主要的特征是难以被仿制，这里包含了低占用性、低转移性和低复制性的含义。

5. 核心能力的培育

培育企业核心能力的途径主要有两条：一是内部培育；二是外部交易。

（1）内部培育核心能力

理论和实践都证明，企业竞争优势的直接来源在于企业内部，即企业的核心能力只能直接由内部培育。内部培育核心能力的例子很多，如可口可乐公司、微软公司和英特尔公司等。

核心能力是一种有组织的集体行为，它是通过协调不同的生产技能和有机结合多种技术流派来实现的。我国很多企业之所以不能建立起核心能力，是由于各个生产经营单位是各自分离、独立运营的。这样，各种能力无法相互关联，综合优势无法体现。只有识别单个经营单位的能力并通过有机协调，才能发挥企业整体的核心能力。

美国学者库布斯（Coombs）将核心能力定义为企业的技术能力及把技术能力有机结合的组织能力，而这种组织能力实际上就是企业的管理能力，任何企业都可以在技术核心能力和管理核心能力两个维度上来努力培育核心能力。因此，企业核心能力的培育有 4 条途径，如图 4－4 所示。

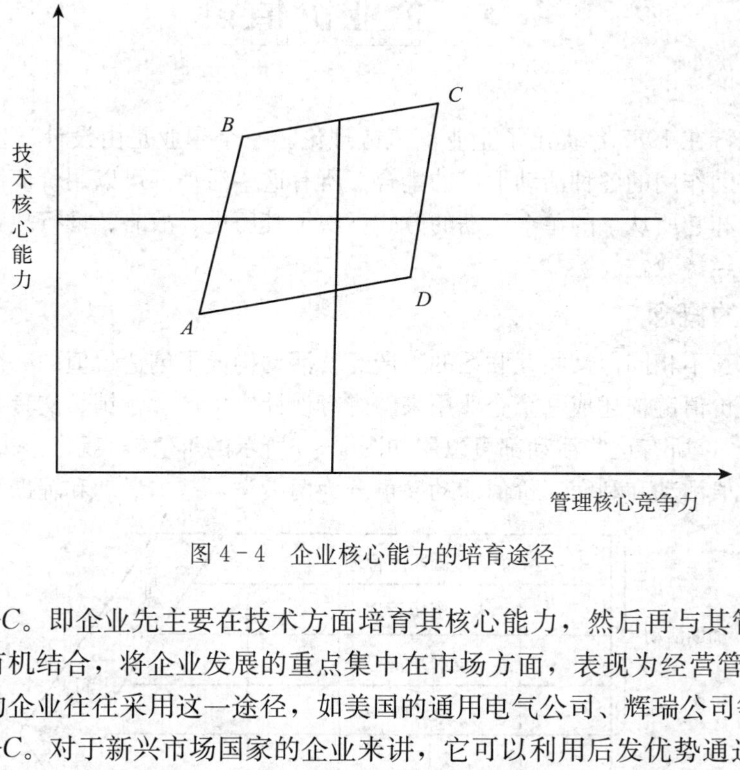

图 4－4　企业核心能力的培育途径

① $A \to B \to C$。即企业先主要在技术方面培育其核心能力，然后再与其管理方面的核心能力相协调和有机结合，将企业发展的重点集中在市场方面，表现为经营管理能力的提高。一般发达国家的企业往往采用这一途径，如美国的通用电气公司、辉瑞公司等。

② $A \to D \to C$。对于新兴市场国家的企业来讲，它可以利用后发优势通过技术引进建立技术能力，因为经营的重点在于市场方面，表现为经营管理能力的提高。例如，我国相当多的企业，通常缺少核心技术但熟悉市场，企业需要建立经营管理能力才能顺利地开展商务活动以求生存和发展。

③ $A \to B$。这是指某些高新技术企业，企业领导者的主要精力放在技术核心能力的发展及形成上，如清华紫光、清华同方及美国硅谷的很多高科技公司等都是沿着这一路径培育核心能力的。

④ $A \to D$。这是指某些商业企业，企业领导者的主要精力放在企业经营管理核心能力的

发展和形成上，如麦当劳、沃尔玛等，虽然企业技术含量不高，但这些企业都有其独特的商业模式，因而也取得了成功。

由图 4-4 可以看出，图中的菱形框架可以用来描述一个企业的发展轨迹，同时该菱形框架也可以用来确定某一时刻同行业中多个企业在图中的位置，进而与竞争对手的位置进行比较，可以发现彼此的优、劣势。因此，菱形框架可以作为竞争分析的有力工具。

(2) 外部交易促进核心能力的形成和发展

利用外部交易型策略也是迅速增强和获取核心能力的有效途径，但是它必须通过内部资源整合，将其吸收并予以发展，才能成为企业真正的核心能力。

外部交易型策略实际上是一种资产运营行为，我们可以通过技术交易，买进重要的技术商品；可以通过产权交易，买进拥有某项关键技术的企业；可以通过人才市场等其他要素市场获取核心能力的组成要件。此外，还可以通过加入各种战略联盟以低成本获取核心能力。外部交易方式不能直接培育企业核心能力，但它可以为企业培育核心能力创造条件。

4.3 企业价值链

迈克尔·波特在 1985 年提出了企业价值链理论。一个企业是由设计、生产、营销、交货及对产品起辅助作用的各种活动形成的集合，所有这些活动都可以用价值链表示出来。一个企业的价值链和它所从事的单个活动的方式反映了其历史、战略、推行战略的途径及这些活动本身的根本经济效益。

1. 价值链的概念

企业所有的互不相同但又相互联系的生产经营活动构成了创造价值的一个动态过程，即价值链。波特将价值链描述成一个企业用来"进行设计、生产、营销、交货及维护其产品的各种活动的集合"，所有这些活动都可以用如图 4-5 所示的价值链表示出来。价值链列示了总价值，包括价值活动和利润。价值活动又可分为两大类：基本活动和辅助活动。

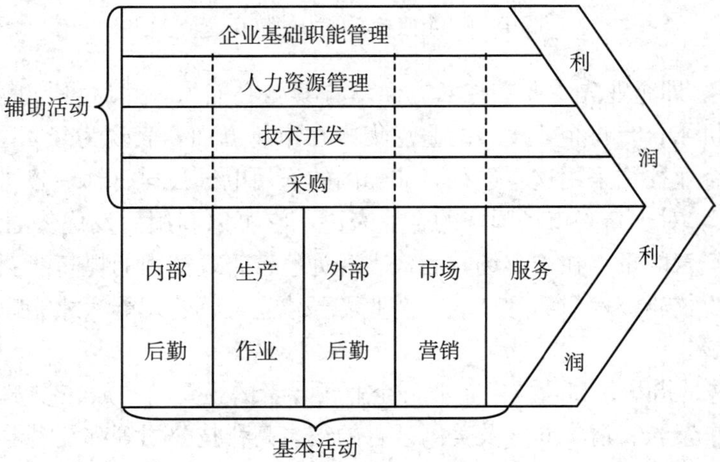

图 4-5　企业的基本价值链

由图 4 - 5 可以看出，企业的基本活动包括以下内容。

① 内部后勤。与资源接受、存储和分配相关的各种活动，如原材料搬运、仓储、库存控制、车辆调度和向供应商退货等。

② 生产作业。与将投入转化为最终产品形式相关的各种活动，如机械加工、包装、组装、设备维护、监测、印刷和各种设施管理等。

③ 外部后勤。包括产品发送、存储、运输等，如产成品管理、订单处理和生产进度安排等。

④ 市场营销。包括市场营销的各种活动，如广告、促销、销售队伍、保价、渠道选择、渠道管理和定价等。

⑤ 服务。与提供服务以增加或保持产品价值有关的各种活动，如安装、维修、培训、零部件供应和产品调整等。

企业的辅助活动包括以下内容。

① 企业基础职能管理。由大量活动组成，包括总体管理、企业计划、企业财务、法律事务、与政府间的事务及质量管理。它与其他辅助活动不同，它通过整个价值链而不是单个活动起辅助作用。

② 人力资源管理。包括涉及所有类型人员的遴选、录用、培训、开发和激励等各种活动。

③ 技术开发。包括旨在改进产品和生产过程的一系列活动。

④ 采购。购买用于价值链各种投入的活动。外购的投入包括原材料、储备物资和其他消耗品，也包括各种资产，如机器、实验设备、办公设备和建筑物。尽管外购投入一般与基本活动相联系，但是外购投入却在包括辅助活动在内的所有价值活动中存在。

以石油行业为例。这个行业存在一系列将原油转化为最终消费品（如汽油）的环节，包括原油勘探、原油钻探、原油抽取、原油运输、原油购买、原油精炼、向分销商销售成品油、运输成品油及向最终客户销售成品油等。

行业中的不同企业，对从事上述活动的某些环节可能有不同的选择，因而表现为具有不同的资源和能力。例如，原油勘探环节需要大量的资金投入，因而企业要拥有雄厚的财务资源、土地开发权（物质资源）、丰富的科技知识（人力资源）等。因此，原油勘探企业与其他与石油有关的企业（如汽油销售企业）相比，可能拥有非常不同的资源和能力。与勘探企业不同，汽油销售企业需要的资源投入包括用于加油站建设的财务资源与物质资源，也包括从事产品销售所需的人力资源与组织资源。

当然，即便处于相同价值链环节的企业，它们也可能采取不同的经营方式，从而形成不同的资源和能力。例如，对两家从事石油成品油销售的企业来说，一家可能通过自建渠道来完成销售，而另一家可能借助经销商来进行销售。尽管这两家企业可能拥有类似的人力资源和组织资源，但第一家企业的财务资源和物质资源与第二家却存在很大的不同。从这个意义上讲，价值链分析可以帮助企业更详细地理解基于资源的竞争优势来源。

2. 价值链分析

通过价值链可以分析企业内部条件，从而找出对顾客最有价值、对企业最有优势的活动，并加以改进提高，以提高企业的竞争力。通过对不同行业的价值链进行比较分析，可以理解不同业务的价值链之间是否存在有竞争价值的战略匹配，从而为企业的跨行业经营和新业务选择提供依据。

价值链分析的基础是价值。从竞争角度而言，竞争优势的市场表现主要反映在顾客价值的创造上。所谓顾客价值，是指顾客认知利益与顾客认知价格之差。顾客认知利益指的是顾客感觉到的收益总和；顾客认知价格是指顾客感觉到的支出总和。为顾客创造价值是企业的基本战略目标，所以要站在最终用户的角度来评价企业的价值链，从而可以通过价值链分析来了解企业资源的增值过程。

一条基本价值链可以进行再分解，如作为基本增值活动的市场销售就可再分为营销管理、广告、销售队伍管理、销售业务、技术文献、促销等活动。

虽然价值活动是构筑竞争优势的基石，但是价值链并不是一些独立活动的集合，而是相互依存的活动所构成的一个系统。价值活动是由价值链的内部联系联结起来的，这些联系是某一价值活动进行的方式与成本或与另一活动之间的关系。竞争优势也可以来源于活动间的联系。例如，成本更昂贵的产品设计、更严格的材料规格或更严密的工艺检查也许会减少服务成本。尽管价值链内部的各种联系对竞争优势十分关键，它们却常常难以捉摸，无法被认识。对各种联系的利用常常要求信息或信息系统允许最优化或协调配合的发生，信息系统对于从联系中获取竞争优势至关重要。协同效应促使被分解的各项战略活动实现有机整合，促使企业成本降低、创新能力增强、竞争优势的模仿性难度加大，从而使企业长期处于竞争优势。对各种联系的管理是一项比管理各种价值活动本身更为复杂的任务。

联系不仅存在于一个企业的价值链内部，而且存在于企业的价值链与供应商、顾客的价值链之间。波特认为，单个企业的价值链是镶嵌在更大范围的价值系统中的，整个价值链系统包括提供投入品的供应商、分销渠道和购买者，如图 4-6 所示。供应商在创造和供应企业所购买的原材料、零部件时，其成本和质量会影响到企业的成本和差异化的能力，而渠道的价值链也是很重要的，它会直接影响用户的满意程度。因此，很多企业不仅从自身价值链角度寻找提高竞争优势的途径，而且扩展到上游的供应商的价值链及下游的渠道和顾客的价值链，通过价值链系统的构建，为企业价值增值提供更为广阔的空间。

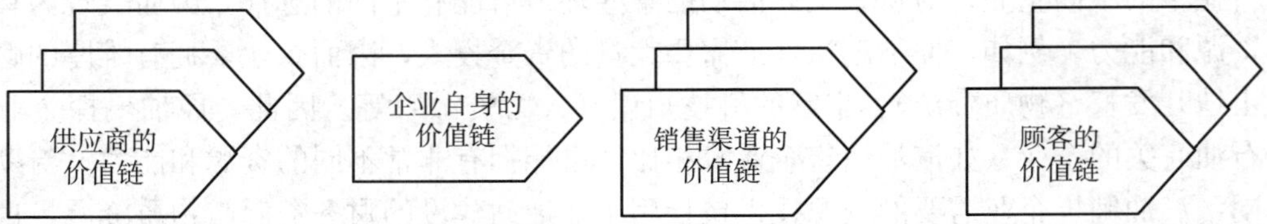

图 4-6　企业价值链系统

通过对不同企业的价值链进行比较分析，有助于企业识别自己的优势和劣势。虽然同一产业内的企业有相似的价值链，但竞争对手的价值链常常有所不同。例如，人民快递公司和联合航空公司都在航空业开展竞争，但它们有完全不同的价值链，体现为登机手续操作、机组人员政策和飞机作业方面的显著差异。竞争者价值链之间的差异是竞争优势的一个关键来源。

通过价值链分析，企业可以发现哪些环节是价值增值的关键环节、哪些环节是增加附加成本的环节，进而有助于企业确立重点发展的业务及需要改进或进行外包的业务。价值增值的关键环节，就是企业价值链的“战略环节”，这种战略环节既可以是生产环节、营销环节或研发环节，也可以是某些辅助增值环节。保持企业的战略优势，关键是控制企业价值链的战略环节。耐克公司是世界上最大也是著名的经营运动鞋的跨国企业之一，但它自己不生产耐克鞋，而是抓住设计、营销两个环节，把生产制造外包给其他国家的企业，目前韩国、中国是它的最大生产基地。它的总部不到70人，主要从事产品设计与营销，构建自己的核心能力，使之长盛不衰。铃木汽车1980年进入美国市场，它只管生产制造，销售外包给通用公司，它的核心能力就是精细化生产。意大利皮尔·卡丹公司的核心能力是研发和设计，其在全世界市场上销售的产品，有90%以上是外包给发展中国家企业生产的，每年仅通过品牌和设计标准输出创造的收入就有近2亿美元。

下面以戴尔计算机的价值链（见图4-7）分析为例来确认企业竞争优势的来源。

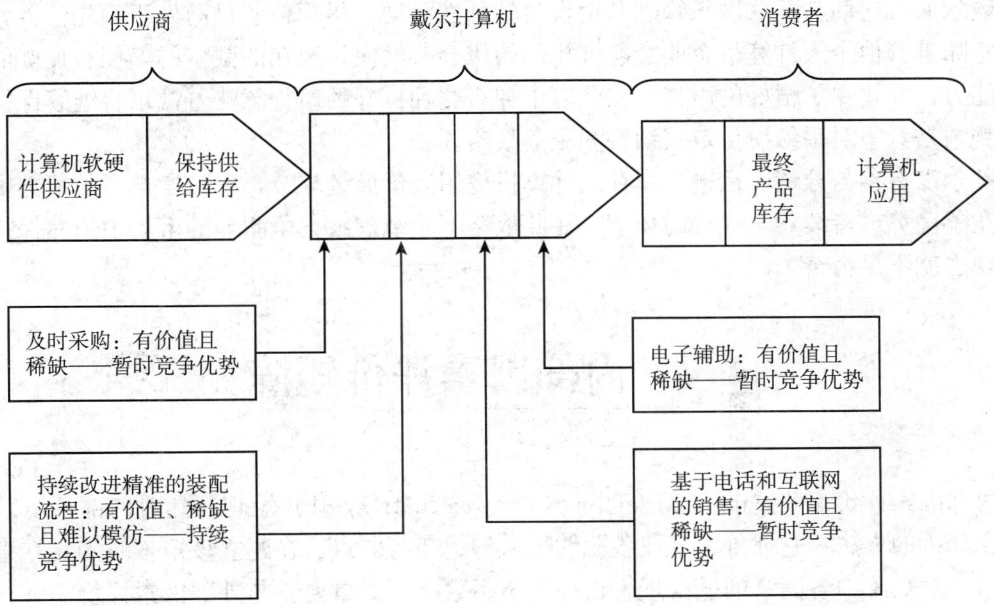

图4-7　戴尔计算机的价值链

由图4-7可以看出，戴尔并没有参与价值链的每个环节，它只聚焦于价值链中能带来暂时或持续竞争优势的那些环节。

戴尔在采购方面能获得暂时竞争优势，这个优势来源于许多方面，包括由戴尔巨大的销售量带来的大额采购量，这使得戴尔能成为供应商的重要客户，从而利用其大宗的采购量获得价格优惠。尽管规模对于戴尔来说是有价值的，但是它并不稀缺，也不难以模仿。毕竟，惠普和联想也拥有巨大的销售量，因此也能享受到采购上的数量优势。

比戴尔的规模更重要的是戴尔的采购机制。它只采购生产中所需的部分，而且要求不论大小供货商都要做到及时供货，有时供应商一天要交货多次。这样，戴尔就将库存成本转移给了供应商。这种采购方式在个人计算机行业是不寻常的（即稀缺的）。但是，这种采购模式正转变为包括汽车行业在内的许多行业参与者实现高效生产的标准。因此，尽管采购可被视为暂时竞争优势的来源，但由于它是可模仿的，因而还不能成为持续的竞争优势的来源。装配环节可能是戴尔持续竞争优势的一个来源。注重细节、高速度、有效率及高质量是其装配操作的重要特点，即便戴尔为个人计算机用户提供多种不同组合的个性化选择，其装配过程通常依赖于外部企业时，这个装配效率仍然是独特且难以模仿的。

例如，生产一种计算机时，戴尔的工程师能够将计算机在装配过程中被接触的次数从130次降低到60次。在操作的另一环节，戴尔能够改进装配的过程，从而在确保质量的前提下，仅用1颗螺钉代替6颗来保证一个部件的正常使用。这种对于细节的注重使得戴尔在装配操作方面获得了200多项专利。与产品专利不同，装配操作方面的专利是难以模仿的，因为这通常是生产过程中整合的一部分。也就是说，戴尔在装配方面的优势是基于大量的小型决策，而这些决策对于竞争对手而言实际上是缄默性的，因而难以被获知。此外，强调流程改进是戴尔根深蒂固的一种具有社会复杂性的文化。总体看来，装配过程的特点显示出它是有价值、稀缺且难以模仿的，因此对于戴尔来说，这可能是持续竞争优势的一种来源。

戴尔通过电话与互联网来管理其销售与辅助性活动。尽管戴尔目前处于领先位置，但这并不意味着其他个人计算机企业会忽视相同的机会。然而，现在的戴尔的确拥有良好的电子商务能力，并建立了很好的声誉，在顾客中拥有这种良好的声誉意味着戴尔将继续保持其优势，哪怕是竞争对手纷纷仿效其销售和服务战略。

戴尔没有参与分销、运输、库存及计算机应用等价值链环节，它只参与了价值链中具有暂时竞争优势或持续竞争优势的环节。在此战略下，戴尔在竞争激烈的市场中依然保持突出的表现也就不足为奇了。

4.4 内部因素评价矩阵

内部因素评价矩阵（internal factor evaluation matrix，IFE矩阵）是对内部环境因素进行综合分析的方法，它评价了企业各职能领域的优势与弱点。在建立该矩阵时需要靠直觉性的判断，对矩阵中各因素的透彻理解往往比实际数字更为重要。与外部因素评价矩阵和竞争态势矩阵相类似，IFE矩阵可以按以下5个步骤来建立。

① 列出内部分析过程中确定的关键因素。采用10～20个内部因素，包括优势和劣势两方面，首先列出优势，然后列出劣势。

② 给每个因素赋予权重，其数值范围为0（不重要）～1（非常重要）。权重大小标志着各因素对企业在产业中竞争成败影响的相对大小，无论关键因素是内部优势还是内部劣势，对企业绩效有较大影响的因素就应当得到较大的权重，所有权重之和等于1。

③ 为各因素评分。1分代表重要劣势，2分代表次要劣势，3分代表次要优势，4分代表重要优势。评分以企业为基准，而权重则以产业为基准。

④ 用每个因素的权重乘以它的评分，即得到每个因素的加权分值。

⑤ 将所有因素的加权分值相加，得到企业的总加权分值。

无论IFE矩阵包含了多少因素，总加权分值的范围都是从最低的1到最高的4。平均分为2.5，总加权分值大大低于2.5的企业，内部状况处于劣势，而总加权分值大大高于2.5的企业，其内部状况则处于优势。

表4-5是一个内部因素评价矩阵的例子，企业的主要优势在于流动比率、盈利率和员工士气，所以其评分值为4分；企业的主要劣势是缺少一个战略管理系统、日益增加的研究

开发支出和对经销商的激励不够有效；总加权分值为 2.80，表明该公司的内部总体战略地位高于行业平均水平。

表 4-5　内部因素评价矩阵示例

关键内部因素	权重	评分	加权分值
优　势			
① 流动比率增长至 2.52	0.06	4	0.24
② 盈利率上升到 6.94	0.16	4	0.64
③ 员工士气高昂	0.18	4	0.72
④ 拥有新的计算机信息系统	0.08	3	0.24
⑤ 市场份额提高到 24%	0.12	3	0.36
劣　势			
① 法律诉讼尚未了结	0.05	2	0.10
② 工厂设备利用率已下降到 74%	0.15	2	0.30
③ 缺少一个战略管理系统	0.06	1	0.06
④ 研究开发支出增加了 31%	0.08	1	0.08
⑤ 对经销商的激励不够有效	0.06	1	0.06
总　计	1.00		2.80

对于跨国公司来说，每个自主经营的分公司或战略事业部都应建立自己的 IFE 矩阵，各分部的矩阵综合起来便构成公司总体的内部因素评价矩阵的基础。

4.5　SWOT 分析

SWOT 分析法是一种结合内、外环境因素进行综合分析的战略选择方法。利用这种选择方法，需要把企业内部的优势（strengths）和劣势（weaknesses）与外部的机会（opportunities）和威胁（threats）匹配起来，这样才能更好地实现战略目标。决策准则是选择能够发挥企业优势、弥补劣势、抓住机遇、规避威胁的战略。

SWOT 分析法是战略设计学派的主要分析模型。战略设计学派认为，战略是对企业实力和机会的匹配，是领导者有意识的但非正式的构想过程，充分体现了组织内、外环境对制定战略的重要性。

1. 如何开展 SWOT 分析

（1）分析环境因素

运用各种调查研究方法，分析企业所处的各种内、外环境因素。外部环境因素包括机遇和威胁，它们是外部环境对企业发展有重要影响的有利因素和不利因素，属于客观因素，一般可分为经济的、政治法律的、社会的、技术的、市场的、竞争的等不同范畴。内部环境因素包括优势和劣势，它们是企业在其发展中自身存在的积极因素和消极因素，属主动因素，一般可分为管理的、组织的、财务的、人力资源的等不同范畴，如表 4-6 所示。在调查分析这些因素时，不仅要考虑企业的历史和现状，而且要考虑企业的未来发展趋势。

表 4-6　环境分析的主要内容

资源优势	资源劣势	机遇	威胁
• 财务状况良好，有充足的财务资金来支持新业务的发展 • 品牌认知度和企业声誉都很高 • 被公认为市场领导者，有忠诚的客户群 • 规模经济和学习或经验曲线效应显著 • 成本优势明显 • 拥有专用技术、技能和专利 • 产品革新技术；改善产品生产工艺的卓越技术 • 有关键领域内的技术和专门技术的支持 • 强大的广告和促销能力 • 拥有良好的客户服务声誉 • 产品质量要比主要竞争对手好 • 产品销售的市场区域覆盖面广，分销能力强 • 同上、下游企业建立了战略联盟或共同成立合资企业	• 没有明确的战略方向 • 生产设施陈旧过时 • 资产负债状况很差，债务负担过重 • 同竞争对手相比，整体单位成本很高 • 一些关键的技能或能力正在削弱 • 研究与开发方面落后于行业水平 • 为内部的经营问题所困扰 • 同竞争对手相比，产品线有局限性 • 品牌或声誉不高 • 经销网络比竞争对手要差 • 缺乏财务资金来支持更大的发展 • 生产能力利用不足 • 产品质量有待改善	• 由于市场需求增长势头强劲，因而可以快速扩张 • 有机会充分利用新技术 • 有吸引力的细分市场上的进入壁垒正在降低 • 出现了从竞争对手那里获得市场份额的机会 • 市场上出现了向其他地理区域扩展企业品牌或声誉的机会 • 所建立的战略联盟扩大了本企业的覆盖面和竞争能力 • 将企业的技能或技术诀窍转移到新产品或新业务上 • 客户群将会扩大	• 替代品很受顾客欢迎，迅速抢占市场 • 市场增长率下降 • 汇率和外国政府贸易政策的不利变动 • 有关部门所采取的措施会使企业付出很大的代价 • 很容易受到经济萧条和业务周期的冲击 • 客户或供应商的讨价还价能力提高 • 购买者需求和品位朝偏离行业的方向发展 • 不利的人口特征变动 • 强大的竞争对手可能会进入市场，或者有众多小竞争对手可能会扰乱市场

（2）构造 SWOT 矩阵

将调查得出的各种因素根据轻重缓急或影响程度等排序，构造 SWOT 矩阵。在此过程中，将那些对企业发展有直接的、重要的、迫切的、久远的影响因素优先排列出来，而将那些间接的、次要的、少许的、不急的、短暂的影响因素排列在后面，如表 4-7 所示。

表 4-7　SWOT 矩阵

	优势——S	劣势——W
机会——O	SO 战略	WO 战略
威胁——T	ST 战略	WT 战略

（3）制定可供选择的战略和策略

运用系统分析的方法，将排列与考虑的各种内、外环境因素进行匹配组合，制定出一系列企业未来发展的战略和策略，主要有 4 种战略组合：SO（优势/机会）战略、WO（劣势/机会）战略、ST（优势/威胁）战略、WT（劣势/威胁）战略。

① SO 战略是一种发挥企业内部优势去抓住外部机会的战略。所有的管理者都希望自己的企业处于这样的一种状况。一般来说，企业应在面对新机会时将其优势发挥至最大。

② WO 战略是一种充分利用外部机会来弥补内部劣势的战略。例如，市场对可以控制汽车引擎注油时间和注油量的电子装置有巨大需求（机会），但某些汽车零部件制造商可能

缺乏生产这一装置的技术（劣势）。一种可能的WO战略是通过与在这一领域有生产能力的企业组建合资企业而得到这一技术；另一种可能的WO战略是聘用所需人才或培训自己的人员，使他们具备这方面的技术能力。

③ ST战略是一种利用本企业的优势回避或减轻外部威胁的影响的战略。例如，德州仪器公司曾经靠一个出色的法律顾问部门（优势）挽回了由于9家日本及韩国公司侵害本公司半导体芯片专利权（威胁）而造成的7亿美元的损失。

④ WT战略是一种旨在减少内部劣势同时回避外部环境威胁的防御性战略。企业应尽可能克服内部劣势，避免外部威胁。一个面对大量外部威胁和具有众多内部弱点的企业的确处于不安全和不确定的境地，实际上这样的企业正面临被收购、紧缩、宣告破产或清算，因而不得不为自己的生存而奋斗。

2. SWOT分析法举例

华为公司成立于1988年，公司最初以代理香港鸿年公司的HAX系统用户交换机起家。从20世纪90年代起，公司开始开发自己的产品，相继推出BH03小用户交换机、HJD48用户交换机、JK1000模拟交换机后，于1993年推出了C&C08局用交换机。

C&C08局用交换机通过其技术先进性和性能稳定性方面的优势进行市场渗透，取得了巨大的成功，1994年销售达30万线（加上HJD48的15万线和JK1000的5万线，当年共销售交换机55万线）。公司形成了一支颇具实力的研发、市场和管理队伍。但是，公司产品还处于较低的层次，还没有真正的万门局，且C&C08局用交换机价格偏高，存在不少质量问题。另外，行业政策对民营企业也不利。

公司下一步该怎么走？为此，公司高层于1994年12月27—31日在广州百花山庄召开了为期5天的1995年度总裁办公会议，研讨公司的战略及管理问题。通过分析华为公司当时的内、外环境，利用SWOT分析法分析和制定了公司的战略，如图4-8所示。

企业内部因素 企业外部环境	优势（S） 体制和机制优势； 营销能力； 产品开发能力； 制造能力	弱点（W） 上层关系； 市场地位； 财务资源
机会（O） 通信市场容量增长； 政策支持国货； 主要竞争对手设备不稳	SO战略 大力开拓市场（S1、S2、O1、O2）； 开发新产品、提升技术水平（S3、O3）； 快速交货（S4、O3）	WO战略 宣传民族企业形象（W1、O2）； 抢占市场制高点（W2、O1）； 负债经营
威胁（T） 主要竞争对手降价； 邮电部和电子部扶持对手	ST战略 采取灵活的价格策略	WT战略

图4-8　SWOT分析法举例

本章小结

企业外部环境分析的重要目的之一是找出“企业可能会做什么”，而企业内部环境分析的重要目的之一则是找出“企业能做什么”。本章首先介绍了企业资源基础观，然后重点探讨了核心能力理论和企业价值链。如果把企业比作一棵大树，企业核心能力就相当于树根，企业应该重视核心能力的培育。企业内部价值链用于分析经营管理过程中每个环节所创造的价值，企业的竞争优势来源于价值链某些特定的战略价值环节上的优势。最后介绍了两种分析法：内部因素评价矩阵和 SWOT 分析法。内部因素评价矩阵对内部环境分析进行了总结，评价了企业各职能领域的优势与弱点；而 SWOT 分析法则是一种综合分析企业内、外环境的方法，它将企业的优势、劣势和面临的机会、威胁相互匹配起来。

思考题

1. 企业资源基础观的主要内容是什么？
2. 什么是价值链？以你熟悉的某企业为例，分析该企业的价值链。
3. 什么是企业的核心能力？它有哪些主要特征？以某企业为例，分析该企业的核心能力。
4. 以某企业为例，建立其内部因素评价矩阵。
5. 以你熟悉的某企业为例，运用 SWOT 分析法对该企业进行战略分析。
6. 你所在的企业有核心能力吗？分析本企业的核心能力培育现状，并阐述你所在的企业下阶段培育核心能力应采取的具体措施。

第 5 章

企业总体战略

案例导入

格力的多元化战略

2012 年，格力电器顺利实现了千亿元营销目标。随后，董明珠提出："格力未来 5 年每年按 200 亿元的增长速度，可以实现 2 000 亿元的目标。"2013 年，公司实现营业总收入 1 200.30 亿元；2014 年，格力大打价格战，全年实现营业总收入 1 400.05 亿元。然而，由于宏观经济下滑、房地产低迷，不只是格力，家电行业整体快速增长的时代已悄然远去，并进入微增长甚至下滑的时代。国家信息中心发布的数据显示，2015 年空调市场销售量和销售额双双下滑，降幅分别为 5.4%、10.5%。这是自 2013 年空调市场上扬以来，行业首度陷入负增长态势。空调行业 2014 年到 2015 年之间的几次大的价格战并没有改变需求不足的现象。2015 年，格力出现了近十年来最大幅度的业绩下滑。格力电器财报显示，2015 年格力营业收入为 977.45 亿元，与 2014 年的 1 377.50 亿元相比减少 29.04%，归属于上市公司股东的净利润为 125.32 亿元，与 2014 年的 141.55 亿元同比减少 11.46%。其中主营业务空调 2015 年营业收入约为 837.18 亿元，与 2014 年同期的 1 187.19 亿元相比减少 29.48%，同时其在格力营业收入的占比也从 2014 年的 86.18%减少至 85.65%。对此，董明珠坦承，在当下严峻的家电销售形势下，格力电器要完成 1 600 亿元的既定目标有点吃力。这时的格力开始急需找到空调核心业务以外的增长点。董明珠 2015 年宣布，格力正式进入"调整年"。

过去，格力一直实行专业化运营，并一直在竭力避免"多元化"的形象。春兰、澳柯玛等一大批家电企业在多元化扩张过程中并没有得到太多的发展机会，反而影响了主业。这让多元化一度被中国家电企业演绎成"洪水猛兽"，所以格力一直不愿涉及多元化。

然而，到了 2015 年，多元化对于格力来说已经变得迫在眉睫。在主营业务遭遇天花板的背景下，格力电器从 2015 年开始加速新能源、生活电器、工业制品、模具、手机、自动化设备等新兴产业发展。格力电器从一家专业化的空调制造商向多元化的制造企业转型。董明珠2015年表示，“和智能家庭相关的产品，我们可能全部要覆盖。空调、生活、手机，所有电器。”2016年，董明珠正式宣布格力进入多元化时代。到了2016年，格力已经从一家中国制造产业的专业化标杆企业，摇身一变成为横跨多个家电领域，以及手机通信等新领域的综合性多元化家电集团。家电品牌由格力扩充至格力、晶弘、大松三个品牌同时运营。格力除了传统的空调业务之外，还有晶弘的冰箱、大松的全品类小家电，以及格力的手机，甚至还有机器人制造业务。冰箱、小家电、手机等业务多是通过企业内部推动的方式进行扩张，而汽车等产业则是通过并购进入的。

2015年3月，全国“两会”期间，董明珠在公众面前突然掏出格力手机，引发了舆论关注。董明珠说，她坚持要做手机的原因不是因为手机领域有钱赚，而是要自我挑战，走上智能化之路。在董明珠看来，格力电器的手机不单单是一个手机，而是一个智能控制器，一个可以控制智能家居的控制器，未来市场前景是巨大的。

2016年，格力收购珠海银隆。董明珠指出，这次收购是看中珠海银隆在锂电池方面的优势。“收购成功以后，我们打算把所有的新能源技术融为一体，解决一个家庭甚至一栋楼宇的能源问题。收购银隆后格力业务也要向新能源汽车延伸。”

格力的多元化，被董明珠定位为“相关多元化”，即在“技术相关多元化”（如空调技术、模具技术、装备制造技术、新能源技术）的基础上，形成的“业态相关多元化”（如智能家居、工业制品、智能装备）。董明珠指出，总结经验来看，无论是多元化还是专业化，离开了“专注”这两个字，就不可能成功。她进一步说，格力专业化的思路并没有变，只是产品品类的多元化。

（资料来源：根据互联网资料整理）

企业总体战略（corporate strategy）也称公司层战略，是企业最高管理层指导和控制企业一切行为的最高行动纲领。总体战略的对象是企业整体，总体战略所要解决的问题是确定企业的整个经营范围和企业资源在不同经营单位之间的分配。这些任务只能由企业的最高管理层来完成，并且这些决策的影响具有较长的时限。

总体战略是企业战略中最高层次的战略，它需要根据企业的目标，选择企业可以竞争的经营领域，合理配置企业经营所必需的资源，使各项经营业务相互支持、相互协调。

5.1 专业化战略

专业化战略是指企业集中所有资源和能力于自己所擅长的核心业务，通过专注于某一点带动企业的成长。核心业务是指在企业从事的所有经营领域中占据主导地位的业务。核心业务构成了企业的基本骨架。

专业化战略的优势突出表现在：企业可集中各种资源优势于最熟悉的业务领域，从而开发培育出具有竞争力的产品；便于企业整合战略的运作，实现规模化生产，取得行业内的成本优势。

1. 专业化的两种类型

专业化包括两种类型：一是业务专业化；二是行业专业化。

（1）业务专业化

业务专业化即企业专注于行业价值链中某一环节的业务。从竞争的角度看，企业业务的专业化能够以更高的效率、更好的效果为某一狭窄的用户服务，从而在较广阔的竞争范围内超过对手。波特认为这样做的结果，可使企业盈利的潜力超过行业内的普遍水平。麦当劳就是采用专业化战略最典型的企业，它的发展是通过区域扩展、维持高质量的产品、优质的服务和洁净的就餐环境等手段来实现的。

高露洁公司仅凭牙膏和牙刷也能跻身于世界500强之列，而专业化正是高露洁成功的关键因素。200多年来，高露洁公司始终专注于极为普通的口腔护理产品的研究与生产，始终将公司的全部资源和精力集中于为数不多的几个能够给公司带来高额利润的产品，始终只关注自己最擅长、利润率最高的核心业务。高露洁的专注显然获得了回报，声名卓著的“口腔护理专家”的形象已经在全世界的消费者心目中根深蒂固。

1996年，美国电话电报公司果断地把经营电信设备的朗讯公司和经营计算机业务的NCR公司分离出来，腾出资金和精力专门经营其核心的电话业务。为了应对市场竞争，百事可乐也将“必胜客”等快餐业务剥离出去，以便集中“优势兵力”与可口可乐展开竞争。

（2）行业专业化

行业专业化即企业专注于在某一个行业内经营。在汽车行业，专业化的例子不胜枚举，典型的如通用汽车公司，它专注于汽车的设计与生产，通过精益求精地向消费者提供富有吸引力的汽车取得了成功。

专业化可以通过价值链各环节的分工提高整个行业的效率，同时也提高了单个公司的效率和效益，促进了企业的成长。调查表明，在中国消费者对汽车品牌的崇尚度上，宝马稳居前列。宝马大中华区前总裁兼首席执行官史登科博士（Dr. Christoph Stark）在谈到宝马相对于竞争对手的品牌优势时说，除了持续追求设计和技术上的超前性外，另一个重要优势在于宝马公司“深知自己的优势在哪里，专业优势会体现在哪里。20世纪八九十年代许多大公司都开始业务扩张，涉及其他很多领域的业务，但是现在这些公司又把发展方向集中到中心业务上来，而宝马公司多年来一直集中自己的资源在高档汽车领域”。

在任何时候忽略核心业务都是危险的。企业无论身处何种环境，都要重点关注核心业务，并警惕竞争对手或外来者企图蚕食你的核心地盘，绝不能因一些激动人心但却前途难测的新冒险而忽视企业的核心业务。在一个从未涉足的新兴业务上追赶先行者绝不是一件容易的事，而一旦对企业的核心业务掉以轻心，竞争者就会乘虚而入超越你。最后很可能的结果是：在所谓令人激动的新业务上未取得任何竞争优势，反而在核心业务上丧失了原有的优势。

在这方面，福特就曾有过深刻的教训。它曾试图远离自己的核心业务，而这差点给福特带来灭顶之灾。1999年，雅克·纳塞尔（Jacques Nasser）接任福特CEO一职后决定通过多元化转变公司的战略定位，将福特变成一家与运输相关的“全球消费者服务公司”。在雅克·纳塞尔这种战略思想的指导下，福特投入大量资金收购与其核心业务并不相关的企业，包括Kwik Fit汽车修理连锁店，并积极投身于其并不擅长的电子商务。与此同时，福特似乎要将其核心的汽车制造业务放在一边，在产品研发、生产安排、质量控制及市场推广、顾客服务等各方面都出现了大大小小的问题。在不到3年的时间里，福特迅速由美国汽车行业盈利能力最强的公司沦落到岌岌可危、为生存而拼命挣扎的悲剧境地。幸运的是，2001年10月，小比尔·福特（Bill Ford，Jr.）将雅克·纳塞尔扫地出门，并将福特重新带回正确发展的轨道，否则今天的福特还不知是什么样子。

专注于核心业务求发展，是企业成长最基本的战略，也是企业成长的必由之路。与通过扩大业务范围来获得企业增长的方式相比，专注于核心业务的做法更值得优先考虑，这种成长方式有助于增强企业的核心竞争力，建立稳固的竞争优势，因而它所驱动的增长也会更加健康、更加稳定。

2. 专业化战略的具体方式

专业化战略通常包括加强型战略、横向一体化战略和合并战略3种具体方式。

1）加强型战略

专业化要得到加强，可从产品与市场两个角度考虑。在产品线上，可通过产品开发加强专业化；在市场领域，可通过开发新的市场加强专业化。产品-市场组合如图5-1所示。

	现有产品	新产品
现有市场	市场渗透	产品开发
新市场	市场开发	多元化

图5-1 产品-市场组合

（1）市场渗透

市场渗透是指企业通过更大的营销努力，谋求提高现有产品或服务在现有市场的份额的战略。这种战略适合于市场处于成长期，企业即使不进行新产品和新市场的开发，也能够通过现有市场容量的增长获得总量的增长。

有效的市场渗透战略应当遵循以下准则。

① 特定的产品或服务在当前市场中尚未达到饱和状态。

② 当前顾客对产品或服务的使用率有可能获得显著提高。

③ 整个产业的销售额在持续增长，而主要竞争对手的市场份额则处于持续下降中。

④ 从历史数据来看，该产品或服务的销售额同营销费用高度相关。

⑤ 可以借助规模经济效应的提高获得较大的竞争优势。

市场渗透的策略举例如下。

① 尽量使老顾客增加购买数量，如增设销售网点、附赠礼品等。

② 夺取竞争对手的顾客。这就要求自己的产品质量好、价格优、服务周到且广告有吸引力。

③ 开发一些潜在的新用户。例如采取赠送样品的促销活动，激发他们购买产品的兴趣。

（2）市场开发

市场开发是指将现有产品或服务导入新市场的战略。当现有产品在目前市场进一步渗透的余地不大，而新市场的发展潜力较大或者新市场的竞争相对缓和时，企业可以考虑采用市场开发战略。市场开发包括进入新的细分市场、为产品开发新的用途、将产品推广到新的地理区域等。

伴随着经济全球化，开发国际市场越来越受到企业的青睐。例如联邦快递公司建立名为“欧洲一号（Euro One）”的快递服务业务，以前所未有的力度拓展公司在欧洲的业务，公司增加了很多前往欧洲城市的货机航班。

市场开发战略比市场渗透战略具有更多的机遇，当然也会面临更多的风险。有效的市场开发战略应当遵循以下准则。

① 存在新的、企业可以获得的、可靠的、成本合理的、高质量的分销渠道。

② 企业在其经营的业务领域非常成功。

③ 企业拥有管理扩大业务所需的资金和人力资源。

④ 企业生产能力过剩。

⑤ 企业的主营业务处于正在迅速全球化的产业中。

（3）产品开发

产品开发是指企业在现有市场上通过改造现有产品或服务，或开发新产品或服务而增加销售量的战略。这就要求企业增加产品的规格、式样，使产品具有新的功能和用途等，以满足目标顾客不断变化的要求。

例如，在国内彩电行业竞争日益激烈的今天，各彩电企业纷纷推出液晶、等离子电视、智能电视等新产品，以刺激消费者的购买欲望，增加企业的销售量和利润。

从某种意义上说，因为市场是企业面临的不可控的外部因素，因此产品开发是企业发展的核心。有效的产品开发战略应当遵循以下准则。

① 企业拥有很高的市场信誉度，过去的产品或服务是成功的，但产品处于生命周期中的成熟阶段。

② 企业所处的行业技术进步迅速，企业的产品改进和创新是有价值的。

③ 能够提供比主要竞争对手更能满足市场的产品。

④ 企业具有很强的研发能力。

（4）多元化

多元化在5.3节详细讲述，此处不再赘述。

2）横向一体化战略

横向一体化战略也叫水平一体化战略，是指生产相似产品的企业置于同一所有权控制之下，兼并或与同行业的竞争者联合，以实现扩大规模、降低成本、提高企业实力、增强竞争优势的目的。

有效的横向一体化战略应当遵循以下准则。

① 企业可以在某地区或市场中减少竞争，获得一定程度的垄断，以提高进入障碍。

② 企业在一个处于成长期的行业中竞争。

③ 需要扩大规模经济效益以获得竞争优势。

④ 企业具有成功管理更大的组织所需要的资本和人力资源。

⑤ 企业需要从并购对象身上得到某种特别的资源。

采取横向一体化战略的企业所获得的优势通常表现为以下两点。

① 可获得规模经济。通过并购同类企业达到规模扩张，在规模经济性明显的产业中可

以使企业获取充分的规模经济，从而大幅降低成本，取得更大的竞争优势。

② 可以减少竞争对手，扩大市场份额。并购同类企业，可以减少竞争对手的数量，同时扩大自己的市场份额，增强企业在未来市场中的竞争优势。

采取横向一体化战略的企业的弱势通常有以下三点。

① 易产生管理问题。并购一家企业往往涉及并购者与被并购者之间在管理上的协调问题，而这一点对于采取国际一体化并购的企业来说更为明显。由于文化上的差异，处理好与被并购者的管理协调已经成为并购后最艰巨而长期的工作。此外，还涉及企业规模扩大之后造成的管理层次多、管理效率降低等问题。

② 易受到政府相关部门的反垄断调查。

③ 易受到其他相关企业的联手抗衡。

3）合并战略

合并战略是经营者为了加快企业发展，实现经营和生产多元化，追求规模经济或拯救经营不善的企业等目的，将两个或两个以上独立的企业合并形成一个报告主体的交易或事项的一种总体性、指导性的谋划。通过合并，合并前的多家企业的财产变成一家企业的财产，多个法人变成一个法人。

3. 专业化战略的优势和弊端

实施专业化战略具有以下优势。

① 企业定位清晰。实行专业化战略可以使企业更清楚“我们是谁，我们做什么”。

② 企业集中资源于一种产品或一个行业，可以深入地了解产品市场的需求，容易及时对行业变化做出反应。

③ 可以集中资源，增强企业的核心能力。

④ 集中各种优势资源，创造竞争优势。因为产品品种少，有可能加大生产批量，赢得规模经济效益和经验曲线效益，获得低成本优势；或者在产品质量、性能、服务上狠下功夫，形成自己的特色，获得差异化优势。一家专业化经营的企业越成功，就越能成功地利用其积累的经验、特别的竞争力和品牌的声誉，形成持久的竞争优势，占据行业领先者的地位。

尽管专业化战略有诸多优势，但很多企业仍不能坚持走专业化发展道路而转向多元化发展，因为企业担心专业化战略存在以下风险。

① 市场容量的限制。市场容量总是有限的，当市场趋于饱和或要与竞争对手争夺份额时，投资回报率就会降低。

② 商业周期的波动。当企业还未做到足够强大时，如果周期性商业波动对该项业务产生较大的不利影响，企业可能会出现财务危机。

③ 产业或产品的更替。产业或产品都存在生命周期，当产业或产品进入衰退期，而企业不能较快地通过技术创新扭转颓势时，企业会面临风险。

④ 产业政策调整。当企业受到产业政策限制时，可能会陷入困境。所有资源集中于一种产品或一个行业，不易分散风险。

此外，实施专业化战略还存在以下不利的方面。

① 由于企业业务集中于某一领域，因此可能失去一些其他市场机会。

② 这一战略的关键是要在一个细分市场寻找特殊目标，通过为特殊目标服务在市场上

占据一席之地。由于市场竞争程度日趋激烈，对许多企业来说很难找到或创造出一个能长期运用专业化战略的核心产品。

③ 专业化容易形成较高的退出壁垒，当发生经营危机时企业因难以退出而可能陷入危机。

④ 由于经营领域较集中，一方面企业的某些技术或资源优势可能得不到充分的发挥，另一方面也容易钝化企业对市场变化的反应。

如何应对上述风险和弊端呢？一般来说，除了在适当的时候实施一体化和多元化战略外，首先应做好以下两点。

① 重新定义市场和目标客户群。市场容量的大小总与地域相关，当一个区域市场饱和时，可以开拓其他区域市场。当国内市场饱和时，可以开拓国外市场。当一个目标客户群饱和时，可以通过一定的产品和技术改进，渗透到其他客户群，以扩大市场容量。

② 培育核心能力。企业应对产业或产品更替的策略是寻求技术进步。综观成功的国际知名企业，它们基本遵循这样的发展路线：集中资源于某项业务形成核心能力，确立主导产品或核心产业，谋取市场竞争优势，资源整合并拓展核心能力，依托核心产业或核心产品衍生或拓展到关联产业或产品，最终形成以核心产业为支撑、以品牌优势为纽带、以核心产业或主导产品为中心的发展道路。

案例 5－1

万科的战略演变

1. 做加法

1992 年之前，万科在走一条小而全的多元化经营路线。1984 年成立的万科，开始做进口电器生意，很快业务拓展到出口、广告、饮料生产、零售、工业制造、房地产、股票投资等领域，成为一家典型的多元化企业。万科曾经开发过商业地产和写字楼，就连蒸馏水和电影都有它们布下的棋子。万科所涉及的行业都有不俗的表现，当时被社会视为多元化经营成功的案例之一。

2. 做减法

1993 年发行 B 股后，主承销商和国际投资者对万科当时的多元化存在质疑，对融资构成了制约，这给了万科“做减法”的最初动力。同样在 1993 年，国家实行严厉的宏观紧缩政策，万科“摊大饼”式的业务结构遭遇寒冰。万科不得不开始缩减战线，实行“削藩”政策，并从此确立了万科的住宅地产模式，用住宅专业化、规模化这一路径实现万科的快速发展。万科当时的几个业务都是在盈利的情况下被卖掉的。例如，怡宝、扬声器都是当时很挣钱的业务。王石认为，“我这里最好的企业最优先，卖个好价钱，最后，不好的关掉，也无所谓”。

此后，万科的专业化定位越加明确，直到最后只剩下两个业务：万科地产和万佳连锁。2000 年，万科甚至把年收入十几亿元的万佳超市卖给了华润。当时，万科在地产和零售连锁两个行业都很有发展前途，但是万科权衡：万科资源的 85％在房地产业，零售业只有 15％；人力资源 95％在房地产业，零售业只有 5％。并且，从行业地位来看，万科的房地产已在全国 70 多家上市房地产公司中排第一位，零售却排在第 13 位。权衡的结论是：万科不但要做房地产，还要赶快把连锁丢掉。因为零售业竞争非常激烈，需要迅速扩张。如果长期处于兼顾状态，就会相互牵制，两种业务都无法得到快速发展，而扩张力度不足不仅不会带来机会，还会带来麻烦。

万科从此把100%的精力放在住宅市场，甚至集中于其中特定的细分市场。从尝试多元化，到坚决做减法，王石带领下的万科方向简单鲜明：定位于住宅，定位于中档的住宅，定位于适合城市白领的中档住宅。

对于万科放弃副业，王石当年曾这样解释：单一主营是否会产生风险，主要看市场，中国房地产市场刚刚起步，在这样大的一个市场中不会有多大风险。按万科的发展规模，10～15年走单一经营是不会有风险的。

除了专业化，万科还进行了地域的收缩。1995年年底，万科提出回师深圳，从已经开发住宅项目的13个城市收缩到深圳、上海、天津和北京4个城市。

王石曾经对万科的调整进行过总结，他认为万科的调整基本上是在三个方面。第一个就是从多元化经营向专营房地产集中，第二个就是从多品种经营向住宅集中，第三个就是投放的资源由13个城市向北京、深圳、上海和天津集中。

2003年12月，万科在怀柔国家登山队训练基地召开务虚会，确定"学习帕尔迪"，以其为标杆企业。帕尔迪是当时全美国最大的住宅开发企业，保持连续53年盈利纪录。万科据此也集中精力发展住宅，以快速拿地开发、快速销售的高周转模式决胜市场。

专业化模式让万科的规模一路增长到了2 000亿元，并稳坐住宅地产"老大"之位，曾经的挑战者一一被抛在身后。冯仑2015年撰文指出："目前万科的专业化不仅体现为将主业集中到房地产，更在实践中将所有产品简化为城乡接合部面向新兴白领的成片居住社区。如今万科生产房子就像沃尔玛开店一样，已经形成大规模复制的能力。美国的可口可乐公司单靠卖可乐成为世界第一，今日中国的万科单靠卖一种小白领的住宅也成为产量世界领先的公司。"

3. 拓展商业地产

2008年，中国房地产市场的政策和基础环境发生了巨大的变化，单一住宅开发的模式困境初显。地方政府出于城市经营需求，出让土地更多采取盘活存量、城市更新的方式，要求开发商具备商业物业、产业开发的综合经营能力。国信证券首席地产分析师方焱指出："近些年地方政府的土地出让，商业地块的比重越来越大，居住用地和商业用地的混合搭配，要求开发商必须将两种业态结合起来做，这是地方政府出于经营城市的需要设定的规则，万科必须适应。"

由于缺乏商业物业开发经验，万科在拿地上跟其他房企相比已没有优势。2009年在北京房山，万科拿到的土地要比一街之隔的首创集团贵一倍，仅仅因为首创集团向政府承诺做一个大型的"奥特莱斯"。在深圳，更多的城市土地被招商、华侨城、华润置地这样的地产商拿走。在更多的三、四线城市，动辄数百万平方米、数千亩的土地被华夏幸福、天安集团这样的产业园区开发商获得。更不用说，万达和绿地已经用万达广场和第一高楼征服了无数个城市。

万科总裁郁亮说，进军商业地产最初源于"被动"——现在已经拿不到"干净"的地，即只有住宅，不需建其他配套设施的地块。万科商业地产储备达到数百万平方米，实际是因为政府的住宅供地要求更多的商业配套。郁亮用"进入下半场"来形容2008年以后的房地产市场，对所有的开发商而言，过去的黄金十年是住宅开发的十年，也是狭义上的房地产市场，那种依靠土地红利、房价自然上涨的盈利模式都已不可持续；而下半场的含义，则是涵盖住宅、商业、旅游、养老等细分房地产市场的开始。

由此，在单一住宅专业化的道路上走了多年之后，万科正在试图多轨并进。对于是否该改变住宅专业化战略，涉足商业地产，万科内部曾有过激烈的争议，经过郁亮等人的争取，万科内部逐渐达成一致。2010 年 3 月，王石公开表示，“万科需要顺应城市的发展趋势，在继续坚持主流住宅开发业务模式的基础上，尝试与住宅相配套的其他物业类型，提升在商业地产领域的竞争能力”。2010 年，万科开始筹备进入商业地产。2007 年万科才完成瘦身，将旗下所有商业物业打包给凯德置地经营。不到 3 年，万科又重回商业项目。市场已经“没有纯住宅项目了，那万科做不做，答案是做。”王石为公司的决策变化解释道。2010 年郁亮公开授予深圳、上海、北京等区域以“改革特区”的权利，各一线公司可以成立商业筹备小组，先行先试，总结商业地产的运营经验。

2011 年 4 月，万科在深圳成立了第一家商业物业管理公司。在 2011 年的一次媒体交流会上，郁亮已经提出万科要做“城市配套服务商”的概念。此时，老的标杆帕尔迪已经亏损，万科开始寻找新的参照系，它开始热衷学习香港的领汇。这家香港最大的房地产信托，持有物业大多是社区商业，从超市到熟食店，应有尽有；从香港的黄大仙到赤柱，遍布全港。社区商业为主，地段比较偏僻，这点和万科很多商业项目相似。

在社区商业开发成规模后，2013 年 1 月，万科成立了商用地产管理部，称未来将整合旗下各类商业地产资源，围绕住宅来发挥商住协同效应，逐步探索适合的商业地产模式。这标志着万科终于将商业地产提升至集团的发展方向和战略高度。自此，北京万科成为集团综合配套服务商及郁亮所谓的“多元化生态系统”的试验场。2013 年 8 月，万科称，商业地产模式整合的方向是成长为城市服务配套商。郁亮称，“配套商的概念内容非常广泛，我们还需要持续探索，这是一个前瞻性的东西，我们在主要城市都在做一些尝试”。郁亮 2013 年说，“目前万科正从产品提供商向城市配套服务商转变，为了实现这个定位，万科不得不做商业地产，除了满足居民日常生活需要的社区商业领域，未来也可以考虑经营垃圾场。”

（资料来源：根据互联网资料整理）

5.2 纵向一体化战略

完整意义上的纵向一体化应包括两个方面，即两者交易的完全内部化和资产的完整一体化。交易的完全内部化是指除两者之间的内部交易外，各方不存在其他任何交易。资产的完整一体化是指受控于一个管理集团，以共同的所有权为纽带而联结。

1. 纵向一体化战略的概念

经济学上沿产业链占据若干环节的业务布局称为纵向一体化。任何一件产品或服务的制造都要经历原材料制造和准备、进一步加工制成中间产品、中间产品加工成最终产品、最终产品通过批发和零售到达消费者手中这若干个环节。当一个企业同时完成两个或两个以上环节时，便形成纵向一体化。

纵向一体化战略就是企业向产业链的上游或下游延伸，扩展现有的经营业务到原材料供应或销售终端的一种发展战略。纵向一体化战略是专业化战略在业务上的延伸，是企业兼并为本企业提供投入物的企业或使用自己产品的企业，或通过内部自身扩展进入生产自己的投入物或使用自己产出物的业务领域。

2. 纵向一体化战略的动因

企业实施纵向一体化战略的动因通常如下。

(1) 价值向上、下游转移的趋势

目前在许多行业，尤其是在制造业，逐渐呈现附加值向下游转移的趋势。高渗透率和产品较长的生命周期导致了客户正在使用的产品比尚未出售的产品要多得多，因此相当一部分附加值从生产转向现有产品的维护，导致价值向下游转移的趋势日趋明显。例如，在计算机行业，许多企业都增加了售后成本用于系统管理和培训，其成本几乎是产品售价的 10 倍甚至更多。这些变化驱使计算机行业的一些厂商向下游延伸以寻找附加值，如 IBM 就从计算机制造商大举进入下游的咨询服务。

另外，一些行业的企业发展受到原材料的制约，饱受原材料短缺之苦。为了更好地对原材料获取、生产等环节进行控制，这些企业开始将价值链向上游延伸，扩大企业规模，实施纵向一体化战略，以更好地适应行业发展的要求，不断提高自身的竞争能力。

(2) 差异化需求的升级

随着市场竞争的加剧，企业对产品的关注越来越多地转移到对消费者需求的关注上来。随着生活水平的提高、产品质量的提升，消费者需求变得越来越多样化，差异化需求日趋升级。这使得针对核心产品的设计和制造附加值相对降低了，利润率也因此下降。为了避免核心产品或服务廉价化，许多企业通过纵向一体化战略来实现差异化，以区别于竞争对手。例如，一些企业根据客户的个性化需求提供额外的工程支持、品质保证、特殊的分销和运输安排等。

此外，品牌管理战略也是驱使企业进行纵向一体化的重要原因，企业可通过纵向一体化来全面维护企业形象。例如，福特和通用试图进入汽车零售业的一个原因就是想消除客户在购车过程中的不愉快经历，因为一些独立销售商的行为可能给企业品牌带来负面效应。这一动机在银行、航空运输、食品等行业更为突出。

(3) 客户需要一体化解决方案

随着生活水平的提高，一个品牌能够同时满足许多相关产品的需求成为消费者的新追求。客户也日益依赖企业为他们提供“一体化解决方案”，因为随着工作节奏的加快，他们越来越渴望有一个比较简单、方便的一体化解决方案，并且最好能满足他们的个性化需求。作为企业就需要从需求的角度出发，围绕这样的新需求方向去开展自己的经营活动。因此这种类型的纵向一体化实际上是由客户的一体化解决方案需求所拉动的。

例如，海尔近年来一直致力于研究和提供符合现代消费者“省时、省力、省心、省钱”等消费心理的全新消费方案，从“家电套餐”到“整套产品，整套设计，整套送货，整套服务，整套升级”的整套家电，到创建海尔全国首家“家电家居一体化体验中心”，开启了

"整套购买（buy-a-set）新时代"，将整套家电的优势与家居设计整合在一起，为消费者提供更加和谐统一的家居解决方案。在工程承包行业，客户逐渐用"全服务能力"来进行评判。客户没有能力详细说明自己所要的解决方案，而是依赖全服务承包人来确定并执行最合适的解决方案。像 Bechtel 和 Fluor Daniel 这样的工程建筑公司，已经将其经营活动范围扩展为包括商业和税收策划、筹资、选址、设计、建筑施工、设备安装甚至是设备运行的全面服务。

（4）追求协同效应

协同效应是指企业在生产、营销和管理的不同环节、不同阶段、不同方面共同利用同一资源而产生的整体效应。纵向一体化战略的协同效应主要表现在：企业通过纵向一体化减少了原材料和产品流转的中间环节，节约了交易成本；加强了产业链条上各个环节的配合，有利于生产经营的协作化；由于企业规模的扩大和纵向协作化经营，营销手段的有效性提高了，也使企业在产品和服务方面的营销费用得以降低。企业甚至可以直接为客户提供产品，而不必经过中间的分销商环节。纵向一体化战略能够增加交易机会，同时直接的市场反馈对产品研发部门来说也有很大价值。向客户层面延伸能够给企业提供更及时、更准确的需求信息。企业可以利用订货到交货的这段时间将整个生产系统从"为了存货而生产"改变为"为了订单而生产"。

例如，实施纵向一体化的业务模式为百丽国际实行以市场为导向的供应链管理提供了基础。百丽国际从此可以对供应链的各个主要环节进行直接、及时和有效的控制，以缩短产品上市时间，并可以根据分销和零售环节的信息反馈调整库存数量、种类等，进而减少非畅销产品的生产。其中一个最主要的优势是生产线能够根据市场需求迅速补货，从而提高存货周转率，减少对资金的占用。

3. 纵向一体化战略的分类

从纵向一体化的方向上，可以把纵向一体化分为前向一体化和后向一体化。当纵向一体化沿着原有生产的投入或原材料供应方向发生时，称为后向一体化或上游一体化；当纵向一体化沿着产出方向发生时，称为前向一体化或下游一体化，如图 5－2 所示。以火力发电产业链为例，发电企业向燃煤等其他上游产品的扩张就是一种后向一体化，发电企业向电网等下游产品的扩张就是一种前向一体化。

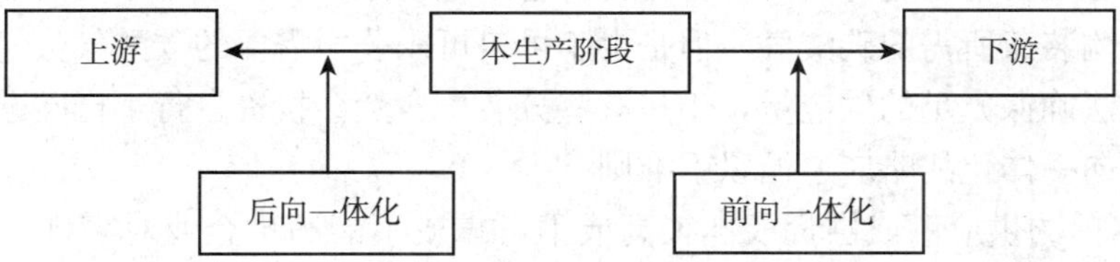

图 5－2　纵向一体化示意图

（1）前向一体化战略

若企业将更多的价值链环节纳入企业边界内，使企业业务更靠近价值链的终点，也就是说使企业与最终用户有更多的直接接触，则这家企业采用的即是前向一体化战略。

企业之所以选择前向一体化战略，往往是由于以下原因：不可靠的销售渠道会影响企业稳定的生产和经营；自我独立经销更节约成本；可以取得更强的产品差异化，使企业避免价格竞争；可以更好地接近用户，把握市场脉搏。

当一个企业发现价值链上的前面环节对它的生存和发展至关重要时，它就会加强前向环节的控制。例如，当发现决定可乐销售量的不仅仅是零售商和最终消费者，分装商也起了很大作用时，可口可乐公司就开始不断收购国内外分装商，并帮助它们提高生产和销售效率。当前，越来越多的制造商借助互联网和直销队伍直接销售自己的产品，这也是一种前向一体化。

企业之所以决定进行前向一体化，通常是想借此解决日趋严重的销售或技术方面的问题。有些生产消费品的企业通过建立起广泛的销售网络而向销售领域进行前向一体化。企业控制了销售，就能够更快地对顾客的需求做出反应，提供更好的售后服务，从而领先于竞争对手。企业还可以在技术方面进行前向一体化。例如，一个零部件生产企业可以充分利用本企业的零部件，向组装领域发展。日本的京瓷公司原来是一家硅酸盐材料生产企业，为其他厂商提供各种电子元件与瓷制零部件。现在京瓷公司在原有生产范围之外，又生产电话设备与数码相机等电器商品，成为大型电子联合企业之一。

有效的前向一体化战略应遵循以下准则。

① 企业现在的销售商或成本高昂或不可靠或不能满足企业的销售需要。

② 可利用的高质量销售商数量有限，采取前向一体化战略的企业将获得竞争优势。

③ 企业具备销售自己产品所需要的资金和人力资源。

④ 通过前向一体化，企业可以更好地预见顾客对自己产品的需求。

⑤ 通过前向一体化，企业可以在销售自己的产品中获得高额利润，并可以为自己的产品制定更有竞争力的价格。

（2）后向一体化战略

若企业将更多的价值链环节纳入企业边界内，而这些环节使得企业业务更靠近价值链的起点，即更接近原材料供应商，则这家企业采用的是后向一体化战略。

企业之所以进行后向一体化是因为：供应商具有较高的利润率；容易获得相关资源；供应商产品的成本是总成本的主要组成部分；企业自身能够生产质量更好的零部件，可以产生差异化的竞争优势；减少对关键的原材料或零部件供应商的依赖所带来的风险。

后向一体化战略有助于保证原材料和零部件供应。如果企业所需的重要原料出现长期短缺，就必须考虑是否应当进行后向一体化自行生产这种原料。可口可乐公司在亚洲的分装厂一般是对外采购装瓶所需的碳酸气，但是由于可口可乐公司需要的碳酸气数量庞大，碳酸气供应商往往无法确保充足的供应量，于是有些分装厂自然会投资自行生产碳酸气。

有效的后向一体化战略应遵循以下准则。

① 企业当前的供应商或供货成本很高或不可靠或不能满足企业对零件、部件、组装件或原材料的需求。

② 供应商数量少而需求方竞争者数量多。

③ 企业具备自己生产供应品所需要的资金和人力资源。

④ 价格的稳定性至关重要。通过后向一体化，企业可稳定其原材料的成本，进而稳定其产品的价格。

⑤ 供应商利润丰厚，这意味着它所经营的领域值得进入。

⑥ 企业需要尽快地获取所需供应品。

企业纵向一体化的程度可以简单地理解为在企业边界内企业完成价值链上的环节数。与纵向一体化程度低的企业相比，纵向一体化程度高的企业在它的边界内完成价值链上的环节更多。

按纵向一体化的程度划分，企业的纵向一体化又可分为全面纵向一体化和部分纵向一体化。全面纵向一体化是指企业参与生产经营的全过程，包括原材料的供应、产品生产直至产成品交付到用户手中；而部分纵向一体化是指企业只参与从原材料供应到市场这个全过程的一部分。

4. 纵向一体化战略的劣势

纵向一体化战略具有优势，但也有一定的潜在风险或劣势。纵向一体化战略的劣势如下。

① 增加了对资源的需求。

② 使企业更深地锁定在同一行业中。

③ 导致供应的来源固定，在满足买主产品多样化的需求上缺乏灵活性。

④ 很难平衡价值链上各个环节的生产能力。

⑤ 要求截然不同的技能和能力。

⑥ 降低了制造的灵活性，延长了设计时间和推出新产品的时间。

5. 战略外包

纵向一体化的企业如果遇到以下情形：外部专业化厂商能够更好地、更便宜地从事自己的活动；自己从事的某些活动不是取得竞争优势的关键；降低技术变化和买方偏好变化带来的风险；精简经营活动，可以缩短生产周期，加快决策，降低协调成本，企业就会考虑进行业务纵向分解，选择业务外包战略，以集中于核心业务。

市场上存在许多专业化公司，它们能够完成企业本身价值链活动的某一部分，从而提高企业的差异化优势或降低其结构成本。所谓战略外包，是指企业经营范围的狭窄化，企业只关注于某些核心价值链活动，而依赖外部企业来从事其他价值链活动。战略外包是将企业价值链活动中的某一项、某几项或一些企业职能交给一家技能和知识只专注于某一活动的独立的专业企业的决策。外包的业务可以是一个完整的职能，如制造职能，也可以是业务职能中的一项活动。例如，许多企业将养老基金的管理外包出去，而将其他人力资源职能保留在企业内部。

战略外包意味着企业将一系列技术上可分的生产工序的一部分，置于所有权和控制之外，以公开外部市场交易的方式取代过去由企业内部计划管理所进行的交易。它与企业通过新建或并购方式形成外部交易“内部化”的过程相反，是内部交易“外部化”的过程。从最终产品形成的整个价值链来看，企业内部控制的价值增值环节减少了，企业的纵向边界缩短了。

当今时代，越来越多的企业倾向于把“非核心的”或“非战略性的”活动外包出去。例如耐克公司自己不制造运动鞋，Gap 公司自己不生产牛仔服和时装，它们都将生产通过合约外包给低成本的全球生产商。

美国汽车生产企业传统上倾向于关起门来进行零部件和分包系统的开发工作，仅仅把个别零部件外包给供应商进行低级生产加工。20 世纪 80 年代后这一情况发生了变化，北美和欧洲的汽车产业出现了一股强劲的远离纵向一体化势头，这在一定程度上是受日本汽车生产企业的启发。日本汽车制造商广泛采用独立分包商网络，且在传统上与自己的供应商保持紧密的长期关系。双方保持高水平的合作，承包商往往执行更加复杂和全面的任务，例如不仅制造零部件，还承担设计和样品测试等。研究表明，日本汽车制造商与分包商之间明显涉及更多的专用性资产投资，这种密切协作关系是日本汽车业成功走向世界的基础。面对日本汽车业的后来居上，西方汽车制造商开始重新审视与供应商的关系，不再依赖竞争性报价供货和正式的法律合同，而是注重与供应商建立基于信任的长期协作和互惠互利。美国克莱斯勒公司曾经是一家高度一体化的企业，20 世纪 80 年代因资金短缺而陷入困境，迫使其对供应商关系进行彻底的变革，承诺建立长期关系，并将整套分系统的工程设计外包给供应商，双方共同分享成本节约带来的好处。克莱斯勒这一战略性改革，极大地减少了开发新车并推向市场的总时间和成本，使公司从破产的边缘一举成为当时美国汽车工业总成本结构最优的公司。

许多高科技企业也把它们的大部分制造活动外包给合约制造商，这些制造商是专门从事制造职能的。例如，思科公司是从事路由器和交换机业务的，而实际上它并不制造路由器和交换机，而是分包给诸如 Flextronics 公司、Jabil 电路公司等合约制造商来制造。思科公司聚焦设计、销售路由器和交换机，并协调供应链，使路由器和交换机的供应与其需求相匹配。

信息技术产业，尤其是个人计算机和相关硬件产业，总是面临技术创新不断加快、产品生命周期越来越短的发展环境。企业必须让自己的新产品以最快的速度进入市场以获得先行者优势，从而战胜竞争对手，因此创新与速度成为企业制胜的关键。要做到这一点，就必须尽量精简业务，提高应对市场的灵活性。惠普公司年产约 2 000 万台打印机，约占世界喷墨打印机总量的一半，但该公司每向市场推出一个新产品往往很快就被仿造。惠普公司要保持领先地位必须不断地开发新产品，并尽可能地降低全球生产成本以阻挡竞争对手的模仿。为此，惠普公司将下属的打印机和计算机分公司的工作精简成 3 部分：后方负责新产品研发，前方负责营销，中间的生产则外包出去。

战略外包不局限于制造业务，许多其他的企业活动也可以外包出去。长期以来，微软公司一直将其客户技术支持的运营整个外包给独立的企业。Exult 公司曾赢得一份为期 10 年、价值 11 亿美元的合约——为美洲银行的 15 万员工处理人事事务。

通常战略外包过程的第一步是识别出构成该企业竞争优势基础的价值创造活动，将其保留在企业内部，然后对其他活动进行考察，评估从事专项活动的一些独立企业能否更加有效和高效地完成这些活动，即能否以较低成本完成这些活动，或能否以导致差异化的方式完成这些活动。如果专业企业能够做到，就可以将这些活动外包出去。一旦实行了战略外包，该企业与专业企业之间的关系常常构成长期合约关系，双方将充分共享有关合约活动的信息。

1）战略外包的优势

战略外包具有以下优势。

（1）通过外包降低成本

专业企业往往可能以较低的成本完成一项活动，因为它们能够实现规模经济。另外，随着专业企业累积业务量的增长，它们往往还能够实现与学习效应相联系的成本节约。

此外，由于专业企业所在地的成本可能较低，这样也会导致专业企业可以以更低的成本完成一项活动。例如，耐克公司将运动鞋的制造业务外包给中国的企业，因为这是一项劳动密集型的活动，而中国企业的工资较低。耐克公司虽然可以在中国自行设立运营单位来生产运动鞋，但是一旦将来在中国生产的成本上升，而在印度又可进一步降低制作运动鞋成本时，这样做就会限制它将生产转移到另一个地点。

（2）通过外包加强差异化

企业可以通过将业务外包给品质卓著的专业企业而提高产品差异化。例如，戴尔公司的卓越客户服务是一项差异化因素，它将这些活动外包给印度的专业化公司，从而使戴尔公司的客户服务满意率非常高。

（3）通过外包专注于核心业务

战略外包的另一个优势是使企业的管理人员能够集中精力和企业的资源去完成对于价值创造和竞争优势最为重要的活动，从而有利于培育长期竞争优势和独特竞争力。

2）战略外包的风险

虽然外包非核心业务活动具有很大的收益，但是也面临与之相联系的若干风险。

（1）可能丧失核心能力

20世纪70年代，IBM把微处理器CPU的研制业务委托给英特尔公司和ADM公司，操作系统业务委托给微软公司，自己只关注PC的配置完整性和整体功能的改进。进入90年代后，CPU和操作系统逐渐成为PC的核心技术，两者的产品升级意味着PC的更新换代，而IBM由于在这方面的优势已不复存在，从而逐步丧失了在PC行业的主导地位。IBM在PC发展上的失误，在于其核心能力的错误定位，将不该外包的核心业务外包出去，使企业丧失了这方面的知识、资源和技能。可见，核心能力的判断失误会导致企业错误地选择发展方向或丧失产品升级换代的主动权，最终使企业丧失在本行业的领先地位。

（2）可能受到挟制

如果企业过分依赖外包供应商，外包供应商可能因此抬高价格。

（3）信息不灵

一家企业在外包某项活动时，很有可能失去重要的市场信息。例如，许多计算机硬件和软件企业把客户技术支持职能外包给专业企业，这可能也意味着接触客户的关键点和重要反馈信息的丧失。

（4）降低对整个系统的控制性

战略外包在提高企业对不确定性需求快速反应的同时，也有可能降低对整个系统的控制性，导致产品整体性能降低。以克莱斯勒公司为例，它在减少新车生产时间和成本的同时，也在一定程度上降低了对生产流程的掌控，从而或多或少地损害了车辆的整体性能，如车辆的可靠性。车辆可靠性及噪声、震动等特性是难以从单独的外部供应商那里获得的，它是汽车整体工程系统所固有的。

案例5-2

潍柴的纵向一体化战略

2014年，潍柴集团实现营业收入1 073亿元，创下历史新高。从2004年首次突破100亿元，到连续两年稳居千亿元之上，潍柴已从单一的内燃机制造企业，蜕变为拥有多元板块、整合全球资源的跨国企业集团，是中国综合实力最强的汽车装备制造企业之一。潍柴拥有动力总成（发动机、变速箱、车桥）、整车整机、液压控制和汽车零部件四大核心业务板块，重型卡车和工程机械是其主要的市场。

2004年潍柴实现百亿元销售规模后开始思考：仅凭单一的发动机业务，企业能走多远？潍柴认为，仅靠发动机业务，企业抗风险能力太弱，必须多元扩张，转型升级。谭旭光董事长说，“潍柴转型不偏离实业，我们转型不‘转业’”。根据“纵向一体化”整合策略，潍柴围绕发动机服务的主要市场，确立了以整车整机为龙头、以动力系统为核心的战略框架，在国际和国内市场，率先进行了一系列资本并购活动，实现了动力系统、商用车、工程机械、豪华游艇、金融与服务5大业务协同发展。

潍柴2005年吸收合并湘火炬，拥有了由陕西重汽、法士特变速器、汉德车桥、株洲齿轮等40多家优质企业组成的子公司群。至此，潍柴已拥有动力总成、商用车、汽车零部件三大业务板块，构筑起国内唯一一个包括发动机、变速器、车桥、商用车在内的最完整的重型卡车产业链。有业内人士称，这也使得潍柴的重卡客户产生警觉，几乎所有重卡企业在与潍柴合作的同时，都会担心未来会被陕西重汽超越。通过这次重组，潍柴整合了垂直产业链上的优势资源，确立了以“打造整车为导向，拥有动力总成核心技术的国际化企业集团，发展成为独具特色的全球装备制造业的重要一极”的企业愿景。此后，潍柴重机借壳上市，战略重组扬柴动力、嘉川轻型车、扬州亚星客车，主导成立山东重工集团。这一系列的资本运作和资源整合，让潍柴成功实现了三个跨越：发动机由配套重型卡车单一市场，向重型卡车、工程机械、客车、船电等多元市场配套的跨越；由以10 L、12 L为主的单一产品平台向全系列产品平台的跨越；由单一发动机产品向商用车、工程机械、船舶等多条黄金产业链协同发展的跨越。

潍柴集团一直希望进入造车领域。中国汽车产业政策要求进入汽车行业造车必须获得相应的整车生产资质。因此自2009年开始，潍柴集团开始有意接洽一直处于亏损的重庆嘉陵川江公司，并希望通过收购以获得整车生产资质。随后潍柴动力成功收购了重庆嘉陵川江公司的股份。重庆嘉陵川江公司旗下拥有M1、M2、M3、N1、N2、N3系列车型生产资质，凭借这些乘用车生产牌照，潍柴集团也正式获得了进入乘用车领域的“敲门砖”。

从2009年至2012年，基于战略转型的需要，潍柴集团先后收购了法国博杜安公司、意大利法拉帝公司、德国凯傲集团及林德液压。2009年，在国际金融危机期间，潍柴“抄底价”收购了法国柴油发动机博杜安公司，进一步拓展了全系列发动机业务布局。2012年，潍柴战略重组世界最大的豪华游艇制造企业——意大利法拉帝公司，拓展了集团产业链条。谭旭光认为，潍柴红红火火的发动机业务完全和投资拉动相关，受宏观经济影响和制约的风险较大，而奢侈品的消费与经济周期的关联度不大，买游艇的人都是拥有上亿元资产乃至上百亿元资产的有钱人，他们的消费不会因经济波动而减少。从业务结构来讲，重型卡车、发动机、推土机等受经济波动周期的影响最大，而游艇等高端消费品处于冲击波末端。通过并购法拉帝，潍柴对经济波动的敏感度将越来越低。2008年，当国内多数发动机企业忙于扩张传统产能时，潍柴就瞄准了船舶发动机这个高端市场，成为国内唯一拥有船舶动力全系列化中速机产品的企业，在传统发动机业务之外开拓出新的“蓝海”。潍柴认为，通过收购法拉帝，潍柴将强化其在海上发动机领域的优势地位，进一步整合游艇上、中、下游产业链。

2012年，潍柴对世界领先叉车企业德国凯傲集团进行重组，成为其第一大股东，并收购其旗下林德液压70%的股份，使得潍柴动力突破了液压控制系统的瓶颈。液压系统与传动系统相关联，当潍柴的产业链向下游延展、液压系统作为一个核心零部件全力助益产业链发展时，将会为企业赢得重要的竞争优势。

按照谭旭光的总结，如果说收购法国博杜安是潍柴国际化运作的一次预演，那么整合法拉帝则是通过占有游艇制造核心技术，扩大了产品的应用领域，让潍柴的发动机核心技术由陆地延伸到海洋，而通过并购凯傲集团及林德液压则掌控了液压控制系统的核心技术资源。

“并购靠资本，整合靠能力，后者无疑是更大的难题。”谭旭光坦言。不同国家间财务统计制度、公司治理结构及企业文化的不同，是跨国并购完成后面临的巨大挑战。“公司治理不存在唯一的最佳模式，对海外企业的整合关键是因地制宜、依法治理。凯傲成功上市后，运作非常规范，我们的工作就是选用好职业经理人，做好财务管控，推进战略一致与协同。”总结海外公司的治理经验，谭旭光如是说。

在短短的十几年时间里，潍柴从工厂制到公司制，进而发展到集团化；从单一发动机产品到整车整机领域，直至占据全产业链优势。如今，潍柴发动机对内可支持整车、整机发展，对外可向多元化市场配套，企业实现了用两条腿走路，市场空间更加广阔。2015年，潍柴海外业务销售收入在公司总收入中的占比达57%，利润贡献则更高。

（资料来源：根据互联网资料整理）

5.3 多元化战略

企业一般成长规律通常表现为首先围绕核心产业扩张，以保持或扩大企业在既有市场中的份额；然后企业开始跨出其初始产业，进行多元化扩张，一般先是试探性的相关多元化，然后逐步可能迈向无关多元化。

多元化战略（diversification strategy）也称为多样化战略、多角化战略和多种经营战略。多元化战略是企业在不同产业中寻求发展的产业组合战略，在这种战略中，企业的产品和服务跨越了一个以上的产业。多元化表示企业不仅在多个行业内从事生产经营活动，而且向不同的市场提供多种不同的产品。例如，某企业既在电视机制造业生产电视整机，还在计算机制造业生产计算机整机。

多元化战略是企业战略决策层为企业制定的多项业务组合战略，是企业为涉足不同行业环境中的多项业务制定的发展规划，包括进入何种领域、如何进入等。多元化战略通过进入与现有事业在价值创造活动上相互关联的事业或进入一个全新的事业领域来求得企业的更好发展。多元化战略已成为当今世界许多大公司，特别是跨国公司普遍采用的总体战略。

1. 多元化战略的类型

美国战略学者 Rumelt 提出了划分多元化战略类型的 3 个指标。

① 专业比率。反映企业多元化经营的程度，用该企业最大经营项目的销售额构成比确定。

② 关联比率。反映企业内各经营项目间相互关联的程度，用经营项目最大关联组销售额构成比确定。

③ 纵向整合比率。反映企业纵向整合的程度，用纵向整合各生产阶段中的原材料、副产品、半成品甚至产成品的销售额占该企业销售总额的比例确定。

Rumelt 根据以上 3 个指标将多元化战略划分为以下 5 种类型。

① 纵向整合型。纵向整合比率在 70%以上。

② 专业型。专业比率在 95%以上。

③ 本业中心型。专业比率为 70%～95%。

④ 关联型。专业比率小于 70%；关联比率等于或大于 70%。

⑤ 非关联型。关联比率小于 70%。

多元化战略可分为低层次多元化战略、中层次多元化战略和高层次多元化战略。根据多元化的关联程度，可以把多元化战略分为单一业务型多元化战略、主导业务型多元化战略、相关约束型多元化战略、相关型多元化战略、不相关型多元化战略等几种类型，如表 5-1 所示。

表 5-1　多元化战略的层次与类型

多元化战略的层次	多元化战略的类型	特　征
低层次多元化战略	单一业务型多元化战略	超过 95%的收入来自于某一项业务
	主导业务型多元化战略	70%～95%的收入来自于某一项业务
中层次多元化战略	相关约束型多元化战略	不到 70%的收入来自于主导业务，所有业务共享产品、技术、分销渠道
	相关型多元化战略	不到 70%的收入来自于主导业务，事业部之间的联系是有限的
高层次多元化战略	不相关型多元化战略	不到 70%的收入来自主导业务，事业部之间通常无联系

采用低层次多元化战略的企业将精力集中在某一项主导业务上。当一家企业的收入超过 95%的部分来自某一主导业务时，该企业采用的就是单一业务型多元化战略。主导业务型多元化战略就是指一家企业的收入中 70%～95%来自某一业务。

中、高层次多元化战略可分为相关型多元化战略、相关约束型多元化战略和不相关型多元化战略 3 种。当一家企业超过 30%的收入不是来自其主导业务且它的各业务互相之间的联系有限时，该企业的多元化战略就是相关型的。当这种联系直接且频繁时，该企业的多元化战略就是相关约束型的。采用相关型多元化战略的企业各业务在资源和资金上共享较少；采用相关约束型多元化战略的企业各项业务共享很多资源和行动。采用不相关型多元化战略属于高层次多元化战略，采用这种多元化战略的企业各项业务之间没有太多的联系，如通用电气公司。

2. 多元化战略的动因

企业实施多元化战略是为了增强竞争优势，从而使企业的整体价值得到提升。无论是相关型多元化战略还是不相关型多元化战略，只要能够使企业增加收入或降低成本，就体现出了多元化战略的价值。有效的多元化战略能够获得比竞争对手更强的市场影响力，甚至削弱竞争对手的市场影响力，同时还可通过业务组合降低企业的经营风险等。表5－2列出了选择多元化战略的主要原因。

表5－2 多元化战略的主要原因

原因种类	主要原因	方 法
外部原因	市场容量有限性	寻求需求增长快的新产品和新市场
	市场集中度较高	在集中程度高的行业中，企业通过进入新产品、新市场追求高增长率和收益率
	市场需求的不确定性和多样性	企业为了分散风险，开发其他产品
内部原因	充分利用剩余资源	通过多元化以充分利用企业的富余资源
	转移竞争能力	进入相关业务领域，享受范围经济效益
	目标差距诱因	寻找新的增长点，实现预期目标

1）多元化战略的外部原因

企业选择多元化战略的外部原因如下。

（1）市场容量有限性

任何产品或服务的市场容量都是有一定限度的。此外，任何产品都有自己的生命周期。当产品步入衰退期时，市场需求增长就会停滞，甚至缩减，企业因此会考虑通过多元化进入新的产业领域。

（2）市场集中度较高

在市场集中度较高的行业，少数企业在市场、成本等方面占有绝对优势，其他企业要想达到较高的增长率，只有进入本产业以外的新市场。

（3）市场需求的不确定性和多样性

市场需求的多样性和不确定性会使企业依赖单一市场的风险增大，从而激励企业追求多元化成长的风险分散效应，即“不把所有的鸡蛋都放在同一个篮子里”。同时，市场需求的多样性在新的产业领域提供了投资机会，企业可以抓住机会实现多元化成长。

（4）政府反垄断措施的影响

为了维护竞争的公平性，许多国家都制定了反垄断法规。反垄断法规包括反托拉斯、剥离大企业等内容，其目标之一就是防止出现过度的产业集中。为此企业常常改变扩张成长的方向，谋求在不受法规限制的产业领域扩张成长。

2）多元化战略的内部原因

企业选择多元化战略的内部原因如下。

（1）充分利用剩余资源

剩余资源的充分利用，是为了获取范围经济。企业积累的未利用的内部资源，是进入新市场的原动力。

（2）转移竞争能力

即企业将在一个产业中开发的独特竞争力应用于另一产业中现有的业务单位。例如，非利普·莫里斯公司在消费者营销和品牌定位方面开发出了独特竞争力，在收购米勒酿酒公司后，将其部分营销精英转移到米勒酿酒公司中去，创造了世界上第一种淡啤酒——米勒淡啤酒，并将米勒在啤酒行业的排名从第六位推前到第二位。

（3）巧用竞争力

即企业将在一个产业中由一项业务建立起来的独特竞争力运用到不同产业中去创建新的业务。例如，佳能公司应用其在精密机械、精密光学仪器、电子成像等方面的独特竞争力来生产激光打印机。巧用竞争力去建立新业务的企业往往是以技术为基础的企业，它们运用研发方面的企业竞争力在不同的产业中创建新的业务机会。

（4）产品捆绑

在寻求产品差异化的过程中，越来越多的企业进入相关产业以扩大产品线，从而满足顾客对多项相关产品的需求。就像企业希望减少部件供应商数目一样，顾客也希望获得产品捆绑所带来的采购与使用上的方便和价格降低。例如，在医疗设备产业中，企业过去是分别生产各种不同的产品，如手术设备、超声设备、核磁成像和X射线设备，现在的趋势则是向医院提供成套的完整的医疗设备产品线。

（5）目标差距诱因

一般来说，如果企业的经营现状与所期望的目标差距越大，采用多元化战略来实现成长的可能性就会越大。

（6）纵向一体化成长中的不平衡

纵向一体化成长中通常会形成庞大的销售、制造、采购、原料生产、运输和研究开发方面的设备和资源，而各阶段的资源和能力会出现经常性的不平衡。这种不平衡产生的不经济性成为促使企业多元化成长的动因。

3. 多元化战略的条件

企业要成功实施多元化战略，必须具备以下条件。

① 企业要具备必要的资源才能使多元化具有可行性，才能顺利实施多元化。多元化的动力与资源缺一不可。资源包括有形资源和无形资源，无形资源比有形资源更具灵活性。有形资源的共享可以促进多元化，对资源的共享越少，多元化的价值越小。

② 资本市场和管理者市场是多元化经营的重要条件，特别是当企业通过并购进行多元化时，需要资本市场的支持。管理者市场也非常重要，能否获得合适的管理者常常是多元化经营的前提条件。

③ 企业应建立一套多元化投资决策管理体系和程序，使多元化经营决策科学化。

4. 相关多元化战略

1）相关多元化战略概述

相关多元化是指企业新业务的价值链与现有业务的价值链之间存在具有竞争价值的“战略性匹配”。战略性匹配存在于价值链非常相似、能为企业带来战略机会的不同经营业务之间，具体如下。

① 分享技术。将有竞争力的和有价值的技术秘诀从一种业务转移到另一种业务。

② 分享共同的销售力量。使用同样的销售机构和同样的批发商或零售商，以及售后服务的联合。

③ 共同使用一个知名商标。

战略性匹配主要表现为不同业务的价值链之间存在相似性，可以提供以下竞争优势：降低成本，有效转移关键技能、技术知识和管理技能，可以共享同一个品牌名称。战略性匹配可以分为技术匹配、经营匹配、销售匹配和管理匹配等。例如，生产彩电的企业又生产VCD机，由于这两种产品之间存在很大的相关性，同时两种产品之间在销售渠道、销售对象、促销方法等方面也有较强的市场关联性，能够产生“1+1>2”的协同效应。

2）相关多元化战略分类

（1）相关约束型

在相关多元化的企业中，不同类型业务之间的联系有两种。如果企业所有业务很大程度上均在投入、生产技术、分销渠道或者客户等方面存在广泛的协同与共享，这种公司多元化战略就被称为相关约束型。企业管理层只在那些存在资源和能力协同，在渠道或生产等环节可以实现共享的新市场或行业里进行业务拓展，业务间存在高度密切的联系。百事公司是相关约束型多元化企业的一个典型代表，它在全球经营着多项业务，它们虽然存在不同，但这些业务都与休闲类产品有关，要么是食品，要么是饮料。此外，百事公司还尝试运用单一的、适用于各个业务的能力——发展与利用知名品牌的能力，去获取每一项业务的竞争优势。

（2）相关联系型

如果一个企业的不同业务只在某一些方面有联系，或不同系列业务间的联系各不相同，这种公司多元化战略就被称为相关联系型。相关联系型多元化企业的一个代表是迪士尼。发展至今，迪士尼公司虽然仍然以动画业务为主，但它现在已拥有并经营多项其他业务，包括一个电影工作室、几家酒店和几处度假胜地、一个播放非迪士尼制作节目的电视网络。虽然迪士尼再也找不到一条主线（如米老鼠或狮子王），把它的全部业务串起来，但从广义上说，它大部分的业务都集中在娱乐行业。

3）相关多元化战略的优势

相关多元化的优势体现在以下几个方面。

① 保持业务的统一性。

② 进行技能转移。

③ 共享品牌名称。

④ 在较广泛的基础上分散投资者的风险。

⑤ 取得的总体经营业绩超过每项业务单独经营的业绩之和。

相关多元化战略是企业为了追求竞争优势，增强或扩展已有的资源、能力及核心竞争力而有意识地采用的一种战略。美国迪士尼公司收购互联网搜索引擎信息追踪公司（Infoseek）时说：“我们的产品，我们的电影、运动项目、新闻等所有的产品，都将通过有线网、电视和卫星形成的宽带网发送到千家万户，我们希望能够控制产品发送的目的地，希望控制我们的电影、产品和娱乐节目。”

实行相关多元化战略的企业将增加新的、但与原有业务相关的产品与服务，这些业务在技术、市场、经验、特长等方面相互关联。例如，宝洁公司的系列产品，如海飞丝洗发水、汰渍洗衣粉、佳洁士牙膏等，这些不同的经营业务都有不同的竞争者和不同的生产要求，但这些经营都是通过同样的批发销售渠道，在同样的零售点销售，卖给同样的顾客，并且它们采用同样的广告和促销方式，使用相同的买卖技巧。这种关联性的存在一方面可以通过资源共享产生协同作用；另一方面也有可能会一荣俱荣、一损俱损，难以有效地规避风险。

4）相关多元化战略的适用条件

① 可以将技术、生产能力从一种业务转向另一种业务。

② 可以将不同业务的相关活动合并在一起运作，降低成本。

③ 在新的业务中可以借用企业品牌的信誉。

④ 以能够创建有价值的竞争能力的协作方式实施相关的价值链活动。

5）实施相关多元化战略的常见方法

① 收购或组建能共享销售力量、广告和分销活动的产品生产企业。

② 开发密切相关的技术，进入在技术或专有技能方面密切相关的领域；或将技术秘诀和专有技能从一个经营领域转移到另一种新业务中。

③ 寻求提高生产能力利用水平的新业务。

④ 寻求提高现有自然资源和原材料利用水平的新业务。

⑤ 将企业的品牌名称和在顾客中建立起来的信誉转移到一种新的产品或服务中去。

5. 不相关多元化战略

1）不相关多元化战略概述

不相关多元化表示新业务的价值链与现有业务的价值链之间不存在有竞争价值的“战略性匹配”。例如生产家电的企业进入房地产业、开设宾馆、涉足航运业等。不相关多元化战略是指企业进入与原有行业不相关的新业务，企业经营的各行业之间没有联系。美国通用电气公司是不相关多元化的典范。通用电气公司的业务组合包括商务融资与租赁，保险，用于发电的涡轮机及其他技术，信用卡业务，飞机引擎，包括照明灯泡在内的消费品和工业品、医疗透视影像设备，包括 NBC（美国国家广播公司）在内的娱乐业务，包括人造钻石在内的高新材料业务，包括铁路车厢租赁和管理在内的设备服务、水处理和安防等，要想找出这些业务间的密切联系是很困难的。事实上，通用电气公司倾向于把各个业务当成独立的实体进行管理。

不相关多元化战略的特点是能够分散经营，把发展新产品和新的目标市场有机结合起来，提高企业在竞争环境中的应变能力。但是，不相关多元化战略的实施比较复杂，容易陷入盲目性，一旦处理不好，企业可能会陷入困境。

2）不相关多元化战略的益处

① 分散经营风险。

② 资本资源可以直接投向那些具有盈利潜力的行业中。

③ 保持利润稳定性。

④ 如果以较低价格购买的企业具有较大的盈利潜力，可以提高股东收益。

3）不相关多元化战略的适用条件

① 企业所在行业逐渐失去吸引力，企业销售额和利润下降。

② 企业没有能力进入相邻行业。

③ 企业具有进入新行业所需的资金和人才。

④ 企业有机会收购一个有良好投资机会的企业。

4）实行不相关多元化战略的常见方法

① 资金充足、机会缺乏的企业收购一些机会众多而资金短缺的企业。

② 产品销售具有强季节性和周期性的企业向反季节性和反周期性的生产经营延伸。

③ 债务重的企业收购负债轻的企业，以平衡自身的资本结构并增强借贷能力。

④ 培养多个业务不相关的经营集团，集团之间建立一定的支持联系。

5）实行不相关多元化战略应注意的问题

不相关多元化战略也存在一系列的问题。

① 公司高层的管理问题。多元化经营业务的数量越多，公司高层要监督管理的范围就越广，要洞察各个分支机构的实际经营状况、深入了解它们各自面临的战略问题、认真研究各个经营部门领导人的战略行动和计划就越困难。

② 众多不相关的多元化经营单位各自的业绩，可能并不比它们单独经营时更好，反而有可能因为集权化的管理政策而变差。实行不相关多元化的母公司除了能提供一定的财务支持外，并不能为分支企业增强专业上的竞争力。

③ 不相关多元化跨领域较多时，可能会出现顾此失彼的问题，此时不相关多元化会增大企业的经营风险。

不相关多元化战略尽管存在上述问题，但仍不失为一种值得考虑的战略，并已在实践中被广为采用。至于应在多大程度上实行这种战略，则完全取决于公司经营管理的能力和需要。

综观当今时代的商业实践，相关多元化和不相关多元化这两类多元化均大量存在，有的企业的多元化还是混合型的。比如国内一些家电企业集团，主体属于相关多元化，但又同时存在一些不相关多元化的业务。例如，海信集团主要生产经营彩电、空调、冰箱等家电产品，这些是相关多元化战略的体现，主要是技术相关、销售渠道相关；在企业发展中，海信也从事了房地产业的开发经营，从事了商业的经营，并获得了成功，这些是非相关多元化战略的体现。

综上所述，多元化的程度是由市场和企业自身所具备的战略性特点所决定的，并建立在企业各种资源优化组合的基础上，需要管理者用正确的动机去推动。动机越强烈，资源的灵活性越好，多元化的程度就越高。为了不使企业盲目地、过度地多元化，企业需要有科学的内部决策和监控体制。

6. 多元化战略面临的风险

企业在实施多元化战略的过程中，可能面临以下风险。

（1）产业的具体情况发生改变

长期而言，产业的情况可能会发生快速的和无法预测的改变。例如，当计算机产业发生改变时，PC和服务器成为主导产品，IBM的主机硬件和软件业务开始发生亏损。

（2）错误的多元化理由

① 分散风险。企业往往希望通过多元化战略分散经营风险，但各个产业的商业周期常常很难预测。

② 当企业的核心业务陷入困境时，常常以为新产业可以很快挽救它。例如，在20世纪80年代，来自低成本竞争者的压力，再加上数字革命的兴起，导致柯达公司的收入和利润

停滞不前甚至下降。柯达公司的经理们寄希望于多元化的新业务，投资数百亿美元进入包括保健、生物技术和计算机硬件产业，结果均以失败告终，原因是柯达公司所进入的每一个产业都被强大的公司所占据，柯达公司的管理者缺乏可以让新业务单位建立竞争优势的能力。

(3) 产生官僚主义成本

官僚主义成本是指企业为了解决业务单位之间、业务单位与公司总部之间的交易困难所产生的成本，它取决于管理的业务种类和不同业务之间协作的程度。企业在实施多元化战略的过程中，随着业务种类的增加，往往伴随产生官僚主义成本，这种大企业病将导致企业决策效率和管理效率降低。

多元化会造成部门增多或下属子公司增多，必然会增加高层管理的管理跨度。企业为此可以选择增加管理的层次，但管理层次的增加会使组织垂直沟通线延长，影响信息传递的及时性和准确性。随着组织规模的扩大，容易产生“X-非效率”(X-inefficiency)，即大企业内存在的资源配置的非效率性。

(4) 多元化势必造成资源的分散化

企业的资源和能力总是有限的，多元化势必会降低某项业务特别是重要业务在竞争和发展中所需的资源与能力的拥有量，影响核心业务的成长。

7. 选择多元化战略的注意事项

多元化战略往往需要企业具备很强的资金实力，需要强有力的管理团队支撑。大量商业实践证明，企业应慎重采取多元化战略。

(1) 在采取多元化战略时，切忌盲目跟风

从 2002 年起我国一些地方掀起了一阵造车热潮，许多其他行业的企业纷纷投入巨资进入汽车行业，其中 2003 年家电业的造车风是最具代表性的，美的、奥克斯、夏新、波导先后杀入。结果到 2004 年中国汽车市场行情发生剧变，许多汽车企业面临销售的严重下挫，再加上汽车产业政策限制，许多企业壮志难酬，不得已选择退出。例如，2004 年 8 月，已和南汽合作生产轿车的波导公司从南汽撤资，成为国内第一家正式撤出汽车业的业外企业；2005 年 1 月，夏新电子召开董事会，决定撤出对汽车业的投资，距其宣布斥资 1.75 亿元进军汽车业还不到一年时间；2005 年 3 月，曾力扛“终结汽车行业暴利”大旗、高调进军汽车制造业的宁波奥克斯集团，突然宣布退出造车业，这一天距其正式涉足造车行业正好相隔整整一年零一个月，奥克斯为此所付出的“学费”高达 4 000 万元。分析其原因，我国汽车产业政策的限制、高潮时的投资过旺、车市的紧缩、产品价格下跌及原材料涨价等，当年并未被投资决策者们加以充分考虑，使得这些企业不得不在多元化道路上吞下苦果。

(2) 在采取多元化战略时，要确保核心业务的领先

美国百年老店西尔斯 (Sears) 公司就是因为不成功的多元化经营而失去了在美国零售行业长达 50 多年的领先地位。西尔斯公司成立于 1886 年，最早开展邮购业务。1925 年西尔斯公司在芝加哥开设了第一家零售商店，从此便开始了其在美国零售业的快速扩张。到 1938 年西尔斯公司在美国的店铺数量超过了 500 家，并一举坐上了美国零售业的头把交椅，而且一坐就是 50 多年。西尔斯公司的多元化从 20 世纪 30 年代就已经开始了，1931 年西尔斯公司进入保险行业，组建了一家叫 Allstate 的保险公司，并在各零售商店为 Allstate 保险公司开设了柜台，使顾客就像买日用品一样方便地购买保险。1981 年西尔斯公司在多元化

的道路上又迈出一大步，它一举收购了美国第一大和第五大的不动产中介公司 Coldwell Banker 和 Dean Witter Reyrolds，并和对待 Allstate 保险公司一样，为这两家不动产中介公司在闹市区的各零售商店开设专柜。20 世纪 80 年代爱德华·布雷安出任西尔斯公司总裁后，又组建了 Dean Witter 金融服务集团，进一步扩大了金融业与服务业。西尔斯公司对金融业的投资在当时也曾获得不错的业绩，其金融服务业的收入从 1982 年的 95 亿美元迅速增长至 1991 年的 260 亿美元，所创造的利润甚至超过了商业零售部门所创造的利润。然而也正是在这一时期，以沃尔玛为代表的商业零售后起之秀们开始一步步蚕食西尔斯公司的固有地盘。20 世纪七八十年代是美国零售业大发展时期，整个美国零售业的零售商店总面积增加了一倍，而这一时期西尔斯公司的店铺总数不但没有上升，到了 80 年代甚至开始减少。

正是由于这一时期西尔斯公司将过多的精力投入到了金融服务业，远离了自己的核心业务，错过了最好的发展机会，才会将龙头老大的宝座拱手让人。西尔斯公司将自己的零售商店当作一辆大货车，不断往上搭载新的服务项目。西尔斯公司更看重车上搭载的货物，而忽略了载着货物向前行驶的货车。当货车最终停滞不前时，车上的货物自然也就失去了前进的动力。

(3) 采取多元化战略时，应确保对所进入的领域有预见性

企业在多元化过程中，随着不同行业发展周期的变化，结果可能往往是事与愿违。以首钢为例，2004 年 10 月首钢宣布放弃 8 英寸芯片项目，变更上市募集的 2.5 亿元资金，回归本行。计划投资 110 亿元的首钢造芯计划历时 4 年的磕磕绊绊后，终于画上了一个不完美的句号。盲目多元化、重复投资再一次给人们提出了警示。

此外，企业在选择多元化战略时，还应注意：在多元化中，新经营的业务要处于产品或市场发展的初级阶段，至少不超过成熟阶段；当企业规模较小而产品及市场都在不断增长的情况下，不宜过早采用多元化战略；企业需要处理好多元化战略与专业化生产的关系。

本章小结

本章介绍了企业总体战略，围绕专业化战略、纵向一体化战略和多元化战略进行论述。专业化战略是指集中企业所有资源和能力于自己所擅长的核心业务，通过专注于某一点带动企业的成长。纵向一体化战略是专业化战略在业务上的延伸，是企业兼并为本企业提供投入物的企业或使用自己产品的企业，或通过内部自身扩展进入生产自己的投入物或使用自己产出物的业务领域。多元化战略是企业制定的多项业务组合战略，是企业为涉足不同行业环境中的多项业务制订的发展规划，包括进入何种领域、如何进入等。常见的按照相关度分类的多元化类型主要有相关多元化和不相关多元化。相关多元化战略是企业为了追求竞争优势，增强或扩展已有的资源、能力及核心竞争力而有意识地采用的一种战略。实行这种战略的企业增加新的但与原有业务相

关的产品与服务，这些业务在技术、市场、经验、特长等方面相互关联。不相关多元化战略是指企业进入与原有行业不相关的新业务，企业经营的各行业之间没有直接联系。这种战略的特点是能够分散经营，把发展新产品和新的目标市场有机地结合起来，提高企业在竞争环境中的应变能力。不相关多元化战略的实施比较复杂，容易陷入盲目性。

思考题

1. 什么是专业化战略？
2. 什么是纵向一体化战略？
3. 纵向一体化战略通常可划分为哪些主要类型？
4. 什么是多元化战略？
5. 选择多元化战略的条件通常有哪些？
6. 企业在选择和实施多元化战略时应注意哪些方面的问题？

第 6 章

企业经营单位战略

案例导入

百事可乐与可口可乐的“百年商战”

在 20 世纪商战史上，两家占世界饮料绝对主导地位的美国企业，以广告为旗帜，在全球掀起了一场又一场旷日持久的“世界大战”：百事可乐攻势如潮，可口可乐稳守反击，从而创造出了一个个波澜壮阔的商界传奇。

1886 年，在美国亚特兰大市的一家药店里，一位南部联邦退役军官彭伯顿博士，调制出了一种可口解渴饮料，从此 Cocacola 的商标开始面世。1891 年，阿隆坎德勒买下了 Cocacola 的专利经营权，进行了大量的宣传。一个多世纪以来，随着优美特别的斯宾赛体的草书名称配成的富有特色的商标图案，以及特制的绿色瓶装，在铺天盖地的强大广告宣传攻势推动下，可口可乐风靡全球，经久不衰。

1898 年，美国辛辛那提一个叫凯莱希-希拉姆汉的人把他在北卡罗来纳州纽约伯恩药店出售的一种“希拉德饮料”改制为百事可乐。百事可乐诞生后最初的经营是极为惨淡的，1922 年和 1931 年曾两次宣告破产，它甚至主动提出要将公司卖给可口可乐公司，但被可口可乐公司断然拒绝了。事情转机缘于推销天才斯蒂尔的跳槽。位居可口可乐市场营销总裁的斯蒂尔，由于不堪时任总裁罗伯特的百般刁难，盛怒之下投入到百事可乐的阵营。此后的百事可乐在斯蒂尔的手中，先是摆脱了“便宜加大碗”的寒酸形象，从厨房走进客厅，继而进入超市、饭店，在饮料市场占据了一席之地。较之可口可乐晚问世 12 年的百事可乐，在强大的竞争对手面前，并未甘拜下风。百年来两家公司在销售价格、商品包装、形象广告、产品口味、产品配方等多方面始终进行着激烈的竞争。

1. 百事可乐挑起价格大战

百事可乐针对可口可乐瓶形固定、容量少、几十年不变的弱点，改用比其容量大的瓶子，却以与可口可乐相同的价格出售，成功地夺走了可口可乐在美国劳动大众中的相当一部分市场。在这场价格大战中，百事可乐广告语的主题是：同样是 5 分钱，原来只可买到6.5盎司一瓶的可口可乐，而现在却可以买到12盎司一瓶的百事可乐。辅以“一样代价，双重享受”的广告，这个价格定位策略运用电视广告予以表现，在一首“约翰·皮尔”的流行歌曲中唱出。美国的消费者可以买到新的25罐纸板包装的“方块”、12盎司装开瓶后可再封瓶的“小百事”、8盎司罐装的“迷你百事”及促销特卖的1 000毫升瓶装“大开口”。可口可乐在这场较量中被逼得走投无路，因为它们不可能改变瓶装量，除非下决心丢弃10亿个左右的6.5盎司的瓶子；也不能降低售价，因为市场上已有数十万台可用5分币投币购买的冷饮购买机。定位进攻的胜利使百事可乐的销量直线上升，到1953年可口可乐的销售量下降3%，而百事可乐的销售量增加了12%。此举正中可口可乐的一个弱点：可口可乐的口味，虽老少皆宜，无市场间隔，但瓶子的容量太小，其容量刚够中老年人一次饮用。青年人饮量大，喝起来不过瘾，不如喝一瓶百事可乐痛快，况且价钱还便宜得多。这样，占消费人群总数1/3的青年人，逐渐被百事可乐所吸引。

2. 鲜明的广告主题使百事可乐成功地贴近青年消费群体

第二次世界大战后，美国社会政治气候的变化引起了人们心理状态的变化，尤其是第二次世界大战后成长起来的新一代美国青年对历史与传统萌生了强烈的叛逆心理。

对此，可口可乐开始有所忽视，在广告宣传上诉求点针对性不强，仍然停留在把可口可乐仅仅与愉快、欢乐、健康联系起来的老套路之上。经过严密认真的市场调查后，百事可乐决定调整广告方向，确定了“百事可乐，新一代的选择”的广告主题，推出了“现在，对于那些自认为年轻的消费者来说，百事可乐正是你们的最佳选择”及“奋起吧，你是百事可乐新时代生龙活虎的一员”的主题广告，并以歌曲形式通过电台、电视台反复咏唱：“今天生龙活虎的人们一致同意，他们选用正确的、现代的、轻快的可乐，认为自己是年轻的人现在就喝百事。”以后，又进一步推出了“现在，百事可乐是年轻人的饮料”的广告口号及更富有诱惑力和鼓动性的“起来吧，你们是百事可乐年青的一代”的震撼人心的口号。这则广告迎合了青年一代充分显示自己富于青春活力、做时代先锋的愿望。以树立百事可乐为时代潮流和青春活力的象征，而将其竞争对手可口可乐反衬为陈旧、落伍、老派的代表。“百事新一代”极富想象力的电视广告片推出之后，立即引起了消费者的认同，引发了争当新一代的热潮。这一系列营销广告不仅迎合了年轻人追求时尚、摆脱传统的心理，也极大地吸引了中老年中那些不甘心以老自居、渴望展示自己仍具有青春风采的人们。结果，百事可乐随着广告片的播放，销量扶摇直上，取得了空前佳绩。

面对百事可乐逼人的价格、凌厉的广告宣传攻势和失去的市场，可口可乐如梦初醒。为了夺回被百事可乐拉走的一大批青年消费者，可口可乐推出了使青年人入迷的“罗素摇滚”广告。广告片以年轻人欢聚一起喝可口可乐共度美好时光为主题，其中一则典型的广告是：在炎热的夏天，一群年轻人欢快地开着轿车飞速地冲向湖边，在那里，一群健美苗条、喝着可口可乐的女郎向他们欢呼。

越南战争爆发后，可口可乐推出了甜蜜、纯洁无邪的广告主题，以吸引那些因战争而紧张的年轻人。其中一则最有影响的电视广告是，从全世界找到肤色各异的500名儿童，让他们聚集在意大利某座高山的山坡上齐声高唱：“我愿为全世界买一瓶可口可乐”，此举获得了最佳的宣传效果。

对可口可乐的新举措，百事可乐早已按捺不住，以更猛烈的广告攻势予以回击，不惜重金请来风头正劲的青少年偶像歌星“小甜甜”布兰妮作为代言人，赞助其进行全球巡演，引起了极大的轰动。可口可乐则邀请曾获格莱美奖的当红歌星克里斯蒂娜参加电视广告的宣传，在全美电视节目中放映。

3. 百事可乐发起口味比试

百事可乐珍视品牌质量，注重不断改良饮料口味，确立了在质量上优于新加入本行业的众多饮料竞争者，并确保不逊色于可口可乐的目标。同时，利用自己比可口可乐含糖量稍高、口感良好的特点，再次向可口可乐发起更加猛烈的攻势。1972 年百事可乐发动了一场通过试饮百事可乐与可口可乐两种饮料的口感、味道来进行比试的活动，结果多数品尝者似乎更喜欢百事百乐，百事可乐终以 3∶2 的优势胜出了可口可乐。1960 年，可口可乐与百事可乐市场销售额之比为 2.5∶1；而到了 1985 年成为 1.15∶1。从 1977 年起，百事可乐在美国的销量开始超过可口可乐，在本国市场上终于可以与可口可乐平分秋色了。更重要的是它能创造社会时尚，引导消费潮流，培养人们的消费习惯，形成一种持久有效的影响力。

4. 可口可乐的配方变动

最富有戏剧性的竞争发生在 1985 年，当时可口可乐为迎接其诞生 100 周年，突然宣布改变沿用了 99 年之久的配方，而采取刚刚研制的新配方，这个新配方是可口可乐耗资几百万美元试验得出的新产品。岂料该产品上市后，引起了市场的轩然大波，消费者纷纷抗议这一改变，可口可乐形象也为之大挫。此时的百事可乐真是乐不可支，特地让员工放假一天以示庆贺。同时，百事可乐花巨额投资制作了一则电视广告节目，在众多电视网络中反复播放一个月。节目是这样的：一个眼神急切的姑娘盯着镜头说：“有谁能出来告诉我可口可乐为什么这么做？他们为什么要改配方呢？”然后，镜头突然转变，该女士说：“因为它们变了，因此我要开始喝百事可乐了。”紧接着，她喝了一大口百事可乐，满意地说：“嗯、嗯，现在我知道了。”于是可口可乐被迫宣布恢复原有配方，命名为古典可口可乐，新可口可乐也将继续销售。

然而，这一营销策划上的重大失误，已造成可口可乐市场一片混乱。不仅如此，可口可乐的错误还在继续。可口可乐为改变被动的局面，在很短的时间里接连推出健怡可口可乐，加上古典可乐、新可乐等，总共有几种不同口味的新产品同时出现在市场上，这样就使新老消费者无所适从。百事可乐于是又制作了一个绝妙的攻击广告：“要哪一个？”店员问道。“就要一听可口可乐。”“噢，这里有好几种可口可乐，有原来的可口可乐，也就是新可口可乐出现前的那种，新的可口可乐也就是你们习惯当它是老的那种，它是为你们最新改进的可口可乐，除了可口可乐外，它是正宗的老可口可乐，但如今它都成为新可口可乐，我说这些你明白吗？”这绕口令式的一段话，谁能明白呢？再冷静的顾客也不耐烦了，人们自然转向其他商品。这个雄霸可乐世界百年之久的亚特兰大帝国，终因自己的连连失误，加上竞争对手的咄咄逼人，陷入空前的危机之中。

5. 两乐在非碳酸饮料市场上展开新的角逐

1997 年，百事公司分拆了餐饮连锁（必胜客、肯德基和塔可钟），重新将自身聚焦在饮料业务上。1998 年，百事公司以 33 亿美元全盘收购了世界著名的 100%果汁生产商纯品康纳（Tropicana）。3年后，百事完成了对纯品康纳在中国业务的整合，开始生产纯品康纳鲜榨果汁和都乐100%系列鲜榨果汁，市场反应热烈。这迫使可口可乐在2001年也推出了第一款果汁饮料“酷儿”。儿童果汁饮料的定位，以及卡通人物做代言的“角色行销”，让“酷儿”及时拦截了中国、日本、韩国部分果汁市场，不至使更多份额流入百事囊中。

从2001年开始，百事公司快步建立起多元化的经营思路。2001年8月，百事斥资130亿美元收购了桂格燕麦（Quaker Oats）及其旗下的佳得乐（Gatorade）品牌，大大增强了百事公司饮料业务的阵容。佳得乐在美国运动饮料市场拥有绝对份额。通过这次百事可乐历史上最大的并购，百事可乐非碳酸饮料的市场份额一下跃升至25%，是当时可口可乐同领域的1.5倍。

自2006年起至今，卢英德开始担任百事公司CEO。卢英德预见了全球饮料行业向健康饮品转变的方向，并开始以此为品牌定位。2012年，百事可乐通过与立顿（Lipton）和星巴克（SBUX）的合资企业出售茶和咖啡饮料。在中国市场，2015年百事开始进军非可乐饮料领域，在功能饮料和乳饮料领域发力。2015年，百事在进行了大量的消费者调查后，紧随可口可乐、统一的脚步，加入了维生素饮料大军中，在中国推出了与康师傅合作后的第一个新品——功能饮料产品“维动力”，这是一款气泡维生素饮料。当年，百事还推出了首款乳饮品“桂格高纤燕麦乳饮品”，这是百事独立于康百联盟推出的新产品。2016年，百事CEO卢英德称，该公司正在转型且越来越健康：降低碳酸饮料产量，生产更多“没有罪恶感”的食品。

2004年，内维尔·艾斯戴尔出任可口可乐首席执行官。为力挽狂澜，他开始制订加大市场推广力度和增加非碳酸饮料产量的计划。“美汁源”果汁、“Powerade”运动饮料和“达萨尼”瓶装水等非碳酸饮料陆续上市。2005年，可口可乐进军中国果汁市场，推出了中国研发中心研发的本土化的“果粒橙”等美汁源低浓度果汁饮品。到2009年，美汁源已是果汁饮料中的销售冠军。2008年，可口可乐在中国市场联合雀巢推出“原叶茶”，仅用了10个月的时间便取得了茶饮料5%的市场份额。2009年，可口可乐进一步加大了果汁领域的力度，开始推出更多品类的美汁源产品。2009年，可口可乐还在中国推出水果牛奶饮料“果粒奶优”，进入到含乳饮料这一新领域。2012年，可口可乐收购了椰子汁品牌Zico，并首次在美国乳制品市场上试水。2014年年底，可口可乐宣布进军高端牛奶市场。2014年8月，作为资产置换协议的一部分，可口可乐宣布斥资21.5亿美元收购功能饮料制造商怪物饮料公司16.7%的股权。

资料来源：

[1] 陈支农．百年商战两“可乐”[J]．中原市场大观，2003（3）．

[2] 徐潇．碳酸饮料市场受冲击 饮料巨头谋多元化发展 [N]．工人日报，2013-02-21.

[3] 孙吉正．百事可乐转型缓慢重启争议配方 本土老字号重夺市场 [N]．中国经营报，2016-07-30.

[4] 阿茹汗．百事拿什么解除“碳酸依赖症”[N]．北京商报，2016-07-05.

[5] 金晓岩．全球净利下滑17% 碳酸饮料巨头遇瓶颈 问诊可口可乐 [N]．华夏时报，2015-2-13.

[6] 余德．可口可乐：中国世纪之旅 [N]．经济观察报，2009－10－23.
[7] 隽霏．百事"组合拳"制胜可口可乐欲夺回"金腰带"[N]．第一财经日报，2005－12－27.
[8] 王晓玥．两大可乐巨头豪赌中国市场 [N]．北京商报，2009－03－09.
[9] 杨颢．可口可乐"全饮料"野心 产能布局雏形 [N]．21世纪经济报道，2009－10－17.

在确定了企业总体战略之后，企业明确了将从事的经营领域，接下来就需要考虑如何在各个经营领域中展开竞争，这是企业战略的第二个层次——经营单位战略（business strategy）的主要内容。企业经营单位战略上承企业总体战略，作为公司整体经营战略的展开，下接职能战略，作为职能层面战略的指导。经营单位战略也可称为竞争战略（competitive strategy），本质上是针对不同的竞争领域，提出相应的竞争战略来达成战略目标。

6.1 企业一般竞争战略

企业竞争的目的是更好地为顾客提供他们想要的东西，使企业能够赢得某种竞争优势，并战胜竞争对手。因此，竞争战略的核心是企业内部所采取的用来为顾客创造价值的行动。一个企业的竞争战略包括企业所采取的用来吸引顾客以满足其需求的策略和行动，也包括企业所采取的用来抵御市场压力、加强市场地位的策略和行动。

在20世纪80年代，迈克尔·波特在其《竞争战略》一书中指出：企业要想追求卓越，或者成为本行业中成本最低的生产者，或者使自己的产品或服务与众不同，可以在或宽或窄的市场上选择使用这两种途径。由此，迈克尔·波特总结了3种一般通用的竞争战略：成本领先（cost leadership）战略、差异化（differentiation）战略和目标集中（focus）战略。目标集中战略又可以细分为目标集中的成本领先战略和目标集中的差异化战略，在成本领先战略和差异化战略之间又可以细分出一种中间战略，即最优成本（best cost）战略，如图6－1所示。下面按照成本领先战略、差异化战略、目标集中战略及最优成本战略逐一进行分析。

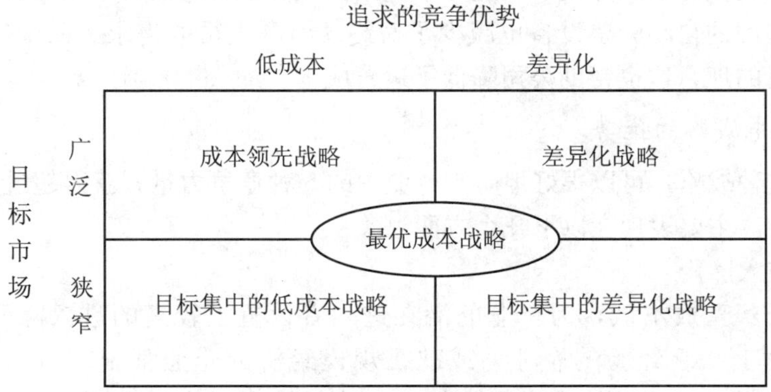

图6－1 一般竞争战略

1. 成本领先战略

1）成本领先战略的概念

成本领先战略是迈克尔·波特在1980年出版的《竞争战略》一书中提出的3种一般竞争战略之一。所谓成本领先战略，是指企业通过在内部提高运营效率和加强成本控制，在研究开发、生产、销售、服务和广告等领域把成本降到最低限度，从而成为行业中成本领先者的战略。

采用成本领先战略意味着企业可以通过其低成本地位来获得竞争优势，从而成为行业中的高水平盈利者。它与一般的削价竞争有本质区别，后者往往以牺牲企业利润为代价，有时甚至亏本经营。换句话说，尽管在爆发价格战时具有成本领先战略的企业更具有压价能力，但是采用这些策略的指导思想却并不一样。

以沃尔玛为代表的大型连锁零售商和以西南航空为代表的廉价航空公司就是采取成本领先战略的典型企业。

沃尔玛巨大的经营规模为其提供了规模经济，使其有能力对供应商施压，迫使其降价，从而把采购成本压到最低。沃尔玛的员工薪酬普遍偏低，为了节约成本，沃尔玛还曾解雇所有店内迎宾员。在沃尔玛，一部分商品是从供应商直接配送到卖场的，而不用经过沃尔玛的配送中心中转。对于那些从供应商运送到沃尔玛配送中心的商品，沃尔玛会直接把它们卸货到即将开往指定卖场的沃尔玛运输车辆上，而不是卸货后放入沃尔玛的配送中心。通过为配送中心购置高端的自动化设施，使得向沃尔玛卖场送货的货车运输队能高效运转。通过在线系统直接向供应商实时传送能反映顾客需求的商品销售信息，沃尔玛和供应商建立起了广泛的信息共享，从而节约了成本。沃尔玛最大的供应商宝洁公司，就将其ERP（企业资源计划）系统与沃尔玛的信息系统整合起来。通过各种措施，沃尔玛具有比克罗格、西夫韦等其他连锁超市高出22%的成本优势。

西南航空的飞机全部是波音737，以便节约运营和维护成本。西南航空复飞只需25分钟，而竞争对手则需要45分钟，这使它的飞机每天可多飞行数个小时，从而可以用更少的飞机安排较多的航班班次，使得公司平均每架次的收益高于竞争对手。西南航空不提供指定座位的服务，不提供随机行李托运，也不提供头等舱和贵宾服务，由此降低了很多成本。公司快速友好的在线预订系统方便了网上订票，因而减少了对电话订票中心和柜台工作人员的需求量。公司使用的自动验票设备也减少了对终端检票人员的需求。西南航空大约75%的乘客可以直达目的地，这也帮助公司降低了运营成本。

2）成本领先战略的优势

企业采用这种战略，可以很好地防御行业中的5种竞争力量，获得超过行业平均水平的利润。具体来讲，主要表现在以下几个方面。

（1）形成进入障碍

企业的生产经营成本低，为行业的潜在进入者设置了较高的进入障碍。那些生产技术不熟悉、经营上缺乏经验的企业，或缺乏规模经济的企业都很难进入此行业。比如，家电行业通过规模经济形成的成本领先战略，使得许多潜在进入者望而却步。由于拥有上千个车站，旅客周转量达到数十亿，灰狗巴士具有很好的规模经济，从而保持了低成本和低票价。

(2) 增强讨价还价能力

低成本能够为企业提供部分的利润率保护，并且由于庞大的采购规模或生产规模，能够防御来自强有力的买方和卖方的议价能力。

(3) 降低替代品的威胁

企业的成本低，在与替代品竞争时，仍可以凭借其低成本的产品和服务吸引大量的顾客，降低或缓解替代品的威胁，使自己处于有利的竞争地位。

(4) 保持领先的竞争地位

当企业与行业内的竞争对手进行价格战时，由于企业的成本低，可以在对手毫无利润的低价格的水平上保持盈利，从而扩大市场份额，保持绝对的竞争优势。

正是由于成本领先战略具有上述明显优势，因而在历史上战略分析都将成本领先作为竞争优势的重要基础。对成本优势的这种强调，反映了人们将价格作为企业之间竞争的主要工具的倾向，这是因为价格竞争能力最终取决于成本效率，同时也反映了一些公司在战略上的偏好。在 20 世纪的大部分年代，许多大公司主要通过成批生产和大规模分销来实现规模经济，进而谋求成本领先地位。而在 20 世纪 90 年代，一些大公司将注意力转移到通过重构、削减规模等来获得成本效率上。

3) 成本领先战略的适用条件

成本领先战略是一种重要的竞争战略，但是也有一定的适用范围，当具备下列条件时，采用成本领先战略会更有效力。

① 卖方竞争厂商之间的价格竞争非常激烈。

② 行业的产品基本上是标准化的产品或者是一种商品化的产品，从而使价格竞争决定企业的市场地位。

③ 可获得的产品差异化的途径不多，从而使顾客对价格的差异非常敏感。

④ 绝大多数顾客以相同的方式使用产品，标准化的产品能够满足用户的需求。

⑤ 购买者的转移成本很低。

⑥ 买方具有很强的讨价还价能力。

一般来说，购买者对价格越敏感，就越倾向于将其决策置于价格最优上，成本领先战略就越具有吸引力。

成本领先战略的理论基石是规模经济效应和经验曲线效应，它要求企业的产品必须具有较高的市场占有率。如果产品的市场占有率很低，则大量生产毫无意义。低成本给企业带来高额边际收益，企业为保持低成本，需要引进先进的工艺技术，这种再投资方式是维持低成本地位的先决条件，以此形成低成本、高市场占有率、高收益和更新装备的良性循环，如图 6-2 所示。

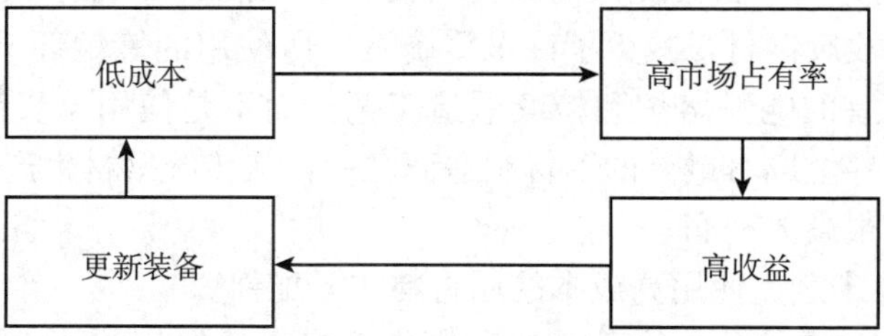

图 6-2　低成本的良性循环

另外，实现成本领先战略对于企业的资源、技能及组织都有一定的要求。降低成本的方式很多，可以通过比竞争者更快地积累经验或是增加经营规模以获得尽可能大的经济效益，这些只有大规模的生产才可能做到，同时要求企业拥有较大的市场份额。要达到这个目的，首先要求企业的产品设计要便于生产制造和维修，保持一个较宽的相关产品系列以分散成本，同时要使该产品为所有主要的用户群服务，增加产品数量；其次，要求企业要有相应的购买先进设备的前期投资，进行激进的定价和承受初期的亏损，以攫取市场份额；最后，低成本会给企业带来高额边际收益，企业为了保持低成本地位，可以将这种高额边际收益再投资到新设备上去，这种再投资方式是维持低成本地位的先决条件。实施成本领先战略对于企业的组织也有一定的要求：企业结构分明，责任明确，根据是否完成一定的定量目标对员工进行激励，实施严格的成本控制措施，需要经常编制详细的成本控制报告等。

4）成本领先战略的实现途径

成本领先战略意味着整体的低成本，而不仅仅是低生产成本。要获得低成本的优势，企业整个价值链上的累积成本必须低于竞争对手的累积成本。达到这一目标有以下两条途径。

（1）比竞争对手更有效地从事价值链活动，更好地管理推动价值链活动成本的各个因素

企业通过有效地管理价值链上每一个环节的活动，可以节约许多资源和能力，降低成本，比如规模经济生产和分销、强化物流成本控制等。

沃尔玛拥有强大的向供应商议价的能力，能通过大批量的购买获得很大的价格折扣。沃尔玛也曾经减少过所售产品的数量和种类，但是也减弱了它与供应商议价的能力，从而使它所售的部分产品价格有所上升。

20世纪早期，数百家汽车制造商生产汽车，但都是定制生产，价格较高。福特公司在20世纪20年代制造T型车的时候，产品设计与生产标准化程度很高。通过推出可以大批量生产的汽车，大部分美国消费者都能买得起车了。

（2）改造企业价值链，省略或跨越一些高成本的价值链活动

通过寻找革新的途径来改造业务中的各个过程，削减附加的“无用过程”，更经济地为顾客提供基本的东西，可以带来巨大的成本优势。通过改造价值链来获得成本优势的主要方式有以下几种。

① 简化产品设计。

② 削减产品和服务的附加，只提供基本的无附加的产品和服务。宜家为了降低成本，生产可由消费者自行安装的模块式家具，并要求顾客自己运输所购买的产品。宜家在卖场内以类似于消费者家庭的场景摆放不同的家具的组合，使消费者能体验到一套家具在家中看起来的效果，这样便不再需要雇用销售顾问。

③ 转向更简单的、资本密集度低的或更简便、更灵活的技术过程。纽柯钢铁公司通过使用电弧熔炉融化回收废钢材，减少了许多传统钢厂所使用的炼钢环节。和传统钢厂相比，纽柯钢铁使用相对便宜的电弧熔炉和持续锻造工艺，而不是使用昂贵的焦炉、碱性氧化高炉。纽柯钢铁成为世界上成本最低的钢材制造商之一，从传统钢材生产商手中夺取了巨大的市场份额，并获得了很高的利润。

④ 寻找各种途径来避免使用高成本的原材料或零配件。

⑤ 使用“直接到达最终用户”的营销和销售策略。戴尔公司的成功在很大程度上就受益于它直接到达终端用户的销售策略。

⑥ 将各种设施重新布置在更靠近供应商和消费者的地方，减少运输成本。通过把生产设施放在靠近矿泉水源的地方，瓶装水公司可以降低成本。通过使供应商的厂房与企业的厂房相邻，能减少运输成本，同时也减少了库存成本，因为企业不再需要太多的原材料库存。

5）成本领先战略的风险

尽管成本领先可以给企业带来竞争优势，但采用这种战略也有一定的风险。

（1）技术的迅速变化可能使过去用于扩大生产规模的投资或大型设备失效

例如，晶体管的发明和投产使原来大规模生产电子管的企业蒙受重大的经济损失，一种新型工艺的出现可能导致原有工艺的失效。

（2）过于集中于成本的降低，降低了产品和服务的质量

成本领先企业往往依靠低价位来保持其竞争优势，以致在差异化方面做得不足。一旦出现差异化的竞争者，其低价的竞争方式必然会导致获利空间大大缩小，从而影响持续的发展潜力。例如沃尔玛被一些顾客抱怨导购员和收银员太少。一些开展计算机邮购业务的公司曾减少电话服务人员，代之以自动化设备，结果虽然产品价格下降了，但销量也在不断下降。

20世纪20年代，福特公司曾经通过限制车型及种类、采用高度自动化的设备、积极实行后向一体化，以及严格推行低成本管理等措施取得过所向无敌的成本领先地位。然而，当许多收入高同时已购置了一辆车的买主考虑买第二辆车时，市场开始更偏爱具有风格的、改型的、舒适的和封闭型的汽车而非敞篷的T型车。福特公司为降低成本而付出的大量投资成了改变车型的严重障碍，从而使福特公司的战略调整付出了极大的代价。

（3）容易受到对手的模仿

竞争对手可以通过有效模仿或购买更加先进的生产设备，做到成本更低，进而以更低的成本为起点参与竞争。此时，企业就会丧失原来的成本领先地位。例如，率先将订单处理计算机化的有害废弃物处理公司降低了销售成本，但竞争对手也迅速实现了计算机化，同样降低了成本。

（4）容易受外部环境的影响

比如通货膨胀率的提高，势必提高企业的生产投入成本，减小企业的价格优势，从而不能与采用其他竞争战略的企业相竞争。相比于发达国家的企业，新兴市场的企业更具备成功实行成本领先战略的条件，因为它们的劳动力成本比较低。不过，随着劳动力和原材料成本的上升，其中的很多企业也致力于提高自己的创新能力。

2. 差异化战略

如果购买者偏好的多样性太强，标准化的产品难以完全满足；或购买者要求的多样性太强，具有相同能力的厂商难以完全满足，这时差异化战略就是一个很有吸引力的竞争战略。

1）差异化战略的概念

差异化战略是指企业提供与众不同的产品和服务，以满足顾客的特殊需求，从而形成竞争优势的战略。差异化战略往往能够创造出受用户欢迎的与众不同的价值。例如，当发生重大事件时，很多美国观众就会收看福克斯新闻台和美国有线电视新闻台，因为它们能给突发事件更多的播出时间，并让记者快速赶赴现场。

差异化战略是企业通过树立品牌形象、提供特性服务及优势技术等手段来强化产品特点，让消费者感觉其支付的费用尽管高于同类产品，但仍然是“物有所值”甚至“物超所

值”的，企业也就有合理的利润空间且进一步加强在产品质量、新技术开发和附加值服务方面的投入，从而实现企业成长的良性循环。

对同一行业的竞争对手来说，产品的核心价值是基本相同的，所不同的是产品的性能和质量。在满足顾客基本需要的前提下，为顾客提供独特的产品和服务是差异化战略追求的目标，而实现这一目标的根本在于不断创新。只要认真分析一些来华投资的大型跨国公司的做法就会发现，通过创新活动来创造和开发产品，不断提升产品和服务的新价值创造能力，是这些成熟的大型跨国公司广泛采用的市场竞争战略。因此，差异化战略是使企业获得高于同行业平均利润水平的一种有效的竞争战略。由价格战向差异化转变应是我国下一步产品转型升级的方向。差异化战略需要借助于高超的质量、非凡的服务、创新的设计、技术性专长或不同凡响的品牌形象，来培养顾客忠诚度，获得“溢价”。当一个企业向其客户提供某种独特的有价值的产品而不仅仅是低廉的价格时，它就把自己与竞争对手区别开来了。差异化可以使企业获得溢价，即使在周期性或季节性经济萧条时，也会有大量忠诚的客户。如果实现的溢价超出了为使产品独特而追加的成本，差异化就会带来更高的效益。

差异化战略是企业广泛采用的一种战略。事实上，每个企业都有自己的特点，一个企业将其产品和服务差异化的机会是很多的。当然，一个企业能否将其产品和服务差异化，还与产品和服务的特性有密切的联系。比如，汽车和餐馆比一些高度标准化的产品（如小麦和水泥等）具有更大的差异化潜力。值得注意的是，虽然企业可以通过各种方法实现产品和服务的差异化，但这并不意味着所有的差异化都能为顾客创造价值。差异化的目的是增强竞争力和盈利，因此必须分析顾客需要何种差异化，以及这种差异化所创造的价值是否超过了它所增加的成本。

2）*差异化战略的优势*

（1）形成进入障碍

由于产品的特色，顾客对该产品具有很高的忠诚度，从而使该产品具有强有力的进入障碍。潜在的进入者要与该企业竞争，就需要克服这种产品的独特性。

（2）降低顾客敏感程度

由于顾客对企业产品有某种程度的忠诚性，当这种产品的价格发生变化时，顾客对价格的敏感程度不高，生产该产品的企业便可以运用产品差异化战略，在行业的竞争中形成一个隔离地带，避免竞争的侵害。这就是很多名特产品售价虽高但仍然拥有稳定消费群体的重要原因。例如，哈雷戴维森摩托车公司持续提价，但客户数量仍不断提高。一瓶普通的矿泉水可能只需 3 元，而同样容量的一瓶依云矿泉水则通常需要十几元。

（3）增强讨价还价的能力

产品差异化战略可以让企业产生较高的边际收益，增强企业与供应者讨价还价的能力。同时，由于差异化产品是其他竞争对手不能以同样价格提供的，而且顾客对价格的敏感程度又低，企业可以运用这一战略削弱购买者讨价还价的能力。

（4）防止替代品威胁

采用差异化战略的企业在对付替代品竞争时比其他竞争对手处于更有利的地位，这同样是由于购买差异化产品的顾客对价格敏感度较低，更注重品牌和形象，一般情况下不愿意接受替代品。

3）差异化战略的适用条件

当具备以下条件时，实行差异化战略会更有效力。

① 有多种使产品差异化的途径，而且这些差异化被某些用户视为是有价值的。

② 用户对产品的需求和使用要求是多种多样的，即顾客需求具有差异化。

③ 奉行差异化战略的竞争对手不多。

在有些市场环境中，差异化战略会更为有效。

该行业中顾客的产品需求偏好非常多元化。多元化的需求偏好给行业中的企业提供了更大的舞台，使它们更容易彼此之间形成差异。例如，顾客对菜肴、环境、价格和服务的多元化偏好，使得餐厅有很大空间做到差异化。类似地，出版业、手机制造业、鞋业、厨房用品业也具有这种特点。

该行业容易推出具有差异化特点的产品和服务。例如，连锁酒店可以在位置、房间大小、服务范围、酒店餐厅、床上用品、家具等方面进行差异化。化妆品制造商可以在产品形象、抗衰老配方、防紫外线、卖场中专属的零售柜台位置、包含抗氧化剂和天然成分、禁止动物试验等方面进行差异化。

该行业技术变化速度快。技术变化速度快的行业，会迫使其中的企业进行快速的产品创新。

采用差异化战略对企业也具有相应的要求，主要表现在以下两方面。

① 对企业基本技能和资源的要求。企业要具有强大的研究与开发能力，有创造性的眼光识别真正的别具一格；具有产品质量和技术领先方面的声誉及强大的市场营销能力；在行业中有悠久的传统或拥有从其他业务中得到的独特的技能组合；有分销渠道的有力配合等。

② 对企业组织的要求。企业的组织在产品开发、市场营销等职能之间能够密切协调；能重视主观测评和激励而非定量化指标，以及具有确保和激励员工创新的企业文化、管理体制和激励制度等。

4）差异化战略的实现途径

成功的差异化战略，是用竞争对手无法模仿或抗衡的方式为购买者提供价值。日本索尼公司1997年推出的数码相机（Mavica）就是企业成功运用差异化战略为顾客提供价值的典型例子。在数码摄像这一细分市场，柯达和卡西欧设计并销售的数码相机最先进入市场并取得领先地位，但Mavica与竞争对手相区别的地方即它为顾客创造价值的地方在于它不使用胶卷，只要一张软盘就可以拍照。顾客拍好后，将软盘取出，插入一台个人计算机就可以打印照片。由于使用非常方便，即使从未用过相机的人也知道如何准确地使用Mavica相机。令人惊奇的是，与柯达和卡西欧的数码相机相比，Mavica不仅价格高，而且照片还不如前两者清晰，然而在Mavica推出后的1998年，其销售量比1997年增加了50%。这表明，当年索尼公司通过为顾客提供方便性成功实现了差异化。

差异化战略的实现有多种途径，通常包含以下几种。

（1）产品设计

例如，路易威登手袋、阿玛尼时装、菲拉格慕皮鞋、雷朋太阳镜和爱马仕围巾都经过著名设计师的精心设计。宝马、奔驰和保时捷具有良好的设计和性能，其中保时捷以流线型车体著称。苹果的iPod、iPhone、iPad体现了一流的设计能力。

（2）创新

创新通常是技术复杂性产品差异化的源泉，许多人愿意付出高价购买创新的产品，比如制作考究的计算机和汽车等，如苹果公司的 iPod、iPhone、iPad 等电子产品。

（3）质量和可靠性

例如，美太格（Maytag）公司强调洗衣机的可靠性和市场上最出色的维修记录。米其林、博世、本田、惠而浦的产品也具有很高的质量。宝洁公司宣称其象牙肥皂的纯度高达 99.44%。星巴克在采购咖啡豆时，对供应商有着严格的要求。

（4）优良的服务

戴尔计算机、联邦快递、丽思卡尔顿酒店、诺德斯特龙百货为消费者提供优良的服务。对于像汽车和家用电器这类复杂的、可能定期发生故障的产品，售后服务和产品维修尤为重要。例如，海尔家电产品的售后服务遵循“真诚到永远”的理念，在消费者中形成了良好的口碑。现代汽车在美国市场提供十年内或者 10 万英里以内免费保修的承诺，提升了其差异化优势。IBM 的系统集成能力和服务能力使得它在大客户商务服务业务中脱颖而出。

（5）品牌形象

产品的品牌形象在心理上对顾客的吸引也是差异化的重要来源。宝马汽车、劳力士手表、劳斯莱斯汽车等满足了消费者对地位、声誉等的追求。即使有型的产品差异化比较少，广告也能给消费者带来产品有差异的印象。产品的盲测结果显示，即使是最忠诚的百事可乐或可口可乐饮用者，也很难将两者区分开来。

（6）定制化

量身定制的西服相比货架上买来的现成服装，具有差异化优势。戴尔公司也曾通过定制化产品，获得差异化优势。星巴克曾允许顾客设计定制化的饮品。

（7）广泛的选择空间和一站式购物

零售行业的家得宝、亚马逊、劳氏、沃尔玛都具有这种特点。

（8）多功能

这个特点多见于消费电子行业。比如，与传统手机相比，苹果的 iPhone 手机通过应用商店实现了大量的功能。

（9）独特的口味

在食品和饮料行业中的乐啤露、激浪、红牛和李施德林都有独特的口味。

不同的事业部和不同的产品，可以同时采用两种或两种以上的差异化战略，但需注意，要对市场进行细分，根据不同的细分市场选用不同的差异化战略。

5）差异化战略的风险

（1）可能丧失部分客户

顾客是否选择那些具有鲜明特性和独特功能的产品，不仅取决于产品与竞争对手产品的差异化程度，也取决于顾客的相对购买水平，并受经济环境的影响。如果获得成本领先地位的竞争对手提供的产品价格非常低，以至于两者之间的价格差能够抵消顾客认为通过差异化获得的价值，那么试图通过差异化取得竞争优势的企业将面临风险。此外，当经济环境恶化，人们的购买力水平下降，顾客就会把注意力从产品的特色和包装转移到最一般的实用价值和功能上来，对一些基本的生活用品尤其如此，这将极大地影响顾客对差异化的选择。这种风险需要特别重视。例如，川崎公司和其他一些日本摩托车生产商曾通过向买方提供优惠条件，利用成本领先战略使摩托车大众化，使拥有产品差异化优势的大型摩托车行业中的哈利-戴维森公司和凯旋公司面临困境。

（2）顾客需要的产品差异的地位和作用逐渐下降

当顾客变得理性和成熟时，就可能发生这种情况。例如，20世纪80年代，折叠床在我国很流行，许多家庭对床的折叠功能特别重视，但是随着人们生活水平的提高，有条件购买日益宽敞的房屋，因此对折叠床的需求也日益减小，即折叠功能的作用下降了。

（3）大量的模仿缩小了感觉得到的差异

竞争对手通过模仿或技术创新，推出类似的产品降低企业产品差异化的特色，或是推出更具竞争力的差异化产品，这是随着行业的成熟而发生的一种普遍现象。福特公司在1990年推出豪华多功能车后，该车型一度为福特赚取了大量利润，但是在几年之间，几乎每家汽车制造商都推出了豪华多功能车，相互之间差别很小。事实上，企业能否通过差异化取得竞争优势，在一定程度上取决于其技术和产品是否容易被模仿，企业的技术水平越高，形成产品差异化时需要的资源和能力越具有综合性，则被竞争对手模仿的可能性就越小。

（4）过度差异化

差异化虽然可以给企业带来一定的竞争优势，但这并不意味着差异化程度越高越好，因为过度的差异化容易使企业产品的价格相对于竞争对手来说太高，或者差别属性超出了消费者的需求。在全球经济危机中，实施差异化的企业的销量可能会下降。例如，由于奢侈品销售下滑，生产高品质男女奢侈饰品或礼品的蔻驰公司为了将商品卖给价格敏感型顾客，引进了低价产品的生产线。

案例6－1

苹果的创新战略

1. 苹果的颠覆性创新

曾几何时，乔布斯引领下的苹果傲视天下。在乔布斯时代，iPod、iPhone、iPad等苹果的每一项重大创新都能够颠覆某个领域。从iPod、iMac、iPhone到iPad，苹果从最初单一的计算机公司，逐步转型成为高端电子消费品和服务企业。2007年1月，苹果公司首次公布进入iPhone领域，正式涉足手机市场。苹果在MP3市场上依靠iPod＋iTunes大获成功后，紧接着在手机市场依靠iPhone＋App Store的组合，适应了手机用户对个性化软件的需求，一举击败其他竞争对手。而就在这之前，诺基亚还霸占着绝大多数手机市场份额。乔布斯豪言iPhone领先行业至少3年的预言并没有落空。从2007年到2010年，所有的竞争对手距离iPhone都有极大的差距，iPhone成为当年唯一的高端手机的代表。2011年2月，苹果公司打破诺基亚连续15年销售量第一的垄断地位，成为全球第一大手机生产厂商。

2. 苹果创新的成功经验

1985年，乔布斯被苹果董事会赶出了自己一手创办的公司，理由是“此人不切实际地追求技术创新”。当时他正在领导研发世界上最先进的个人计算机“麦金托什”(Macintosh)，它拥有先进的图形操作系统，还配备了鼠标，技术上遥遥领先于竞争对手IBM的PC机。可惜技术领先不等于市场领先。由于错误的硬件与软件捆绑销售策略，加上“蓝色巨人”IBM推出个人计算机后迅速抢占了大片市场，“麦金托什”销售不佳，却占用了公司大量资源，最终不得不下马。痴迷于技术、力挺“麦金托什”的乔布斯，因此被扫地出门。

由于IBM个人计算机的热销，为其提供操作系统的微软，在软件领域也一举超越苹果。微软的Windows系列操作系统几乎垄断了20世纪90年代的整个PC市场。在这期间，苹果的计算机业务受到巨大冲击，未能推出新款产品，几乎走到了崩溃的边缘。12年后，乔布斯重返公司时，有了全新的思路，从而一举把苹果带到世界之巅。乔布斯领悟到，技术并不是最重要的东西，一味追求技术领先，技术过于超前，结果往往是消费者难以“消化”，市场难以接纳，这正是“麦金托什”让人记忆犹新的教训。所以后来，相对于IBM、微软、英特尔等公司，苹果在基础科技研发上的投入很少，有意回避与高投入相伴随的高风险。事实上，对于iPod、iPhone、iPad，其核心技术很少是由苹果自己开发的。如果需要技术，可以购买专利。在对外并购方面，苹果历来没有太大规模的手笔，历史上苹果的单一并购案金额从未超过5亿美元，它向来都是借由并购小公司来取得产品线扩充所需的知识产权。

苹果的独到之处，亦即乔布斯的新理念的核心是“用户体验”——集中精力改进既有技术，使其变得更好用、更容易被用户接受。苹果产品的制胜利器之一——触摸屏技术，在20世纪70年代就已发明，且早就在自动取款机上得到应用，但苹果大大改进了这项技术，乃至把它变成了手机和计算机用户的一种新的使用习惯。

从1997年到2001年，苹果先后推出了多款创新产品，吸引了市场关注。随后，苹果将企业战略重点彻底转向个人移动娱乐。苹果的每一款产品，都极尽设计之美，出乎意料的简洁、精练。乔布斯对用户体验的痴迷程度众所周知。苹果产品中任何不优雅、不美观和操作不够简洁的因素一概被放弃。乔布斯始终不忘他的原则，他的目标是创造出简洁而操作简单的计算机，帮助更多的人改变世界。苹果公司的高级工程经理Michael Loop认为，苹果设计理念就是“设计优雅的硬件设备里面又安装了优秀的软件”。虽然iPhone的价格高高在上，但高价却畅销，这样的事实表明用户愿花钱获取使用功能之外的东西。当年苹果手机之所以能赢得市场，靠的是优秀的触屏技术。当诺基亚手机的使用者还在一个一个按实体键盘时，苹果的触屏、手写等功能让人眼睛一亮，且可极为方便地收发邮件、短信等。

苹果的高级工程经理Michael Loop曾经在2008年介绍了苹果内部的产品创新的流程和设计理念。

首先，苹果在设计产品时都按照“礼品”的标准来做。他们的理念就是将产品的各个细节做到极致，让每个苹果的粉丝一年会有几次进苹果商店的时候都能体会到圣诞节的感觉。

其次，苹果认为，精确到像素的样品设计非常重要。每个苹果内部的设计师都要将软件的每一个界面和特征设计精确到像素，才能让高级经理来评判。这样，每次高级经理看到的都是一个完整产品的样子，得到批准的东西最后看起来就会和最后产品一样而不会走形。这种方法消除了产品创新中任何模棱两可的细节，从而最大化地减少了后面改正错误的需要。

再次，从十到三，再到一。考虑到每个样品的设计都要精确到像素，苹果要求任何样品都要有十个不同的设计，从中会确定三个改进完善，最终选择一个为最终的产品。这种方法的好处是最大限度地给创新留出空间，让设计人员自由地去选择任何与过去不同的设计，同时又让他们知道90%的工作可能是不被采用的。这个做法看似对公司资源进行了浪费，但是“10—3—1”流程的严格控制，实际上保证了创新和效率的平衡。

还有，就是每周两次匹配的设计会议。每周，工程师和设计人员都要在一起开两个不同的会议。一个是“头脑风暴会议”，大家把各种疯狂的想法说出，完全不受限制，不管是新产品特性还是对已有产品的改进，大家都畅所欲言。另一个会议是“生产会议”，与头脑风暴会议截然相反，这个会议要把选定的疯狂想法尽可能细化。这两种会议在整个产品研发的过程中反复切换着。如果你听说过乔布斯在最后一刻将一个即将完成的设计否掉，你就会理解，这种追求完美的DNA是贯串在苹果产品设计中的。

最后，就是定期的样品展示会。苹果会定期让工程师把自己根据用户需求及经过以上过程反复筛选后的样品给高管层展示。这样最大限度地保证用户想要的确实就是产品能提供的，也能让管理层定期确定团队工作的进度和方向。

资料来源：

[1] 计海庆．苹果仅仅是“技术创新”吗？[N]．文汇报，2011-09-06.

[2] 白鑫．苹果帝国衰退前奏响起 [N]．北京商报，2013-09-17.

[3] 苏勇．创新迷失方向“苹果”能否香甜依旧 [N]．解放日报，2016-05-24.

[4] 马征．苹果的创新过程 [N]．深圳特区报，2011-08-17.

[5] 刘田．苹果公司的创新之路 [N]．第一财经日报，2013-08-28.

[6] 吕新杰．进军中低端市场：后创新时代苹果的必然选择 [N]．人民邮电报，2013-02-28.

[7] 刘燚．再不创新，苹果就将平凡 [N]．21世纪经济报道，2013-01-28.

3. 目标集中战略

1）目标集中战略的概念

目标集中战略又称聚焦战略、集中化战略、利基战略，是指企业把经营战略的重点放在一个特定的目标市场上，为特定的地区或特定的购买者集团提供特殊的产品和服务，以建立企业的竞争优势及市场地位。有些企业追求的是广阔的市场，例如丰田就具有多样化的产品线；而保时捷则聚焦于特定的消费群体。实施目标集中战略的例子还有：谭木匠专注于木质梳子市场；戈雅食品聚焦于美国西班牙裔食品；好孩子童车专注于儿童市场。

很多小企业都专注于当地市场，如小型酿酒厂、本地面包店。在酒店业，连锁酒店往往在交通发达的地方开设分店，然而很多独立酒店和度假酒店则通过选址于交通不那么方便的地方来获得成功。

这一战略的前提是企业能够以更高的效率、更好的效果为某一狭窄范围内的战略对象服务，从而超过在更广阔范围内的竞争对手。结果是企业在服务于特定市场的过程中实现了低成本或差异化或者二者兼得。目标集中战略与前面所讲的两种基本战略不同，成本领先战略和差异化战略都是在整个行业范围内达到目的，但目标集中战略是利用企业的核心竞争力，在某一特定的细分市场上提供比竞争对手更好的高效率的服务。

例如，宝供物流是国内注册成立的第一家物流企业，在发展初期只是专门经营铁路运输的货运站。公司以“质量第一，客户至上，24 小时服务”为宗旨，为客户提供“门对门”的服务，受到宝洁公司的青睐，开始为宝洁公司提供运输服务，并在与宝洁公司的合作中得到发展壮大。宝供物流发展初期经营的以运输为核心业务的物流服务，走的就是业务集中化的道路，这为宝供物流赢得了市场和发展空间，也为以后业务的扩展和实力的壮大奠定了基础。从物流业发达的美国看，除了 FedEx、UPS 等大公司外，绝大部分的物流企业是中小型的，它们根据各自的优势，集中自身的资源为客户提供富有特色的物流服务，在激烈的市场竞争中赢得了生存和发展空间。

2）目标集中战略的优势

目标集中战略可以为企业带来的竞争优势如下。

① 目标集中战略便于集中使用整个企业的力量和资源，更好地服务于某一特定的目标市场。

② 战略目标集中明确，经济成果易于评价，战略过程较容易控制，从而带来管理上的便捷。根据中小型企业在规模、资源等方面固有的一些特点，以及目标集中战略的特性，相对而言，目标集中战略对中小型企业来说可能是最适宜的战略。

③ 采取目标集中战略的企业对目标市场内顾客期望的满足，可以有效地抵御定位于多细分市场的企业的进攻。

④ 采取目标集中战略的企业的能力可以作为防御潜在加入者的壁垒。

⑤ 采取目标集中战略的企业服务于小市场的能力是替代产品生产商所必须克服的一大障碍。

通过实施目标集中战略，企业能够划分并控制一定的产品势力范围。在此范围内其他竞争者不易与其竞争，所以市场占有率比较稳定。通过目标细分市场的战略优化，企业围绕一个特定的目标进行密集性的生产经营活动，可以更好地了解市场和顾客，能够比竞争对手提供更为有效的商品和服务，从而获得以整体市场为经营目标的企业所不具备的竞争优势。企业在选定的目标市场上，可以通过产品差异化战略确立自己的优势，也可以在专用产品或复杂产品上建立自己的成本优势，还可以防御行业中各种竞争力量，使企业在本行业中保持高于一般水平的收益。这种战略尤其有利于中小企业利用较小的市场空隙谋求生存和发展。采用目标集中战略，能够使企业专心地为较窄范围的战略目标提供更好的服务，充分发挥自己的优势，取得比竞争对手更高的效率和效益。

3）目标集中战略的适用条件

目标集中战略在下列情况下能够取得更好的效果。

① 定位于多细分市场的竞争企业很难满足目标小市场的专业化或特殊需求，或者要满足这个市场的需求需要付出高昂的代价。

② 没有其他竞争企业在相同的目标细分市场上进行专业化经营。

③ 企业没有足够的资源和能力进入更多的细分市场，而整个行业中有许多的细分市场，企业可以选择与自己能力相符且有吸引力的市场。

4）目标集中战略的实现途径

一般而言，企业可以通过两种途径来实现目标集中战略，即以低成本为基础的目标集中战略和以差异化为基础的目标集中战略。

以低成本为基础的目标集中战略是指企业要以比竞争对手低的成本为特定市场服务。这一战略取决于是否存在这样一个购买者细分市场，企业满足其要求所付出的代价比满足整个市场其他部分要求所付出的代价要小。

以差异化为基础的目标集中战略是指企业能够为某一市场的购买者提供他们认为更能满足自身要求的产品。这一战略取决于是否存在这样一个购买者细分市场，它们想要得到或需要特殊的产品属性。例如，劳斯莱斯、歌帝梵巧克力、路易威登、W. L. 戈尔等公司，就是以那些购买一流品质的产品的高收入者为目标顾客。虽然薯片行业被控制在少数几个大公司手中，但帕比薯片仍然成功打入该市场。帕比薯片的目标客户群是有健康意识、追求低脂肪小吃的高收入购买者。该公司把薯片的脂肪含量减半，又能保持薯片的口味。斯蒂尔集团是小型机械链锯制造商和营销商，它拥有链锯和户外动力工具方面的上千项专利。该公司的链锯、叶鼓风机、绿篱机的定价都高于竞争对手。

这两种目标集中战略都有赖于目标市场与行业中其他细分市场之间的差异性。目标细分市场必须有特定需求的消费群体或者服务于目标市场而与行业其他细分市场相区别的产品。上述的差异性意味着以广泛的市场为目标的竞争者在该细分市场中缺乏竞争性，因此目标集中战略的经营者可赢得独有的竞争优势。

例如，20世纪90年代初期，Intuit公司在软件市场上与微软公司的竞争采用的就是以差异化为基础的目标集中战略。在竞争开始的1989年，Intuit公司只有50名员工，年销售额为1 900万美元，而此时微软公司拥有4 000名雇员，年收益8亿美元。无论是从资金实力还是从智力储备上看，微软公司都占有绝对的优势，但Intuit公司并不在微软主导的操作系统领域与其竞争，而是通过寻找市场缝隙，在微软可以容忍的专门软件细分市场上参与经营，集中力量专门从事个人财务软件及相关软件的开发，而微软公司专门从事此类软件开发的人员只有60人左右。通过这种资源集中使用，Intuit公司到2002年仍然保持着在中小企业和家用财务软件市场上的领先地位，并入选2002年《财富》杂志所评选的全美100家最佳雇主。

5）目标集中战略的风险

① 由于企业在实施目标集中战略时将其所有的或者绝大部分的资源和力量都投入到某种产品或服务或某一特定的细分市场，所以当顾客偏好发生改变、技术出现创新或是有新的强势替代品出现时，原有的这部分市场对产品或服务的需求就会下降，很有可能给企业带来沉重的打击。

② 竞争者进入企业选定的目标市场，通过模仿或是采取更加集中的战略手段使得原目标市场的结构对于消费者来说吸引力下降，企业的市场份额逐渐被蚕食。例如，在达美乐证明了一个巨大的比萨外卖市场的存在之后，逐渐开始面临竞争对手的挑战。

③ 过于狭小的竞争领域，难以为企业提供广阔的发展空间。

4. 最优成本战略

1）最优成本战略的概念

最优成本战略是把强调低成本与强调差异化结合起来的一种竞争战略，关注的是以较低的成本生产较高质量的产品，给予顾客更多的价值。其目标是提供一种在质量、性能及特点等方面能满足或超过顾客期望的产品或服务，而在价格上又低于顾客的期望值，从而为顾客创造超值的价值和感受。

2）最优成本战略的优势

最优成本战略要求企业同时关注产品成本及差异化两个方面，竞争优势来自于在关键的产品属性上接近对手，而以较低的价格击败对手。在质量、性能及特点上不输于竞争对手，同时在成本上又具有能与对手抗衡的竞争力，这样企业才能获得自己的竞争优势。最优成本战略不仅可以利用成本领先方面的竞争优势，还可以利用产品的差异化来增强综合竞争实力，因而最优成本战略对于那些追求综合竞争力的公司来说，具有很强的吸引力。当标准化的产品属性无法满足市场多样化的需求时，当许多买主是价格和价值敏感的顾客时，最优成本战略可以通过在差异化和低成本之间建立平衡来满足顾客的需求，与低成本厂商在产品性能上开展竞争，与差异化的厂商在价格上开展竞争。

丰田公司就是成功运用最优成本战略的典范。丰田公司是公认的低成本制造商，然而丰田的雷克萨斯高级轿车在豪华车这一细分市场，既有性能良好、高档舒适的差异化优势，又有成本领先的优势，它在性能和豪华性方面不输给奔驰、宝马、奥迪等的高端车型。雷克萨斯的分销渠道独立于丰田其他车型的分销渠道。潜在顾客去雷克萨斯 4S 店参观或试驾，会受到热情周到的接待和耐心解答，这是竞争对手难以做到的。丰田公司在雷克萨斯上发扬了其低成本生产能力。雷克萨斯与丰田公司的其他车系共享一些技术平台，从而具有规模经济。因此，在与高档豪华车竞争时，它可以依靠较低的价格获胜；在与低档汽车竞争时，它可以依靠较高的产品性能获胜。

最优成本战略介于上述 3 种战略之间，是一种复合战略，且综合了上述 3 种战略的优势。与上述 3 种竞争战略不同，最优成本战略的目的不在于追求产品的成本最低，也不在于追求产品的差异化最大，而在于以同等的价格为顾客提供更高的价值，或者以较低的价格为顾客提供同等的价值。换言之，该战略的核心思想是注重产品的性价比，给顾客一种物超所值的感觉。

3）最优成本战略的适用条件及要求

最优成本战略成功的基础是有能力以更低成本提供有吸引力的性能和特征，当竞争对手的标准化的产品特征和属性无法满足多样化的买方需求时，当许多买主是价格和价值敏感的买主时，企业就适宜选择最优成本战略。最优成本战略还要求企业拥有平衡成本和差异化的核心能力，关键是先要奠定某一种竞争优势（低成本或差异化）基础，然后在适当的时机建立另一种竞争优势。

4）最优成本战略实施的途径

因为差异化往往要支付更多的成本，所以低成本与差异化经常是相互矛盾的。为了在最优成本战略中对成本与差异化进行整合，企业必须通过以下途径保持灵活性。

① 柔性制造技术的开发与应用，可以使多品种、小批量与生产的规模经济性很好地统一起来。

② 产品设计开发中零部件的标准化、通用化的发展及成组技术的应用，使得多品种的生产能做到低成本、高质量。

③ 准时制生产方式（JIT）的提出及应用，使生产过程中的存货大幅减少。

④ 一些现代化管理方法、技术（如价值工程、现代化产品设计技术等）的广泛应用，使企业有可能做到既保证和改善产品性能质量，又大幅降低有关的成本与费用。

⑤ 对企业生产经营影响最大的是计算机、信息技术的迅猛发展和应用，它使以往人类做不到甚至想不到的事情成为现实，且成本费用较为低廉。

5）最优成本战略的风险

由于成本领先和差异化需要企业在文化、管理、组织等方面的特殊支持，这就使得既追求成本领先又追求差异化优势的企业容易被困在中间，受到低成本战略企业和差异化战略企业的两面夹击。所以，迈克尔·波特认为这种“夹在中间”的战略是注定要失败的。如果企业无法在其选定的竞争范围内确立自己的领导地位，或者成为成本领导者，或者成为差异者，那么它就有可能被困在中间，使企业无法成功应对5种竞争力量，也就无法获得超额利润。

6.2　动态竞争

竞争者是指在相同的市场中，提供相似的产品，并针对相似的目标顾客群的企业。例如，格力、海尔、美的都是中国空调行业中的竞争者，西南航空、达美航空、联合航空、大陆航空和捷蓝航空都是美国航空业的竞争者。市场中的企业之间通常会开展竞争性的进攻和反击，以便达到更好的绩效。因此，如何选择市场，以及如何在其中发起进攻和反击是十分重要的。

1. 动态竞争的概念

竞争性对抗（competitive rivalry）是指竞争者之间为了获得有利的市场地位，各自采取的竞争性行动及随之引发的竞争性反应。竞争性行为（competitive behavior）是指企业采取的竞争性行动和竞争性反应。竞争性行动（competitive action）也叫攻击（attack），是指为了获得竞争优势而进行的行动。攻击的常见手段有降价、广告、进入新市场、推出新产品等。竞争性反应（competitive response）也叫反击（counterattack），是指为了抵消竞争对手的攻击（竞争性行动）所造成的影响而采取的行动。一个市场上所有企业为了竞争所采取的所有的攻击和反击，称为动态竞争（competitive dynamics）。一个企业的行动常常会引起竞争对手的反应，这些反应反过来又会引起先行动企业的进一步行动。

2. 进入时机的选择

先行者（first mover）是指率先采取竞争性行动的企业。先行者往往能比跟进者获得更多的收入。跟进者（second mover）是指那些对先行者的竞争性行动做出反应的企业，它们试图模仿先行者的创新，并根据市场对先行者的反馈而做出改进。跟进者所承担的风险比先行者低很多。例如，在电子产品行业，松下往往快速跟进索尼等先行企业的产品创新。迟缓行动者（later mover）是指那些在先行者采取行动、跟进者也做出反应之后很久才做出反应的企业。迟缓行动者获得成功的可能性要比先行者和跟进者低得多。

那些有足够资源对研发进行投资、推出新产品的企业更有可能会成为创新方面的先行者。此外，当市场领先者出现质量问题时，是行业中其他企业发起进攻的重要时机。比如，丰田在2009—2010年因安全问题召回大量产品期间，通用和福特以奖励和提供贷款的方式瞄准丰田的购买者，扩大了市场份额。当三星在2016年因产品爆炸事件而召回Galaxy Note 7时，华为等手机制造商趁机扩大了市场份额。

3. 分析反击的可能性

显然，不会遭到反击的攻击更容易成功。因此，攻击者需要从三个方面来判断将来受到反击的可能性有多大：察觉、动机、能力。最大限度地降低对手的察觉、动机和能力，才更有可能在攻击后获得好处。

(1) 察觉（awareness）

如果对手没有察觉到攻击，那么攻击者就更容易从攻击中获益。企业之间如果具有较高的市场共性和资源相似性，进攻行为会更容易被竞争者觉察到，因此进攻会更容易引发反击。

每个行业都是由多个市场所组成的。例如，对于保险市场，可以按照细分市场划分为商业客户和消费客户，也可以按照产品划分为健康险和寿险，还可以按区域划分为不同的区域市场。很多企业之间都在多个市场中同时展开竞争。企业之间在多个市场上展开的竞争被称为多市场竞争（multimarket competition）。例如，可口可乐和百事可乐在许多产品市场（如软饮料、瓶装水）和区域市场上都存在竞争。如果企业和竞争对手共同所在的市场越多，两家企业之间的市场共性（market commonality）就越高。如果两家公司市场共性很高，当一家企业在某个市场中发动攻击时，其对手可能会在其他市场中进行报复。

蓝海战略是和动态竞争与竞争战略密切相关的一个概念。企业如果能通过进入蓝海来发起攻击，比较不容易引起竞争对手的察觉和反击。蓝海战略主张开辟尚未有人占领的全新市场空间（蓝海），远离现有的市场（红海）。进入对手的核心市场很可能会导致一场血腥的价格战。通过发现新的行业或细分市场，在蓝海里，企业则能获得更多发展机会。采取蓝海战略的典型例子有：咖啡店行业的星巴克、联邦快递的隔夜送达服务、太阳马戏团等。

太阳马戏团对马戏进行改造，加强了视觉效果，从而给马戏带来了新的客户群体——成人和企业客户。通过允许25岁以下的司机租车，以及按小时或天（而不是按月）租车，美国的在线租车公司Zipcar进入了蓝海市场，获得了很好的发展。在酿酒业，澳大利亚品牌黄尾袋鼠（Yellow Tail）一反行业常规，并不强调传统、历史、工艺等，而是定位成时尚饮料，强调简约，面向大众尤其是年轻人。

资源相似性（resource similarity）是指竞争者之间在有形或无形资源的类型和数量上的相似程度。例如，联邦快递和UPS之间就存在较高的资源相似性，它们在火车配置、飞机配置、财务资本、人力资源储备和信息系统等方面都非常相似。同时，这两家公司有好几个共同的产品市场，如隔日送达服务、承诺交货期服务、货运服务、低价海陆运输等。此外，两家公司还在100多个国家开展竞争。如果进攻者和竞争对手的资源相似性较高，对手发起反击的可能性会更大。苹果和IBM在20世纪90年代曾经有过激烈的竞争，但随后它们的竞争几乎消失了，原因之一就是它们的资源相似性降低了。星巴克和麦当劳的资源相似性曾经很低，但是当麦当劳试图进入高端市场并推出冰咖啡等产品，准备抢占星巴克的市场份额时，星巴克迫于利润的压力，推出了低价格的饮品和速溶咖啡，进军低端市场。

（2）动机（motivation）

如果竞争对手认为反击并不会带来好处，就没有很强的动力发起反击。市场依赖度（market dependence）是指企业从特定市场取得收入或利润的程度。如果所攻击的市场对于竞争对手来说不太重要，即竞争对手对这一市场的市场依赖度较低，竞争对手很可能不会反击。在海尔进入美国白色家电市场时，它并没有像在中国市场那样，试图争夺大容量、高端冰箱的市场，而是选择进入对该市场中现有竞争对手威胁最低的细分市场：为酒店和学生宿舍提供的小型冰箱。通用电气和惠而浦等认为这一市场是低利润的，所以没有很强的反击动机。这款产品迅速得到了普及，使得海尔在美国小型冰箱市场拥有了50%的份额。当沃尔玛不断加强其在电商领域的业务时，亚马逊总是积极做出反击，因为亚马逊的成功高度依赖于电商市场。

（3）能力（capability）

如果企业缺乏用于反击竞争对手进攻的资源（如财务资源、人力资源等），会很难做出反击。当沃尔玛进军一些小城镇时，当地商店无法像沃尔玛那样提供大量品种的低价格商品，因而它们缺乏反击所需的能力，最终在竞争中失败。

4. 反击的基本方式

竞争对手的反击有两种基本方式：一种是和先动者进行相似的行动，也就是模仿先动者的行动；另一种是和先动者进行不相似的行动。例如，在受到跨国化妆品公司的冲击时，一些以色列本土化妆品企业转而专注于适应中东气候的产品。在这些本土企业中，阿哈瓦公司尤其成功，部分原因是它的“死海泥”产品中含有取自死海的独特的产品成分。

5. 避免竞争对手强烈反击的策略

对于产品生命周期短的行业来说，进攻的速度格外重要。乔布斯规定，完成产品第一个版本的时间要严格控制在9个月内，这确保了产品进入市场的速度。大众曾在12个月内设计制造了一款全新的四轮启动车投放到欧洲市场，而本田、丰田和日产则把产品从设计到投产的周期从48个月缩短至9个月。

动态竞争和聚焦有一定的关联性。例如，海尔在进入美国市场时，采取的是市场聚焦战略，从而避免了竞争对手的强烈反击。

案例6-2

智能手机行业的动态竞争

智能手机行业是一个竞争激烈的行业，中国企业在和以苹果、三星为代表的国外企业在国内外市场上进行了多年的竞争之后，已经取得了可观的全球市场份额。

1. 三星和苹果之间的动态竞争

在全球手机市场上，比较典型的一组进攻-回应是三星和苹果围绕大屏手机的一系列行动。此前三星一直称霸高端智能手机市场，其在大屏智能手机领域的强势抢了苹果的不少客户。然而，2014年苹果大屏手机iPhone 6 Plus的上市弥补了苹果在产品线上的不足。有科技评论人士认为“苹果不再引领市场，而是在跟风”。但这一行动效果不错，大批消费者从 Android 阵营投向了苹果。

三星和苹果之间的另一组进攻与回应则是以苹果的“去三星计划”收场。苹果和三星历经多番侵权诉讼，最终以三星侵犯苹果多项专利，并被判 10.5 亿美元赔偿告终。与此同时，在芯片方面，为苹果产品提供处理器芯片一直是三星系统芯片业务部门的主要业务。对此，苹果在 2013 年声称将使用 12 至 18 个月的时间来完成“去三星化”计划，而三星则有意拓展中国智能机芯片市场。三星系统芯片业务掌门史蒂芬·伍在 2013 年表示，三星将考虑向更多中国和其他新兴市场智能手机厂商供应芯片，减少苹果需求下降带来的影响。2014 年，三星宣布将投资 15.6 万亿韩元（当时约合 147 亿美元）在韩国兴建一座芯片制造工厂。这将是迄今为止三星对单一工厂进行的最大一笔投资。三星 CEO 权五铉在一份声明中称：“此次对新半导体工厂的投资将对三星未来的芯片业务发挥至关重要的作用。”IHS Markit 分析师 Wayne Lam 在 2017 年表示，与三星的专利纠纷，加大了苹果实现供应多元化、降低对三星依赖程度的决心，“供应链已经对此做出了反应”。

2. 小米在国内市场引发的动态竞争

在国内市场，最典型的一次进攻来自小米。在 2012 年，互联网渠道对社会公开卖场渠道产生了较大冲击。这一年，小米“互联网手机”模式的成功引起了中国其他手机厂商的疯狂跟进。360 推出模仿小米的网上买手机模式——360 特供机，引发华为、TCL、夏新、海尔、青橙等多个手机厂商跟进。国内的手机厂商纷纷推出针对互联网渠道和属性的品牌，比如华为“荣耀”、酷派“大神”、魅族“魅蓝”、金立的 IUNI、一加科技的“一加”、努比亚的“努比亚”等。2013 年推出独立品牌 IUNI 时，金立提出了“以小米反小米”的口号。

2013 年，小米、华为等中国厂商通过互联网营销、粉丝文化、迭代研发等方式建立了自己的生态系统，逐步积累用户黏性。2014 年年底，联想注资成立神奇工场。神奇工场孵化了 ZUK 这个手机品牌。联想希望 ZUK 能以网络企业的“小快灵”和小米等公司一较高下。

2016 年 5 月，360 发布了 N4 手机。当时，360 手机公关负责人认为，“未来市场会以互联网手机品牌为主，这是目前的大趋势。通过互联网模式可以让产品更贴近用户的真实需求，同时也能让用户买到质价比更高的产品”。

在 2014 年的国内手机竞争格局中，华为和小米是电商品牌中跑得最快的两家企业，也是拿来做比较最多的两家企业。华为从不避讳把小米作为直接竞争对手。余承东曾表示：“小米手机太烫了，荣耀专为退烧而来。”两家公司进行了价格战。2014 年年底，红米刚刚发布，华为就推出荣耀 3C。荣耀 3C 1G RAM 版定价 798 元，仅比小米的红米手机低 1 元。红米 Note 发布后，华为又立刻推出荣耀 3X 畅玩版应战。小米 4 和荣耀 6 也进行了价格 PK。在促销策略、造势方式及渠道上，两家企业极其相似，荣耀的战略非常清晰，就是分流小米的用户。余承东也直言不讳地说：“华为手机的研发投入远超小米，荣耀产品未来一定会大幅超过小米。”华为荣耀总裁刘江峰在 2014 年的荣耀 6 Plus 发布会现场则说：“竞争对手身上有可以学习和借鉴的经验，华为都会学习和借鉴，但荣耀有自己的发展路径，做的是自己。”

并不是所有跟进者在应对互联网手机和价格战的冲击时都同样成功。例如，360特供机在2013年的销售一直未有大的起色。2014年由小米引发的凶猛的价格战直接导致一些常常被称为“山寨品牌”的中小手机企业难以为继，市场份额向品牌企业集中。从本质上来说，小米的成功有其特殊的时间窗口——首先是小米率先升级到双核1.5G的规格，领先业内推出这一规格长达半年之久，而其他网上卖手机的企业出来后，时间窗口已经没有。而且，许多模仿小米的企业在网络营销及和粉丝群体互动上一直没有找到特别好的节奏。

由于互联网手机的销售模式冲击了原有手机卖场的暴利，对一些依赖传统渠道的手机厂商产生了严重冲击，使得曾经是暴利的传统手机销售渠道在2012年发生了巨大变革。大量手机厂商开始采取品牌专卖店的模式，包括金立、天语在内的诸多国内手机厂商都在全国大量增加专卖店的数量。不过，有些厂商采取了两条腿走路的方式。例如，金立和多家电商渠道建立了合作关系。

OPPO和VIVO也坚定地依靠传统的打法，以“巨资广告＋线下专卖店”的形式取得了不菲的成绩。小米的商业模式，并不是OPPO乐于并善于模仿的路子。不过，在2016年，随着国内一、二线城市的需求红利挖掘殆尽，手机行业都在进行渠道下沉，例如三星、华为都在这个方面着力。但是，若要进入三线以下城市，需要时间和资金铺路，而OPPO等公司已经10年、20年如一日地在国内二、三线市场的线下渠道长期坚守投入。

2011—2014年，中国市场互联网渠道迅速崛起，市场占有率从接近于零发展到30%，但是三星在中国市场始终固守在传统渠道，并且重金投放广告。由于从2013年开始在中低端市场遭遇“中华小酷联”等中国本土品牌的冲击，加之在大屏高端市场受到苹果阻击，三星公司利润下降，并进行了裁员。2015年，三星在中国推出Galaxy A系列，包括A7、A5、A3三款型号，定位于轻薄、时尚、高性价比，和三星一贯的定价策略截然不同，显然剑指以小米、魅族等为主的中国本土手机厂商。

3. 中国手机厂商在其他方面的动态竞争

在争夺国际市场方面，很难说哪一家中国企业是进攻者。例如，各家企业对印度市场的争夺行动此起彼伏。小米在2013年聘请了印度人Hugo Barra担任小米国际CEO，意在开拓印度市场。华为在2016年10月启动了“印度制造”，并宣称2017年要在印度夺取10%的市场份额。2016年年底，OPPO副总裁兼印度公司总裁李炳忠对外宣布，将投资16亿元在印度建造工业园区，预计在2～3年内建成。

同样，在进军高端机型方面，也很难说哪一家中国企业是进攻者。实际情况更像是中国企业在集体以越来越大的声势对外国企业从十几年前就开始发起的进攻进行回应。自2012年下半年起，中兴、华为、联想等几大手机厂商纷纷向中高端市场转型，推出高端旗舰机型，通过“精品路线”、明星效应提升品牌形象。2014年，华为Mate 7在高端市场打开了局面，VIVO、OPPO的3 000元左右机型也取得了不错的市场反响，而小米发布的产品Note更是一改亲民路线，高配版本突破3 000元价格红线。2015年，不管是联想的Moto X Pro还是酷派的铂顿，抑或是华为的P8、小米的Note顶配、努比亚的Z9，无一不把定价放在了过去不敢企及的档位。不过，显然并不是每家企业都有能力迅速响应对手在进军高端市场方面的进攻。“每次产品定价都是一个非常痛苦的问题，要保证热销，还要不亏损，定价的范围非常小。”华为 Mate 7 设计者李小龙指出，在 Mate 7 之前，从来没有一款国产手机在 3 000 元以上，哪怕只比 2999 元多 1 元钱，销量都没能够超出 50 万，都是卖得非常非常惨淡的。这个大胆的决策，需要相应的渠道管控能力作为支撑。

值得注意的是，并不是对每一个攻击都能确切识别出竞争对手对它做出的回应。有些进攻和回应，特别是在技术研发方面的回应，耗时非常漫长。华为在 2004 年就成立了芯片设计公司海思，并进行了很多专利交换。联想通过收购摩托罗纳获得了部分专利授权，但并购后的产品线整合经历了几年时间。最早开始研发某项技术的企业未必能够率先推出相关产品。联想集团副总裁、中国区 CMO 魏江雷在 2013 年表示，从可穿戴式设备到语音识别，技术热点非常多，现在的一个应用可能是企业几年前就开始研究和布局的。联想有 20%的研发人员专职负责前瞻式技术研究。此外，由于竞争对手众多，有时候一家企业要同时对很多家竞争对手的攻击做出回应。

资料来源：

[1] 蔡晓农．中国智能手机 2013 年变局猜想［N］．通信产业报，2013 - 02 - 25.
[2] 刘佳．中国手机三强蚕食三星份额 小米、华为上位［N］．第一财经日报，2014 - 10 - 31.
[3] 金融时报．亚洲供应链备战苹果、三星新一代智能手机．凤凰网科技编译，2017 - 03 - 14.
[4] 曾航，严文韬．国产手机的 2012：规模杀死利润［N］．21 世纪经济报道，2013 - 01 - 05.
[5] 佚名．2014 年中国手机市场充满变革［N］．中国电子报，2015 - 02 - 03.
[6] 徐然．国产手机的两条道路：性价比生存？差异化生存？［N］．21 世纪经济报道，2016 - 05 - 13.
[7] 李娜．华为的进击［N］．第一财经日报，2014 - 12 - 18.
[8] 丹璐．手机市场：群雄并起谁能成为“一哥”［N］．中国电子报，2014 - 10 - 21.
[9] 孙然．OPPO 沉浮记：老牌手机逆袭［N］．中国经营报，2016 - 03 - 26.
[10] 钱童心．中国手机品牌占领印度［N］．第一财经日报，2017 - 01 - 25.
[11] 陈维．解码中国手机海外生意经［N］．北京商报，2017 - 01 - 20.
[12] 丹璐．智能时代，国产手机再崛起［N］．中国电子报，2013 - 08 - 30.
[13] 张铁群．联想手机：规模能制胜？［N］中国电子报，2015 - 01 - 21.
[14] 李娜．国产手机火拼高端 最后发现拼的是供应链［N］．第一财经日报，2015 - 05 - 08.
[15] 卢爱芳，辛苑薇．联想下一站：“PC+”市场扩张路径［N］．21 世纪经济报道，2014 - 05 - 22.

本章小结

经营单位战略是企业第二个层次的战略，主要解决如何在特定的行业或市场中去参与竞争，改善自身的竞争地位，赢得竞争优势的问题。从产品与市场战略的特征看，经营单位战略可划分为 4 种一般竞争战略类型，即成本领先战略、差异化战略、目标集中战略和最优成本战略。所谓成本领先战略，是指企业通过在内部提高运营效率和加强成本控制，在研究开发、生产、销售、服务和广告等领域把成本降到最低限度，从而成为行业中成本领先者的战略。差异化战略是指企业提供与众不同的产品和服务，满足顾客的特殊需求，形成竞争优势的战略。目标集中战略是指企业把经营战略的重点放在一个特定目标市场上，为特定的地区或特定的购买者集团提供特殊的产品和服务，以建立企业的竞争优势及市场地位。最优成本战略是指把强调低成本与强调差异化结合起来的一种竞争战略，关注的是以较低的成本生产较高质量的产品，给予顾客更多的价值。动态竞争是一个市场上所有企业为了竞争所采取的所有的攻击和反击。竞争性对抗是指竞争者之间为了获得有利的市场地位，各自采取的竞争性行动及随之引发的竞争性反应。不会遭到反击的攻击更容易成功。攻击者需要从三个方面来判断将来受到反击的可能性有多大：察觉、动机、能力。最大限度地降低对手的察觉、动机和能力，才更有可能在攻击后获得好处。

思考题

1. 试查找一个成本领先战略的典型案例，并进行简要评价。
2. 试查找一个差异化战略的典型案例，并进行简要评价。
3. 试查找一个目标集中战略的典型案例，并进行简要评价。
4. 试查找一个最优成本战略的典型案例，并进行简要评价。
5. 五种经营单位战略——成本领先战略、差异化战略、目标集中成本领先战略、目标集中差异化战略、最优成本战略之间有何差异？
6. 你认为采取单一的竞争优势（低成本或差异化）好还是将两者结合更好？
7. 举例说明资源和能力如何影响动态竞争。
8. 察觉、动机和能力是如何影响企业的竞争行为的？
9. 什么是蓝海战略？

第7章

企业战略方案的评价与选择

企业提出可供选择的战略方案后，需要进一步对这些战略方案进行评价与选择。企业战略方案的评价与选择是指对已经形成或正在设计的战略方案运用某些方法进行比较、分析、衡量和推断，对方案的可行性做出评价和判断，并做出最后的选择，从而为战略实施提供切实可行的战略方案。

7.1 企业战略方案评价的原则与过程

1. 企业战略方案评价的原则

(1) 目标原则

一般来说，企业战略目标建立在对企业内外环境条件分析的基础之上，因而具有一定的客观性。目标原则要求战略方案与企业战略目标相一致，从方案是否能够满足目标的要求进行评价，无法达成战略目标的战略方案应淘汰。

(2) 可行性原则

可行性原则是解决战略方案"行不行"的问题，即在实践中是否可行。主要从战略方案的时机是否成熟、经营的大方向是否正确、是否抓住了企业的主要矛盾、是否具有战胜竞争对手的实力和比较优势等方面评价战略方案的可行性。

(3) 风险原则

根据战略方案的效益高低和风险程度进行评价。一方面要考虑哪一个方案能够在同样的约束条件下，以最低代价、最短时间实现既定目标，给本企业和社会带来最大效益；另一方面则要考虑各战略方案可能给本企业和社会带来的不良后果，实施该方案所需承受的风险大小。通过比较分析，从中选择最佳方案。

（4）适应性原则

从战略方案敏感度大小的角度，考虑本企业一旦实施这一战略方案，能否适应环境变化和意外事件的干扰。如果这个方案的敏感度太高，毫无伸缩性和灵活性，则可能使企业无法承受反常情况的影响，可能导致企业战略的失败或企业的衰败，这种方案显然是不可取的。

（5）公共关系原则

所谓公共关系原则，是指在战略方案的评价中应该特别注意方案是否有利于建立本企业的良好形象和声誉，是否有利于满足社会公众的要求，维护社会公众的利益，从而与社会公众建立良好的关系。

2. 企业战略方案评价的过程

企业战略方案评价的目的在于确定各个战略方案的有效性。主要分析提出的若干战略方案对企业的未来经营将会带来什么影响，比较各方案的优缺点、风险及效果。这是一个分析判断的过程，通常可分为以下10个阶段。

① 分析各战略方案是否与国际、国内环境及宏观、微观环境的未来发展趋势相适应。

② 分析企业目前的经营状况及其发展趋势。主要分析企业经营和效益情况、企业产品的竞争力、产品结构与市场地位（可按产品的性能、质量、价格、服务、产品开发能力、产品生命周期、产品技术含量、产品获利能力等方面进行分析）。

③ 企业保持现有的战略能否实现企业战略目标，差距何在。

④ 与企业战略目标相比，各种战略方案的有效性如何，存在何种差距，研究缩小差距的其他战略方案。

⑤ 各种战略方案对企业资源的要求。分析现有企业资源能否满足各战略方案的需要，即分析企业资源现状、资源结构和资金利用情况（可按人员结构、资金结构、技术装备结构、劳动生产率、资金周转率、资金利润率、设备利用率等进行分析）。

⑥ 各种战略方案对企业组织与管理等的要求。分析企业目前的组织效能与管理现状（即对企业管理体制、管理方式、经营机制、领导体制、决策方式、职能部门设置与工作方式、总公司与分公司及子公司的关系等进行分析），企业现有组织与管理现状能否满足各战略方案的要求，从组织与管理上应做哪些调整才能保证战略的实施。

⑦ 各种战略方案的内部一致性分析，即分析每个战略方案对企业内部的研究开发、生产经营、市场营销、人力资源、财务等方面的要求是否协调一致，有无相互矛盾。

⑧ 在每种战略方案中各战略阶段划分是否恰当，企业在各阶段中的承受能力如何。

⑨ 比较各种战略方案的优缺点、风险及效果，提出战略性的防范措施。

⑩ 预估在企业战略实施中将会遇到的困难和阻力，以及克服困难的可能性。

7.2　企业战略方案评价的方法

企业战略方案选择的正确与否与方案选择的方法息息相关，一般采取定性分析和定量分析的方法。

定性方法有很多，如专家评议法、类比法等。定性方法一般按照以下程序进行。

① 企业决策者在股东会上向会议报告方案策划、设计、评估及背景情况和过程，阐明讨论和选择方案对本企业发展的意义等。

② 组织股东代表研究和讨论方案，在大家充分发表意见的基础上，收集、归类、分析和整理会议的意见和建议，并通报方案制订部门，同时报告决策层。

③ 由方案制订部门向股东代表介绍方案制订的过程，说明制订方案的指导思想和达成的目标，以及采纳的建议，回答代表们的询问。

④ 企业决策者依据方案预选的根据、影响方案选择的因素，做出原则性选择判断，继而对方案涉及的不同利益集团进行说服。

⑤ 方案制订部门进一步筛选来自股东和员工方面的建议，对方案进行补充和修改，使之更加完善和具有可操作性。

⑥ 修改后的方案再次提交股东会讨论，有的可以无记名投票的方式决定方案取舍，有的也可以根据会议讨论的意见由企业领导层最终做出裁决。

企业战略评价与选择的定量方法也有很多，主要包括波士顿矩阵分析、产品组合管理分析、行业生命周期分析、大战略集合模型分析等。

1. 波士顿矩阵分析

1）基本原理与图示

波士顿矩阵分析法又称 BCG 矩阵法、四象限分析法和市场增长-市场占有率矩阵法，是由美国波士顿咨询公司于 1960 年首创的一种投资组合分析方法。它将企业生产经营的全部产品、业务组合或经营单位作为一个整体进行分析，解决企业相关经营业务或单位之间现金流量的平衡问题，是制定公司层面战略的一种有效工具。这一方法尤其适用于实施多元化战略的大企业。

（1）波士顿矩阵分析的前提

① 企业由两个以上的经营单位组成，并且经营单位之间是相互独立的，在一个企业范围内的这些经营单位合称为企业的经营组合。

② 企业的相对竞争地位（以相对市场占有率表示）和业务增长率（以市场增长率表示）决定了企业经营单位应采取何种战略。

③ 企业的相对竞争地位越强，其获利率越高，该经营单位能够为企业产生的现金流越大；市场增长率越高，则表明企业获取更多市场份额的机会越大，企业获取利润和现金投入的需求也就越大。

（2）矩阵构图

波士顿矩阵图（见图 7－1）是以两个参数为坐标构成的四象限的平面图，这两个参数决定了整个经营组合中每一个经营单位应选择何种战略。

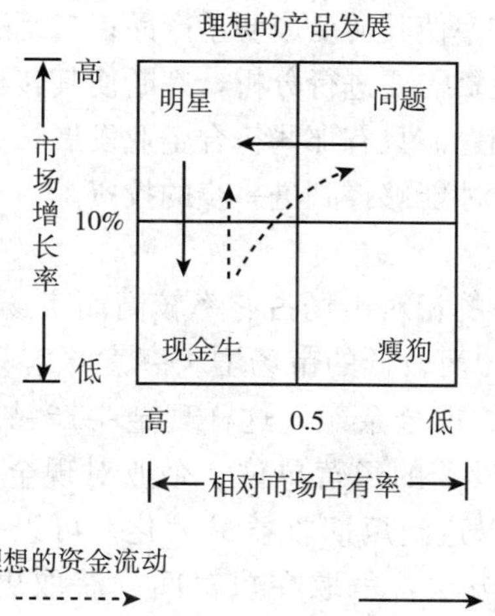

图7-1 波士顿矩阵图

横轴代表经营单位在同行业中的竞争地位，这是一个相对量，用经营单位相对于主要竞争对手的相对市场占有率表示。相对市场占有率的分界线为0.5，据此划分为高、低两个区域。经营单位的相对市场占有率的计算公式如下。

$$相对市场占有率=\frac{经营单位年销售量（额）}{主要竞争对手年销售量（额）}\times 100\%$$

或

$$相对市场占有率=\frac{经营单位绝对市场占有率}{主要竞争对手绝对市场占有率}\times 100\%$$

纵轴代表市场增长率，用经营单位年市场增长率来表示。通常用10%作为增长高、低的分界线。经营单位年市场增长率的计算公式如下。

$$年市场增长率=\frac{（当年市场需求-上年市场需求）}{上年市场需求}\times 100\%$$

2）矩阵区域分析与战略选择

根据有关经营单位的相对市场占有率和市场增长率标准，波士顿矩阵将一个企业的所有经营单位定位在4个区域之中，分别如下。

（1）明星产品区域

明星产品（stars）的相对市场占有率和市场增长率均较高，这就决定了这类产品所需要和产生的现金量都很大，是否会产生正现金流量，取决于新工厂、设备和产品开发对投资的需求量。明星产品通常代表最佳的投资机会和最高的利润增长率，为了保护和扩展其在增长的市场中的主导地位，最佳战略是对明星产品采取扩张战略，进行必要的投资。

（2）问题产品区域

问题产品（question marks）的相对市场占有率较低而市场增长率较高，这类经营单位处于最差的现金流状态。一方面，高速的市场增长需要大量的投资；另一方面，较弱的市场竞争地位意味着只能有少量的现金产生。因此，对问题产品而言，有两种选择：一是对其进行必要的投资以扩大市场占有率使其转变成明星产品；二是采取放弃战略。所以，企业对这种类型的经营单位的进一步投资需要进行分析，判断使其转移到明星产品区域所需要的投资量，分析其是否值得投资等问题。只有那些符合企业发展长远目标、具有资源优势、能够增强企业核心竞争力的经营单位才能够得到进一步的投资。

（3）现金牛产品区域

现金牛产品（cash cow）的相对市场占有率较高而市场增长率较低，较高的市场份额给其带来了高额利润和现金，而较低的市场增长率意味着只需要少量的现金投入。因此，现金牛产品通常会产生大量的现金余额。这样现金牛产品就可提供现金去满足整个企业发展的需要，支持其他需要投资的经营单位。企业对现金牛产品也有两种选择。一是采取收割战略，投入适当资源以达到短期收益最大化。可以一方面将设备和其他投资尽量压缩，另一方面采用榨油式方法，争取在短时间内获取更多利润，获得更多的现金流。二是采取维护战略，以保持其竞争地位。

（4）瘦狗产品区域

瘦狗产品（dogs）的相对市场占有率和市场增长率均较低。较低的相对市场占有率意味着其可获得的利润很低，而较低的市场增长率说明其处于饱和的市场之中，市场竞争十分激烈。这类产品用于维护其竞争地位所需的资金经常超过其现金流入量。因此，对于这类产品企业用追加投资来扩大其市场份额并不可取，这类产品没有发展前途，通常应采取紧缩战略，如抽资、放弃、清算等。

一般情况下，企业理想的现金流顺序应该是：过剩的现金从现金牛产品中取得并重新配置，首先用于任何需要现金的明星产品，其次用于一些经过仔细选择之后的问题产品，目的是将其转化为未来的明星业务；而对于瘦狗产品，除非它有很强的现金产生能力，否则应该采取放弃或清算战略。企业产品的发展方向应该是问题产品、明星产品、现金牛产品，即把问题产品培养成明星产品，在明星产品的业务增长率下降时，再使之变为现金牛产品。要严格监视和控制瘦狗产品的动向，在适当的时候予以放弃。

企业应遵循正确的现金流向，在此基础上制定出整个企业未来发展的战略。在坚持正确的现金流向的情形下，不同类型的经营单位的特点及应采取的战略如表 7－1 所示。

表 7－1　不同类型的经营单位的特点及应采取的战略

产品区域	战略选择	经营单位盈利能力	投资需要	净现金流
明星	维护或扩大市场占有率	高	高	零或略微负
问题	扩大市场占有率或放弃战略	低或亏损	高或回收	大负数或小正数
现金牛	维护或收割战略	高	低	大正数
瘦狗	放弃或清算战略	低或亏损	回收	正数

3）波士顿矩阵的运用

（1）分析步骤

在战略评价中运用波士顿矩阵时应采取以下步骤。

① 将企业划分为各种不同的业务部门或经营单位。

② 确定每一个经营单位的市场增长率。

③ 确定该经营单位的相对规模。

④ 确定该经营单位的相对市场占有率。

⑤ 绘制该企业的整体经营组合图。

⑥ 根据每一个经营单位在企业整体经营组合中的地位选择其适宜的战略。

（2）波士顿矩阵的启示

波士顿矩阵分析的目的是帮助企业确定自己的总体战略。在总体战略的选择上，波士顿矩阵有几点重要的贡献。

① 波士顿矩阵是最早的组合分析方法之一，被广泛运用于产业环境与企业内部条件的综合分析、多样化的组合分析，是大企业总体战略选择的理论依据。

② 波士顿矩阵指出了每个经营单位在竞争中的地位，为优化企业资源配置提供指导，从而使企业可以有选择地运用有限的资金。每个经营单位也可以从矩阵中了解自己在企业中的位置和可能的战略发展方向。

③ 波士顿矩阵将企业不同的经营业务综合到一个矩阵中，具有简单明了的效果。在其他战略没有发生变化的前提下，企业可以通过波士顿矩阵判断自己各个经营业务的机会和威胁、优势和劣势，判定当前面临的主要战略问题和企业未来在竞争中的地位。比较理想的投资组合是企业有较多的明星和现金牛业务、少量的问题业务和极少数的瘦狗业务。

（3）波士顿矩阵的局限性

企业在把波士顿矩阵作为分析工具时，应该注意到它的局限性。

① 在实践中，企业要确定各业务或经营单位的市场增长率和相对市场占有率往往是比较困难的，有时数据可能会与现实不符。

② 波士顿矩阵把企业的业务划分为 4 种类型，有些过于简单。

③ 市场增长率和相对市场占有率两个单一指标分别代表产业的吸引力和企业的竞争地位，并不能全面反映这两方面的状况。企业要对自己一系列经营业务进行战略评价，仅仅依靠这两个指标往往是不够的，还需要其他方面的指标。

④ 企业在进行业务组合的选择时，没有考虑各经营业务之间的相关性，可能造成业务之间难以形成有效匹配。

2. 产品组合管理分析

1）基本原理与图解

为了深入分析企业各组合业务或经营单位应采取的战略，美国的管理学者提出了产品组合管理（product portfolio management）分析法，简称 PPM 模式，也可称为企业实力-行业吸引力矩阵。这种模式与 BCG 矩阵法的形态大致相同，但在战略的应用上则更为深刻。

PPM 模式以企业实力与行业吸引力来定位产品（见图 7 - 2），提出了处于各个区域内的业务的基本战略方针：投资发展、择优重点发展、区别对待、利用或退出。在评价各经营单位时除了要考虑市场占有率和市场增长率外，还要考虑其他相关因素，这些因素综合反映了企业实力和行业吸引力，如图 7 - 3 所示。

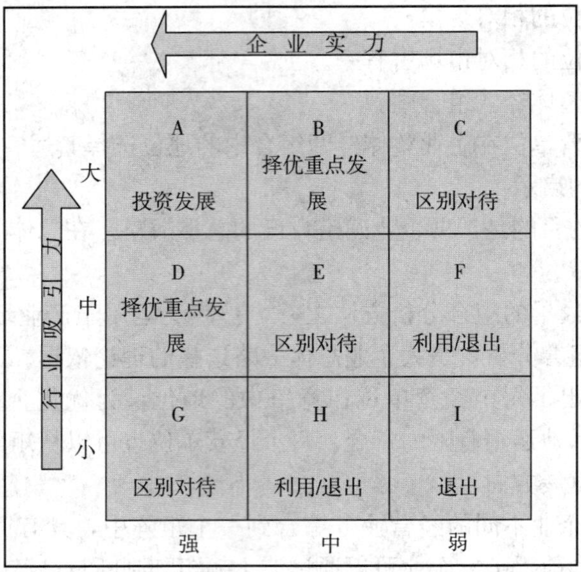

图 7-2 PPM 模式

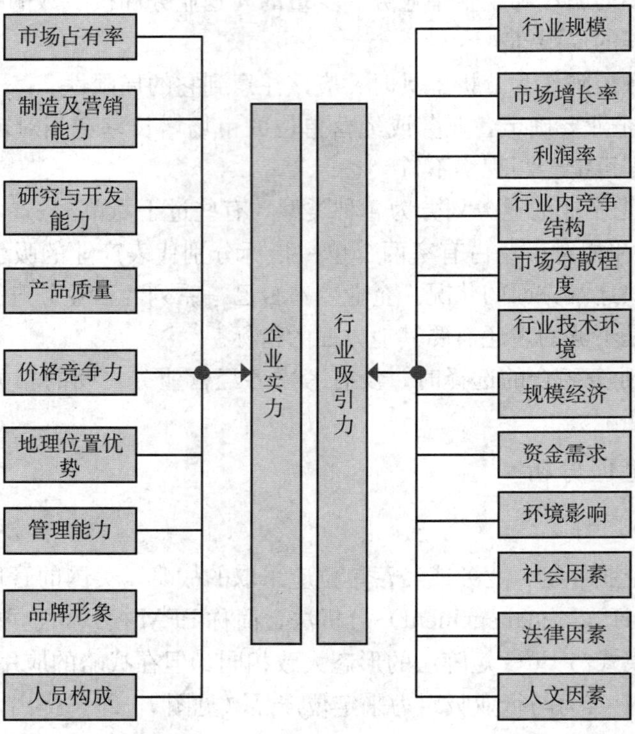

图 7-3 企业实力和行业吸引力构成因素图

企业实力-行业吸引力矩阵的横轴表示企业实力，纵轴表示行业吸引力；横轴和纵轴都分成 3 个部分。行业吸引力和企业实力的值决定着企业某经营单位在矩阵上的位置。该矩阵的实质是把外部环境因素与企业内部实力因素综合反映在一个矩阵中。行业吸引力取决于外部环境因素，影响行业吸引力的因素通常有行业规模、市场增长率、利润率、行业内竞争结构、市场分散程度、行业技术环境、规模经济、资金需求、环境影响、社会因素、法律因素和人文因素等。从中识别出几个关键的因素，然后根据每个关键因素的相对重要程度定出各自的权数，再对每个因素按其对某项经营业务的有利程度逐个评级，如采用五级制（非常有利为 5，有利为 4，无利为 3，不利为 2，非常不利为 1），最后用权数乘以级数得出每个因素的加权值，再将各个因素的加权值汇总，得出整个行业的吸引力值，最后归纳为大、中、小 3 档。

企业实力取决于企业内部的可控因素，影响企业实力的因素通常有市场占有率、制造及营销能力、研究与开发能力、产品质量、价格竞争力、地理位置优势、管理能力、品牌形象和人员构成等。从中识别出几个关键的内部因素，评价企业实力的原理与评价行业吸引力的原理相同，即对每个关键因素定出权数，再考虑它的级数，最后加权汇总，归纳为强、中、弱 3 档。

企业经营组合中的每个经营单位，可根据各自的影响因素进行等级评分，然后确定其在矩阵中所处的具体位置。PPM 模式分析如图 7－4 所示。

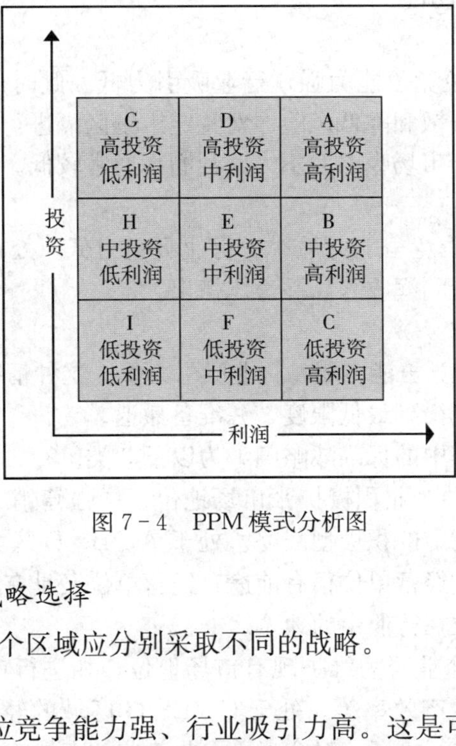

图 7－4　PPM 模式分析图

2）矩阵区域分析与战略选择

在 PPM 模式中，对各个区域应分别采取不同的战略。

（1）A 区域

处于 A 区域的经营单位竞争能力强、行业吸引力高。这是可以大展宏图的区域，企业应该保持经营单位在市场中的实力，进行必要的投资，以确保其地位。对这种经营单位应采取集中资源力保优势的战略。

（2）B 区域

处于 B 区域的经营单位竞争能力居中、行业吸引力高。既然不是实力很强的企业，就不宜在每条生产线上都与竞争对手抗争，而应有选择地将投资集中在某些领域，追求局部优势，以维持战果。

（3）C 区域

处于 C 区域的经营单位竞争能力弱、行业吸引力高。企业虽然有了这种产品，但很可能只是看着竞争对手赚钱而束手无策。对于这类产品，企业应谨慎投资，努力建立独特优势，探求发展机会。一旦发现没有实质性进展，应早日考虑撤出竞争。

（4）D区域

处于D区域的经营单位竞争能力强、行业吸引力适中。市场前景既然不十分看好，就不宜进行大规模的投资，但应预防竞争对手的争夺。由于企业实力较强，应该加强企业内部管理，提高劳动生产率，降低成本，以提高利润水平。

（5）E区域

处于E区域的经营单位竞争能力适中、行业吸引力适中。为此企业应该采取选择性的战略，在有利润的领域中追求扩充。因市场吸引力不高、成长有限，因此追求利润比追求成长更为重要。

（6）F区域

处于F区域的经营单位竞争能力弱、行业吸引力适中。该区域扩张发展机会较小，自己又没有什么实力，一般来说无法与竞争对手在市场上竞争。因此，在发现市场扩充没有希望时，务必在陷入更深前撤出。

（7）G区域

处于G区域的经营单位竞争能力强、行业吸引力低。此时产品发展的风险较大，因此有必要在区隔市场中设法分散和降低风险。对特定市场区隔进行努力促销，或是进一步细分市场，完全占领市场。由于市场吸引力不大，利润率通常较低。

（8）H区域

处于H区域的经营单位竞争能力适中、行业吸引力低。处在这种情况下的产品，应积极进行价值分析，努力创造利润收入，并考虑撤出。

（9）I区域

处于I区域的经营单位竞争能力弱、行业吸引力低。这种情况下，应及时撤退，否则只能预防各种损失，把损失减少到最低限度，并准备撤退。

此外，还可以把该矩阵中的标准战略归纳为以下3类。

① 扩张战略。它是一种企业积极扩张市场地位、增强营销力量、推出新产品、充实管理能力、并购以扩充生产能力的积极型战略。处于A、B、D区域的经营单位，要多投资以促进其快速发展。因为这类经营单位很有前途，经营单位又具有较强的竞争地位，因此应该多投资，以便巩固经营单位在行业中的地位。

② 维持战略。它是指企业努力维护现有市场地位，如进行市场细分、有选择地开发新产品、优化价值链、提高生产效率等。处于C、E、G区域的经营单位，企业要有所选择，选择其中条件较好的单位进行投资，对余者采取收割或放弃战略。

③ 回收战略。它是指有计划地降低市场占有率，充分回收资金，采取提高产品价格、降低库存水平、减少服务等措施。处于F、H、I区域的经营单位，企业同样要区别对待：对一些目前还有利润的单位应采取逐步回收资金的收割战略；对不盈利又占有资金的单位则应采取果断的放弃战略。

3）PPM模式的运用

（1）分析步骤

运用PPM模式时，对于不同行业的企业，往往可以根据行业的特点来选取不同的影响因素。同时由于重要性不同，对各因素可赋予不同的权重。另外，对两个坐标轴中强、中、弱，大、中、小界限的规定也可不尽相同。PPM 模式的分析步骤如下。

① 选择能反映经营单位主要经营特征的项目作为考核行业吸引力和企业实力的具体项目，并根据每个项目的重要程度决定其权重，然后进行分级，并计算各个项目的得分，如表 7－2 所示。

表 7－2　行业吸引力和企业实力综合评价表

评价项目		得分	对象		
			A	B	C
行业吸引力	市场增长率	权重	30	30	20
		等级分	1	0.5	0.8
	利润率	权重	10	20	15
		等级分	0.5	0	0.2
	规模经济	权重	15	10	10
		等级分	1	0.5	1
	⋮	⋮	⋮	⋮	⋮
	小计	总得分	60	45	35
企业实力	市场占有率	权重	40	20	30
		等级分	1	0.5	0.8
	管理能力	权重	10	30	10
		等级分	0.5	1	0.9
	产品质量	权重	20	20	10
		等级分	0.8	1	1
	⋮	⋮	⋮	⋮	⋮
	小计	总得分	80	70	50

② 将多个项目的得分相加，得出每个经营单位的行业吸引力和企业实力的总分，将经营单位所具备的竞争能力和所处行业吸引力按大小或强度分为三个等级。

③ 画出横、纵轴，横轴表示企业实力，纵轴表示行业吸引力，并划分三等级，画成九个区域，然后将各经营单位相应填入各区域内。

④ 根据经营单位在总体经营组合中的位置来制定不同的战略。

（2）PPM 模式的局限性

PPM 模式在评价企业战略方案时也存在不足，具体如下。

① 在行业吸引力评价中采用加权平均计分法所得出的数字，表面上看是客观的、确切的，但实际上在相当程度上具有主观性。因此，战略研究人员应深入调查研究，对每项影响行业吸引力的因素进行充分研究，做出判断，综合各项因素进行定性分析。在企业实力评价中也应注意这种评价是与行业中最强的一个竞争对手对比得出的，在实践中不应把每个因素都与在这个因素上最强的竞争对手对比，这样往往会低估本企业的竞争能力。

② 经理人员之间有时对某项业务在矩阵中的定位会产生分歧，最后为了平衡经理人员之间的分歧，往往把业务定位在“中”的位置上。再者，经理人员即使意见一致，也往往对

企业各种不同业务很难有一个共同的分类标准。把企业所有业务都列入一张标准化的内外因素的表格内，往往是不适用的。一般来讲，对企业实力的评价毕竟有一个明确的比较对象，即与行业中最强的竞争对手对比，而对行业吸引力的评价就显得更为复杂、困难，因而在评价分析中存在较大的模糊性。

③ 该模式作为一种确定投资优先顺序的方法并不完全实用。当前人们在做出投资决策时，习惯于用技术经济的方法（如用净现值法）进行论证和选择，而用 PPM 模式所推荐的投资顺序不一定为人们所接受。当然用净现值法也有一定缺陷，最好的办法是先进行 PPM 模式分析再进行技术经济的可行性分析，将这两种方法结合起来运用。

3. 行业生命周期分析

行业生命周期分析法由亚瑟·利特尔咨询公司提出，并为战略管理学界所接受。该方法以行业成熟度和竞争地位这两个参数来确定企业中各个经营单位所处的位置。行业生命周期分析对企业战略选择十分重要，因为行业生命周期分析可以帮助企业正确地看待行业发展前景，决定应该加大投入还是撤出该行业，以及采取哪些与之相匹配的竞争战略。如果不了解行业所处的生命周期阶段，企业发展战略将会面临极大的风险。例如，企业在某行业中处于领先地位，但是该行业却处于衰退阶段，那么企业的未来发展前景就会充满风险。

行业生命周期是指一个行业一般会遵循 4 个发展阶段，即导入阶段、成长阶段、成熟阶段和衰退阶段。在划分行业成熟度时，一般考虑下列因素：增长率、增长潜力、产品线范围、竞争者数目、市场占有率分布状况、市场占有率的稳定性、顾客稳定性、进入行业的难易程度、技术等。每个阶段的行业在上述因素上所呈现的特点列于表 7-3 中，根据这些特征可对所在行业的成熟度做出判断。

表 7-3　行业生命周期各阶段的特点

因素	导入阶段	成长阶段	成熟阶段	衰退阶段
增长率	较国民生产总值增长更快	高于国民生产总值的增长率	等于或低于国民生产总值的增长率	增长为零或负增长
增长能力	消费者基本不满意或产品相对不被知晓	消费者部分满意或产品相对不被知晓	消费者一般满意或产品被知晓	消费者满意或产品早已知晓
产品线范围	窄；很少品种	宽；多样化	宽；标准化	窄；如果行业分散，则较少
竞争者数目	竞争无统一规则；数量通常增加	最多，后来开始减少	稳定或下降	最少
市场占有率分布状况	无统一规律；通常很分散	逐渐（或快速）集中	稳定	集中化或很分散
市场占有率的稳定性	不稳定	逐渐稳定	基本稳定	非常稳定
顾客稳定性	不稳定	逐渐稳定	稳定	非常稳定
进入行业的难易程度	容易	比较困难	非常困难	无吸引力
技术	快速发展；已知技术很少	变化中	已知晓；容易获取	已知晓；容易获取

确定一个经营单位的竞争地位需要一定的定性判断，这种判断一般基于多项指标，如产品线宽度、市场占有率、资金利润率、投资、销售利润率、成本领先地位、技术领先地位、附加价值率等。根据行业生命周期，一个经营单位的竞争地位可划分为支配地位、强大地

位、有利地位、防御地位和软弱地位 5 种类型。每种地位的特点分述如下。

① 支配地位。能够控制竞争者的行为；具有较广的战略选择，且战略能独立于竞争者而做出。在一个行业中享有支配地位的企业只能有一个或者没有。

② 强大地位。其相对市场占有率应超过 1，企业能够按照本身意愿做出战略选择，而不必考虑同行业其他企业将如何反应。

③ 有利地位。企业享有某些方面的优势，处于相对有利的地位。

④ 防御地位。企业某些方面较落后，但经过努力可以克服，将力量集中于某个产品或某个细分市场，仍可保持盈利。

⑤ 软弱地位。由于企业太弱小，难以持久地生存和盈利。

以行业成熟度为横坐标，竞争地位为纵坐标，就可以构选一个具有 20 个单元的生命周期矩阵。在行业生命周期的不同阶段，企业处于不同竞争地位的经营业务可采取不同的竞争战略选择，如表 7 - 4 所示。

表 7 - 4　行业生命周期中不同竞争地位业务的战略定位

周期 地位	导入阶段	成长阶段	成熟阶段	衰退阶段
支配	快速增长	快速增长	成本领先	目标集中
强大	差异化	成本领先	目标集中	利基战略
有利	差异化	目标集中	利基战略	转型战略
防御	目标集中	利基战略	转型战略	剥离
软弱	利基战略	转型战略	剥离	放弃

4. 大战略集合模型分析

大战略集合模型是在波士顿矩阵的基础上发展而来的，其主要特点是基于市场增长状况与企业竞争地位两者的关系来考虑企业可能选择的最有吸引力的战略组合。

按照市场增长率和企业的竞争地位，企业的经营状况大致可以分为 4 类：象限Ⅰ，企业在迅速增长的市场和自身竞争地位较强的情况下经营；象限Ⅱ，企业在迅速增长的市场和自身竞争地位较弱的情况下经营；象限Ⅲ，企业在缓慢增长的市场和自身竞争地位较弱的情况下经营；象限Ⅳ，企业在缓慢增长的市场和自身竞争地位较强的情况下经营，如图 7 - 5 所示。

① 处于象限Ⅰ的企业，它们面对迅速增长的市场，同时又具有较强的竞争地位，可作的第一个选择是集中力量实施单项经营战略。在此情况下，企业面临良好的市场机遇，应当乘机保持或扩大市场份额，并同时发展自己的核心竞争力，或者添置部分生产设施以增强自身的市场地位。如果该项经营业务所要求的资源超过企业的供应能力，为了能充分利用机遇，企业应考虑采用纵向一体化战略，以增强自己的竞争地位。在市场增长率开始放慢之前，企业则应注意单项经营的风险性，并将自己的技术或专门知识转入相关的经营单位，即实行相关多元化经营战略。

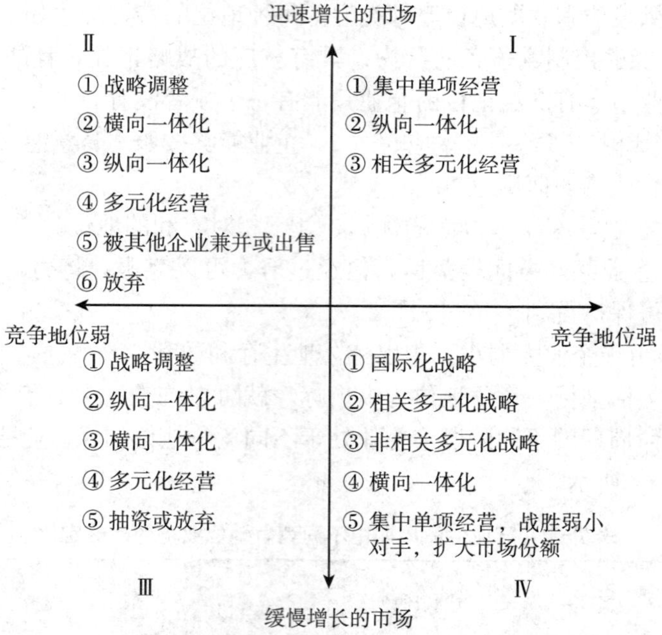

图 7-5　大战略集合模型

② 处于象限Ⅱ的企业，面临的市场是有利的，但本身的竞争地位较弱，它们首先应考虑的是重新构思或调整自己的战略，弄清导致在市场竞争中处于劣势的原因，争取转弱为强，以便更好地利用诱人的市场机遇。其次，如果企业缺乏必需的关键资源和力量，并且自身暂时无法加以弥补，则可采用横向一体化战略，即与同行业中的其他企业合并，另外也可以与实力较强的企业联合。再次，企业应考虑纵向一体化战略，以增强企业在物资供应和销售渠道方面的能力。最后，企业还可以考虑实行多元化经营，包括相关多元化和非相关多元化，其前提条件是企业应具备一定的资金实力。如果上述几种选择均不可行，处于这一区域的企业可能会被其他企业兼并或清算。对于处于增长较快行业中的企业而言，这种情况是较为少见的。

③ 处于象限Ⅲ的企业，面对增长缓慢的市场，自身的竞争地位也较弱，其可选的战略方式依次为：重新构思或调整集中单项经营战略，即收缩业务、转移阵地以形成更好的竞争地位；实行纵向一体化战略，用以改善自己的内部组合并获取较好的市场机遇；与其他企业合并，增强自身的竞争实力；采用相关多元化战略和非相关多元化战略，以便在更大范围内寻求发展机遇；实行抽资或放弃战略；通过出售或终止业务等途径进行清算。

④ 处于象限Ⅳ的企业，面对增长较慢的市场，自身竞争地位却较强，它们首先应考虑寻求国外市场，用以扩大自身的市场范围。其次，可以选择多元化战略，包括相关多元化战略和非相关多元化战略，以充分发挥自身核心能力的竞争优势。再次，应当考虑实行横向一体化战略，但这一战略有较大的局限性，因为它不能避开所处的不利的行业环境。最后，如果所在行业仍存在潜力较大的细分市场，企业可继续实施集中单项经营战略，但这需要投入较多的资金，用以改进现有的生产设施。

7.3 影响战略方案选择的行为因素

企业战略的选择通常还会受到多种行为因素的影响，这些因素在不同的企业和不同的环境中所起的作用是不同的，但了解这些因素对企业战略管理者选择合适的战略方案十分重要。

(1) 现行战略的继承性

企业战略的评价分析往往是从对过去战略的回顾、审查现行战略的有效性开始的，它对最后做出战略选择往往有相当大的影响。由于在实施现行战略中已投入了相当可观的时间、精力和资源，人们对之都承担了相应的责任，而制定战略的决策者又多半是现行战略的制定者，因而企业做出的战略选择接近于现行战略或只是对现行战略作局部改变是不足为奇的，因为这种沿袭现行战略的倾向已渗透到企业组织之中。这种对现行战略的继承性或惯性作用有其优点，即便于战略的实施。但如果在现行战略有重大缺陷濒于失败时，仍沿袭既有战略，则十分危险，应当对此倾向有所警惕，必要时做出相应的人事调整以克服这种惯性。

(2) 利益集团的压力

任何企业战略决策都会受到企业内部和外部多种利益集团的影响。从企业外部来说，企业债权人希望企业能按时还本付息；政府和其他社会团体则希望企业更好地承担社会责任，遵守国家和政府的法规；股东则希望企业给予更多的回报。从企业内部来说，同样有来自不同利益团体和关系团体的压力，从而使企业新的战略至少不损害它们的利益。例如工会希望企业不断提高员工的收入，改善员工的福利，保证员工的就业机会；还有来自企业文化或传统的压力，希望企业战略不要过分改变企业的传统习惯和观念。各种内、外压力最终会以多种形式反映到企业高层管理者身上，也会使他们的个人利益产生差异。其中相当一部分人可能会将个人利益或他所代表的小团体的利益放在第一位。

为了使高层管理者在战略决策中克服或减少这些压力的影响，从而做出最佳的战略决策，下列指导原则能提供一定的帮助。

① 淡化个人和小集团的意识，培养和增强整体观念。

② 学会和做到协调多种利益团体的利益关系，同时保证能够代表和反映企业内外不同利益集团的观点。尤其是要考虑那些新进入企业的人的意见，因为这些人较少受企业原有文化和思维方式的影响，会从完全不同的角度看待企业。

③ 企业的战略制定者应能对企业内部的各种利益关系进行有效的管理，在决策前要允许不同的意见和建议都有机会表达出来，但应在关键时刻行使自己的权力，其作用是维护企业的整体利益和长远利益。

④ 企业战略管理者，尤其是主要负责人要注意自己的行为和语言对他人的影响。相当多的企业管理者是看领导的脸色行事，一旦他们错误地理解了领导的意图，那么整个决策过程就会向相反的方向进行。

⑤ 企业决策在多数情况下不可能使企业内外的所有利益集团都感到满意，因此决策者

要明确哪一种利益和要求对企业是更重要的，如果这些团体的要求得不到满足将会产生什么样的反应，以及有多大的可能会产生这种反应，企业对这样的反应应该做出什么样的准备。如果企业高度依赖于一个或几个利益集团，其战略方案的选择就不得不迁就它们的压力。这种依赖性越大，企业战略选择的余地就越小。

（3）企业领导人的价值观及对待风险的态度

企业领导人的价值观及对待风险的态度对战略选择影响极大。甘冒风险、对风险持乐观态度的决策者有较大的战略选择余地，最后会选择风险较大、收益也较大的战略方案；相反，不愿冒风险，对风险持畏惧、反对态度的决策者，其战略选择余地较小，风险型方案就会受到排斥，最后会选择较为稳妥的收益适中或较小的战略方案。因此企业领导人的价值观不同，对待风险的态度不同，最后选定的战略也往往不同。

（4）企业内部的人事和权力因素

许多实例表明，企业的战略选择更多的是由权力来决定的，而非由理性分析决定。在大多数组织中，权力主要掌握在最高负责人手里，在战略选择中常常是他们说了算，在他们权欲很大时尤其如此。在许多企业中，当企业主要领导人倾向于选择某种战略时，其他决策者就会同意这种选择。还有另一种权力来源，人们称之为联盟。在大型组织中，下属单位和个人往往因利益关系而结成联盟，以加强他们在主要战略问题上的决策地位，往往是企业中最有力的联盟对战略选择起决定性作用。在决策的各个阶段都有相应的政治行为在施加影响，不同的联盟有其不同的利益和目标，不应简单地把它看成坏事。政治行为在组织决策中是不可避免的，应将其纳入战略管理之中，个人、下属和联盟之间的正式和非正式谈判及讨价还价，是组织协调的必要。这样在选择未来战略中就能强化向心力，选择更加切合实际的战略。因此，战略的选择往往是一个协商的过程，是企业内部各方面人事关系及权力平衡的结果，而并不只是一个系统分析的过程。

（5）时间因素

时间因素主要从以下几个方面影响战略的选择：第一，有些战略决策必须在某个时限前做出，在时间紧迫、来不及做全面、仔细的评价分析的情况下，决策者往往着重考虑采用这种战略产生的后果，而较少考虑接受这种战略方案获得的效益，这时不得已而往往选择防御型战略；第二，战略选择也有一个时机问题，一个很好的战略如果出台时机不当也会给企业带来麻烦，甚至是灾难性后果；第三，不同战略产生的效果所需时间是不同的，如果经理人员关心的是最近两三年内企业的经营问题，他们大概不会选择5年以后才产生效果的经营战略，即战略所需的时间长度同管理部门考虑的前景时间是相关联的，企业管理者着眼于长远前景，则他们就会选择较长时间跨度的战略。

（6）竞争对手的反应

企业高层领导在做出战略选择时要全面考虑竞争对手将会对不同的战略做出哪些不同的反应。如果选择的是一种进攻型战略，对竞争对手形成挑战的态度，则很可能会引起竞争对手的强烈反击。企业领导者必须考虑这种反应，估计竞争对手的反击能量，以及对战略能否取得成功的可能影响。

本章小结

本章首先介绍了企业战略方案评价的原则和过程；其次，阐述了企业战略方案评价的方法。企业战略方案评价与选择的定量分析方法包括波士顿矩阵分析、产品组合管理分析、行业生命周期分析、大战略集合模型分析等。波士顿矩阵分析通过将企业生产经营的全部产品、业务组合或经营单位作为一个整体进行分析，解决企业相关经营业务或单位之间现金流量的平衡问题，是制定公司层面战略的一种有效工具。根据有关经营单位的相对市场占有率和市场增长率，波士顿矩阵将一个企业的所有经营单位定位在4个区域中，并提出了4个不同的经营单位类型及其相应战略。产品组合管理分析以企业实力与行业吸引力来定位产品，提出了处于各个区域内业务的基本战略方针：投资发展、择优重点发展、区别对待、利用或退出。在评价各经营单位时除了要考虑市场占有率和市场增长率外，还要考虑其他相关因素，这些因素综合反映了企业实力和行业吸引力。行业生命周期分析以行业成熟度和竞争地位这两个参数来确定企业中各个经营单位所处的位置。行业生命周期分析可以帮助企业正确看待行业发展前景，并决定采取哪些与之相匹配的竞争战略。大战略集合模型是在波士顿矩阵的基础上发展而来的，其主要特点是基于市场增长状况与企业竞争地位两者的关系，分析企业可能选择的最有吸引力的战略组合。最后，本章论述了影响企业战略选择的行为因素，主要包括现行战略的继承性、利益集团的压力、企业领导人的价值观及对待风险的态度、企业内部的人事和权力因素、时间因素及竞争对手的反应等。

思考题

1. 企业战略方案评价的重要原则有哪些？
2. 波士顿矩阵分析的作用主要是什么？
3. 波士顿矩阵分析存在哪些局限？
4. 相对于波士顿矩阵分析，产品组合管理分析的特点有哪些？
5. 你认为存在哪些影响企业战略选择的行为因素？

第 8 章

企业战略实施

战略启示 8-1

“老鼠开会”的启示

从前有一群老鼠在开会，商量如何对付其天敌——“猫”的战略。会议运用“头脑风暴”等创造性技法，老鼠们广开言路，积极献计献策，结果五花八门的建议提出了一大堆。在这些建议中，有一条最受欢迎，这就是“在猫的脖子上挂一个铃铛”。因为这样一来，无论猫走到哪里，铃铛就会响到哪里，而老鼠们只要一听到铃铛声，就可以在猫出现之前逃跑，藏到它们自己的洞中去。乍一听，这个建议真的是妙不可言，从而博得了老鼠们最热烈的掌声。这时，一只一直坐在那儿闷声不语的年迈老鼠，突然站起来说要提一个非常非常简单的小问题，那就是“请问在座各位，究竟有谁堪当给猫挂铃铛的重任呢?”

战略实践中，人们常常更关注“做什么”问题的回答，而相对忽视“如何做”与“由谁做”问题的解决，致使战略构想最后演变成了不着边际的“空想”“幻想”甚至“妄想”。回答“如何做”与“由谁做”的问题，涉及战略实施的途径、方法与动力、能力。

（资料来源：项保华．战略管理艺术与实务．5 版．北京：华夏出版社，2012）

企业战略形成之后，需要进一步实施战略，并且在战略的实施过程中进行战略的评价和控制。目前，尽管越来越多的企业开始重视战略管理，希望通过制定正确的战略来增强核心能力、提高竞争优势，但是许多企业并没有收到预期的效果，其中一个重要的原因就是不能有效地实施战略。相关研究显示，在美国，大约有 70％的企业失败并非由于低劣的企业战略，而是因为所制定的战略没有被有效执行。经过精心策划的企业战略，只有不到 10％得到了有效执行。战略实施已经成为投资者判断企业价值最重要的非财务因素之一。本章主要介绍战略实施的原则及主要任务、企业战略计划、公司治理、战略实施与组织结构。

8.1　企业战略实施的原则及主要任务

战略实施是企业战略管理的关键环节，是动员企业全体员工充分利用并协调企业内外一切可利用的资源，沿着企业战略的方向和途径，自觉而努力地贯彻战略，以期更好地实现企业战略目标的过程。

关于企业战略实施的重要性，美国管理学者托马斯·波奈玛（Thomas V. Bonoma）是这样说的："一个合适的战略如果缺乏有效的实施会导致整个战略失败。然而，有效的战略实施不仅可以保证一个合适的战略成功，而且还可以挽救一个不合适的战略或者减少它对企业造成的损害。"

企业战略实施是一个动态决策过程，可以用"流动的河水"来比喻战略管理的过程①。如图8-1所示，在已经确定河水基本流向和宽窄的河床中，当遇到一块大石头（A点）时，很难决定A点之后河水流动的具体路径。与此类似，在动态环境下，企业战略管理者只能事先制定企业的战略意图、宗旨、定位和相对比较宽泛的目标，至于战略实施过程中的一些应变和博弈性的决策，需要实施过程中的战略管理者根据企业事先确定的战略意图、宗旨、定位和相对比较宽泛的目标，结合"当时和当地"（A点）的具体情况动态地做出决策。随着经营和竞争环境的日趋动态化，企业在战略实施过程中越来越多地面临环境动态化所带来的挑战。

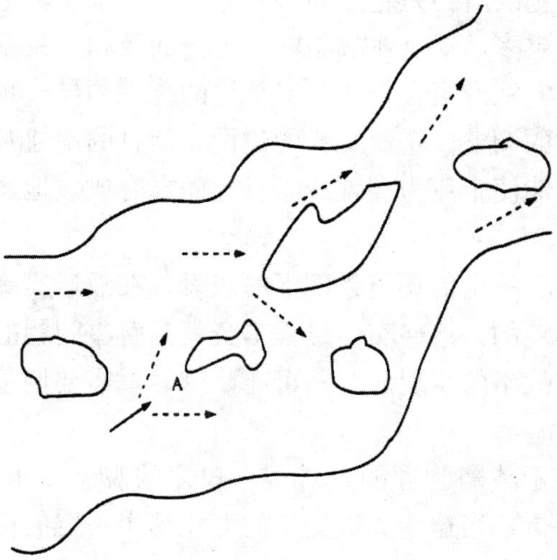

图8-1　战略管理的动态模式示意图

企业战略制定与企业战略实施有着根本的区别：战略制定是在行动之前的一种谋划，而战略实施是将战略谋划变为战略行为；战略制定是一种分析思维的过程，而战略实施是一个实际行动的过程；战略制定需要有好的直觉与分析技能，而战略实施需要有特殊的激励和领

① 蓝海林．企业战略管理："静态模式"与"动态模式"．南开管理评论，2007（5）：31-35.

导技能；战略制定只需对几个人进行协调，而战略实施却需要对全体管理人员与员工进行协调。

成功的战略制定并不能保证成功的战略实施，实施战略要比制定战略重要得多，而且也困难得多、复杂得多。只有当企业制定了战略而且又能有效地实施这一战略时，企业才能最终实现预期的战略目标。

1. 企业战略实施的基本原则

在企业战略的实施过程中会遇到许多在制定战略时未估计或不可能完全估计到的问题，因此在战略实施过程中要贯彻以下三个基本原则，以作为实施企业战略的基本依据。

(1) 适度的合理性原则

在企业战略的制定过程中由于受到信息、环境及认识能力等因素的限制，对未来的预测不可能很准确，所制定的企业战略也不可能是最优的，而且在企业战略实施过程中由于外部环境及内部条件的变化较大，情况比较复杂，因此只要基本上达到了战略预定的目标，就应当认为这一战略的制定及实施是成功的。在企业实践中通常很难百分之百地完全按照原先制定的战略行事，因此战略的实施过程不是一个简单的机械执行的过程，而需要执行人员大胆创造、大量革新，因为新战略本身就是对旧战略及与旧战略相关的文化、价值观念的否定，没有创新精神，新战略就得不到贯彻实施。因此，战略实施过程也可以说是对战略的创造过程。在战略实施中，战略的某些内容或特征有可能改变，但只要不妨碍总体目标的实现，就是合理的。

(2) 统一领导、统一指挥的原则

对企业战略了解最深刻的应当是企业高层领导，一般来说，他们要比企业中下层管理人员及一般员工掌握的信息更多，对企业战略的各个方面及相互关系了解得更全面，对战略意图体会最深，因此战略的实施应当在企业高层领导的统一领导、统一指挥下进行。只有这样其资源的分配、组织结构的调整、企业文化的建设、信息的沟通及控制、激励制度的建立等才能相互协调、平衡，才能使企业为实现战略目标而卓有成效地运转。

(3) 权变原则

企业战略的制定是基于一定的环境条件下的假设，在战略实施中事情的发展与原先的假设有所偏离往往是不可避免的。战略实施过程本身就是解决问题的过程，如果企业内外环境发生重大变化，以致原定战略的实现成为不可能，这时就需要调整原定的战略，这就是战略实施的权变问题。

权变的观念应当贯穿于战略管理的全过程。权变的观念要求识别战略实施中的关键变量，并对它做出灵敏度分析，当这些关键变量的变化超出一定的范围时，原定的战略就需要调整，并准备相应的替代方案，即企业应对可能发生的变化及其对企业造成的后果，以及应变替代方案，都要有足够的了解和准备，以使企业有充分的应变能力。当然，在实际工作中，对关键变量的识别和启动机制的运行都是很不容易的。

2. 企业战略实施的主要任务

虽然每个企业的具体情况不同，企业战略实施的具体内容和方法也不尽相同，但是以下8项任务会反复出现在企业战略实施的过程中，这是企业高层领导者必须花精力去完成的战略实施的基础性工作，如图8-2所示。

① 建立一个有效的与战略相适应的组织结构。

② 合理预算，保证将足够的资源投入到对战略实施至关重要的价值链活动中去。

③ 建立支持战略实施的政策和程序。

④ 不断提高价值链各个环节的运作水平。

⑤ 建立企业信息交流和运营系统，使企业经理人员在日常管理工作中能够成功地承担其在战略实施中的角色。

⑥ 建立与战略目标及实施战略相关联的业绩考核与薪酬激励体系。

⑦ 创建一种支撑企业战略管理的工作环境和企业文化。

⑧ 发挥领导作用，不断提高实施战略的水平。

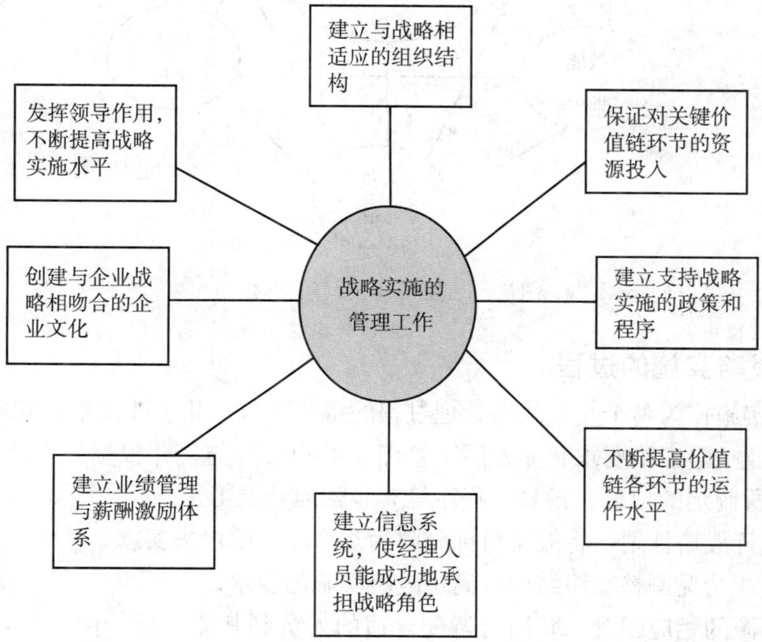

图8－2　企业战略实施的8项任务

企业在实施战略的过程中，要识别出关键任务。例如，像英特尔一类的高新技术企业，应把技术创新和人员激励作为重要的战略实施任务。

在制订企业战略计划时，战略实施者首先应明确为了成功推行战略，企业必须做些什么、务必做好哪些事情，然后考虑如何尽快地做出必要的内部变革。战略实施者的行动应当集中于使企业价值链的各项活动与战略要求相适应上，这就需要企业建立起一系列的匹配关系。企业的资源和能力必须很好地与战略的需求相匹配，企业财务资源的配置必须能够提供给各部门有效地实施其战略的预算资金，企业的政策、薪酬体系、信息系统和运营活动也需要围绕战略有效实施而进行调整。与此同时，企业需要创建和培育一种支持战略的工作环境和企业文化。

在实践中，麦肯锡公司提出了7S模型，如图8－3所示。7S模型强调在战略实施过程中，要考虑企业整个系统的状况，既要考虑企业战略、结构和体制3个硬因素，又要考虑作风、人员、技能和共同的价值观4个软因素，只有在这7个因素相互很好地沟通和协调的情况下，企业战略才能获得成功。

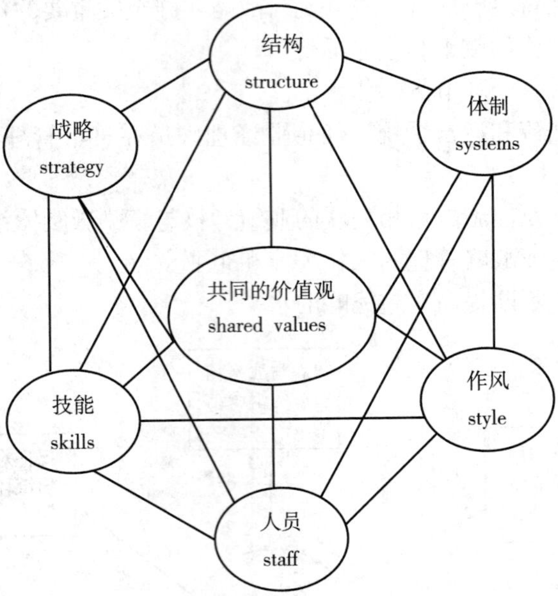

图 8-3　麦肯锡公司的 7S 模型

3. 企业战略实施的过程

企业战略实施作为整个企业战略管理过程的重要环节，几乎涉及企业管理的所有职能活动。因此，企业战略实施要求企业各层次管理人员积极参与，并根据各自所处的管理层次，围绕企业战略所制定的项目、预算、程序等有步骤地开展工作。

① 首先制订战略计划，将战略目标分解为几个战略阶段去实施。

② 根据企业情况调整组织结构以满足战略实施的要求。

③ 人力资源的相应配置。聘用与调配合适的人员到其能胜任的岗位上，使他们很好地完成战略实施所要求的工作。

④ 其他资源的配置。指挥、协调、分配好财力和物力等资源，保证将企业资源集中到实现企业战略目标的关键环节中。

⑤ 对战略实施过程进行评价与考核，并在必要时采取校正行动，以确保战略计划的顺利实现或战略的及时调整。

面对复杂多变的竞争形势，我国企业越来越重视战略管理，希望通过制定明确清晰的发展战略来增强自身的核心竞争力和国际竞争力，但由于不能有效实施战略，战略目标很难实现。

借助“外脑”力量是当前国内企业制定发展战略的主要方式，但在项目咨询过程中，容易出现管理层认为制定发展战略就是撰写战略方案和咨询报告，结果在对战略方案达成共识时忽略了对战略实施的深入考虑，尤其是在战略制定与实施的责任主体分离时。战略关注企业长期性、全局性、整体性和根本性的问题，需要战略举措和行动计划来实现战略目标和发展方向，其实质是责权利的重新界定、资源和利益的重新分配，对这个问题处理不当往往会影响企业战略实施的效果。

8.2　企业战略计划

企业战略计划是将企业视为一个整体，为实现战略目标而制订的长期计划。企业战略计划支持企业的整个战略管理，将企业内外部的各种要素融为一体，指导企业在一定时期内合理配置有限的资源以实现战略目标。

1. 企业战略计划的工作步骤

一个完整的战略计划工作一般需要 3 个步骤才能完成，即确定各事业部的战略目标，制订各事业部的战略方案；确定各职能部门的任务和策略；资源分配及资金预算。

（1）确定各事业部的战略目标，制订各事业部的战略方案

战略计划工作的第一步就是对企业总体战略及战略目标进行说明，企业总部的经理与事业部的经理之间要进行初步的沟通，共同讨论各事业部的战略目标，企业总部为各事业部的战略计划规定方向，然后各事业部根据自己的实际情况制定战略方案，详细说明各事业部所确定的经营活动范围和目标，提出战略及其实施方案。事业部经理要向企业总部高层管理人员提交自己的战略目标、方案及实施计划，最后由企业总部来平衡，以减少各事业部之间相互竞争的风险。

（2）确定各职能部门的任务和策略

当各事业部的战略确定之后，事业部的经理要与其职能部门的经理共同研究今后几年贯彻事业部战略的具体计划，要基本上明确各职能部门的目标（如销售目标和利润目标），明确完成计划的项目、范围、时间和数量，同时要制定出各职能部门的策略。在以上各项工作完成之后，事业部经理要把各职能部门的目标及策略加以协调和平衡，明确事业部工作的重点。

（3）资源分配及资金预算

明确了各事业部的战略及工作重点以后，企业总部要决定资源分配及安排资金预算。资源分配的原则在很大程度上取决于企业总部最高管理层的战略思维与企业当前的经营重点，如果总部与事业部之间有很好的沟通，在企业的发展方向上有基本的共识，其资源分配一般不会出现大的冲突。企业总部要考虑满足每个事业部对资源的要求，也需要有全盘的考虑，以确保其总体平衡。企业总部为了满足竞争及抓住机遇的需要，资源分配要有一定的灵活性，以便更灵活地运用及有效发挥这些资源的作用，使企业得到更好的发展。

一般来说，财务资源是企业组织中最基本、最活跃的资源，它可以直接或间接转化为其他资源。企业在战略实施的过程中，希望各种资源分配到最能支持战略获得成功的部门或经营单位中去，但在实践中常常会遇到一些影响资源分配的因素，常见的有资源保护机制、个人价值偏好、互惠的政治交易、战略的不确定性及战略的不完整性等。

为了理顺战略与资源分配的关系，应建立有效的资源分配系统，主要有以下四项工作。

① 按照战略计划分配资源。战略计划规定了主要的战略措施的性质、过程及步骤，在总计划下还应有具体计划，计划中的每个项目都应有明确的起止日期及资源的投入量，这些具体的步骤及项目计划保证了资源分配的稳定。但在实践中，战略计划实施是一个动态过

程，因此资源分配要有一定的灵活性，允许适当的变化。例如在战略前景不甚明确时，在资源分配计划中要留有一定余地；在战略计划实施过程中，发现某些战略措施与实际情况不符，则可将该项措施退回最初批准者，进行重新评审。同时，资源分配计划也要定期进行阶段性评审，以保证资源分配的正确及顺利进行。

② 明确资源与战略的关系。企业要规定每项资源分配都应提交书面说明，阐明该项资源分配对现行战略实施的影响，主管部门如果认为该项分配无助于现行战略的实施，可以否定该计划。这么做有两个好处：一是保证资源分配的计划是根据战略实施的要求制订的；二是迫使管理人员在资源分配计划中考虑战略问题，促使他们将日常工作与战略实施结合起来。

③ 制定有关政策。为了加强指导，企业要用一定的政策来约束资源分配的随机性，任何与政策相违背的建议都不予考虑。企业总部在制定政策时要认真调查研究，在全面考虑各个经营单位的不同情况下，制定一般性的政策，同时还要制定针对个别具体问题的政策，从而使各部门有章可循、有法可依。

④ 下放一定的资源分配权。每项战略措施都有自己的预算，甚至要成立项目的临时性组织，企业总部在对各项战略措施所需资源进行分配以后，同时提出各项战略措施应完成的数量、质量及时间要求。至于每个项目内部的资源分配决定权，应当下放到负责各项战略措施的实施单位中去，以使战略计划与投资紧密结合起来。

在处理资源分配与战略的关系上，以上四项工作应视企业的具体情况展开。当资源分配方案确定以后，应立即做出资源分配预算，不能在战略已经提出的情况下长期不落实资源分配方案。

大型企业的战略计划工作过程从理论上说是简单的，但实际操作上要复杂得多，一个完美的战略计划工作只有通过训练有素的经理、足够的信息、丰富的实际经验及有效的协调才能完成。

2. 制订企业战略计划的方法

制订企业战略计划一般有以下 4 种方法。

（1）自上而下的方法

集权制的企业在采用这种方法制订战略计划时，一般由企业总部的高层管理人员制订企业总体战略计划，然后各部门再根据自己的实际情况及总部要求进一步发展这一计划。分权制的企业一般是由企业总部向各事业部提出计划指导书，要求它们制订详细计划，企业总部检验与修改这些计划之后，再将计划返还给各事业部去执行。

这种方法的特点是：企业高层管理人员决定整个企业的经营方向，并对各事业部或各部门提出如何达到这一目标的具体指导，这样企业高层管理人员可以集中精力去思考经营方向，制定战略目标和战略。其弊端是高层管理人员可能因没有经过深思熟虑而不能对下级各部门提出详细的指导，而且有可能因指挥不当而打乱了目前企业执行的计划。

（2）自下而上的方法

这种方法具体是：总部高层管理人员对事业部的计划不给予具体指导，只要求各事业部提交计划，并根据所掌握的环境和市场信息及内部资源情况，检验和平衡事业部的计划，最后给予确认。

这种方法的优点是：企业高层管理者对事业部没有具体指导，这样各事业部在制订计划中约束较少，从而能提出较完善的战略计划，同时也给各事业部提供了制订战略计划的机会。不足之处是：有些习惯于自上而下指导方式的事业部管理人员会感到无所适从，从而影响计划的完整性和综合性。

(3) 上下结合的方法

在制订计划的过程中，企业总部的直线管理人员及事业部的管理人员都参与有关战略计划制订的对话，通过讨论，高层管理人员往往会改变或调整原定的战略目标或战略，企业总部与事业部的参谋辅助人员常在一起讨论计划的变化，并向总经理推荐适当的战略。

这种方法多为分权制企业所采用，其最大优点是可以产生较好的协调效果，从而企业也可以用较少的时间和精力形成更具创造性的计划。

(4) 设立特别小组的方法

企业的高层管理人员组成一个战略计划小组，由总部经理负责，共同研究企业所面临的问题，这个小组的工作内容与成员构成都有很大的灵活性，可以因企业遇到问题的不同而采取相应的措施。在企业里，如果总经理与计划小组成员之间关系较好，这种方法就可以有很好的成效。如果总经理过分注意个人权威，则不可能取得良好效果。

我国企业制订战略计划大多采用自上而下的方法，因为国内相当多的企业目前仍然采用直线职能制的组织形式，权力集中于经理本人或几个最高层管理人员手中，因此一般都是由企业高层管理人员制定企业总体战略的框架，明确企业战略思想，然后再要求各部门根据自己的实际情况及总部的要求进一步发展这一战略计划。

8.3　公司治理

建立战略实施的计划系统和职能支持系统是企业在相对静态的环境下提高战略实施效果的主要措施，但在相对动态的环境下，战略管理者更需要设计和建立一种旨在保障战略实施过程中决策正确和行为恰当的机制，这种机制主要由以下 4 个方面的内容构成：合理的公司治理、有效的战略领导、匹配的组织结构、良好的企业文化。本节主要介绍公司治理。

最近，麦肯锡公司对投资于新兴市场的个人和机构投资者进行了一系列的调查，发现其中 80 %的投资者均愿意为治理结构良好的企业付出较高的溢价。其他一些研究也表明，公司业绩和治理水平之间存在正相关关系。

1. 公司治理的概念

公司治理的现代理论文献起源于伯利和米恩斯的开创性研究。他们认为，公司的管理者常常追求个人利益的最大化，而非股东利益的最大化。伯利和米恩斯关注的企业契约性质和委托代理问题，推动了代理理论（agency theory）的萌芽和发展。所有权和经营权的分离所造成的代理问题，是导致企业战略管理过程中出现战略失误和行为不恰当的重要原因。

英文中的治理（governance）原意是控制、引导和操纵，主要用于与国家的公共事务相关的管理活动和政治活动中。但是 20 世纪 90 年代以来，这一概念被广泛应用于社会经济领域。治理在企业理论中的应用便是公司治理，英文为“corporate governance”，国内将其翻译成法人治理结构、公司治理结构和企业治理机制等。对公司治理的定义，国内外很多学者从不同的角度提出了不同的看法，目前理论界还没有一个统一的认识。

20 世纪 80 年代美国全国董事协会（NACD）对公司治理结构所做的界定是：公司治理结构是确保企业长期战略目标和计划得以确立，确保整个管理机构能够按部就班地实现这些目标和计划的制度安排。1997 年 9 月，美国发表了《公司治理结构声明》，强调："公司治理结构不是抽象的目标，而是在股东、董事会成员和管理团队最有效地追求公司运行目标过程中为公司追求它的目标提供的一套结构或制度安排"。

吴敬琏认为，"公司没有意识和意志，它只能经由一个组织系统，即公司治理结构支配的管理人员才能对公司进行治理。所谓公司治理结构是指由所有者、董事会和经营层（高级执行人员和高级经理人员）三者组成的一种组织结构。在这种结构中，上述三者之间形成一定的制衡关系。通过这一结构，所有者将自己的资产交由公司董事会托管；公司董事会是公司的最高决策机构，拥有对经理人员的聘用、奖惩及解雇权；高级经理人员受雇于董事会，组成在董事领导下的执行机构，在董事会的授权范围内经营企业"。

钱颖一教授认为，"公司治理结构是一套制度安排，用来支配若干在企业中有重大利害关系的团体，包括投资者、经理、工人之间的关系，并从这种制度中实现各自的经济利益。公司治理结构应包括：如何配置和行使控制权；如何监督和评价董事会、经理人员和职工；如何设计和实施激励机制"。

综上所述，公司治理是指存在于企业的相关利益团体，尤其是股东和高层管理团队之间的一种结构关系及由此决定的制度安排，这种结构关系和制度安排将主要用于控制代理成本，决定和控制一个企业的战略和绩效。合理的公司治理能促使企业高层管理者做出最有利于企业长期发展的战略决策。

2. 公司治理与战略的关系

公司治理的重要目的之一是提高企业的竞争力，力保企业长期存续和发展。公司治理机制作为协调企业责、权、利的根本机制，决定了企业内部权利结构的特征，并进一步影响管理制度的制定和企业的经营决策。在各种决策的背后，无不闪现着治理的身影。公司治理机制调整了企业利益相关者的关系，在各方协调的基础上，按照治理机制规定的程序，决定企业的战略和各项决策，建立企业的管理制度。良好的治理机制，本身就是企业竞争力的一部分。

公司治理在许多方面与战略的制定和实施有关。董事会应当确保企业的愿景和使命体现在战略中，并且对战略实施加以监管。

当管理层不是企业所有者时，其背离组织目标的风险将会增大。股东们如何对高层管理者的行为问责？如何保证企业按使命来运营？如果股东们发现高层管理者制定的战略与使命不一致或不能为公司创造价值，或者更糟糕的是，如果高层管理者有不道德或违法行为，他们向谁求助？公司治理可以帮助股东们避免这些问题。

3. 公司内部治理机制的主要内容

公司治理可以分为外部治理和内部治理，公司治理体系如图 8－4 所示。考虑到企业战略管理者可以发挥作用的范围，下面主要介绍公司内部治理机制对战略实施过程决策的影响。

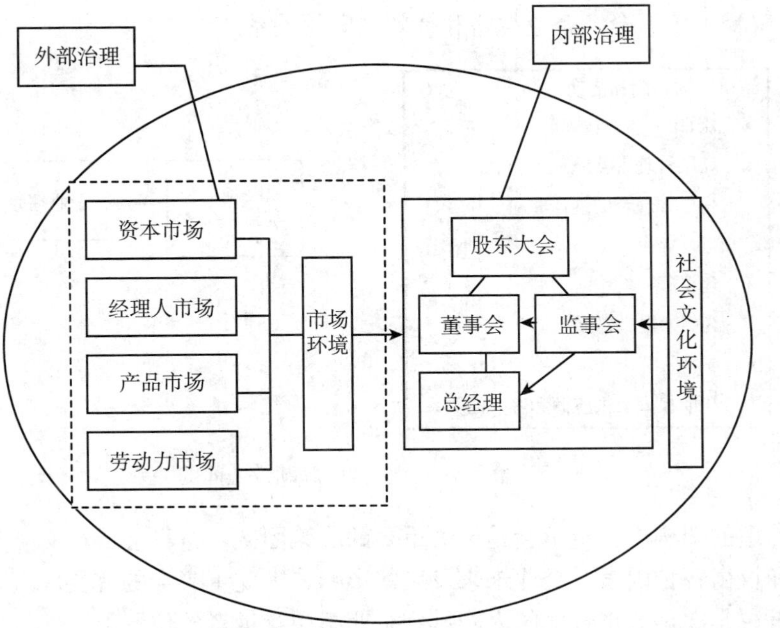

图 8-4　公司治理体系

（1）股权结构

股东代表大会是企业的最高权力机构，行使对企业战略选择和经营绩效有重大影响的若干职权，包括：决定企业的经营方针和投资计划；选举和更换董事、监事，决定有关董事、监事的报酬事项；审议批准董事会、监事会或者监事的报告；审议批准企业的年度财务预算方案、决算方案；审议批准企业的利润分配方案和弥补亏损方案；对企业增加或者减少注册资本做出决议；对发行企业债券做出决议；对企业合并、分立、解散、清算或者变更企业形式做出决议；修改企业章程及企业章程规定的其他职权。股东权益机制是企业最根本、最上层的治理机制，也是企业最根本的制度，它决定着其他治理机制的设计，也从根本上制约着管理制度中的各个方面，包括职权的安排、财力和物力的去向及企业的战略。

股权结构是指企业股权类型和比例配制的结构。研究表明，股权结构过于集中或分散，都不是合理的公司治理安排。合理的公司治理安排必须让股东对企业给予足够的关心，同时制衡各利益团体的利益，股东也能对管理者的战略决策给予足够的监督和参与。越来越多的企业引入机构投资者，希望在保证股权适度集中的同时，有效地利用专业投资机构的知识和能力。

（2）董事会

董事会（board of directors）由股东大会选举产生，是代表股东大会行使权利的企业经营决策和管理机构。董事会的主要职责是：负责召集股东大会；执行股东大会决议并向股东大会报告工作；决定企业的生产经营计划和投资方案；决定企业内部管理机构的设置；批准企业的基本管理制度；听取总经理的工作报告并作出决议；制定企业年度财务预算、决算方案和利润分配方案、弥补亏损方案；对企业增加或减少注册资本、分立、合并、终止和清算等重大事项提出方案；聘任或解聘企业总经理、副总经理、财务部门负责人，并决定其奖惩。

图 8-5 解释了董事会、企业战略和绩效之间的关系。

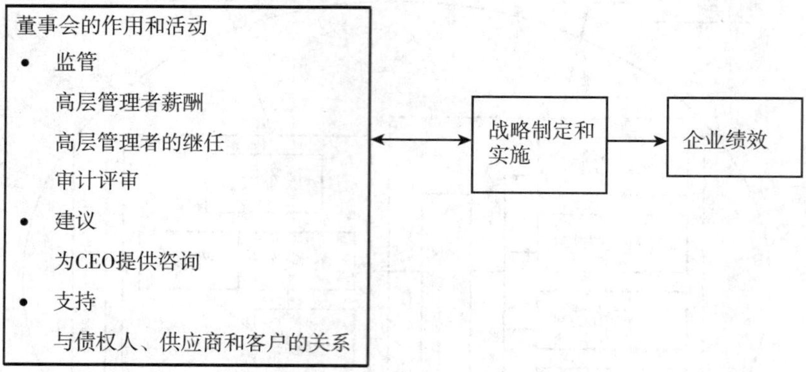

图 8-5 董事会、企业战略和绩效之间的关系

在公司治理的架构中，董事会是至关重要的决策团队。董事会成员必须有足够的时间去思考、判断和权衡各种因素对企业未来发展的影响，因此董事会的首要职责是做出正确和有效的战略决策；其次是要将合适的人安排到企业高层管理者的位置上，并且通过合适的激励和监督去保证他们能够提出正确的计划和方案；最后还需要具备相应的信息和知识去判断企业高层管理者所提出的计划和方案是否正确。

（3）高层管理者的激励机制

管理者报酬（executive compensation）是一种试图通过工资、奖金，以及股票奖励和期权之类的长期激励性报酬使管理者和所有者利益一致的公司治理机制。它在理论上是通过将管理者财富和普通股东财富相联系来解决或避免潜在的代理问题。

首先，董事会要确定企业高层管理者的工资和办公条件等方面的待遇。这种待遇主要与其占据的“位置”有关，包括位置的价值和相应的工作及生活待遇。其次，董事会要考虑给予企业高层管理者一定的奖金，这种激励与企业的短期（一般是年度）绩效的超预期增长挂钩。当然，这种激励不应该成为管理者收入的主要部分，因为这样容易导致管理者在战略决策中的短期行为。最后，董事会还应考虑给予企业高层管理者一些长期激励，如股权、期权等，目的是让高层管理者在决策过程中多考虑企业和股东的长期利益。

有效的高层管理者报酬特别是长期激励报酬是复杂的。第一，高层管理者指定的战略决策通常是复杂且非常规的，所以不能直接监管管理者以判断他们决策的质量。这便促使将高层管理者的报酬与可测量的结果联系起来，如企业的财务表现。第二，管理者的决策对企业财务状况的影响要在一定时期后才能表现出来，从而很难评估现有决策对企业未来业绩的影响。第三，高层管理者的决策及行动和企业的实际表现之间的关系还受到许多不确定因素的影响，不可预见的经济、社会或法律的变动使评估决策效果的难度加大。

综上所述，良好的公司治理具有四个方面的作用。第一是能够坚持以全体投资人和企业的整体利益为导向，有效运用企业的全部资产，保障企业正常运作；第二是通过董事会对企业战略体系进行咨询与审定，促进企业决策科学化；第三是通过建立有效的经营层监督与激励机制，使经营者守法经营并充分发挥经营才能，提高企业经营管理水平，增强企业竞争力；第四是保证企业运作公正、透明，增强投资者的信任，从而使企业在资本市场上更有竞争力，降低融资成本。

战略启示 8-2

董事长只做三件事

冯仑

董事长是公司的一把手和公司团队的核心。我算是中国最资深的董事长之一，20 年来我只做过这一个职务，没做过任何总经理之类的职务。在《公司法》出台之前，我就担任董事长，一直到现在仍然是这个岗位，因此对这个角色的扮演，我有一些自己的观察和体会。

按照《公司法》规定，总经理可以管很多事情，那么董事长该做什么？很少做事或什么事都不做，就挂个名签个字吗？一般来说董事长并不愿意这样，也不放心；但如果什么都管，管得非常具体，让总经理没事做了，那也不行。所以董事长和总经理有一个权力边界，既然在治理结构里规定有这两个角色，那他们之间肯定存在差异，同时又有衔接。

我认为董事长要做的最重要的三件事情，就是“看别人看不见的地方、算别人算不清的账、做别人不做的事”，其他事情则可以由总经理去做。

1. 看别人看不见的地方

要看到别人看不见的地方，无非就是这三条：经验、逻辑和直觉。通常看见是很容易的，但看明白、看穿、看透很难。

那么，怎么对看不见的地方进行判断？

第一，看未来的发展趋势，而趋势又是由背后的规律所决定的。另外就是看机会、风险，还要看人才，你先看见了，你先做，最后大家就会认为你有先见之明。你先看到了这些东西，你就是领导者；不能先看到，你就是个跟随者；看错了、看反了，你就是失败者。韩非子讲“智者察于未萌，愚者黯于成事”。这就需要领导者在大量的不确定和风险中去寻找、去过滤、去判断，每天面对海量信息，需要有方法、思考、学习。自己要体验、观察，要大量地跑，这样看到的才是最直接的东西，才能获取第一手信息。

第二，根据逻辑分析能力做出判断。董事长要具有一些专业的逻辑能力，诸如经济学、法学、社会学，这些基本的逻辑判断、分析很重要，因为我们需要通过逻辑分析来整理大量的信息，最后从中发现一些规律性的东西，并由此来判断未来的趋势。

第三，完全靠感知，要能将很多本能和信息、经验、情感交织在一起。刚才所说的两个因素越丰富，感知的能力才越强。现在房地产政策、宏观经济政策出台，我会做出一些判断和决策，很多也是跟感知有关。改革 30 多年以来，我们的政策不断在演变，我累积所有经历过的事情，能够感知到现在的某些信号可能意味着什么，我有我的经验和看法，这有助于我在每个阶段都能做出对的决策。

2. 算别人算不清的账

针对同样一件事，时间不同，对这件事的价值观选择就不同；这件事合不合理，若是根据价值观来筛选，而不在于这件事本身值多少钱，那这笔账的算法就不一样。我认为董事长最难做的一件事情是算别人算不清的账。你看见了别人看不见的地方，就要做决定，这就牵扯到了算不清的账，因为你是投资未来，而很多人只要现在。

一个董事长的创造性空间就是其对未来的假定，然后据此做今天的安排。但无论你再怎么做，也人算不如天算，所以董事长的智慧极限也就在其生命极限上。没有一个董事长能把后面三代都安排完，现在的安排所依据的假定也是在一个非常有限的前提下才能付诸实施的。

算这些算不清的账，就是算现在和未来。马云说过：明天很美好，今天很残酷，后天更美好，但很多人看不到明天就死亡了。所以当一个领导者就是在今天、明天、后天，还有昨天之间，不断地过滤和做决定。

在合作中，跟谁做、选择什么样的价值观、什么时间做，这些考量使得每件事情都可以有无限多的组合，这是困扰董事长做决策最多也是最难的一点。各种决策的累积成就了企业的现状。

董事长的工作，就是算这类算不清的账，算现在和未来，算是非善恶，算合作伙伴的优劣，在这个框架内决定用这些钱做什么。

3. 做别人不做的事

董事长要做别人不做的事情，主要包括四件事：做未来、决策、用人、承担责任。

在董事长的工作中，还必须做别人不做的事。比如我们现在一直在做培训，因为我们想让万通理想丰满。万通从 1991 年刚创办时就开始做培训了，企业创办初期，在写完《披荆斩棘、共赴未来》之后，我们 6 个人刚挣到第一笔钱，就开始内部培训。那时我们平均年龄还不到 30 岁，这算是青年干部培训，这种培训一直坚持到今天。万通七八年前就有了历史陈列馆，跟员工做沟通训练时使用。我们一直说要做好人，说到大家最后形成了心理定式和行为习惯，以至于做坏事会有心理障碍，这就是 20 年坚持培训的结果。

董事长不仅要带好公司，还要培养公司气质，让公司成为一个优质公司。董事长做未来，就要培养公司的气质，像养孩子一样，先养后教，在教中养，在养中教，等到公司这个孩子长大成人，举手投足间就有了教养，变成了气质。

培养公司的气质，就意味着董事长要做未来，那么什么叫做未来呢？所谓的做未来，就是把一个简单的工作反复做，不厌其烦地做，不停地讲。总经理不能天天这么做，他要管当年财务业绩；董事长的职责则是要建立一些在未来可能成功的机会，像我们公司的立体城市、台湾和纽约的投资机会等，这些都是在做未来。

对于董事长来说，他要去做前瞻性的工作，要做战略性决策。董事会给你权力，你可以提名总经理，有组阁的权力，也就是用人的权力。董事长必须团结董事会其他成员一起做好这项工作，比如架构董事会，选谁来做独立董事、董事会成员配比、董事会成员的年龄构成、专业知识背景的组合等，以及选择合理的总经理、把控专业团队的更替等。建立一整套制度，进行绩效管理，保证执行和考核，这些都是董事长要做的工作。

除此之外，董事长还有一个很重要的职责就是承担责任，不能做了决策不承担责任。古代晁错就犯了一个最大的错误，他撩起很多事让皇上决策，最后他不承担责任跑了。承担责任这件事不复杂，但需要勇气和牺牲精神，因为有些决策是有风险的。

（资料来源：根据互联网资料整理）

8.4　战略实施与组织结构

企业组织结构是企业内部各部门之间关系的骨架或模型，通常根据信息沟通、权责分工和工作流程等来确定。

1. 企业组织结构的类型

企业组织结构的类型主要有4种：直线型结构、职能型结构、事业部结构、矩阵结构等。

（1）直线型结构

直线型结构是最早、最简单的一种组织结构形式，如图8-6所示。

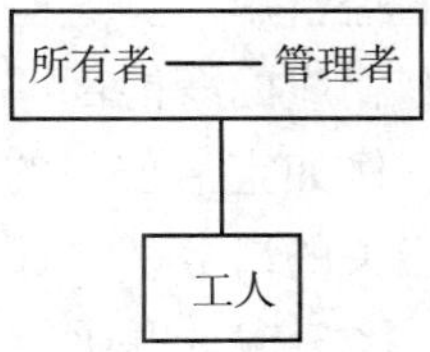

图8-6　直线型结构

直线型结构是指组织中各项职务按垂直系统直线排列，各级主管人员对所属下级拥有直接的一切职权，不设专门的职能机构。

直线型结构的优点是结构比较简单，权力集中，责任分明，命令统一，联系简捷。其缺点是在组织规模较大的情况下，所有的管理职能都由一人承担，往往由于个人的知识及能力有限而感到难以应付，可能会发生较多失误。

直线型结构适用于那些没有必要按职能实行专业化管理的小型组织或者是现场的作业管理。

（2）职能型结构

职能型结构又称U型结构或一元结构，是最古老、使用最广泛的组织结构。它起源于20世纪初法约尔在其经营的煤矿公司担任总经理时所建立的组织结构形式，所以又称“法约尔模型”。它按业务职能如生产、营销、财务、研发、人事等设置管理部门，而每一个部门均由企业最高领导者直接进行管理，如图8-7所示。我国的国有企业广泛采用这一结构形式。

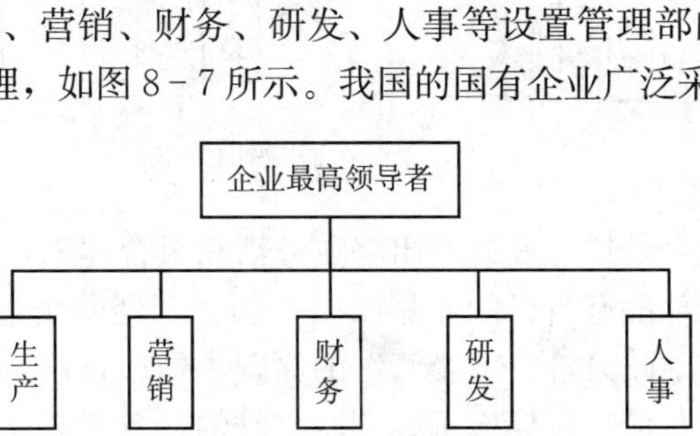

图8-7　职能型结构

职能型结构的特点是集权且有明确分工。各个职能部门只负责某一方面的职能工作，也就是说各级管理机构和人员实行高度的专业化分工，各自履行一定的管理职能。只有最高领导层才能纵观企业全局，也就是说企业的生产经营权高度集中于最高领导层。

职能型结构的优点主要体现在：总经理管理所有业务；简化控制机制；明确的责任分工，有助于促进劳动的专业化分工，提高企业对各方面专门人才的利用效率；在高级管理层和中级管理层有专门人员负责；组织可以获得规模经济和学习效应。其缺点主要体现在：高级管理人员负荷过重，容易忽略战略问题；难以处理多元化业务；各职能部门间的协调比较困难，使企业在适应外部环境方面缺乏灵活性；适应性差，在一个迅速变化的环境里十分不利。

职能型结构适用于中小型的、产品品种比较单一、生产技术发展变化较慢、外部环境变化比较稳定的企业。当企业规模、内部条件的复杂程度和外部环境的不确定性超出了职能型结构所允许的限度时，则不应采用这种结构形式，但在组织的某些局部仍可部分运用这种结构形式。

（3）事业部结构

事业部结构又称 M 型结构或多部门结构。随着企业的发展，市场、地理位置的多样化，企业要按照市场区域、产品建立分权的经营单元。这些分权的经营单元，在符合企业整体政策、目标的前提下开展业务活动，设有相应的职能部门，从而满足不同地区、不同顾客的不同需求，灵活地适应快速变化的环境。例如宝洁公司的品牌经理，像企业家一样，负责所有与成功推出某一产品（或产品系列）相关的事务。

事业部结构又称为分权组织或部门化结构。事业部是指分权型组织结构中的一个管理层次，该层次主要根据地理区域、产品或服务、用户、工艺 4 个方面的因素归并组织而成。每个事业部作为企业内部的一个独立经营部门，是单独核算、自负盈亏的利润中心，自行开展营销、生产制造、研究开发、财务管理、计划组织等职能活动，如图 8－8 所示。各事业部考虑的是在一个特定的产品市场上如何增强产品的竞争地位，创造或维护可持续的竞争优势。

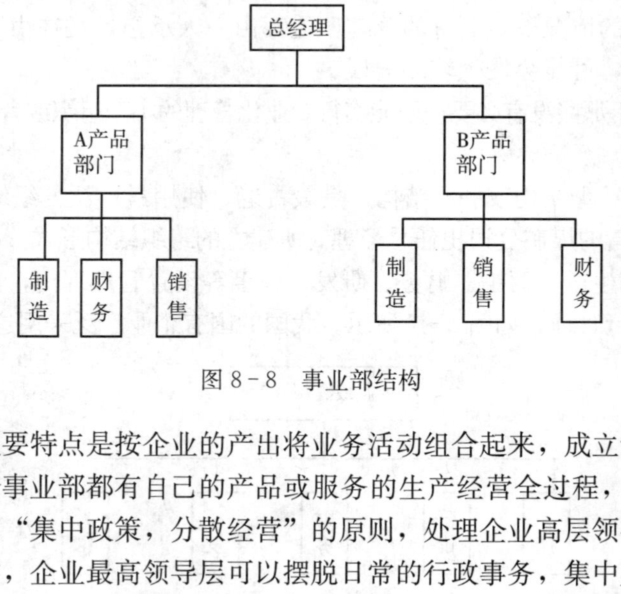

图 8－8　事业部结构

事业部结构的主要特点是按企业的产出将业务活动组合起来，成立专业化的生产经营部门，即事业部，每个事业部都有自己的产品或服务的生产经营全过程，并为企业贡献利润。在纵向关系上，按照“集中政策，分散经营”的原则，处理企业高层领导与事业部之间的关系。实行事业部结构，企业最高领导层可以摆脱日常的行政事务，集中力量研究和制定企业发展战略和经营方针，最大限度地把管理权限下放到各事业部，充分发挥它们的积极性和主动性，使各事业部能依据企业的战略、政策和制度自主经营。

事业部结构的优点有：重点强调业务领域，通过授权使管理者具有更大的主动性，也有利于提高员工士气；便于企业核定、评价各部门的经营成果，协调各部门的利益关系；增加或减少事业部较容易，便于在组织内部形成竞争环境；高级管理人员可以更多地关注战略问题；鼓励综合管理的发展，有利于培养、锻炼管理人员各方面的能力，提高工作效率。其缺点有：由于各事业部利益的独立性，容易产生本位主义，忽视长远的整体利益，影响各部门间的协调；在总部与事业部内部都要设置职能机构，可能造成机构重叠，管理人员增多，管理费用增加；难以把握集权与分权的“度”。

（4）矩阵结构

矩阵结构是垂直职能结构和水平部门结构的结合，是一种双重授权的组织设计。

矩阵结构又称为规划-目标结构，是一种最为复杂的组织结构，因为它同时依赖于纵向和横向的权利关系与沟通，它把按职能划分的部门和按产品（或工程项目或服务项目）划分的小组结合起来，组成一个矩阵，如图8-9所示。参加项目小组的成员受双重领导，一方面受项目小组领导，另一方面受原职能部门的领导。

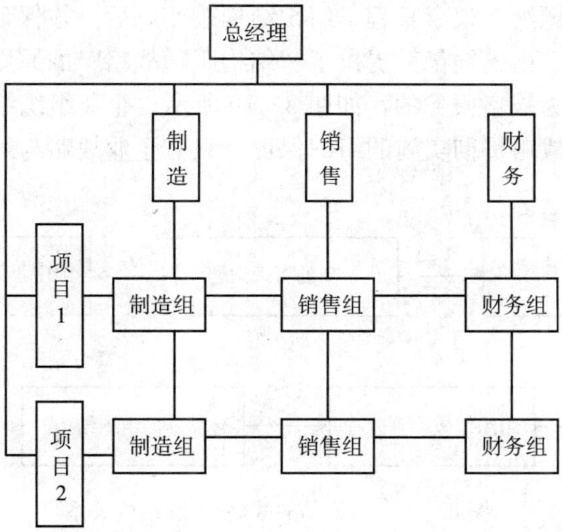

图8-9 矩阵结构

矩阵结构的优点有：综合了职能型结构的稳定性和项目组织的灵活性；促进了各职能部门之间的沟通和协调；使企业管理中的纵向联系和横向联系很好地结合起来，是平衡组织内部相互依赖的一种方法；有利于加速新产品开发（把各种专业人员集中起来完成某项任务）。其缺点有：由于设置了更多的管理职位，会导致很高的管理费用，加重了企业的复杂化；它违反了一个重要的传统管理观念——“统一指挥”，经常发生权力之争。

应该明确的是，在组织结构类型的选择中，任何组织结构都有其自身的优点和缺点，并不存在完美的组织结构设计。对特定战略或特定类型的企业来说，也不存在一种最理想的组织结构设计。对某一企业适用的组织结构不一定适用于另一家类似的企业。例如，生产消费品的企业倾向于按产品设置组织结构，小企业倾向于按职能设置组织结构，中型企业一般实行分部式的组织结构，大型企业采用战略事业部或矩阵结构。随着企业的不断成长，企业的组织结构将经历由简单到复杂的发展过程。

2. 企业战略与组织结构的关系

1）基本原则

企业战略与组织结构关系的基本原则是组织结构要服从于企业战略，也就是说，企业战略决定着组织结构类型的变化。这一原则表明企业不能从现有的组织结构的角度去考虑经营与发展战略，而应根据外部环境的变化去制定相应的战略，然后根据新制定的战略来调整企业原有的组织结构。只有这样，企业的战略实施才能得到组织上的保证，真正获得经济效益。

在探索企业战略与组织结构的关系方面，美国学者钱德勒（A. D. Chandler）做出了重要贡献。他对美国70家大公司（特别是通用汽车公司、杜邦公司、新泽西标准石油公司和西尔斯·罗布克公司）的发展历史进行了研究，发现各家公司在处理战略与组织结构的关系上有一个共同的特点，即在企业选择一种新的战略之后，由于管理人员在现行结构中拥有既得利益或不了解经营管理问题以外的情况或对改进企业组织结构的必要性缺乏认识，使得现行组织结构未能立即适应新的战略而发生变化，直到行政管理出现问题，企业效益下滑，企业才将改变组织结构问题纳入议事日程，组织结构改变以后，才保证了战略的实施，企业的获利能力才大幅度提高。由此钱德勒提出了“结构跟随战略”的原则，即企业组织结构要服从于战略，组织结构是为战略服务的，如图8－10所示。企业组织结构一定要适应实施企业战略的需要，它是企业战略贯彻实施的组织保证。只有企业战略与组织结构相匹配，才能成功地实施企业战略。

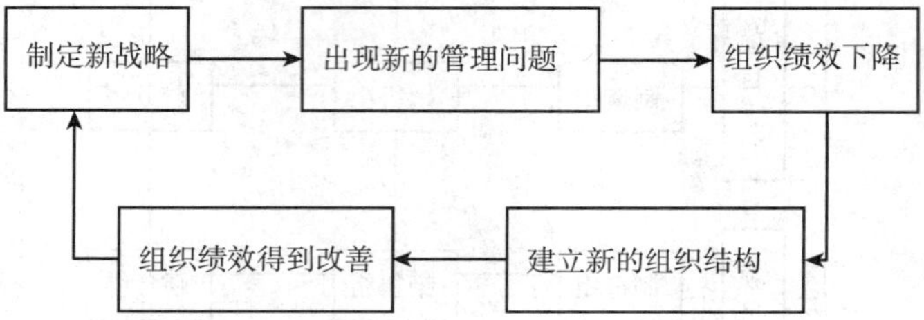

图8－10　钱德勒的战略-组织结构关系

2）与发展战略相适应的组织结构

为了更清楚地阐述战略与结构的关系，钱德勒描绘了美国工业企业不同的历史发展阶段所产生的战略，以及伴随这些战略实施而形成的组织结构。

（1）数量扩大战略

在工业发展的初期，企业的外部环境比较平稳，企业只要扩大生产数量，提高生产效率，便可获得高额利润。在这种情况下，企业常常制定数量扩大战略，即在一个地区内扩大企业产品和服务的数量。此时，组织结构也相应比较简单，往往只需要设立一个办公机构去执行单一的生产或销售职能。

（2）地区扩散战略

随着工业化的进一步发展，当一个地区的生产或销售已经不能满足企业发展的速度与需求时，企业则要求将产品和服务扩散到其他的地区去生产或销售，于是便产生了这种战略。与此相适应，组织结构的形式是总部与部门共同管理各个地区的经营单位。这些经营单位虽然分处不同的地区，但它们执行的职能是相同的。

(3) 纵向一体化战略

在工业增长阶段的后期，企业所承受的竞争压力加强。为了减少竞争的强度，企业希望自己拥有一部分原材料的生产能力或者拥有分销产品的渠道，从而形成了一体化战略。这样，组织结构也做了相应的变化，出现了中心办公机构与多部门的结构。不过，这些部门的产品仍具有生产经营过程上的内在联系，相互之间在加工或销售上有很强的依赖性。

(4) 多元化战略

工业进入成熟期，企业为了避免投资或经营的风险，继续保持高额利润，往往开发出与企业原有产品毫无关系的新产品系列，甚至兼并生产这类新产品系列的企业。这时，组织结构形成了总公司本部与事业部结合的格局。

3) 战略的先导性与组织结构的滞后性

从美国工业企业历史发展的四个阶段可以看出，战略与结构关系的基本原则是受工业经济发展制约的，不同的发展阶段应有不同的经营与发展战略，组织结构也相应做出反应。但是，最先对经济发展做出反应的是战略，而不是组织结构，即存在战略先导性与组织结构滞后性。

(1) 战略先导性

战略先导性是指企业战略的变化要快于组织结构的变化。这是因为，企业一旦意识到外部环境和内部条件的变化提供了新的机会和需求，首先是在战略上做出反应，以此谋求企业新的发展。例如，经济的繁荣与萧条、技术革新的发展都会刺激企业发展或减少现有企业的产品和服务。而当企业自我积累了大量的资源以后，企业也会据此提出新的发展战略。当然，一个新的战略往往需要一个新的组织结构进行支持，至少在一定程度上调整原有的组织结构。如果组织结构不做出相应的变化，新战略也不会使企业获得更大的效益。

(2) 组织结构滞后性

组织结构的变化常常慢于战略的变化速度，特别是在经济快速发展时期更是如此。组织内部结构的职责在变革的过程中常常含糊不清。钱德勒通过研究指出，造成这种现象有两种原因：一是新、旧结构交替有一定的时间过程。新的战略制定出来以后，原有的结构还有一定的惯性，原有的管理人员仍然在运用旧的职权和沟通渠道去管理新、旧两种经营活动。二是管理人员的抵制。当管理人员感到组织结构的变化会威胁到他们个人的地位、权力，特别是心理上的安全感时，往往会运用行政管理的方式去抵制变革。

从战略先导性与组织结构滞后性可以看出，经济发展时企业不可错过时机，要制定出与发展相适应的经营战略与发展战略。一旦战略制定出来，要正确认识组织结构有一定反应滞后性的特性，不可操之过急。但是，组织结构滞后性不是不可触犯的，企业可以通过努力来缩短滞后的时间，使结构早些变革。

3. 组织结构演变的新趋势

互联网正在改变企业的组织形式，组织结构变革的特征如下。

(1) 去中心化

调整组织结构是改变员工被管理惯性和被组织情景的首要手段，让员工位于组织中“合伙人”或“管理者”的位置，从组织结构、岗位设置上赋予其“主人翁”的地位。小米是去中心化组织的典型，除创始人雷军在合伙人层级担当总负责人之外，每一项业务都由对应的合伙人独立负责，雷军并不指导合伙人的决策。这样的好处是，决策从熟悉具体业务的下级产生，使下级责任者获得足够的权力并承担应有的责任，共同推动组织目标的实现。与之类似，众筹、众包、众创等模式同样赋予每一位参与者同等的权利，让他们都可成为组织或项目的核心。

(2) 去层级化

精简组织层级是拉近员工与组织创始人距离、改善员工心理体验的必要手段。事实上，去层级化的结果就是扁平化组织。

以海尔为代表的传统制造型企业自 2013 年起开始了“刮骨疗伤”式的去层级改革，提出“外去中间商、内去隔热墙”，后者指的就是未与市场直接接触的中层管理人员。相对于具有后发优势的互联网企业，海尔的这一做法无疑具有一定的颠覆性，甚至会带来阵痛。但是长痛不如短痛，激发员工的创造力和责任心是每一家优秀企业的使命。

【案例 8－1】

万科的战略实施

万科企业股份有限公司于 1988 年进入房地产行业，经过三十多年的发展，成为国内领先的房地产公司，目前主营业务包括房地产开发和物业服务。公司聚焦城市圈带的发展战略，分布在以珠三角为核心的广深区域、以长三角为核心的上海区域、以环渤海为核心的北京区域，以及由中西部中心城市组成的中西部区域。此外，公司自 2013 年起开始尝试海外投资，目前已经进入旧金山、纽约、伦敦等城市，参与数十个房地产开发项目。

1. 组织结构

在 2010 年规模达到千亿前，万科明确了战略总部、专业区域、执行一线的新三级管控模式，将过去总部负责的设计、工程、销售等专业管理职能逐步下放到区域中心。2012 年万科又将一部分投资决策下放到区域，加强区域的投资决策能力，以便更快速地进行土地竞标。区域实体化就是为了在组织结构上搭建更大的增长框架。2012 年万科开始做“战略总部”，比如创新研发、品类分析等前瞻性研究及融资等重大财务安排。

2013 和 2016 年，万科进行了两个主要的组织结构调整：一是事业合伙人，二是把集团诸项大权下放至区域。

2013 年起，万科开始实行合伙人制度。万科 CEO 郁亮 2015 年解释，顶部持股计划、中间项目跟投和底下事件合伙构成目前万科事业合伙人的三大要素。“由于持股计划只面向 2 500 多名骨干员工，其余员工特别是区域公司的积极性成为关键。而项目跟投制度一方面解决了部分资金投资问题，另一方面也绑定了员工和公司的利益。此外，由于万科是大公司，难免存在大公司病，事件合伙人制度通过设立项目小组进行责权划分，也提高了工作效率。”万科 CEO 郁亮表示，大公司部门之间责权利难划分清楚，因而组织事件合伙人参与工作。事件合伙人聚散灵活，事情解决后，再回归各自部门。

对于为什么采取合伙人机制作为组织结构，万科 CEO 郁亮 2015 年指出，“2013 年以来，我看了很多企业，国际上比如黑石、KKR、毕马威等，国内的如阿里巴巴、小米，这些优秀企业都是合伙人机制。另外也读了一些对我影响很大的书，比如《失控》。在这个互联网化的社会里怎么做组织架构？平台化架构是趋势，但如果不是合伙人，不可能有大平台成立。所以组织结构要并联，串联的话一个断了就全断了，并联有个地方坏了拿掉就行。另外，也是源于对作为万科基本管理制度的职业经理人制度的反思。职业经理人制度是万科最早提倡的，但我们也最早遇到它的不足。投资者看来，职业经理人有共创、共享，却没有共担。而随着互联网经济、创业时代的来临，以80后、90后为主的员工自主意识很高，人人都想做自己的主人。职业经理人制度不仅使经理人与投资者之间形成界限，也不符合现在员工的心态。"

2015年郁亮说，在传统公司中，万科的转型也许是最脱胎换骨的，这不仅是业务转型，而是整个公司管理架构彻底转型——从职业经理人到事件合伙人。在传统产业的黄金年代，组织大于个人；而到了互联网时代，组织需要尊重个人，个人可以大于组织。随着事件合伙人制度的推进，万科的组织特点已经接近互联网公司，这个制度对万科运营效率的提升，已经有相当明显的效果。"我们发的5年期公司债利息只有3.5%，这就是运行效率提升最直接的表现。"他还评价道，"万科的信用等级提高了。"

2015年，已过了规模增长期的万科急切寻找新的盈利点。2015年，万科CEO郁亮说，"未来10年万科要做到万亿市值，其中住宅只占50%，另外50%都来自新业务。"郁亮多次表示，不在乎是否销售第一，万科和行业能否转型成功才更重要。深圳综合开发研究院旅游与地产研究中心主任宋丁表示，"房地产企业从城市建设的职能正在向城市运营服务的职能转变，房地产企业原有的产业模式难以适应新型产业结构的变化。万科及其他大型房企在未来十年里势必将面临房地产行业产业结构的调整，随之而来的就是人员的调整。"

为了实现转型，2015年，万科的总部和地方公司的组织架构都开始进行调整。万科希望实现扁平化的组织结构，由总部搭台，一线公司唱戏，组织架构开始从金字塔科层结构向合伙人扁平化结构转变。这是因为，在一线的公司直接接触客户，了解客户需求，能承担新业务的尝试。"我们会将金字塔压扁，变成扁平化的架构，万科会把更多力量往区域、往一线来放。"万科CEO郁亮2015年说。有管理咨询人士认为，"万科总部以后的发展定位方向可能会朝着投资型总部转变。强化投资监控而弱化业务管理，这是大公司发展到一定阶段的产物。"

实际上，事件合伙人有利于扁平化。郁亮2015年指出，"事件合伙人让万科管理层级扁平了。原先层级比较明显，但是大家都跟投之后，领导不太重要，干活很重要。这都是跟互联网学来的。"

万科CEO郁亮2015年指出，"我们鼓励各个区域公司创新业务，万科有一套'赛马'机制，'赛'出来的新业务会在各个公司推广。到现在，万科已经出现了很多新业务，比如物流地产、产业地产、万科驿、养老和教育等。"

在2015年的酝酿之后，从2016年初开始，万科就展开组织架构变革，将集团诸项大权下放至区域，首先下放的权限有营销、设计和工程质量管控，目的在于以区域为主体展开利润竞争，各自整合资源。据了解，新的激励制度也随之匹配，区域公司也开始有奖金分配权。变革之下，各区域公司开始正式对各自的利润负责，根据区域内城市公司的经营与产品情况，进行资源整合，未来或出现区域内各城市公司合并等裁撤动作。这一变革让万科的区域公司站到了更高的管控位置。

2016 年，万科高级副总裁谭华杰透露过“沃土计划”，即“在万科组织结构改革设想里，我们曾经做过一个最大胆的方案——我们把万科所有区域的一线公司、职能部门全部打散，全部撤销”。在这个设计中万科的结构只有三层：集团总部、能力集群、利润单元。谭华杰表示，这个计划将拆掉万科，让万科变成一个更简单、更扁平的组织架构，更以业务为导向，通过建立一个个“奖金包”，以能力与效率为导向，对“大公司病”开刀，让万科体系更开放、更加具有对行业周期的抵抗能力。

万科在 2016 年的计划是把总部的人数降到 100 人以下，总部不再有所谓的分管领导，也不再有所谓的职能部门，取而代之的是一个个委员会，将相关人员召集在这些委员会下面；能力集群类似于项目制，以推进业务的探索；利润单元则是每个项目、每个事业部。

2017 年，万科通过团队调整，在现有四大区域中，北京、上海、华南区域都是以区域首席执行官兼职城市公司总经理职位，这在万科历史上较为罕见。这样，从拿地投资决策到人事任命，几乎都由区域首席执行官兼任城市公司总经理掌管，实施区域强权化改革，增加区域公司的权力，这不难看出万科强化区域管控的意图。

2. 公司治理

万科控制权之争事件暴露出了中国上市公司在股权分散化的道路上可能会出现的诸多问题，比较突出的有三个：一是国有企业做大股东存在一些隐患；二是独立董事缺乏真正的独立性的问题；三是很多股权分散的公司的高管团队缺乏预防恶意收购的手段。

(1) 关于国有企业作为非绝对控股的大股东

万科的公司地基就是在不存在控股股东的情况下，由华润这家超大央企持有相对多的股份，然后全力信任创业企业家带领一支优秀的营运团队来打理。万科的大股东华润集团既不是公司的创始人，持股比例也不到 20%，对公司没有绝对的控股权，在董事会的名义席位不到 30%（11 席占 3 席）。

或许正是因为国企是一个非控股的最大股东，在“野蛮人敲门”时，华润磨磨蹭蹭不做反应，一不撤资，二不大幅增持，甘愿变成第二大股东。2015 年年底，门口的“野蛮人”初露狰狞，宝能占有万科股份升至 23.52%，超越华润成为万科最大股东。宝能系数次买入万科股份，且每次都在 5%以上。在宝能系举牌万科时，华润曾有多次机会保住第一股东位置，防止宝能篡位，但华润却按兵不动，拱手将第一股东送给宝能。2016 年 6 月，在投票表决万科引入深圳地铁重组预案上，华润投出了反对票，表达了强烈反对深圳地铁集团成为第一股东的意愿。倘若第二股东华润愿意站在万科的一方，势必会削弱宝能股权；但华润的突然倒戈，使王石在万科的地位岌岌可危。

万科的独立董事之一华生认为，“正是因为华润在万科控制权之争中令人困惑的左右摇摆和反复，使华润既丧失了第一大股东地位，又与经营管理层走向对立。因此，国资国企如何当股东，就不仅是一个万科的个案，而是一个大的战略定位问题”。

北京大学法学院邓峰教授指出，“大胆假设下，这之间可能发生了一个判断，华润怕自己增持让宝能高位解套，所以不增持。这时候，出现了国有资产管理的两个标准：一是不能让对手占便宜，二是不能让自己控制权降低。估计是前一个标准占了上风”。

(2) 关于独立董事的独立性

独立投资分析人士丁峰2016年认为，“如果有这样一个董事会，在宝能大举进入时，站在全体股东角度不急于把其定义为‘恶意人’，或许能在一开始就避免矛盾升级。如果有这样一个董事会，独立董事占据多数席位，他们完全不必考虑推荐人的‘人情’因素，任何大股东所委派的董事席位或管理层内部的董事席位，都不能因投反对票否决决议，左右投票结果，也就不会发生票数‘分母之争’这样的滑稽事件。如果有这样一个董事会，在选择谁成为第一大股东、决定创始人去留和判断管理层是否称职时，能更多地考虑事实上占多数股权的中小股东的利益，那么控制权之争也就不会激化到不堪的程度”。他建议，“可否先从这两点做起来：在独立董事提名程序环节，限制大股东提名权，规定由现任独立董事集体提名，或在董事会新设主要由独立董事组成的提名委员会，同时大幅提高董事会中的独董比例至50%以上。”张维迎指出，“这次万科董事会上华润派的三个董事投相同的票，明显代表华润这个股东的偏好，而不是从公司利益出发。我们也没有看到其他董事会成员就重组方案对公司价值的影响展开讨论和评价，讨论全程变成了谁当第一大股东的利益争论，董事会开成了股东会。从这个意义上讲，任何一个股东都可以起诉董事们的不尽责。中国太多人把董事会当成股东会，这个情况下公司治理就不能做好”。

万科想利用深地铁狙击“野蛮人”，甚至取代华润成为万科新的“白衣骑士”，独董都心知肚明。这件事情对万科的意义远大于深地铁这个项目本身，是真正关乎万科未来和前途命运的大事，但所有独立董事都没有对此发表独立性意见。在董事会通过深地铁项目这样一个重大的股权收购的过程中，很多董事是通过电话参会的。

还有评论人士认为敌意收购对公司来说不一定是坏事。清华大学宋学宝教授2016年认为，“在某种程度上说，宝能的加入实际上改善了董事会的结构，既避免了管理层的控制，也会避免大股东的控制。因此，管理层反对宝能，无论理由多么冠冕堂皇，实质就是害怕失去管理层对董事会的控制权，与宝能的动机无关。只要是一个正常的公司决策，宝能没有任何理由要把万科掏空搞垮。因为那样只会使宝能损失金钱”。西门子（中国）前首席律师、现任沙特基础工业公司大中华区首席法律顾问苗壮2016年也认为，“敌意收购未必是恶意的。我认为，就万科管理团队所看重的经营权独立性而言，增加一个大股东未必不是好事”。

(3) 关于反敌意收购机制

天津财经大学李维安教授2016年认为，“股权分散，市值相对偏低，对这么好的公司来说，就存在今后随时被收购的可能。即使宝能不进，别的也会进。在这种情况下，你既想公司控制稳定，又想股权分散，就应该提前设置像鲨鱼击退法、毒丸计划的反敌意收购自卫机制。你不惹事，但是人家过来你又不愿意，你可以挡一下，提前设置。”中国政法大学法商管理研究中心主任孙选中2016年指出，“有海外调查公司显示，美国上市公司的CEO们，有效工作时间中至少50%的精力要投入到在公开市场的‘收购或反收购’上，特别是防止‘恶意收购’的博弈上。”

李维安指出，“原来的并购很多都是国企之间、行政部门组成的，出了事都找政府、找行政力量来干预，那大家就不会想到完善，反正最后找靠山、找政府去吧。”清华大学法学院教授高西庆 2016 年认为，“希望万科的事情不要像过去那样，最终还是得靠规则之外的力量来解决。要依法治国，就不能超越法律，更不能球踢到一半忽然修改规则。”

资料来源

[1] 黄博文．万科人事再调整 中西部区首王海武晋升高级副总裁［N］．每日经济新闻，2017-01-04.

[2] 黄博文．万科老兵周彤确认内部退休 释放区域强权的新信号？［N］．每日经济新闻，2016-12-29.

[3] 董映颉，陈小瑛．万科转型“大手术”：理顺组织架构成突破口［N］．华夏时报，2015-07-04.

[4] 匿名．万科如何管好一线公司：继续放权区域本部．人民网，2015-07-01.

[5] 匿名．万科否认“大裁员” 将向合伙人扁平化结构转变［N］．信息时报，2015-03-04.

[6] 郁亮．万科转型要“乱”三年．中国企业家，2015-12-10.

[7] 丁蕊．万科的新年烦恼：老大地位或不保．新浪财经，2014-01-01.

[8] 张维迎．万科事件应该寻找多赢的解决方案．北大国发院 BiMBA 商学院微信公众号，2016-07-02.

[9] 匿名．华生再发声力挺万科管理层：最好的公司往往都没有控股股东．中国企业家网，2016-10-20.

[10] 周其仁等十教授北大说理劝架：多赢解决万科事件．财经网，2016-07-02.

[11] 丁峰．就万科股权之争提两条公司治理建议［N］．上海证券报，2016-07-08.

[12] 宋学宝．清华教授谈万科之争：反思独立董事制度（兼与华生先生商榷）．第一财经，2016-07-13.

[13] 肖莎．万科之争：公司所有权与控制权的矛盾．法治周末，2016-12-06.

[14] 李维安．万科之争归根到底是公司治理问题．网易财经，2016-10-20.

[15] 高西庆．专访清华教授高西庆：万科事件意义何在．财经，2016-07-10.

本章小结

战略实施是企业战略管理的关键环节。在战略实施过程中要贯彻 3 个基本原则：适度的合理性原则，统一领导、统一指挥的原则，权变原则。在这 3 个原则的指导下，企业高层领导者必须花精力去完成 8 项战略实施的基础性工作。首先要制订企业战略计划，将战略目标分解为几个战略阶段去实施，然后根据企业情况调整组织结构以满足战略实施的要求；其次要分配企业资源，并在战略实施过程中进行评价与考核，以确保战略计划的顺利实现。在现代公司中，由于所有权和经营权普遍分离，公司治理已成为战略管理过程中一个越来越重要的部分，它决定和控制着公司的战略方向和业绩。合理的公司内部治理机制能确保高层管理者制定有效的战略决策。本章最后重点探讨了战略与组织结构的关系，即存在战略先导性与组织结构滞后性，组织结构要服从企业战略。

思考题

1. 简述企业战略实施的主要任务。
2. 简述企业战略实施的过程。
3. 如何制订企业战略计划?
4. 什么是公司治理?它是如何影响公司的战略决策和绩效的?
5. 简述企业战略与组织结构的关系。
6. 战略实施的关键要素有哪些?

第 9 章

企业战略实施的评价与控制

在企业战略实施过程中，由于企业外部环境和内部条件的动态变化，战略实施的结果经常可能会偏离预定的战略目标，因此需要及时采取相应的措施。一个完整的战略管理过程包括战略实施的评价与控制环节，以保证实际的成果符合预先制定的目标要求或使战略在环境发生重大变化时得到及时调整。

9.1 企业战略实施评价与控制的内涵及作用

1. 企业战略实施评价与控制的概念

企业战略实施的结果并不一定与预定的战略目标相一致。产生这种偏差的原因很多，主要原因有 3 个：一是制定企业战略的内外环境发生了变化，使原定的企业战略与新的环境条件不相符合；二是企业战略本身有重大缺陷或比较笼统，在实施过程中难以贯彻，企业战略需要修正、补充和完善；三是在战略实施过程中，受企业内部某些主客观因素变化的影响，偏离了战略计划预期的目标。例如，某企业领导采取了错误的措施，致使战略实施结果与战略目标产生偏差等。要使企业战略能不断适应变化着的内外环境，除了使战略决策具有应变性外，还必须加强对战略实施的评价与控制。

企业战略实施的评价与控制主要是指在企业经营战略实施过程中，检查企业为达到战略目标所进行的各项活动的进展情况，评价战略实施的绩效，把它与预定的战略目标和绩效标准相比较，分析产生偏差的原因，并通过反馈机制，对战略实施、战略方案或目标等进行修正。战略评价是战略控制的基础，通过对战略实施的结果进行评价，才能发现问题，从而对战略管理过程进行控制。

2. 企业战略控制系统

在战略实施的评价与控制系统中有 3 个基本系统，即战略评价与控制系统、业务评价与控制系统和作业评价与控制系统。战略评价与控制系统是以企业高层领导为主体，它关注的是与外部环境有关的因素和企业内部绩效。业务评价与控制系统是指企业的主要下属单位，包括战略业务单位和职能部门两个层次，它们关注的是企业下属单位实现构成企业战略的各部分策略及中期计划目标的工作绩效，检查是否达到了企业战略为它们规定的目标。业务评价与控制由企业总经理和下属单位的负责人进行。作业评价与控制系统是对具体负责作业的工作人员（包括员工及班组）的日常活动进行控制，它们关注的是规定的职责及完成作业性目标任务的绩效。作业评价与控制由各基层主管人员进行。

战略控制系统和业务控制系统有很多不同，主要表现在以下三方面。

① 执行的主体不同。战略控制主要由高层管理者执行，业务控制主要由中层管理者执行。

② 战略控制具有开放性，业务控制具有封闭性。战略控制既要考虑外部环境因素，又要考虑企业内部因素，而业务控制主要考虑企业内部因素。

③ 战略控制的目标比较定性，不确定、不具体，业务控制的目标比较定量，确定、具体。

3. 企业战略实施评价与控制的作用

企业战略实施的评价与控制在战略管理中有以下 4 个方面的作用。

① 企业战略实施的评价与控制是战略管理的重要环节，它保证战略的有效实施。战略决策决定哪些事该做、哪些事不该做，而战略实施控制的好坏将直接影响企业战略决策实施的效果与效率。因此，战略实施的评价与控制虽然处于战略决策的执行地位，但对战略管理来说是十分重要的，是必不可少的。

② 企业战略实施的评价与控制的能力和效率是战略决策的重要制约因素，它决定了企业战略行为能力的大小。企业战略实施控制能力强，控制效率高，企业高层管理者就可以做出较为大胆的、风险较大的战略决策，否则就只能做出较为稳妥的战略决策。

③ 企业战略实施的评价与控制可以为战略决策提供重要的反馈，帮助决策者明确哪些内容是正确的、符合实际的，哪些是不正确、不符合实际的，这对于提高战略决策的适应性水平具有重要作用。

④ 企业战略实施的评价与控制具有激励作用，能够调动全体员工的工作积极性，使员工的个人目标与组织的战略目标相协调，考核的结果可以作为企业人事决策的依据和奖惩的依据。

9.2　企业战略实施评价与控制的过程及方法

1. 企业战略实施评价与控制的过程

企业战略实施评价与控制的一个重要目标就是使企业实际的效益尽量符合战略计划。为此，战略实施的评价与控制过程可以按以下 3 个步骤来进行。

（1）确定评价标准

评价标准用来确定战略措施或计划是否达到战略目标。一般来说，企业的战略目标是整个企业的评价标准。此外，在较低的组织层次上，个人制定的目标或生产作业计划都应是评价标准。评价标准与战略一样，也应当是可定量的。

选择什么样的评价标准体系主要取决于企业所确定的战略目标及其战略。大多数企业通常根据下列因素确定定量的评价标准：股息支付；每股平均收益；雇员的跳槽、旷工、迟到和不满；销售增长率；市场占有率；净利润额或增长率；销售利润率；投资收益率；股票价格。在上述 9 个定量标准中，最常用的评价标准是投资收益率，即以税前净收益除以投资总额得到的比率。因为投资收益率是一个全面衡量企业绩效的单一指标，它可以反映企业或事业部对企业永久性资产的运用情况，并可以在不同企业之间作横向比较。但是，这个指标也有一定的局限性，它通常用来度量短期绩效，另外对采取的折旧政策很敏感。例如，具有较多折旧资产的老企业与新企业相比，有较低的投资基数，这样前者计算出来的投资收益率可能会高于后者。因此，使用这一指标时也需要考虑多种因素。

通常采用的其他评价指标有每股收益和股东权益收益率，但是它们都有这样或那样的局限性。霍福尔提出了一种测定企业绩效的指标，即附加价值率，其计算公式为

附加价值率=（税前净收益/附加价值）×100%

附加价值是销售收入与原材料和所购部件的成本之差，即

附加价值=销售收入-原材料及所购部件的总成本

霍福尔的研究表明，对多数行业在市场进化中的成熟或饱和阶段，附加价值率倾向于稳定在 12%～18%。因此，他认为附加价值率与其他标准相比，是一种较好的企业绩效评价尺度和标准，可用此指标对不同行业中的企业进行比较。但是，应用附加价值率作为评价标准的难点是难以计算出准确的附加价值，传统的财务报表中并不反映这个数字。尽管如此，一些权威人士还是建议，使用附加价值率和投资收益率，以及每股收益和主权资本收益率，能更好地反映企业全面的实际工作绩效。

（2）绩效监控与偏差评估

通过一定的测量方式、手段和方法，监测企业的实际绩效，并将企业的实际绩效与评价标准对比，进行偏差分析、评估。

（3）设计纠正措施

从战略实施的过程、战略方案及战略目标等方面寻找产生差距的原因，并设计相关的纠正措施。

企业的实际绩效与评价标准发生偏差的原因很多，主要有：战略目标不现实；为实现战略目标而选择的战略错误；用以实施战略的组织结构错误；主管人员或作业人员不称职或玩忽职守；缺乏激励；企业内部缺乏信息沟通；环境压力等。

战略控制过程的输出结果影响战略管理的其他阶段。例如，某一战略经营单位或事业部的利润低于预期水平，则需要重新检查该单位的战略目标；如果工作成绩欠佳是由于主管人员的不称职或玩忽职守造成的，那么就必须撤换这些主管人员。整个企业的战略管理过程实际上是一个反馈系统，它必须依据控制系统和组织环境的信息经常加以调整。

2. 企业战略控制过程的特征

战略控制是一个动态过程，它具有以下 3 个特征。

（1）渐进性

一般来说，企业总体战略是逐步演变而成的，并在很大程度上是凭直觉得到的。虽然人们在平时的点滴想法中会发现一些十分精练的正规战略分析内容，但真正的战略却是在企业内部的一系列决策和一系列外部事件中逐步得到发展的，是企业高层管理人员对内外部环境有新的看法之后才逐渐形成的。

从某种程度上来说，突发事件是完全不可知的，而且一旦外部事件发生，企业可能没有足够的时间、资源或信息来对所有可能的选择方案及其后果进行充分的战略分析。因此，企业高层管理人员应该有意识地采用渐进的方法进行战略控制。

（2）交互性

企业面临的多样性和相互依赖的环境决定了企业必须与外界信息来源进行高度适应性的互相交流。

对企业战略来说，最起码的先决条件是要有一些明确的目标，以便确定主要的行动范围，并在这一问题上做到统一指挥，留有足够的时间以使战略有效。要使公众形成对自己有利的观点和行动需要很长的时间，而这需要积极的、源源不断的智力和资源投入。由于许多复杂因素的影响，应该进行适当的检验、反馈和动态发展，注重信息收集、分析、检验，以便唤起人们的意识，扩大集体的意见，形成联合和其他一些与权力和行为有关的行动。

（3）系统性

有效的战略一般是从一系列的制定战略的子系统中产生的。子系统是指为实现某一重要的战略目标而相互作用的一组活动或决策。每个子系统都有自己的、与其他子系统不相关的时间和信息要求，但它又在某些重要方面依赖于其他子系统。通常情况下，每个子系统牵涉的人员不同，但这些不同的人员一般并不组成分立的单位来单独实现战略目标。

3. 企业战略控制的种类

从控制的时间来看，企业的战略控制可以分为以下三类。

（1）事前控制

在战略实施之前，要设计好正确有效的战略计划。该计划要得到企业高层领导人的批准才能执行，其中重大的经营活动还应该得到企业领导人的批准才能开始实施，所批准的内容往往也就成为考核经营活动绩效的控制标准。这种控制多用于重大问题的控制，如任命重要的人员、重大合同的签订、购置重大设备等。

由于事前控制是在战略行动成果尚未实现之前，通过预测发现战略行动的结果可能会偏离既定的标准，因此管理者必须对预测因素进行分析与研究。

（2）事后控制

这种控制方式发生在企业的经营活动之后。这种控制方式的重点是要明确战略控制的程序和标准，把日常的控制工作交给职能部门去做，即在战略计划部分实施之后，将实施结果与原计划标准相比较，由企业职能部门及各事业部定期地将战略实施结果向高层领导汇报，由领导者决定是否有必要采取纠正措施。

事后控制的方法主要有两种形式。

① 联系行为。即对员工战略行为的评价与控制直接同他们的工作行为挂钩。这种方式

比较容易得到员工的认可，并能明确战略行动的努力方向，使个人的行动导向和企业的经营战略导向接轨；同时，通过行动评价的反馈信息修正战略实施行动，使之更加符合战略的要求，从而强化员工的战略意识。

② 目标导向。即让员工参与战略行动目标的制定和工作绩效的评价，既可以看到个人行为对实现战略目标的作用和意义，又可以从工作绩效的评价中看到成绩与不足，从中得到肯定和鼓励，为战略推进增添动力。

(3) 随时控制

随时控制即过程控制。企业高层领导者要控制企业战略实施中的关键性过程或全过程，随时采取控制措施，纠正实施中产生的偏差，引导企业沿着战略的方向前进。这种控制方式主要是对关键性的战略措施进行控制。

上述三种控制方式所起的作用不同，不同企业在不同阶段应该根据自己的情况选择不同的控制方式。

4. 企业战略控制的方法

为了实施有效的控制，人们在战略控制系统中使用了许多控制方法。下面介绍几种常用的控制方法。

1) 预算评价和控制

预算就是用数字编制未来某一个时期的计划。预算评价和控制就是通过数字化的财务报表、人力资源统计、研究和发展开支、销售增长幅度、资源配置等来约束经营活动，使企业或各战略经营单位的决策者在从事其经营活动时受到有效约束而不能任意行动。

预算评价和控制具有两个优点：首先，预算使企业经营各阶段具有可比性，便于衡量和评价各阶段的成果；其次，预算使企业各战略经营单位之间具有可比性，这样就易于对比各战略经营单位的经营好坏，以便对它们进行评价和控制。实际上，预算的编制过程就是确立标准的过程。利用这种计量化的战略活动标准来衡量战略经营单位的战略实施，容易找到实际与预算之间的差异，从而提高评价和控制的成效。总之，预算评价和控制的实施有利于加强对企业决策者或战略经营单位决策者的行动约束，使其更加合理，从而有利于保证企业战略目标的实现。

预算评价和控制在战略管理的运用中存在一些局限性。一是预算只是数字化了的战略计划，它只能反映可计量的企业业务活动，而对于那些取得成效而不易计量的企业活动和企业文化、企业活力、研究和发展计划等无法给予足够的重视。二是编制预算大多以先期的开支作为本期的参照，决策者很少从本期的实际支出来研究本期的预算开支项目设置，所以可能造成这样一种错误：先期有的而本期不需要的开支项目仍然沿用，而本期所需先期没有的开支项目，会因为无此先例而不能增设。三是企业内外部环境的变迁和市场动荡会使预算过时，特别是长期预算，过细的预算更加如此，从而束缚战略决策者的行动。四是企业往往通过编制各战略经营单位的预算来规定战略经营单位决策者的职权范围和所应实现的战略目标，这样可能使这些经营单位的决策者们只注重经营开支不得超过预算评价和控制的标准，而忘记自身的职责是实现企业的战略目标。五是当战略实施状况与预算发生偏差时，预算评价和控制很难准确地反映造成这种偏差的真实原因。例如职工或管理者的情绪变动造成产品的质量和产量下降，显然预算只能反映这一事实而无法反映这一原因。尽管预算评价和控制存在上述局限性，但由于它易于反映战略实施成果与计划的差异，因此仍是一种有用的评价和控制方法。

2）审计评价和控制

战略评价和控制中的审计（战略审计）是指系统地对企业战略实施过程中的全部管理人员的工作成效进行评价、审核与监督。战略审计的重点是战略管理的成效而不是评价战略管理工作的目的或其他，它是按照企业的战略目标来衡量战略实施的成果的。从事战略审计的人员（由内部审计人员和外部审计人员组成的专家审核团体）不仅要弄清企业财务账目的准确性和合法性，而且还要对企业文化、政策、组织结构、职权范围、市场地位和竞争对手等企业内外部环境做比较全面的、客观的了解和评价。不仅如此，审计人员还要对战略管理本身及战略管理过程有明确的了解，这样才能保证战略审计可信、真实和有效。

（1）内部审计

审计分为内部审计和外部审计。内部审计是指由企业内部的审计机构和审计人员为达到预定的目的而对本企业的会计资料及其所反映的经济业务活动进行审查与监督。这种对企业会计资料的审查和监督实际上是验证这些记录的准确性，从而为评价和控制提供一种手段。由于从事审计工作的是内部的审计机构和审计人员，因此内部审计可以伴随企业经济活动的发生而随时进行。同时，由于审计人员对本企业的文化、组织结构及业务活动比较了解，容易获得企业的有关资料，能分析、判断所得的资料并对企业所制定的方针、政策、程序和工作方法提出建议，还可以为企业目标的分割（各战略经营单位目标的设置）和权力的委任提供一种有效的控制。但是内部审计也存在局限性，最显著的不足是审计人员常常受到企业内部文化和决策者思想的影响，从而很难真实地达到审计的目的。

（2）外部审计

外部审计是指由被审计企业以外的专门审计机构和审计人员对该企业的会计资料所进行的审查和监督。由于审计工作是由与该企业无关的第三方进行的，审计机构和审计人员只对国家和社会负责，因而审计的结果具有独立性、公正性。但外部审计也存在缺点。由于外部审计人员对企业内部的文化、组织结构及技术、工艺流程不了解，且被审计企业的人员对外部审计人员有抵触和不合作情绪，使得外部审计工作开展起来不那么顺利。

无论是内部审计还是外部审计均是通过审查企业的财务记录来评价企业的经济运行和财经状况，它是一种监督和鼓励企业人员遵纪守法、保护企业财务资源的有效的评价和控制手段。

战略审计改变了长期以来决策者们只受上级部门的审查、监督，只对上级负责的现象，专门机构的评价和审查使得决策者们对国家、对社会负责。战略审计改变了那种“窥探”或“小报告”的评价方式，代之以公开的商议和评价，迫使决策者提高管理水平，按照经济规律办事，而不是按上级的眼色行事。战略审计的实施还能促进主管部门或高层决策者公正地评价下级人员的工作，从而使管理更有效。

3）目标管理

目标管理由美国管理学家彼得·德鲁克在20世纪50年代最先提出来的，在以后的几十年里，目标管理得到了迅速的推广和广泛的应用。目标管理通过集体参与共同设置目标，对组织的每一个战略经营单位所负责实现的目标加以明确规定和说明，并据此评价每个战略经营单位的工作绩效或贡献。

目标管理中的目标由集体参与共同设置，而传统管理中的目标由决策部门制定并分派给执行者，执行者处于被动地位，从而在接受任务时可能产生抵制情绪和反感。目标管理使战略经营单位进行自我评价和控制成为可能。

9.3 平衡计分卡

1. 平衡计分卡的提出

平衡计分卡（balanced scorecard，BSC）是由哈佛大学教授罗伯特·卡普兰（Robert S. Kaplan）与诺朗诺顿研究所的 CEO 大卫·诺顿（David P. Norton）于 20 世纪 90 年代后期提出的一种衡量企业战略管理绩效的工具。它是一种将企业组织的愿景与战略转化为一套可供操作的战略实施与控制框架，从而实现业绩评价与战略管理有机结合的方法。

平衡计分卡提出之后，很快在企业中推广应用。调查表明，世界《财富》前1 000家大企业中 70%的公司都在使用平衡计分卡。北美 55%的企业、欧洲 40%的企业与亚洲 300 多家企业也在使用平衡计分卡。平衡计分卡在 2003 年被《哈佛商业评论》称为最具影响力的管理思想之一。

2. 平衡计分卡的概念

平衡计分卡是以平衡为目的，寻求企业短期目标与长期目标之间、财务绩效与非财务绩效之间、企业内部成长与外部满足顾客需求之间的平衡状态，是全面衡量企业战略管理绩效、进行战略控制的重要工具和方法。它包括 4 个方面，即从财务、顾客、企业内部流程、员工学习与成长 4 个维度来考核一个企业的绩效，这 4 个维度构成了平衡计分卡的框架。

平衡计分卡将企业的愿景与使命和企业战略转换成了企业的具体衡量指标。它代表了企业外部环境与企业内部管理两种指标之间的平衡状态，一边是有关股东和顾客的外界指标，另一边是有关企业流程、创新能力、学习与成长的内部指标；它代表了过去与未来两种指标之间的平衡状态，一边是衡量企业过去努力成果的指标，另一边是驱动企业未来绩效的指标；它代表了客观与主观两种指标之间的平衡状态，一边是客观的、容易量化的成果指标，另一边是主观的、带有判断色彩的绩效驱动指标。平衡计分卡提供的将战略转化为企业绩效管理的框架如图 9-1 所示。

3. 平衡计分卡的指标体系

平衡计分卡从财务、顾客、企业内部流程、员工学习与成长 4 个方面，对企业进行综合考察和评价，以便开展有效的企业绩效评价和战略实施控制。一般情况下，平衡计分卡的指标体系包括 4 个维度。

1）财务维度的指标

财务指标定位于战略的短期收益，反映即期满足股东、实现股东价值最大化的目标。长期以来，企业的目标几乎都是纯财务指标，因此其使用最为广泛。典型的财务指标包括：收入增长指标、成本减少或生产率提高指标、资产利用或投资战略指标。当然，也可以根据企业的具体要求，设置更加具体的指标，如经济增加值、净资产收益率、权益报酬率、资产负债率、投资报酬率、销售利润率、应收账款周转率、存货周转率、成本降低率、营业净利和现金净流量增加值等，解决的是“企业如何满足股东利益”的问题。财务指标表明企业所做出的努力是否对企业的经济效益产生了积极的作用，它是其他三个维度的出发点和归宿。

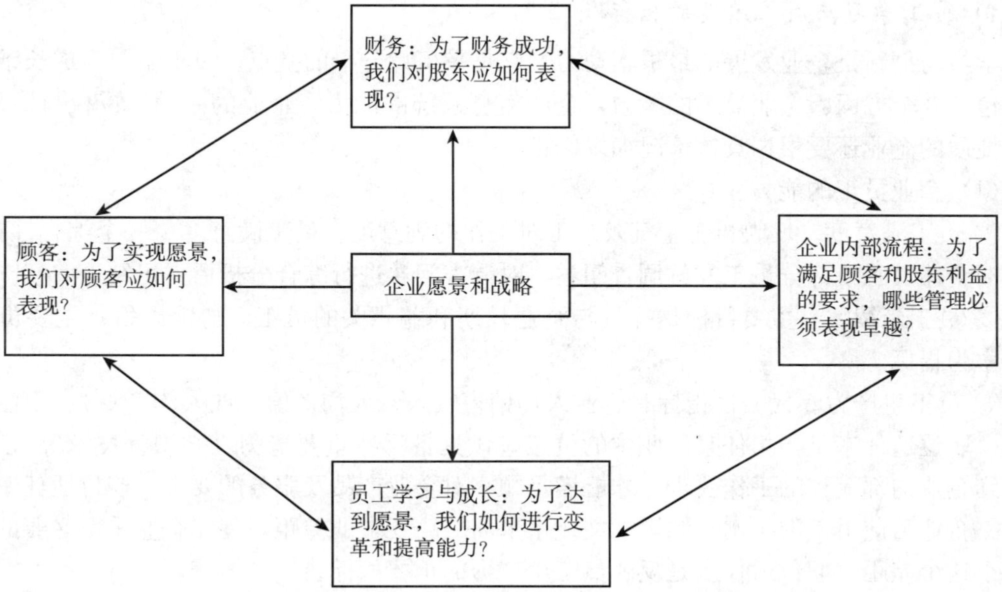

图 9－1　平衡计分卡提供的将战略转化为企业绩效管理的框架

2）顾客维度的指标

只有那些真正关心顾客，为顾客创造价值的企业才能在竞争中立于不败之地。因此，顾客指标是非常重要的非财务性指标。顾客维度的指标主要包括以下 5 个方面：一是市场占有率；二是顾客延续率，即企业与顾客保持或维持关系的比率，可以是绝对值，也可以是相对数。例如，在某一时期内的老顾客数或老客户数占全部客户数的比率。该指标对银行、信用卡公司、出版社、经销商、批发商、长途电话公司等特别有用；三是顾客争取率，即企业吸引或赢得新客户或新业务的比率，可以是绝对数，也可以是相对数。例如，新客户的数目或新客户带来的销售额或一个新客户的招揽成本等；四是顾客满意度，它是一个综合性指标；五是销售利润率。

上述 5 个方面的指标基本上适用于任何企业组织，但对不同性质的企业还要根据具体情况加以修正。

3）企业内部流程维度的指标

内部经营过程是企业改善其经营业绩的重点。内部流程指标体现企业的运营效率及效果，解决“我们怎样组织生产以满足顾客要求”的问题。根据企业内部管理过程的阶段划分，其指标包括创新、运营和售后服务 3 个方面。

① 评价企业创新能力的指标。如新产品开发所用的时间、新产品销售额在总销售额中所占的比例、比竞争对手率先推出新产品的比率、开发费用与营业利润的比例、在投产前需

要对设计加以修改的次数等。

② 评价企业营运流程的指标。如产品的生命周期、产品废品率、质量合格及优良品率、退货率、生产成本的降低率等。

③ 评价企业售后服务业绩的指标。如企业对产品故障的反应时间和处理时间、售后服务的成本、售后服务的一次成功率、客户付款的时间等。

4）员工学习与成长维度的指标

学习与创新是企业发展的最根本动力，它是平衡计分卡的基点。员工学习与成长维度的指标包括 3 个方面：企业员工的能力，企业信息系统的能力，企业的激励、授权与协作度。不同性质的企业还要根据具体情况加以修正。

（1）企业员工的能力

① 员工满意度。反映员工士气及员工对工作的满意度。员工满意度是一个综合性指标，可以向全体员工或部分员工发放调查问卷，对调查问卷进行综合分析后得出结论。

② 员工延续率。主要目标是挽留与企业长期利益相关的员工，通常以每年主要员工的流失率为指标。

③ 员工生产力。代表性指标有企业人均销售收入、人均产值（或人均产量）、职位适任率等。职位适任率是指担任某一职位的员工应该具备哪些重要能力（知识、技术等），才能够达到企业内部流程的工作要求，才能满足顾客对企业产品及服务的要求。职位适任率往往会暴露企业目前员工的技术、知识和文化水平离战略要求的差距，促使企业采取必要的措施来缩小这个差距。职位适任率是反映员工生产力的重要指标。

（2）企业信息系统的能力

它包括：员工及各级管理人员获得所需正确信息的及时性；信息系统的成本；在网上获得顾客信息的比例。

（3）企业的激励、授权与协作度

它包括：企业员工人均建议数；员工建议采纳数；员工建议采纳后的激励；员工建议采纳后企业效益的提高；企业重要流程实际改进速率（用来衡量组织与个人配合度）。

一般来说，设计平衡计分卡的指标体系时，以设置 25～30 个指标为宜，其中财务维度指标 3～4 个，顾客维度指标 5～8 个，企业内部流程维度指标 5～10 个，员工学习与成长维度指标 3～6 个。在设计平衡计分卡的指标体系时，一定要突出重点，抓住关键，指标要具体而不空泛、量化而不模糊、精简而不庞杂、准确而不偏颇，这样才能确保平衡计分卡的 4 个维度充分体现企业发展战略的意图和总体要求。

4. 平衡计分卡的原则

为了把企业战略转化为平衡计分卡的评价指标，卡普兰和诺顿等人确立了三项原则。

（1）建立因果关系

企业战略实际上是一套关于因果关系的假设，这种因果关系涵盖了平衡计分卡的 4 个维度。例如，平衡计分卡的财务维度可能要包含资产报酬率这一指标，而提高资产报酬率的驱动因素是销售量的增加、顾客满意度和忠诚度的提高，因此顾客维度包含了顾客忠诚度这一指标。分析顾客需求之后，可能会发现顾客很重视如期交货这个因素，因此如期交货也被放在顾客维度中。如何才能如期交货呢？企业可能要缩短内部营运周期并提高内部流程的品质，这两个因素便有可能成为平衡计分卡企业内部流程的指标。那么，企业如何才能改善内部流程的品质并缩短营运周期呢？为此，企业要培训员工，提高员工的技术水平，因此提高员工的技术水平又成为员工学习与成长维度的指标。由此可以看出，平衡计分卡的各个维度形成了一个因果关系链，如图 9-2 所示。

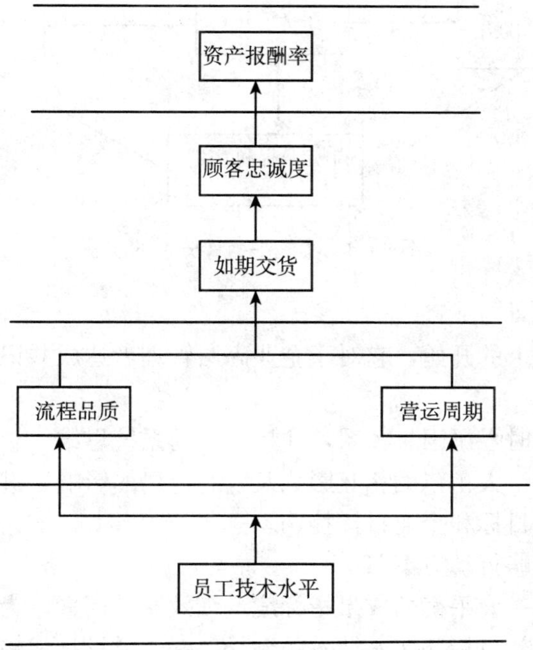

图 9-2　平衡计分卡的因果关系图

平衡计分卡是通过一系列的因果关系来展示企业的战略，明确各个方面的因果关系，进而管理这些因果关系的。每一个评价指标都是一系列因果关系链中的一环，而且有助于把本部门的战略同企业的总体战略连在一起。

（2）确定绩效的驱动因素

在整个企业战略体系中确立因果关系后，平衡计分卡便以绩效为核心目标，评价企业战略的实施结果。

（3）同财务指标挂钩

企业经营的最终目标是最大限度地获取利润，使股东价值最大化。平衡计分卡必须强调经营成果，特别是应同财务目标联系起来。因此，每一项改革措施，如质量管理和控制、缩短交货期和提高员工的满意度等，都要同最终改善公司的财务状况相关，这是平衡计分卡的灵魂。

5. 实施平衡计分卡的步骤

实施平衡计分卡有 4 个紧密相连的步骤，如图 9-3 所示。

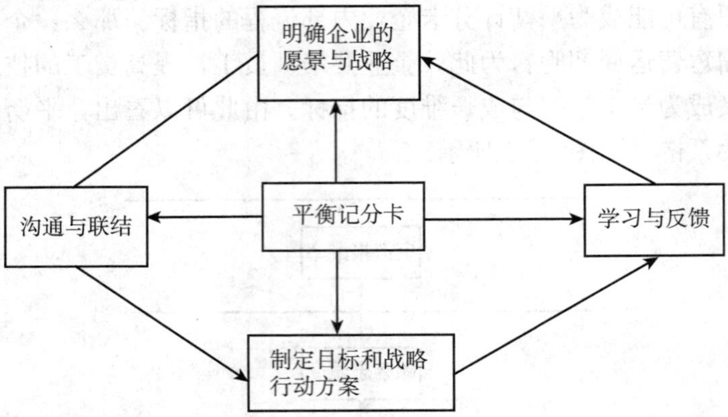

图 9-3　实施平衡计分卡的步骤

(1) 明确企业的愿景与战略

这是实施平衡计分卡的开始，它对于企业高层管理者达成共识帮助极大。

(2) 沟通与联结

平衡计分卡在设计时强调因果关系，注重动态的系统思维。它促使不同部门的成员都能看清楚组织全貌，了解个人角色的相互影响及其对全局的影响，进而促使个人与组织积极沟通，使个人目标与部门目标和企业目标挂钩。

(3) 制订目标和战略行动方案

平衡计分卡是利用一套平衡的成果指标度量绩效驱动因素，为企业设定具体量化的绩效指标，评价企业预期绩效目标和实际绩效的差异，并通过设计战略行动方案来缩小甚至消除这些差距。

(4) 学习与反馈

传统的反馈和评估程序注重企业及各部门、员工是否达到了预算中的财务目标，而实施平衡计分卡的企业要从顾客、内部流程和员工等角度来监督战略实施状况，并根据结果来评价战略、调整战略。

6. 平衡计分卡的评价

1) 平衡计分卡的优点

平衡计分卡的应用为什么如此广泛呢？因为作为一种衡量企业未来绩效的工具，它有着一般财务评估无法比拟的优点。

(1) 平衡计分卡体现了过程与目标的结合

虽然企业管理目标最终表现为财务绩效的提高，但财务指标大多是抽象的，不能完全表明领导的意图，所以员工不能充分了解企业的战略步骤，而员工的行为却又恰恰需要直观具体细化的指标来引导。平衡计分卡通过 4 个方面，尤其是通过顾客、企业内部流程、员工学习与成长这 3 个方面，在战略目标与战略步骤之间搭起桥梁，将企业长远目标与日常计划、行为协调起来，避免了战略目标与其具体实施过程的脱节。

另外，平衡计分卡克服了单一财务指标体系的不足，通过对质量、市场份额、客户和雇员满意度进行衡量，可以更好地了解驱动财务绩效的各种因素。而且，这些非财务绩效的下降可以对财务绩效的降低起到预警作用，使组织能及时做好补救准备，保证最终财务目标的实现。这样既有利于正确评价企业的经营业绩和竞争实力，也有利于企业全体员工对企业战略目标、经营计划的理解，还有利于企业经营决策的正确制定和竞争优势的形成。受到平衡计分卡的影响，现在许多企业开始重视建立更为全面和完整的一系列指标来评价和引导企业及部门的各项活动。

平衡计分卡从企业愿景和战略出发，在财务、顾客、企业内部流程、员工的学习与成长 4 个方面对企业进行了全方位的定量化绩效考核，避免了企业考核形式化、片面化，能够将战略变成具体的行动。

（2）平衡计分卡提高了员工对管理的参与程度

平衡计分卡引入了非财务业绩评价方法，使员工能参与业绩评价制度的设计与完善，发挥他们的积极性和聪明才智。这也是管理上的一个创新，与当前理论界强调人本管理、重视团队学习是一致的。平衡计分卡能把组织内的工作经验积累起来进行交流，从而提高生产效率。

（3）平衡计分卡综合考虑了无形资产的评估和管理

传统的财务绩效考核能对有形资产进行评估和管理，但在无形资产和智力资产的评估和管理上存在盲点，如员工满意度、学习能力等。而平衡计分卡既关注财务指标，又综合考虑无形资产因素，从财务、顾客、业务流程和员工等多角度进行审视，使企业在跟踪财务绩效的同时，又能够监督企业长期发展能力的进展状况。

（4）平衡计分卡体现了“平衡”的思想

平衡计分卡反映了在企业诸多量化指标之间寻找“平衡”的思想，有助于实现企业内部流程管理和外部利益相关者之间、财务指标和运营表现之间、长期目标和短期目标之间的平衡。

（5）平衡计分卡是一种有效的战略实施和控制工具

它超越了作者最初仅仅想衡量企业未来绩效的想法，已变成新的战略管理体系，为企业高层管理人员提供了一个把企业愿景和战略转化为一套系统的绩效评价指标的框架。平衡计分卡可以帮助企业在新产品开发、流程管理、顾客关系管理、学习与创新等关键领域取得突破性的发展，而且每个指标以百分比表示，有助于员工不断改进绩效，不断接近战略要求。

2）平衡计分卡的不足

尽管如此，平衡计分卡在实际运用方面尚未完善，它在理论和实践上存在一些有待克服和改进的问题。

（1）部分指标难以量化和考核

与传统的财务绩效指标相比，平衡计分卡的部分指标难以客观量化，并存在考核困难的问题。例如，员工激励程度方面的指标不仅难以量化，而且需要收集大量信息，经过充分的加工才能使用。此外，还有可能存在员工迫于上级压力做出虚假反馈的可能，这对企业信息传递和反馈系统提出了更高的要求。

平衡计分卡没有系统的衡量标准，大多数时候是通过打分的方式进行业绩评估，这使得主观评价不一样，分数的高低也不一样，主观因素直接影响业绩评价的结果，导致可比性及可信度下降。

（2）指标体系 4 个维度的关系尚未完全明晰

平衡计分卡要对财务、顾客、企业内部流程、员工学习和成长这 4 个维度的指标进行考核，一个典型的平衡计分卡要包括25～30个指标，但是目前学术界对于指标体系中4个方面的内在联系还不能给出很好的解释。

（3）目标多元可能会干扰企业决策

平衡计分卡众多的指标，虽然可以全面反映企业战略执行情况，但是4个维度的某些指标可能彼此冲突，如果不能很好地平衡这些指标的关系，就可能产生反作用，甚至干扰企业的正确决策。

（4）企业实施成本大

平衡计分卡要求企业建立完善的信息传递与反馈系统，从财务、顾客、业务流程、员工等多方面综合考虑战略目标的实施效果，并为每个维度制定详细明确的目标和指标。典型的平衡计分卡设计周期长达半年，再加上不断完善和修改，总的开发周期至少一年。因此，平衡计分卡的实施需要企业在时间、财力、物力方面做较大的投入。

（5）可能会导致企业战略机密的外泄

平衡计分卡是一个全员参与制度设计与修改的系统，这使得企业战略容易被竞争对手探知，行为也易被他人模仿，从而使企业在竞争中处于不利地位，直接导致战略目标实现的困难。

7. 成功实施平衡计分卡的关键要素

国内不少规模较大的企业已经开始应用平衡计分卡，并且取得了相当不错的成绩，如青岛啤酒、华润微电子、天虹百货、新奥能源等。为了推广平衡计分卡在我国的应用，需要掌握成功实施平衡计分卡的关键要素。

（1）高级管理层的承诺与支持

这是成功实施平衡计分卡的必要条件。最高层经理或企业、集团的首席执行官必须参与制定战略和平衡计分卡，并通过有效沟通，使各层管理者和员工了解高层管理者的决定。没有高层管理者的支持和承诺，这种战略变革会流于形式而最终失败。

（2）管理层克服困难的决心

平衡计分卡是一种全新的绩效评价体系和战略执行工具，在推行过程中不可避免地会遇到各种阻力。一方面，管理层必须具有克服困难的决心，促使人们接受平衡计分卡；另一方面，在实施平衡计分卡遇到困难时，要马上采取行动，根据实施情况调整平衡计分卡，使其能够成功推行下去。

（3）与浮动薪酬和员工能力相联系

把平衡计分卡和浮动薪酬相联系对于战略实施非常有效。一方面，可以激励全体员工把重点放在平衡计分卡的目标和目标值上，以促进目标的实现；另一方面，将平衡计分卡与员工个人能力发展相联系，有助于培养管理者的技能，提高其能力。所以，这两者不可偏废。

（4）运用信息系统沟通战略、跟踪绩效并及时调整

平衡计分卡的一个重要特点是透明度较高，可以让全体员工完全了解企业的战略、各层次的目标和目标值及其实施状况。因此，企业应该建立相应的平衡计分卡管理信息系统，以全面跟踪、掌握平衡计分卡的实施情况，并在必要时及时调整平衡计分卡体系。

【案例9－1】

青岛啤酒基于平衡计分卡实施战略转型

青岛啤酒股份有限公司（以下简称“青岛啤酒”）的前身是1903年8月由德国商人和英国商人合资在青岛创建的日耳曼啤酒公司青岛股份公司，它是中国历史悠久的啤酒制造厂商。青岛啤酒在全国20个省、直辖市、自治区拥有60多家啤酒生产企业，公司规模和市场份额居国内啤酒行业领先地位，为世界第五大啤酒厂商。

青岛啤酒在百年发展历程中经历过多次变革。近二十年来，青岛啤酒在竞争激烈的行业与市场环境中，经历了从“做大做强”到“做强做大”的战略转型，并在“做强做大”战略转型中导入并应用“平衡计分卡”推动战略转型落地实施。

1. 青岛啤酒的战略转型：从“做大做强”到“做强做大”

（1）“做大做强”的并购扩张

青岛啤酒以“做大做强”及“低成本收购”作为其经营战略的核心，通过并购把市场向下延伸，以中高端市场补贴大众消费市场，抄近路收购当地啤酒品牌，以此快速打入不同省市的大众消费市场，赢得市场先机。具体说来就是“两手抓”：一方面，面对市场以大众消费者为中心开展“新鲜度”营销传播，采取“直供”模式使青岛啤酒快速占领市场；另一方面，利用名企品牌及资金优势，大刀阔斧地通过兼并、收购、托管、控股等方式进行规模化扩张。短短几年下来，青岛啤酒的规模发生了“核裂变”式的快速扩张。然而，快速扩张的同时，也给公司带来了很大的负面效应。由于青岛啤酒是独资公司，没有母公司财务支持，所以需要独立承担收购重责，在进行收购时需要比竞争对手付出更多直接的代价。

（2）“做强做大”的战略整合

2001年，青岛啤酒达到了251万吨的产量规模，但利润却在逐渐下滑，资产负债率直线升高，财务风险十分突出，组织管理跨度膨胀、控制难度加大。急速收购扩张与内部管理滞后之间的矛盾，给公司带来了高成本、入不敷出、债台高筑等诸多问题。2002年公司着力推行改革，管理层提出战略重心向“做强做大”转变，即由外延式扩张到内涵式发展，由生产导向转为市场导向，由经营产品到经营品牌，由规模扩张到运营能力提高，以便为扩张奠定良好的基础。基于此，以“稍息、立正、齐步走”的两条腿走路节奏将企业运营节奏调整为“整合、规范、一致性”，大刀阔斧地进行品牌重组、组织架构和文化变革。

首先，实施品牌资源战略整合。1997—2002年是青岛啤酒大规模扩张兼并时期，品牌数量伴随产量规模也急剧增加，由单一牌子扩大到150多个牌子，产品品种也上升到1 000多个。针对品牌资源分散、混乱且浪费的情况，从2002年开始进行品牌整合。2006年决定实施“1＋3”品牌整合战略，即以1个“青岛啤酒品牌”作为首位高端主品牌，以广东地区的“山水啤酒”、山东地区的“崂山啤酒”和陕西地区的“汉斯啤酒”3个区域强势品牌作为中低端副品牌，而把其他杂牌全都砍掉，使青岛啤酒品牌价值和市场影响力逐年提升。

其次，以价值链为核心整合组织架构。扩张时期，青岛啤酒建立的是区域性事业部制和区域营销公司体系，每个子公司都是独立的营运单位，同一地区内的子公司在营销范围上没有清晰的划分，各自都有自己的销售网络和行政单位，造成资源重叠配置和浪费。从2002年开始，公司发动“管理大清仓”运动：将发展部改造为“战略发展总部”；变革计划体制下的劳动人事管理，成立“人力资源管理总部”；将企业管理部转型为“管理推进总部”；组建“信息管理总部”，导入ERP系统，建立公司信息化高速公路；将市场部改造为“营销管理总部”。这些部门与法律事务总部、公共关系总部、企业文化中心等，共同形成了集团战略型管理团队。2005年，公司又发动“第二次管理革命”：取消了运行近6年的事业部制，在市场导向的总目标下，将八大事业部改造为7个具有独立法人资格的“区域营销公司”，将工厂和销售责任及利润捆绑在一起形成价值链，同时将总部各部门职能界定回归到价值链指向上。2007年，通过成立“营销中心”与“制造中心”两个专业化运营平台，重新打造了一套“结构一体化、资源集约化、分工专业化、执行一致性”的新型组织体系，形成高效凝聚的运营型管理团队。同时，围绕投资中心定位规划，优化和重组高管团队，使公司管理体系向集中化、集团化、一体化的轨道上迈进。

最后，重塑青岛啤酒的企业文化。快速并购扩张之后，公司面临严峻的“规模危机”，40多家被并购企业陆续加入青岛啤酒大家庭，不同企业文化短兵相接、碰撞冲突，给企业的资源配置和经营管理带来了一系列新的矛盾与挑战。企业文化重塑成为青岛啤酒战略整合与转型的重中之重。公司首先确立青岛啤酒人共同追求的战略愿景，即成为具有全球影响力品牌的国际化大公司。在此战略愿景指导下，基于百年发展历程中不断积淀和提升的核心价值观，公司重新整合了企业文化系统。“诚信，和谐，开放，创新”成为青岛啤酒人共同认可和信仰的核心价值观。

2. 平衡计分卡的应用

2002年，青岛啤酒开始调整经营战略，并明确了从“做大做强”到“做强做大”的战略转型思路。刚开始，取得了一些明显效果，但随着整合向纵深发展，操作难度也越来越大。当初，企业在并购扩张时，大家都有亢奋“激情”，但并购之后的整合管理与业绩提升，仅有激情是不够的，这就需要耐得住寂寞练内功。首先，战略有了，如何将战略落地？如何解决执行力不强、执行不到位的问题？其次，随着内外部环境的变化，原先过度分权化的组织架构及运作模式造成了一系列协调上的困难，如何发挥集团协同作战的整体优势？面对这些难题，无论是领导层还是普通员工都感到了很大的压力。

究竟怎么做才能把战略转型落实到每一个业务单元？当时管理层尝试过很多操作工具，如“目标管理”“预算管理”“六西格玛”等，但都未能具体实施。一次偶然的机会，他们发现了罗伯特·卡普兰教授的“平衡计分卡”，觉得平衡计分卡（BSC）简明且有操作性，可能比较契合青岛啤酒当时面临的实际困境。于是，2003年，当时分管战略的副总裁、后来任公司董事长的孙明波先生，与正在着力推广BSC系统的、最为正宗的BSC咨询机构“上海博意门（Beiman）咨询公司”接洽，聘请Beiman担任咨询顾问，将最新的“战略中心型组织”思想和BSC操作管理系统导入公司并逐步应用。

第一，公司高层充分重视，大力支持战略实施体系建设。公司在开始推行BSC时，也遇到过阻力。公司董事长孙明波认为，推行BSC首先需要思想统一，管理工具五花八门，有的说这个好，有的说那个好，其实好不好关键看能不能将工作做实、做透，只有做实、做透才会有实效。青岛啤酒扩张以后，大家感到有很多的事情要做，但是要做什么没有一个中心思想和主题，经理人甲想做这件事情，经理人乙想做那件事情，最终发生冲突，资源的利用效率非常低。“平衡计分卡最大的好处是资源的使用效率得到了大大的提升，不管做得好或坏，起码我们朝一个方向走。”为了使BSC实施、推进具有权威性，青岛啤酒成立了一个专门的战略管理机构，并得到公司一把手的高度重视和大力支持。集团总裁在年度工作报告中，提出要将BSC作为公司战略执行的重要工具，并将其作为一项集团级年度重点工作来组织实施。在整个项目推进过程中，包括董事长、总裁和各位副总在内的高管层，全部参加了所有重要会议，参与了战略地图、BSC开发及战略分解管理体系建设等一系列研讨活动。

第二，绘制战略地图，清晰描述战略路径。成功实施战略的前提是清晰地描述战略地图，并通过有效沟通把战略传递给全体管理者及员工。青岛啤酒借助BSC工具对战略进行了全面梳理，有效地实现了公司战略的沟通、传播和理解，避免了战略讲一套，实际工作是另一套；统一了战略沟通的语言，公司自上而下、每个单位和每个员工都可以清晰地讨论、沟通公司战略，公司的战略重点被浓缩在战略地图中，不需要特别的解释员工也可以按图索骥从中理解战略意图，并从中确定自己在战略执行中的目标定位。

第三，确定关键衡量指标，形成战略行动方案。跨部门成立若干指标开发小组，每个小组均由一位公司副总裁领导，基于战略地图指引确定关键衡量指标。第一轮下来，共形成了100多个指标，然后再兼顾平衡财务指标与非财务指标、长期指标与短期指标、内部指标与外部指标、结果指标与驱动指标等，最终形成了20多个关键指标。进一步又根据历史数据、行业情况、竞争对手表现等因素，为指标设定目标值及相应的行动方案和举措。最后，又通过将行动方案和战略目标进行匹配，砍掉了许多对战略目标贡献不大的指标，增加了一些以前忽视的指标，最终形成战略目标有效执行的行动方案。

第四，自上而下层层分解，自下而上逐级对接，双循环落地。2007年，青岛啤酒将全国各地原有的工厂及营销公司整合为两大中心，基于BSC按照新的组织架构形成了一种“战略形成与战略执行双循环”的战略控制管理系统，进一步确保了全公司战略目标的聚焦和一致性。在确定集团及总部职能部门的战略地图和计分卡后，绩效管理小组逐一向两大中心及各营销公司/工厂层层分解战略目标，并与两大中心及各营销公司/工厂就这些目标的可行性、重要性及考核准则等进行沟通和确认，进一步通过一整套“瀑布式”的战略目标分解流程和方法，将四维目标逐次纳入公司绩效考核及薪酬管理体系，使员工岗位责任和日常行为能够始终如一地聚焦于公司战略目标。

基层工厂对应于公司战略目标，按照职能分工划分不同的战略模块，如质量与食品安全、成本管理、生产管理、设备管理、动力运营等，一一明确各项目标的分管领导、主管及协调部门。例如，质量与食品安全的职能分管领导是总酿酒师，其职能主管部门是品管部，而协调部门则涉及酿造、包装、品管、生产和工程等。这样，不仅在业务单元和职能部门之间建立了横纵向协同，而且将战略与运营有效对接了起来，在价值链管理上通过下游评价上游真正落实到负责的部门和岗位，使公司上下对战略目标达成共识并采取一致的协同行动。

第五，使战略实施成为每个人的工作。战略要落地，最终要落实到每个人的身上。青岛啤酒从公司战略目标出发，按照财务、顾客、企业内部流程和员工学习与成长4个维度来分解，每一个业务单元、每一个部门、每一个人都有一个BSC。集团各部门平衡计分卡的应用基本顺畅后，进一步将BSC与岗位员工绩效管理挂起钩来，通过战略目标分解流程，将战略目标逐层分解，直至落实到具体岗位的绩效目标，并通过量化考核使员工绩效行为与公司战略目标保持一致。公司对每一个业务单元进行绩效考核，考核的结果和管理者年薪挂钩；对每一个员工的工作绩效进行考核，BSC考核结果占70%，结合员工能力素质，最后决定员工的奖金。

第六，重在坚持，持之以恒，将战略管理变成持续工作。公司特别强化战略管理部门的职权，改变了其过去侧重于战略规划的做法，在规划的同时更注重监控和评价战略的执行过程，并建立了基于BSC的战略执行回顾报告及会议制度，将战略动态管理作为一个流程固化下来。公司内部设立了一个专门小组，其职责就是根据每年的战略目标对各个部门进行战略目标的分解，周期性地回顾、寻找差距、提出解决办法，使战略成为一种持续的管理活动。通过平衡计分卡每月的回顾和控制，如果发现问题可以及时分析，并及时采取措施。博意门为公司提供了回顾会议专用的模板。

公司董事长孙明波认为，“平衡计分卡实施以后我还有一个更大的感受，那就是开会一切围绕着数据说话，避免了公司政治，大公司都有政治，提拔干部、年薪，都是根据平衡计分卡实实在在的数字说话。”

青岛啤酒通过多年持之以恒的努力与磨合，从浅层次到深层次，从模块到系统，逐渐建立起一整套基于BSC的战略管理体系。在这样的体系下，公司所有的业务单元、职能部门都承担着为公司创造价值的使命，所有员工都知道公司需要他创造什么价值及怎样衡量其创造的价值，总部职能部门、营销中心、制造中心、各工厂都能够围绕统一明确的公司战略目标步调一致地协同行动，这使得公司资源投向更加聚焦，大大提高了资源的综合配置和利用效率。BSC的导入和应用，有效地推动了管理者和员工的思想转变，培育了科学量化管理意识，聚焦并优化了资源配置，提高了组织的协同能力，打造了专业化的工作团队。借助BSC的杠杆撬动作用，青岛啤酒实现了从“扩张”到“整合”，再到“整合与扩张并举”，以及从“生产外延型全国企业”向“市场内涵型国际化大公司”的战略整合与转型，即从“做大做强”到“做强做大”的战略转型。这不仅使青岛啤酒在短期内取得了突破性收益，其销售收入、利润率、市场占有率等财务业绩均获得了持续增长并保持行业首位水平，同时也为青岛啤酒重振百年基业、未来长期可持续发展奠定了坚实的基础。

资料来源

[1] 孙明波．青岛啤酒利用平衡计分卡的成功经验介绍［J］．哈佛商业评论，2008（12）．
[2] 李保元，董青，仇勇，等．青岛啤酒：基于BSC实施战略转型．中国管理案例共享中心案例库教学案例，2013.

本章小结

要使企业战略能不断适应变化着的内外环境，除了使战略决策具有应变性外，还必须加强对战略实施的评价与控制。企业战略实施的评价与控制可以分为3个步骤：首先要确定评价标准，然后进行绩效监控与偏差评估，最后设计纠正措施。常用的企业战略控制方法有：预算评价和控制、审计评价和控制、目标管理。本章还介绍了一种衡量企业战略管理绩效的工具，即平衡计分卡，它将财务评价指标与非财务评价指标创造性地融合在同一个企业战略管理绩效评价框架中，通过四类指标，即财务、顾客、企业内部流程、员工学习与成长来考核企业绩效，在战略目标与战略步骤之间建立起桥梁，将公司长远目标与日常计划、行为协调起来，避免了战略目标与其具体实施过程的脱节。

思考题

1. 如何理解企业战略实施评价和控制的概念？
2. 简述企业战略实施评价和控制的步骤。
3. 战略评价和控制常用的方法有哪些？
4. 以某企业为例，运用平衡计分卡评价企业的战略绩效。

第10章

企业并购与战略联盟

【案例导入】

美的集团的并购战略

美的是我国家电产业规模最大的企业之一，其业务范围遍布空调、洗衣机、电冰箱、厨房家电、生活电器及热水器、净水机等领域，并拥有完整的空调产业链、冰箱产业链、洗衣机产业链、微波炉产业链和洗碗机产业链，以及完整的小家电产品群和厨房家电产品群。

从一个乡镇民营企业到如今1000多亿元规模的多元化企业，美的的发展与其并购战略密切相关。在美的早期的并购中，荣事达洗衣机、小天鹅洗衣机等是主要案例，尤其是小天鹅洗衣机。2008年，广东美的电器股份有限公司与无锡市国联发展（集团）有限公司签署了股份转让协议，收购其持有的无锡小天鹅股份有限公司24.01%的股权，成为小天鹅的第一大股东。2009年美的和小天鹅进行资产重组，小天鹅收购美的持有的7.2亿元的荣事达的股权，重组后，小天鹅成为美的洗衣机平台，旗下同时拥有“小天鹅”“荣事达”“美的”三大洗衣机品牌，其中小天鹅是中高端品牌，荣事达偏低端。小天鹅高层曾对美的的入驻进行评价，称加入美的后，小天鹅由多元化向专业化转变，剥离冰箱、陶瓷等非洗衣机业务，专注于洗衣机产品，做大做强核心主业。

进入2014年，高库存和价格战让空调行业持续低迷。家电巨头美的、格力和海尔等纷纷寻求转型之道，寻求其他发展空间较大的领域。美的董事长方洪波指出，美的要创建“第二条跑道”，寻求家电业务板块之外的新方向。美的制定了“双智”战略，“智能家居”“智能制造”成为两翼，并加快全球化布局。2015年美的实现营业总收入1 384亿元，归属于母公司的净利润达127亿元，同比增长21%。

2016年，美的海外业务占集团营业收入的40%左右，海外业务仅有1/3来自自主品牌，其他都是代工。2016年6月，美的董秘江鹏接受机构调研时表示，美的将设立国际总部，统筹规划海外自有品牌业务，同时推动美的的外销业务模式从以OEM为主向以

OBM（代工厂经营自有品牌）为主转变，组织形态由支持中国出口向支持本地运营转变，扩大海外制造基地产品品类，推行供应链本地化，打通产品事业部和海外分公司的业务考核机制，进一步加强对海外分公司的支持，提升产品竞争力。2016年10月，美的国际部总裁张克宇指出，“2012年以来，中国家电行业的出口在规模上基本没有实质性的增长。企业和行业未来要发展，必然要实现国际化。因此，国内家电企业走出去，实现国际化是关系到企业生死存亡的重大命题。”

2016年3月，美的宣布拟通过收购获得东芝白色家电业务控股权。6月底，这一收购完成交割，公司以近5亿美元的价格拿下东芝白色家电业务80.1%的股份，并获得40年的东芝品牌的全球授权及超过5 000项与白色家电相关的专利。美的董事长兼总裁方洪波谈道：“收购东芝对美的来说，是企业全球化进程的一个重要里程碑。在美的现有强大的家电及暖通空调业务基础上，东芝家电家喻户晓的品牌、优秀的团队和先进的技术将会显著地增强我们在日本、东南亚及全球市场的竞争力。”家电行业专家梁振鹏认为，东芝在海外是中高端品牌。对于美的来说，国际化的阻碍不是营销网络、技术或制造，而是品牌。借助东芝品牌，美的产品能很快在海外落地。奥维咨询高级顾问张彦斌认为，美的收购东芝，将获得东芝在压缩机上的核心技术和产业链上的优势。东芝的优良工艺、精细化管理同样也将获得。梁振鹏指出，东芝即使在亏损期也不放弃对工艺、产品品质的高标准和严要求，其白色家电产品的品质依然是非常好的，亏损并不是因为产品硬件质量差，而是企业战略和决策层的原因。

2016年4月，美的拟收购意大利中央空调企业Clivet 80%的股权，这一收购将提升美的中央空调在欧洲市场的影响力及综合竞争力。家电行业资深观察人士刘步尘指出，“中央空调产业是品牌壁垒最高的产业，客户往往要求必须是欧美品牌的产品，Clivet可以看作是美的进军欧洲市场的桥头堡。不排除未来美的以Clivet为基地向欧洲布局其他家电产业的可能，比如空调、冰箱、洗衣机等家电产品。”

2016年，美的收购了德国工业机器人公司库卡94.55%的股份。由于管理层和德国政府的一些阻力，对库卡的收购进程相对缓慢。2017年，美的又收购了以色列运动控制系统解决方案提供商Servotronix 50%以上的股份。刘步尘认为：“美的收购库卡着重是对机器人硬件的收购，而美的对Servotronix的收购则主要是对机器人软件的收购。”

张克宇认为，“事实上，中国国内虽然在普通产业工人方面的低成本优势不复存在，但在研发人员方面的成本优势仍非常明显。因此，美的的目标是从劳动密集型向技术密集型持续转型。”中国互联网协会网络营销专家洪仕斌认为，收购东芝的目的是帮助美的进一步提升技术，获取专利，同时借助东芝品牌打通日本乃至其他发达国家的销路，与收购Clivet类似，目的是进军欧洲市场。至于库卡集团，则是与美的近年来所倡导的智能制造有关，美的希望通过入股库卡集团快速提升自身在生产工艺环节的制造水平。

在2016年的并购中，美的并没有寻求完全收购。张克宇认为，“中国企业在‘走出去’方面并没有品牌、渠道、销售网络等优势，因此，美的在国际化过程中将选择合资的形式，在当地选择合作伙伴，而不会单独‘走出去’到海外投资。”刘步尘认为，“为什么美的总喜欢给收购留下一个小尾巴？方洪波的用意很明显——未来你我之间是利益共同体关系，不是我买了你就可以撒手不管。”

资料来源

[1] 胡俊男，董大海，刘瑞明．横向并购背景下的品牌整合：以美的集团为案例 [J]．管理案例研究与评论，2011 (4)：102-111.

[2] 薄冬梅．美的大手笔收购库卡 收购难整合更不易 [N]．中国商报，2016-06-28.

[3] 何翠云．家电业掀跨国并购潮 [N]．中华工商时报，2016-04-15.

[4] 李映泉．美的转型：对外做加法 对内做减法 [N]．证券时报，2016-07-21.

[5] 刘凡．美的详解海外并购战略：不会单独走出去 将寻找当地伙伴 [N]．证券时报，2016-10-13.

[6] 闵杰．同是海外并购，海尔美的有啥不同 [N]．中国电子报，2016-03-26.

[7] 贾丽．觊觎全球工业自动化市场 美的再拿下机器人公司 产业版图全貌浮出水面 [N]．证券日报，2017-02-17.

[8] 陈维，李烝．美的能否突破 2000 亿天花板：频繁跨国并购引担忧 [N]．北京商报，2016-07-08.

在企业决定实施增长型战略之后，战略管理者还需要决定发展的方式，即自我发展、并购或战略联盟。增长方式的选择将决定战略实施的效果。

乔治·斯蒂伯格认为："一个企业通过并购其竞争对手成为巨型企业，是现代经济史上的一个突出现象。没有一个美国大公司不是通过某种程度、某种方式的并购而成长起来的，几乎没有一家大公司主要是靠内部扩张成长起来的。"的确，近年来并购已经成为企业高度重视的强化竞争优势的重要手段。一旦决定采取合作的方式，企业战略管理者就必须决定应该按照什么方式和比例开展合作，这些问题的回答涉及战略管理领域中另一个非常重要的内容，即战略联盟。本章将围绕并购和战略联盟，探讨企业实现外部增长的两种主要方式。

10.1 企业并购战略

并购从 19 世纪末开始被企业界采用，它已成为企业快速成长的重要途径。但是，企业并购是一把双刃剑，有 35%～50%的并购最终以失败告终，并没有实现并购的最初战略目标。因此，如何实施有效的并购战略是摆在中国企业面前的重要课题之一。

1. 企业并购的基本概念

并购（merger and acquisition，M&A）是企业兼并与收购的统称，是企业通过各种产权交易获得其他企业的产权，以控制另外一家企业的经营权为目的的一种企业资产重组行为。通过并购，企业能获得规模的扩大和业务的发展。

并购的主要形式有兼并、合并、收购等。兼并有吸收合并的意思，是一个企业通过现金购买或者以本企业的股票调换其他企业的股票，取得其他企业的全部或部分资产或控制权，从而控制、影响被兼并的企业，以增强企业竞争优势，实现企业经营目标的行为。企业兼并除了具备所有权和经营权的同时有偿转移、企业资产实物形态随交易的确定而整体流动等基本特征外，被兼并企业放弃法人资格并转让产权，兼并企业接受产权、义务和责任，并保持企业原有名称而成为存续企业，是兼并的重要特征。

合并（consolidation）有广义和狭义之分。广义的合并是指参与企业通过所有权和经营权的同时有偿转移，实现资产、要素、经营合并的企业产权交易形式，是各种类型企业结合的总称，包括吸收合并（兼并）和新设合并等。狭义的合并专指新设合并，指参与企业通过所有权和经营权的同时有偿转移，全部放弃法人资格，不再独立存在，实现资产、要素、经营的合并，由一个新成立的、取得法人资格的企业集中统一经营的企业产权交易形式。1996年，波音公司以133亿美元的价格收购麦道公司的绝对股权，麦道公司解散，波音公司续存，属于吸收合并；2009年，济钢集团、莱钢集团、山东省冶金工业总公司所属企业（单位）成立了全新的山东钢铁集团，则属于新设合并。

收购是指一家企业的股票或资产被购买者拥有的过程。收购一家企业，有时可以通过购买该企业的股权来进行，有时可以通过购买该企业的资产来实现。因此，收购活动可以分为两类，即股权收购和资产收购。股权收购是指一家企业通过一定方式购买另一家企业的股权，当其获取的股权达到一定比例后，取得该企业控制权的一种市场交易行为，其收购对象一般是股票在证券交易所挂牌交易的上市公司。资产收购是指一家企业通过购买另一家企业的全部或主要资产，使对方停止营业或解散，从而在事实上取得该企业的控制权的市场交易行为。

并购事实上是企业控制权转移的过程。在并购过程中，某一权利主体通过出让其所拥有的全部或部分对企业的控制权从而获得相应的收益，另一权利主体则通过付出一定代价而获取这部分控制权。因此，企业并购的过程实质上是企业权利主体不断变换的过程。

2. 企业并购的类型

按企业并购战略所涉及的产业部门、产品特征可将其分为以下几类：横向并购、纵向并购和混合并购。

（1）横向并购

横向并购（horizontal merger）是指处于相同行业、生产同类产品或生产工艺相近的企业之间的并购，即竞争对手之间的相互并购。横向并购的主要目的是获得更大的市场力量，在更大范围内和更高层次上实现专业分工和协作，迅速扩大生产规模，实现规模经济效益。2009年年初，全球最大的制药企业辉瑞以642亿美元的价格（现金加股票的方式）兼并了惠氏制药，成为当年最大的横向并购案。但是，横向并购有可能形成行业垄断，获取垄断利润。因此，各国政府为了保持市场的有序竞争，避免垄断的产生，总是通过制定有关反托拉斯的法规来限制横向并购。例如，2000年美国联邦贸易委员会就曾对BP Amoco石油公司以300亿美元收购Atlantic Richfield公司一案提起诉讼，起诉的理由是认为这项收购违背了鼓励市场竞争的原则及有损消费者利益。横向并购实质上是一种实现相关多元化发展战略的手段。

（2）纵向并购

纵向并购（vertical merger）是指处于同类产品不同阶段上的企业之间的并购，即供应商和客户之间的并购，是实现纵向一体化战略的手段。纵向并购分为两种，即前向并购和后向并购。前向并购是指企业兼并或收购其客户，后向并购是指企业并购其供应商。当企业发现对其上游要素供给和下游产品销售进行控制可以节省交易费用时，就会实施纵向并购。

（3）混合并购

混合并购（conglomerate merger）是指处于不同行业的企业之间的并购，即并购双方既非竞争对手，又没有供应链关系。混合并购又可以分为3类：拓宽生产线的产品扩张型并购、在不重叠的地理区域内进行的地域市场扩张型并购、既不是产品扩张又不是地域扩张的纯粹混合型并购。混合并购实质上是实现企业非相关多元化战略的手段。在美国制造业和采矿业的并购中，1948—1951年混合并购只占45.4%，1952—1955年上升到52.6%，1960年上升到72.4%，1970年则高达87.8%。

3. 企业并购的动因

从19世纪末以来的100多年里，西方企业已经经历了5次大规模的并购浪潮，其中并购活动最活跃的是美国，并购对世界经济尤其是美国经济的发展做出了巨大贡献。学者们对企业并购战略的动因，从多个角度进行了解释，主要有以下几个理论流派：效率理论、价值低估理论、规模经济理论、市场势力理论、多元化经济理论和代理理论等。根据并购理论，企业实施并购战略的原因多种多样，主要包括以下几点。

（1）增强市场力量

当一家企业有能力比竞争对手以更高的价格出售产品和服务，或者其经营活动的成本比竞争对手更低时，该企业便拥有了市场力量。许多企业可能拥有核心竞争力，但却由于规模不够而无法充分利用其资源和能力，市场力量通常来自企业的规模及其所拥有的能够在市场上竞争的资源和能力。另外，市场份额也会影响企业的市场力量。因此，大多数的并购交易都是通过收购竞争对手、供应商、分销商或者与该行业高度相关的业务来达到获取更强市场力量的目的的。2005年，联想以12.5亿美元收购IBM全球PC业务，并购后的新联想以130亿美元的年销售额一跃成为全球第三大PC制造商，联想的国际品牌知名度和全球市场占有率都得到了提升。

（2）进入新行业或新地区

企业在进入一个新行业或者进入新的地区市场时，会遇到各种各样的壁垒，包括资金、技术、销售渠道、顾客等，还需要克服文化差异、政策限制等一系列经营问题。如果采取并购的方式进入市场，不仅可以加快进入的速度，避免贻误时机，还可以减缓竞争，同时还可以降低进入的风险。一个行业的市场进入壁垒越高，新进入者采用并购战略进入的可能性就越大。例如，中国移动在2007年以4.6亿美元的价格并购了巴基斯坦运营商巴科泰尔(Paktel)的全部股份，以此方式进入了巴基斯坦通信市场。

（3）学习和发展新的能力

通过收购，企业可以获得以前不曾拥有的能力，如技术能力、运营能力等，因此收购拥有不同于自身的技术和能力的企业，可以使收购企业了解新知识，保持灵活性。并购活动并购的不仅是企业的资产，而且获得了被收购企业的人力资源、管理资源、技术资源、销售资源等，这些都有助于企业整体竞争力的根本提高，对企业发展战略的实现有很大的帮助。一般情况下，为了获得新能力，企业寻求的并购对象应与自身既有独特性又有互补性。通过企业自身的力量在内部开发新产品并将其推向市场往往需要消耗企业大量的资源，包括时间成本，因为新产品通常很难在短期内为企业带来投资回报。而且多数企业管理者关心的是如何从资本投入中获得丰厚的回报率，以便开发和商业化新产品。据推测，几乎有88%的新产品最终未能给企业带来效益，其中一个原因是，约有60%的创新产品在其专利保护期之后4年内便被竞争者仿造。所以，很多企业经营者通常将新产品开发和技术创新视为一项高风险的活动。与企业自己开发新产品相比，企业收购是推出新产品的一条捷径。例如，药品企业在进行收购时，不仅仅是为了生产药品的生产线，而且还要考虑被收购企业是否有开发相关药品的能力。

（4）实现规模经济效益和协同效应

企业实施并购很大程度上是为了获得规模经济效益，获取能给企业带来竞争优势的资源和能力。并购对企业最明显的作用表现为规模经济效益的取得。

企业规模经济效益表现在以下几个方面：一是节约管理费用；二是节约销售费用；三是提高技术开发能力；四是提高财务效益；五是优化人力资源。

并购后的协同效应来源于范围经济，主要体现在生产协同、经营协同、财务协同、人力资源协同等方面。例如，新兴行业中的资金短缺企业，可以通过合并战略，与成熟行业中资金富余的企业进行优势互补。另外，还可以相互弥补产生的亏损，达到避税的效果。例如有两家企业，一家企业利润多、征税高，另一家企业亏损、不交税，如果两家企业合并，盈亏相抵，就可以不交税或少交税。此外，还可以发挥资源协同作用，包括企业的物质资源和人才资源、技术资源、营销资源等。尤其是一些专有技术，企业通过合并，可以获取对该企业的控制权，从而获得该项技术或专利。

（5）多元化经营

企业在现有市场上开发新产品具有一定的优势，而在开发与现有业务完全不同的新产品及进入一个新的市场时会遇到重重障碍。因此，很多多元化经营战略是通过并购来实现的，尤其是非相关多元化经营战略。例如，中集集团于2009年收购烟台莱佛士船业有限公司29.9%的股权，从集装箱制造领域进入海洋工程领域。

4. 有效的并购战略

一般来说，合理的收购动机和有效地实施收购战略能提升企业能力和战略竞争性，帮助企业赢得超额利润，但收购战略不是没有风险的。研究表明，大约20%的收购是成功的，60%的收购结果不够理想，最后20%的收购可以说是完全失败。在企业实施并购战略的过程中，有许多问题需要解决，其中选择和评估目标企业、确定并购定价和并购后的整合是3个重要的问题。

1）选择和评估目标企业

在收购一家企业之前，必须对其进行全面的分析，以确定其是否与企业的整体发展战略相吻合，了解目标企业的价值，审查其经营业绩及企业面对的机遇和威胁，从而决定是否对其进行收购。在对目标企业的分析中，重点是产业、法律、经营和财务等的分析。

（1）产业分析

产业分析主要包括产业总体状况、产业内结构状况和产业内战略集团状况。

① 产业总体状况。产业总体状况包括产业所处的生命周期阶段及其在国民经济中的地位、国家对产业的政策等。

② 产业内结构状况。产业内结构状况是指产业内存在的5种基本竞争力量，它们的力量对比情况构成了产业的竞争程度和产业内企业的盈利能力。

③ 产业内战略集团状况。产业内的竞争者可以按照不同的战略地位划分为不同的战略集团，一个产业中各战略集团所处的地位及各战略集团之间的相互关系对产业内竞争有很大的影响。

通过以上对目标企业所处产业状况的分析，可以判断对目标企业的合并是否与企业的总体发展战略相吻合，合并后是否可以通过对目标企业的经营而获得整体优势。

（2）法律分析

对目标企业的法律分析主要包括以下几个方面。

① 审查企业的组织、章程。应注意审查对收购、兼并、资产出售方面的认可，以及合并中应经过百分之几以上投票认可才能进行的规定，企业章程和组织中有无特别的投票权和限制，董事会会议记录等。

② 审查财产清册。审查企业对财产的所有权及投保状况，对租赁资产应看其契约条件是否有利。

③ 审查对外书面合约。应对目标企业使用外界商标、专利权或授权他人使用的约定，以及租赁、代理、借贷、技术授权等重要契约进行审查，注意目标企业控制权转移后这些契约是否继续有效。

④ 审查诉讼案件。对企业过去的诉讼案件进行审查，看其是否对企业的经营有重大影响。

（3）经营分析

对目标企业的经营分析主要包括对运营状况、管理状况和重要资源等的分析。

① 运营状况。通过对目标企业近几年经营状况的了解，分析其利润、销售额、市场占有率等指标的变化趋势，对今后的运营状况进行预测。

② 管理状况。分析目标企业的管理风格、管理制度、管理能力、营销能力，分析其是否与本企业的管理相吻合。

③ 重要资源。分析目标企业人才、技术、设备、无形资产等重要资源的利用状况，为合并后的合理利用做好准备。

研究显示，当目标企业与收购方的资产具有互补性时，收购成功率较大，因为整合两家具有互补性资产的企业会产生协同效应。实际上，收购方通常仍保持其核心业务并且使其与被收购方的互补性资产和能力相互影响。收购方通常在收购前建立合作关系来筛选目标企业。

（4）财务分析

财务分析可以确定目标企业提供的财务报表是否真实，这一工作可以委托会计师事务所进行。审查的重点包括资产、负债和税款。审查时应注意各项资产是否为目标企业所有、资产的计价是否合理、应收账款的可收回性、有无提取足额的坏账准备、存货的损耗情况、无形资产价值的评估是否合理等；对债务的审查主要集中在有无漏列的负债。另外，还应审查以前各期税款是否足额及时缴纳。

在初步确定目标企业后，并购方应对被并购方的状况做尽职调查，即企业对收购对象进行充分评估。有效的尽职调查过程涉及各方面的上千条项目，包括收购的财务问题、收购战略的战略协调性、收购企业有效整合被收购企业的能力等。尽管企业本身有可能组建自己内部的尽职调查小组，但尽职调查通常由专业机构来执行，像投资银行、会计师事务所、律师事务所及从事企业收购咨询的咨询公司等。

不能完成有效的尽职调查过程往往会导致实施收购的企业支付高额的收购费，企业应该根据尽职调查的结果进行报价，而不是卷入“报价战争”。

2）确定并购定价

在并购实施过程中，双方最关心、最敏感、最棘手的问题莫过于并购定价问题。并购定价的基础是目标企业的价值估算。由于企业是市场经济中的一种特殊商品，其价值是由多种要素决定的，因此目标企业的价值估算是一个十分复杂的问题。目前，目标企业价值评估的方法主要有成本法、相对估价法、净现值法和经济附加值法等。

成本法的评估思路是从企业重建的角度，估算在评估时点企业已投入的成本之和，或是再造一个与被评估企业完全相同的企业所需要的投资，把这个投资额作为目标企业的评估价值。常用的计价标准有3种，即清算价值、净资产价值和重置价值。

相对估价法是指在市场上找一个或几个与目标企业相同或相似的参照物企业，分析、比较目标企业和参照物企业的相关财务指标，在此基础上，修正、调整参照物企业的价值，最后确定目标企业的价值。其理论依据是：任何一个精明的投资者在购置一项资产时，他所愿意支付的价格不会超过市场上具有相同性能替代品的市场价格。

净现值法是预计目标企业未来的自由现金流量，再以某一折现率将其折现，作为目标企业的价值。如果收购企业的目的是对其继续经营，那么对目标企业的价值估算应采用净现值法，因为企业价值取决于它未来的盈利能力，只有当企业具备这种能力时，它的价值才会被市场认同。因此，净现值法作为企业价值评估的首选方法，在评估实践中得到了大量的应用，并且已经日趋完善和成熟。

经济附加值法是为了克服会计收益指标和现金流量指标的缺陷而提出来的。经济附加值是企业资本收益与资本成本之间的差额，即企业税后营业净利润与全部投入资本成本之间的差额。它不仅考虑了企业的生产成本，更考虑了资本成本，强调了股权资本的时间价值。只有在企业创造的价值覆盖所有的债务和股权资本成本的前提下，目标企业才能真正为投资方创造价值。

3）并购后的整合

并购方取得被并购企业的控制权只是实现了并购目标的第一步。企业并购后的首要任务就是并购整合，以实现并购的协同效应。并购后的整合是指并购双方为了调整企业的组成要素使其融为一体，而对企业的盈利能力和成长能力进行保护、转移、扩散和积累，最终实现预定并购目标的过程。成功进行整合是非常重要的。收购后的整合阶段是一个复杂的组织过程，困难和挑战重重。在这个过程中，通常会因为文化冲突或者组织策略而导致风险因素甚至敌对因素产生。

并购后的整合涉及企业的许多方面，具体包括战略整合、业务整合、制度整合、人力资源整合和企业文化整合。

（1）战略整合

只有当并购双方的战略相互配合、互相融合时，两者才能发挥出战略协同的效应。因此，合并后，必须对被并购企业的战略进行整合，根据整个企业的战略，规划被并购企业在整个战略实现过程中的地位和作用，然后对被并购企业的战略进行调整，使整个企业中的各业务单位之间形成一个相互关联、互相配合的战略体系，使被并购企业发挥比以前更大的效应，促进整个企业的发展。

（2）业务整合

在对被并购企业进行战略整合的基础上，继续对其业务进行整合，根据其在整个业务领域中的地位，重新设置其经营业务，或增加新业务，或剥离旧业务。通过整个企业的分工合作，发挥规模效应和协作优势。相应地，对其资产也应重新配置，以适应业务整合后生产经营的需要。

（3）制度整合

假设被并购企业的管理制度与并购企业的要求不符，则并购企业可以将自身一些优良的管理制度引入被并购企业之中，如存货控制、生产排程、销售分析等。通过这种制度的输出，对被并购企业的原有资源进行整合，使其发挥更好的效益。

（4）人力资源整合

人力资源是企业最重要的资源，是企业竞争力最重要的来源。企业并购后，员工将会在心理上经历几个变化：角色模糊感增强、信任水平下降、自我保护意识增强。这些心理上的变化会导致企业与员工和员工与员工之间的不信任、消极怠工甚至离职等行为，最终使人才流失，企业运营效率下降。管理者需要采取相应的人力资源管理方法和措施来消除员工的心理紧张、压力和不信任感，解除他们的后顾之忧，激发员工的积极性，将员工引到企业的战略目标中来。有研究表明，并购失败的一个重要原因是关键管理人员的离职。所以，在进行人力资源整合时，要综合评价并购双方的关键管理人员和技术人员，对关键人才加以挽留和激励。

（5）企业文化整合

企业文化是企业经营中最基本、最核心的部分，企业文化影响着企业运作的一切方面，因此企业文化整合尤其应受到重视。文化整合的成败很大程度上决定了企业并购活动的成败。麦肯锡公司在1998年的一份研究报告中指出，并购中的文化冲突是导致并购失败的普遍原因之一。库珀、莱布兰德1992年对100家并购失败的企业做了调查研究，有85%的CEO认为管理风格和文化差异是并购失败的主要原因。在对被并购企业的文化整合过程中，应深入分析被并购企业文化形成的历史背景，判断其优缺点，分析双方文化融合的可行性，在此基础上，进行兼收并蓄，形成一种优秀的、有利于战略实施的企业文化，并很好地在被并购企业中推行，使双方真正实现融合。

著名管理学家彼得·德鲁克提出了成功实施并购战略的五项基本原则，它们对妥善处理并购过程中的各种关系、提高并购成功率有重要的参考价值。

① 并购必须有益于被并购企业。并购企业只有彻底考虑了它能够为被并购企业做出什么贡献，而不是被并购企业能够为并购企业做出什么贡献时，并购才可能成功。对被并购企业的贡献可以是多种多样的，包括技术、管理和销售能力，而不仅仅是资金。

② 企业的成功并购，需要有一个团结的核心、共同的语言将它们合成一个整体，即并购企业与被并购企业在文化上要能有效整合。

③ 并购必须是情投意合。并购企业必须尊重被并购企业的员工、产品、市场、消费者和业务活动。

④ 并购企业必须能向被并购企业提供高层管理人员，帮助被并购企业改善管理。

⑤ 在并购的第一年内，要让双方的管理人员大部分得到晋升，使他们相信并购给企业带来了机会。

【案例 10－1】

联想并购摩托罗拉手机业务

2014年1月30日，联想集团宣布收购Google旗下的摩托罗拉手机业务，收购价约29亿美元，收购完成时支付14.1亿美元，包括6.6亿美元现金及7.5亿美元的联想普通股，余下约15亿美元将以三年期本票支付。杨元庆表示："29亿美元显然是一笔相当划算的交易——这个数字比两年多前，Google将摩托罗拉收入囊中时缩水近四分之三，当时，Google以125亿美元的价格收购摩托罗拉移动。"

并购摩托罗拉，联想究竟获得了什么？对此，杨元庆在2013—2014第三季度财报会议上说："收购摩托罗拉手机业务使得联想集团这部分业务成为一个全球性的业务，能够帮助联想打开通往北美运营商的大门，否则联想就只能在水深火热的中国市场和众多竞争对手拼个你死我活。此外，联想还能获得2 000多项专利资产及2.1万项交叉授权专利，一方面可以提升自身产品的研发能力，同时规避了由于专利问题无法进入当地国家市场的风险，而专利的缺失也是很多新兴品牌在其他国家销售的最大瓶颈，在专利上联想得到Google的庇护，将有利于联想开拓成熟市场的业务。而且，联想获得了分布在美国芝加哥、硅谷和佛罗里达的2 000多名摩托罗拉资深研发人员、摩托罗拉的注册商标及其全球50多家运营商的合作关系。"

1. 联想和摩托罗拉的发展史

(1) 联想：从"PC巨头"到"手机新贵"

1984年，柳传志带领10名科技人员创立了中国科学院计算所新技术发展公司（联想前身）。凭借创新的产品、高效的供应链和强大的战略执行，联想已发展成为全球最大的PC厂商。2000年以前联想既定的战略是专注于PC业务的发展，到了2002年，考虑到手机市场规模和盈利空间的广阔、手机作为信息终端的可发展性等因素，联想同夏华签约成立了联想移动公司，这也开启了联想多元化战略发展之路。然而，受金融危机影响及诺基亚强势崛起，联想手机市场受到严重挤压，在亏损3亿美元后，联想不得不忍痛割爱，将手机业务以1亿美元的价格卖了出去。然而，随着移动互联网的兴起，智能手机市场透露出的机遇与诱惑让众多终端厂商欲罢不能，苹果公司iPhone的推出更是将智能手机革命推向顶峰。为开辟新蓝海，在智能手机市场分得一杯羹，联想在卖出手机业务22个月之后，2009年11月27日，宣布斥资2亿美元回购联想移动公司。2010年1月6日，联想在拉斯维加斯发布了移动互联网战略，并推出自主研发的智能手机乐phone正式向iPhone宣战。

(2) 摩托罗拉：从"昨日帝国"到"没落贵族"

始创于1928年的摩托罗拉也曾开创过一个属于自己的"帝国"。它曾登顶了一个个技术巅峰，誉满全球，而如今它却正逐渐淡出人们的视野。中国人通过寻呼机认识了摩托罗拉，中国市场把摩托罗拉推上了行业之巅，其一度占据寻呼机市场超过80%的份额。1973年，摩托罗拉发明了第一款手机——DynaTAC，从此开启了人类社会无线移动通信的新纪元，彻底改变了人类的沟通模式。1984年，DynaTAC开始投入商用，被称为"大哥大"。1996年，摩托罗拉创新性地推出了历史上第一款折叠手机。进入21世纪，摩托罗拉的霸主地位出现松动。2000年，摩托罗拉的市场份额已降到13%。2008

年，摩托罗拉净亏损额达到惊人的41.6亿美元。2011年8月15日，Google以125亿美元将摩托罗拉分拆出的手机业务收购。并购摩托罗拉移动后，丝毫没有复兴起色，连连的亏损使Google失去了耐心，急欲甩掉包袱的Google也在等待着下一个买家。

2. 并购前的疑虑

尽管联想手机在中国市场已经取得了巨大成功，2012—2013财年4.3%的全球智能手机市场份额也让联想跻身全球智能手机市场第五大供应商。然而，这一市场份额与排名前两名的三星（31.5%）和苹果（15.8%）相差甚远，且联想手机的主要竞争优势是低价格。面对这一形势，要想取得更大突破，使智能手机业务有持续增长的利润，杨元庆认为，联想手机必须进军欧美等国外市场。然而联想手机要想国际化谈何容易，杨元庆认为，主要有三缺：首先是缺品牌，联想虽然凭借PC品牌打下了国内市场，然而在美国和拉丁美洲等市场，联想手机却得不到市场的认可；其次是缺研发人才，智能手机的创新力一直是联想面临的首要问题；最后是缺专利，要想进入国际市场，没有专利，联想手机将寸步难行。

就在这举棋不定的当口，2013年年末，杨元庆收到Google CEO埃里克·施密特发来的邮件，准备向联想出售摩托罗拉移动。这不禁让杨元庆想起了十年前联想收购IBM PC业务，那次“蛇吞象”的并购虽然一度饱受外界质疑，但联想凭借其清晰的战略和有效的整合，最终顺利完成并购，并在2013年第二季度实现了对惠普的超越，以16.7%的市场份额成功跃居PC市场老大的宝座，称霸全球PC业。

在与Google代表洽谈后，杨元庆带着材料来到了联想集团总部，高层管理者们对并购一事大多持反对态度，他们认为不能并购摩托罗拉移动的主要原因有以下几点。

首先，摩托罗拉手机业务一直处于亏损状态，2013—2014财年第二季度，摩托罗拉移动业务更是亏损高达3.42亿美元，高管们担忧这部分业务可能会拖累联想的业绩。

其次，摩托罗拉的品牌影响力已不比往昔。智能手机兴起后，虽然一些传统手机厂商如诺基亚没有跟上时代的脚步转型失败，但手机功能特性迎合消费者需求的三星与凭借iOS系统崛起的苹果公司，以巨大的优势稳坐全球智能手机市场份额的头两把交椅，而摩托罗拉手机则早已淡出消费者的视线。

最后，自从2011年Google以125亿美元收购摩托罗拉移动之后，一直在做减法，关闭了很多工厂，并进行了大范围的裁员，还退出了包括中国在内的很多市场，全球的团队在Google一轮又一轮的裁员中所剩不多，特别是有雄心抱负的人才早已投奔其他公司。

但是，杨元庆认为，“十年前，我们走过类似的路，当时IBM手里的PC业务也承受着巨额的亏损，联想已经证明了自身的整合能力，在PC领域近年来的多起收购，也在整合后表现出了营收和利润的双丰收，并取得了PC的逆市增长。在手机领域，联想也有信心取得较好的整合。而且，摩托罗拉是手机行业的开山鼻祖，这一点也如同当年的IBM PC。

虽然摩托罗拉的品牌影响力下降，但它仍然是手机行业最具代表性的品牌，联想在继承和发扬优质品牌方面有着非常好的经验，联想还具有高效的运营平台、一流的生产制造能力、国际化的管理团队和全球化的业务覆盖，我们有信心让这个业务实现长久的增长和盈利。最后，虽然摩托罗拉移动进行了大规模裁员，但是其核心的全球研发精英团队还在，且具备手机通信行业从通信芯片到终端设计的整合技术实力和专利，这正是联想手机进军高端机市场所需要的。"

2014 年 1 月 28 日，联想宣布将已有的两大业务集团（Think 业务集团＋Lenovo 业务集团），分拆成 4 个新的、相对独立的业务集团，分别是 PC 业务集团、移动业务集团、企业级业务集团、云服务业务集团。组织架构的调整清晰地展示了联想未来发展的战略布局。架构的调整可以更好地满足联想包括智能手机在内的移动等新业务快速发展的需要，有助于联想对摩托罗拉移动并购后的业务整合及日后更为灵活的整合和决策。

3. 并购后的危机和整合

资本市场并不看好这笔交易，消息公布后的两个交易日，联想股票均大跌，3 个月后的 4 月 30 日收盘价为 8.82 元/股，与 1 月 30 日的收盘价相比仍下降 20%，市值蒸发了 222 亿港元。

虽然联想近几年已经成功并购了 NEC PC、Medion、CCE 等几家公司，但这些都是 PC 厂商，它们可以零时差地接入到联想的体系中。而在摩托罗拉移动上，扭亏、盈利，继而成为联想手机下一个载体，所有的问题对于联想来说，都是第一次。如何将摩托罗拉移动整合为自身的战略资产，也成为联想面临的首要难题。

首先是产品设计方面，摩托罗拉和联想在产品设计上有非常明显的不同。摩托罗拉通过与谷歌紧密合作形成了原生态安卓的用户体验，如何协调联想与摩托罗拉在产品线设计和研发上相对的独立性，是联想不得不面对的难题。

其次是品牌塑造之难。用户对于联想手机的认可主要集中在中低端产品。收购摩托罗拉，能从产品理念和品牌理念上让联想手机提高多少？欧美市场的"摩托罗拉＋联想"，恐怕难以摆脱中国低成本制造的怪圈，部分客户流失有较大可能；而在中国市场，过气的摩托罗拉品牌，即使与一些新锐手机相比，也无明显的优势。如何提高品牌溢价，是个亟须解决的问题。摩托罗拉品牌进入联想之后，如何管理好这两个品牌，在低端机和高端机市场的差异化、价格差异化、地域运营差异化等方面如何定位，下一步产品的发展方向等，均在考验着联想。

最后是文化整合之难。企业并购最大的困难是文化整合，对于联想和摩托罗拉来说，文化差异是必然存在的，在人事、行政等方面的管理和调度也不尽相同，如何能在短时间内达到最佳的整合效果，是联想需要考虑的。

2014 年 10 月 31 日，联想宣布完成对摩托罗拉移动的收购。并购后的第一个季度，2014—2015 财年第三季度摩托罗拉智能手机销量突破 1 000 万台，同比上升 118%，为联想移动业务集团带来了 19 亿美元的营业额。然而摩托罗拉的亏损仍在继续，受摩托罗拉移动业务拖累，该季度联想移动业务集团的税前亏损也高达 8 900 万美元，这也直接导致联想净利润五年来首次下滑。2015 年，联想的移动业务呈现下滑。对此，杨元庆表示："集团还在积极提高智能手机业务的质量。"2016 年，杨元庆认为，联想移动业务还处于投入期，亏损很正常。在他看来，智能手机是比PC还要大的市场。PC是2 000亿元的市场，而智能手机是4 500亿元的市场。

2016年3月，杨元庆做客央视财经一档节目时称："无论是买摩托罗拉还是买IBM服务器，都是符合我们战略要求的。为什么说要做像摩托罗拉这样的并购，因为做手机，这是一个规模的产业，现在遇到的最大一个瓶颈就是专利的瓶颈，如果我们不并购摩托罗拉，我们做过评估，我们要额外地多交20%以上的专利费用给第三方。大家质疑我们去年三季度的亏损，但是我觉得这个亏损我是想象得到的。你要在美国裁员，你要把一部分职能移到中国来和中国的这些团队进行整合。你在美国裁员，裁一个员工你要付补偿费。"2016年，杨元庆指出，"我们将摩托罗拉在业界领先的创新研发能力，确立为联想移动业务的创新引擎"。

"联想PC已经做到全球NO.1，而且随着全球PC市场趋于饱和、走向下滑的趋势开始显现，联想必然要发展自己的新战略，要去开发新的业务。联想一向是基于自己现有的核心竞争力去发展新的业务，以外延式发展为主。我们的愿景是做一个智能设备的提供商。未来是IoT（物联网）智能时代，但是智能手机这个发展阶段无法越过，如果不把智能手机做好，进入IoT时代也困难。智能手机可以是控制其他设备很好的工具，也是进入云很好的工具。另外，智能手机也是其他智能设备开发的基础，有了手机的开发能力才有可能更多地去开发其他的智能设备。这就是我们非做不可的原因。"

（1）并购后手机品牌的增多和整合

联想寄希望于收购摩托罗拉终端业务提高自身产品力和品牌形象，但因联想内部品牌过于繁杂，进而导致了自身内部的互相博弈，甚至没有给用户留下深刻印象的产品。联想智能手机业务线一度有4个品牌同时运营。业内人士分析称，因为品牌众多，给市场带来了品牌识别不高的印象。在移动端产品线布局上，联想移动业务集团联席总裁陈旭东表示，主流价位段（1 500～2 500元）基本上以联想ZUK作为主要的产品，在2 500～5 000元的价位段是摩托罗拉的产品线作为主打产品，而低端的还会以联想乐檬作为主打，以线上销售为主。

2015年，杨元庆表示，"明年我们就会完成摩托罗拉和联想手机的完全整合。我们不再是两条产品线，是合并的产品线。当然哪个搭摩托罗拉的品牌或者哪个搭联想的品牌，会有不同的对策，但不会有重叠、重复的情况。"2016年，联想决定将旗下Lenovo、ZUK和Moto三大手机品牌进行整合，Moto将成为联想手机唯一品牌。在一个品牌下，联想会把产品线进行完整整合，未来无论是在海外还是在国内，所有的产品都将是一样的标识。杨元庆坦承："我们不想浪费钱，专注在同样品牌下，会更聚焦。"

（2）整合期的财务目标

杨元庆在2016年表示，在营收整体下滑的情况下，联想觉得盈利是更重要的，要放在第一优先的位置。"我们智能手机和数据中心的业务都还在投资、投入的过程中，所以需要有核心业务作为盈利的支柱。"2015年杨元庆认为，在联想与摩托罗拉移动业务的整合期，利润重于市场份额。PC业务在2014年大幅度改善了盈利，从利润上保证了联想整合期的平稳过渡。

资料来源

[1] 董军．联想“创想”：外延式+布点式格局［N］．中国经营报，2016-05-14.

[2] 卢晓．杨元庆动刀联想：手机只留“独苗”［N］．华夏时报，2016-11-05.

[3] 李富永．联想真的患上“七年之痒”了吗？［N］．中华工商时报，2016-06-04.

[4] 汪莹．联想转型正酣（中国品牌在海外）［N］．人民日报（海外版），2016-06-13.

[5] 唐隆辉．联想利润下滑近七成 过度依赖PC业务致转型难［N］．通信信息报，2017-02-23.

[6] 林政伟．联想全球市场份额无起色 收购摩托罗拉步谷歌后尘？［N］．通信信息报，2015-11-05.

[7] 向炎涛．杨元庆重整联想：多业务板块人事调整［N］．中国经营报，2016-11-13.

10.2 企业战略联盟

随着市场竞争的不断加剧和资源稀缺性的日益严重，越来越多的企业开始从对立型竞争转向合作型竞争。战略联盟是企业合作战略的基本形式，它能有效地帮助企业获取稀缺资源、降低运营成本、减少风险。

1. 战略联盟的概念及特点

1）战略联盟的概念

战略联盟（strategic alliance）是指两个或两个以上的企业在保持自己法人地位的前提下将各自的一部分资源、能力和核心专长进行某种形式的整合，通过一定的方式组成网络联合体，以实现各自的战略目标。战略联盟的概念首先由美国DEC公司总裁简·霍普罗德和管理学家罗杰·内格尔提出，随即得到实业界和理论界的普遍赞同。20世纪80年代以来，这种组织形式在国际经济舞台上大量出现，成为现代企业提升竞争力的重要形式。

2）战略联盟的特点

战略联盟是现代企业组织制度的一种创新，随着经济的发展，企业作为组织社会资源的最基本单位，其边界越来越模糊。目前，网络式组织已成为企业组织发展的一种趋势，而战略联盟正好具备网络组织的特点。

（1）合作与竞争并存

传统的企业竞争是以消灭或削弱竞争对手为目标的对抗性竞争，战略联盟的出现改变了这种竞争方式。企业之间除了对抗性竞争，还必须从共赢的角度出发形成合作联盟，为竞争而合作，靠合作来竞争。

（2）边界模糊

战略联盟这一组织形式并不像传统的企业具有明确的层级和边界，企业之间以一定的契约或资产联结起来对资源进行优化配置。战略联盟一般是由具有共同利益关系的单位之间组成的战略共同体，可以是供应者、生产者、分销商之间形成的联盟，也可以是竞争者之间形成的联盟。

（3）关系松散

战略联盟主要是用契约形式联结起来的，因此合作方之间的关系十分松散。如果机会来临，联盟中的成员便联合起来；一旦目标实现，联盟中的成员便各奔前程。在时间上，战略联盟存在期限一般较短，在联盟形成之时，一般有存续时间的协议，或者规定一个固定的时期，或者规定在一个任务完成之后解散。可见，战略联盟本身是一个动态、开放的体系，是一种松散的企业间组织形式。

（4）地位的平等性和优势的互补性

战略联盟各方在资源共享、优势互补、彼此信任和相互独立的基础上，通过合作协议而结成一种平等关系，联盟成员均为独立的法人实体。企业实施战略联盟的目的在于价值链上的核心专长互补，以实现“双赢”的目标。

（5）运作高效

由于战略联盟在组建时，合作各方都把自己最核心的资源加入到联盟中来，联盟的各个方面的水平都是一流的。在目前分工日益深化的状况下，战略联盟的实力是单个企业很难达到的。在这种情况下，联盟可以高效运作，完成一些难度较大的复杂工作。

2. 战略联盟的分类

按照不同的划分标准，战略联盟可以划分为多种类型。

1）按产权划分

以联盟合作成员在联盟协议中是否涉及股权合作为标准，可以将战略联盟分为股权式战略联盟和契约式战略联盟两种类型。

（1）股权式战略联盟

股权式战略联盟是指企业间以股权为纽带建立的战略联盟。企业在合作契约中增加了对联盟组织或联盟伙伴进行股权投资的内容，但一般不包括各成员的核心业务，具体又可分为合资型战略联盟和相互持股型战略联盟。合资型战略联盟是指两家或两家以上的企业拿出它们的部分资产来共同成立一家独立的企业。相互持股型战略联盟是指联盟成员为巩固良好的合作关系，长期相互持有少量股份。这种方式不涉及设备和人员等要素的合并。汽车行业是较多运用相互持股方式进行联盟的行业之一。

（2）契约式战略联盟

在契约式战略联盟中，各成员签订长期合作契约，通过契约规范成员行为，实现合作。成员企业之间不以股权为纽带，而是依据更为灵活、松散的契约来进行合作管理，即不交叉持股或建立独立的企业。最常见的形式包括技术协议、研究开发合作协议、生产营销协议、产业协调协议等。

2）按照合作内容划分

从联盟的内容看，企业在研发、生产、供应和销售各个价值链环节上都可以形成战略联盟。美国 NRC 组织根据企业合作内容的不同对战略联盟进行了详细分类，如表 10－1所示。

表 10-1　按合作内容划分的战略联盟类型

阶　段	联盟内容
研究开发阶段的战略联盟	许可证协议；交换许可证合同；技术交换；技术人员交流计划；共同研究开发；以获取技术为目的的投资
生产制造阶段的战略联盟	OEM（委托定制）供给；辅助制造合同；零部件标准协定；产品的组装及检验协定
销售阶段的战略联盟	销售代理协定
全面性的战略联盟	产品规格的调整；联合承担风险

3. 战略联盟的理论基础

（1）交易成本理论

交易成本理论是解释各种经济活动组织边界的重要理论。罗纳德·科斯在1937年发表的《企业的性质》一文中开创性地提出了交易成本的基本概念，认为市场运行中存在“交易成本”。他指出，企业和市场的边界受到内部组织成本和市场交易成本的相对大小的影响。战略联盟的建立就是为了寻求一种节约交易成本的制度安排，企业之间通过联盟合作可稳定交易关系，进而减少交易成本，纠正市场缺陷，防止“市场失效”；同时它又可抑制“内部化”倾向，降低管理费用，从而避免“组织失效”。因此，战略联盟是介于市场与企业之间的一种交易方式，如图10-1所示。

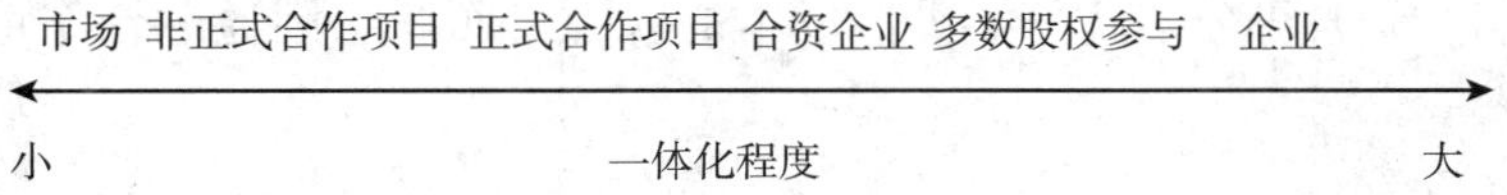

图10-1　战略联盟是介于市场与企业之间的一种交易方式

（2）资源基础理论

资源基础理论认为企业必须拥有提高企业业绩、创造竞争优势的特定资产、技术或资源。资源不仅指有形资产，而且还包括无形资产，它们共同构成企业的能力。学者们研究了资源和持续竞争优势之间的关系，发现产生竞争优势的资源有如下特征：有价值、稀缺性、难以模仿性和难以替代性。基于资源的战略联盟理论认为，战略联盟形成的原因在于企业之间基于资源的相互依赖性，企业形成战略联盟的目的是获得互补的资源和能力。战略联盟使企业可支配的资源从企业内部扩展到企业外部，在更大范围内促进资源的合理配置，创造协同效应，从而提高企业的竞争优势。

（3）博弈论

博弈论（game theory）又称对策论，是交互式决策（interactive decision making）或交互条件下的“最优理性决策”。在解释战略联盟形成方面，博弈论中的“非零和博弈”理论与“合作博弈”理论给企业经营者提供了重要的启示。博弈思想注重战略制定的互动性和系统性。在日趋激烈的竞争中，企业要随时警惕环境的变化，正确判断何时与对手合作、何时与对手竞争，这样才能在不断变化的环境中掌握先机，把握主动，不断提高竞争能力。在对战略联盟形成后的管理方面，博弈论提供了战略联盟中各成员之间相互依赖的决策理论基础。博弈论还被广泛用于分析企业之间的合作效果。

（4）竞合理论

1995年，在深刻认识竞争对抗性本身固有的缺陷和透彻洞察当今经营环境复杂性的基础上，布兰登伯格和奈勒波夫提出了竞合理论。该理论的核心逻辑是共存共生和共荣共赢。它有效克服了传统企业战略过分关注竞争的弊端，强调合作的重要性。布兰登伯格和奈勒波夫在《哈佛商业评论》上发表了《正确的举措：运用博弈论构筑战略》一文，提出了依据博弈论理念进行竞合分析的五大要素：参与者（participators）、附加值（added values）、规则（rules）、策略（tactics）和范围（scope），简称 PARTS。改变商业博弈五要素中的任何一个要素，都会形成多个不同的博弈，通过分析和比较各种博弈的结果，可以确定适合商业环境的竞合战略，最终实现共同发展的战略目标。

4. 战略联盟的动因

（1）增强自身的实力

在激烈的市场竞争中，企业为了提高竞争力，通过跟与自己有共同利益的经营单位建立战略联盟，彼此之间通过加强合作而发挥整体优势。而且竞争对手之间也可以通过彼此的合作，增强各自的实力，联合占领市场，对付共同的竞争对手或潜在的竞争者。例如，微软与惠普合作为大型企业设计更加完善的产品，英特尔与惠普合作开发新一代的微处理器等。2001 年联想宣布进入 IT 服务行业，开始提供 ERP、CRM 等大型软件的咨询和实施服务。但是，那时的联想还没有储备足够的相关专业人才，于是联想寻求与 SAP、IBM 和微软等公司进行合作。当这些公司获得订单而人手不足时，联想会派员工加入相关团队合作完成该订单。通过合作，SAP 等公司获得了更低成本的人力，而联想则通过合作培训出专业且高水平的员工。

（2）开拓市场

企业之间通过战略联盟的方式，可以有效避开地区间或国家间的各种贸易保护主义，共享营销网络，达到扩大市场占有率、开拓市场的目的。例如，蒙牛乳业与达能集团形成战略联盟，建立合资企业，联合生产和销售酸奶。这次合作使达能集团获得了中国酸奶的巨大市场。

（3）迅速获取新的技术

技术创新是企业保持持久竞争力的关键，但是企业往往由于能力所限，不能吸收所有技术创新的成果，这时可以通过战略联盟的方式，与合作伙伴共享技术资源。20 世纪 80 年代以来，迫于竞争的压力，许多企业开始缔结“知识联盟”。通过技术知识的相互学习和共同研发，既能缩短获取新技术的时间，又能够为新技术的商业推广及成为行业标准提供支持。

（4）进入国外市场

随着经济发展的日益全球化，企业必须面对整个世界市场进行竞争。而国别的差异会给跨国经营带来很大的困难，通过与进入国的企业建立战略联盟，可以获得互补性资源，降低经营风险，大大拓展企业的发展空间。例如，航空联盟有助于航空公司降低成本，并获得其他的国际航线。

（5）降低风险

市场竞争格局的变化无常，会给企业经营带来很大风险。企业之间缔结战略联盟，可以与合作伙伴共同分担投资成本、开发费用，能够快速抓住时机进入目标市场，获取收益。同时，企业之间缔结跨国战略联盟还可以降低政治风险，因为当地企业能把握并影响当地政府的政策。另外，合资企业本身还可以获得政府政策的支持。

5. 有效战略联盟应遵守的原则

有关实证研究表明，2/3 的合作战略在开始的前两年都存在比较严重的问题，70％的企业战略联盟都以失败告终，联盟的平均寿命只有 7 年。合资是最常见的战略联盟形式，但有近 80％的合资企业都被某个联盟伙伴收购或兼并。

广州汽车和法国标致汽车战略合作的失败就是典型的例子。1985 年 3 月，广州标致成立。在 1985—1993 年的 8 年时间里，广州标致一直都是法方出任总经理。在法方强势的管理下，广州标致一直没能导入先进的车型，而且在当年广州标致规模小、成本高的情况下，法国人坚持不加大国产化力度，结果导致广州标致在成本和质量上失去市场。1997 年，广州标致年销售量不足 1 000 辆，公司累计亏损额高达 29 亿元。1997 年 10 月 31 日，法国标致宣布正式退出与广州汽车的合作，这一战略联盟也宣告失败。

大量的实证调查研究表明，战略联盟要想获得成功，一般应遵循以下原则。

（1）选择并确定合适的联盟伙伴

由于战略联盟中合作方之间的关系较为松散，因此必须选择真正有合作诚意并适合本企业的伙伴。同时，对于合作伙伴在资源和能力上的互补性也应予以考虑。此外，文化上相容相似的企业比存在较大文化差异的企业更适合成为合作伙伴。

（2）明确战略目标，明确各方的责任、义务和权利

企业在合作之前，首先要明确战略联盟的意图，并据此来寻找合适的联盟伙伴。企业高层管理人员要弄清楚通过战略联盟来解决什么问题，是当前的还是长远的，是战术层面的还是战略层面的，是规避风险还是把握机会，是解燃眉之急还是长远之需，可以“扬”哪些比较优势，“避”哪些比较劣势等。战略联盟是一种网络式的组织结构，不同于传统的层级结构，在联盟中应明确双方的责、权、利，以防由于组织不合理而影响其正常的运作。

（3）建立良好的伙伴关系，拥有融洽、信任、平等的合作关系

研究指出，信任可以成为有价值的、稀缺的、难以模仿的和难以替代的企业能力。企业需要知道如何发挥信任在战略联盟中的作用，尤其在采用机会最大化来管理联盟时，信任更是影响、控制合作伙伴行为的最有效方法。

（4）有效防范战略联盟风险

战略联盟的风险之一是合作伙伴的机会主义行为。通常，当正式合同无法约束合作双方或者建立战略联盟时错误地估计了合作伙伴的可信任程度的时候，机会主义行为就可能出现。有时候机会主义企业希望尽可能多地获得合作伙伴的隐性知识。因此，充分了解合作伙伴想要从战略联盟中得到什么，有助于企业减少遭受合作伙伴机会主义行为的可能性。联盟各方应保持必要的弹性，能根据市场变化和各方变化进行调整。战略联盟的风险之二是合作企业失实地描述自身能力，尤其是当它宣称能够提供隐性资产时。对当地情况非常了解就是合作企业经常错误传递的一种隐性资产。针对这一风险的防范措施是：要求合作企业提供它所拥有的，并在战略联盟中可分享的资源和产能（即使是无形的）的有力证据。战略联盟的风险之三是合作企业没有将其承诺的资源和能力（如最尖端的技术）在战略联盟中与合作伙伴分享。无论战略联盟的哪一方，只要不能提供联盟所必需的资源和能力，都会大大降低战略联盟成功的可能性。当企业形成国际化战略联盟时，通常会遇到这样的风险，而且不同的文化和语言也会导致曲解合同条款和对信任的期望程度。战略联盟的风险之四是一家企业对联盟进行专项投资而合作伙伴却没有跟进。

（5）有效管理战略联盟

战略联盟组建后的协调管理和运作的有效性是它相对于单一企业更难处理的一个问题。美国学者米德·科夫勒认为，联盟失败的重要原因之一就是管理有问题。合资方面的专家海瑞根也认为，联盟之所以失败，主要是因为管理者未能使联盟有效运作，而不是协议规定上的问题。及时的沟通、协调甚至谅解、宽容、妥协都是战略联盟有效运作的重要条件。战略联盟各方由于相对独立，彼此之间的组织结构、企业文化和管理模式等都存在很大的不同，因此加强各方之间的沟通和协调非常重要。

（6）保持竞合关系

美国密歇根大学普莱德教授的研究表明，过于草率地把核心技术和独特技能转让给合伙人，结果将使自己的能力下降。战略联盟双方应保持既合作又竞争的双重关系。

【案例 10－2】

京东的战略联盟

2016 年，刘强东曾在多个场合表示，京东未来仍将把扩充商品品类放在第一位。为此，京东与上游企业建立了很多非股权联盟。同时，京东与传统零售商和垂直行业电商建立了一些股权联盟，例如沃尔玛、永辉超市、天天果园这样的传统零售商和易车、途牛这样的电商。在很多战略联盟中，京东发挥其在大数据等方面的优势，通过合作扩展了品类。在和京东合作之前，很多公司都面临着业绩压力（比如上海家化、联想）或在自营电商方面有过不够成功的尝试（比如上海家化、易车）。

1. 横向联盟

2015 年 1 月，易车与京东、腾讯签订三方战略合作协议，易车将获得京东及腾讯以现金和资产形式的投资共计约 15.5 亿美元。易车董事长兼 CEO 李斌希望借助京东的电商资源和经验，以及腾讯的金融资源，来帮助易车完成筹谋多年而未能完成的身份转变——转向“汽车电商”，为此不惜大幅稀释股权比例。引援京东和腾讯或许不只是为了打通在线交易，以及获得京东汽车频道的一个展示平台那么简单，李斌更看重的是两家拥有的大数据资源及分析能力，这是易车所急缺的资源。腾讯总裁刘炽平表示：“通过易车和京东丰富的汽车电商资源，与腾讯庞大的用户群体、强大的数据分析能力及相关的汽车媒体资源，三方强强联合，共同打造高效的汽车电商平台，并为中国购车用户提供一站式的金融解决方案。”

2015 年 8 月，刘强东与孙加明控制的两家公司京东邦能和江苏圆周出资 43 亿元，认购永辉超市 10％的股份，且拥有了提名永辉两名董事（包括一名独董）的权利。双方宣布京东与永辉将建立联合采购机制，打通线上与线下，并合作探索零售金融服务。

2016 年 6 月，京东以 5％的股份换取沃尔玛旗下电商平台 1 号店的大部分资产。沃尔玛将继续经营 1 号店自营业务，并入驻 1 号商城。京东和沃尔玛将携手支持“1 号店”不断加强其品牌影响力和业务增长。双方还将在供应链端展开紧密合作，沃尔玛将借助其全球供应链优势向消费者提供更加丰富的商品。“山姆会员商店”将在京东平台开设官方旗舰店；“山姆会员商店”将使用京东的仓配一体化物流服务，从而能够在更大范围内推广其高品质进口商品，并为其顾客提供全中国最高效的商品配送服务。沃尔玛在中国的实体门店将接入京东集团投资的中国最大的众包物流平台“达达”和O2O电商平台“京东到家”，并成为其重点合作伙伴。通过线上线下融合，包括吸引更多线上客流到沃尔玛实体门店，以及为“京东到家”的用户提供沃尔玛实体门店极为丰富的生鲜商品选择，为更广泛的用户群体提供2小时超市生鲜配送到家的服务。

目前，京东在华北、东北等北方区域市场占据强势地位，但在华东和华南的力量相对薄弱。对于1号店，刘强东表示，“1号店在家居用品和食品杂货等重要品类，以及在华东和华南等重点区域有鲜明的优势，我们非常期待通过此次联手进一步推动1号店的发展，我们将发挥京东卓越的物流能力和丰富的品类实力，确保1号店将继续为其用户提供越来越好的商品和更优质的服务。”

和君咨询合伙人王洪波指出：“京东业务结构单一，很难和品类丰富的对手抗衡，这也是其联手沃尔玛的原因之一。”王洪波说，“沃尔玛经营品类丰富，供应链优势明显，拥有强大的全球采购资源，这些都可以弥补京东的短板。京东有巨大的物流潜能需要释放，而沃尔玛的O2O业务也非常需要强大的物流支持。”

2. 纵向联盟

京东越来重视开放平台，愿意为开放平台投入更多的资源。同时，为了摆脱3C依赖症的形象，京东不惜重金在并不擅长的行业里和品牌商合作，完善自己的短板。

2014年12月，美的和京东签署全面战略合作协议。根据协议，双方将在智能家电、智能家居及渠道拓展、深度定制、大数据分析等领域展开深度合作。通过该战略合作，美的有望成为首个在京东年销售额达到100亿元的家电企业。2014年的合作协议主要是加强在智能家居方面的合作。美的集团董事长方洪波指出，“京东能为我们制造商提供物流配送、互联网技术、大数据分析、智能云平台方面的帮助，这对于正在进行互联网转型和积极开拓智慧家居领域的美的来说，正是理想的战略合作伙伴。”

2015年5月，上海医药与京东签订战略合作框架协议。这是一个纵向联盟和横向联盟兼具的协议。根据协议，双方将在战略、资本、业务等三个层面建立全面战略合作伙伴关系，共同构建处方药的线上销售平台及线下配送网络；在非处方药领域（包括OTC、保健品、医疗器械等）共同建立全面战略合作伙伴关系。同时，双方将共同增资上海医药大健康云商股份有限公司（下称“上药云健康”），致力于构建医药电子商务和移动医疗的生态系统。上海医药与京东此次在处方药电子商务领域的合作为排他独家合作形式。即京东为上海医药在处方药电子商务领域内的独家合作伙伴，上药云健康独家拥有在京东运营的电子商务平台销售处方药药品的权利；在合法合规的前提下，双方亦将互享各自与处方药电子商务业务相关的数据及资源。“上海医药主要在药品供应链管理上提供专业药方、医院药房、社会药房、自动取药/售药环节的配送和管理，而京东的最后一公里配送服务会在患者取药环节发挥作用。”上海医药战略运营部总经理刘大伟如此描述。京东方面表示，此次与上海医药达成战略合作，将其长期积累的医药领域优质资源与京东互联网技术、供应链管理优势相结合，打通线上线下资源，携手打造一个切实可行的医药电商模式。“目前我们还是以OTC、保健品、医疗器械的网上销售为主，但未来处方药的配送销售肯定会是重点。”刘大伟表示。

2016年7月，上海家化与京东达成战略合作协议。上海家化董事长兼总经理谢文坚表示，上海家化不仅将电商渠道视为一个助推业务发展的销售渠道，更寄予通过数字化营销实现全品牌“融合”全渠道的使命。京东商城CEO沈皓瑜亦表示，双方合作不仅有助于上海家化的线上布局，也将为京东超市美妆、母婴、个护清洁品类的发展注入新的力量。此前，上海家化以百货、商超作为主渠道，虽设立了电商部门，但该部门业绩表现不符合预期。

2016年7月，联想和京东签署了全面战略合作协议。根据协议内容，联想全线产品未来三年将优先在京东首发，同时定下600亿元人民币的目标销售额。与此同时，双方还将共同努力，深化合作，在促进消费升级、农村电商及面向企业客户服务等方面，展开全价值链的战略合作。双方承诺：未来三年内，联想战略新品包括但不限于笔记本电脑、台式机、平板、手机、打印机、智能设备等，将优先选择京东作为首发平台。配合首发，京东商城也将为联想提供涵盖数据分析、营销推广、仓储物流和技术支持等在内的全套解决方案；同时，京东在内部采购服务器及存储产品时，同等条件下优先考虑采用联想产品。此外，双方在战略合作中还确定了将在大数据方面开展深度合作。京东积累的消费数据结合联想在供应链、产品开发和国际视野上的优势，双方将在产品定义、研发、生产，到销售和服务等不同阶段，开展全面的数据共享，对双方用户群体开展有针对性的产品定制与开发。京东与联想还将在农村市场紧密合作，探讨推广面向农村的定制产品，共同推进农村信息化进程。同时，在企业服务方面，京东和联想将面向企业客户，提供包括云、互联网金融、IT基础设施建设、仓储物流、企业管理在内的全方位服务解决方案。互联网专业分析师李成东认为，在这个合作关系中，京东不只是一个零售商的角色，联想放弃自营电商，全部依靠京东电商全渠道，联想发挥技术和研发实力做好品牌产品，京东则发挥自营采销团队的丰富经验进行线上营销和推广，各司其职。“零售的商业战争，本质上打的是货品供应链，京东也需要更强大的品牌，以及更好的货品站台支持。联想牵手京东，对联想此后的业绩有一定的保障，对于京东而言，也得到了独一无二的优势货品资源。”

2016年9月，双汇与京东生鲜进行了战略合作签约。双汇将充分发挥国内外资源优势，借力京东强大的电商平台，实现销售渠道从线下柜台到线上平台的扩充，消费者足不出户即可买到新鲜、优质、放心、实惠的双汇生鲜产品。“京东生鲜除了在冷链物流、全程品控方面与合作伙伴密切合作外，利用京东平台的流量、大数据等，突破区域限制，真正助推传统企业转型，才是我们的价值所在。”京东集团副总裁、京东商城生鲜事业部总裁王笑松表示。

除了零售业务和零售商构成纵向联盟之外，京东的金融业务也积极与零售商开展合作。2015年7月，京东金融与王府井百货宣布达成战略合作：王府井百货将全面接入京东金融旗下的白条和京东支付产品，消费者在王府井百货可以充分享受京东“随便刷”个人贷款和分期付款的便利，提升了购物体验，打破了银行卡垄断的大型商场支付。京东支付和白条全面向京东以外的场景拓展。王府井随便刷·白条是一种先消费后付款的支付方式，类似于分期付款，付款期最长可延后30天或最长12期的分期付款方式。京东的线下信用支付产品是服务于具有透支消费场景的商户，通过大数据进行信用评估，为信用等级高、消费需求大的用户提供信用付款服务。

资料来源

[1] 李冰 . 京东金融携手王府井百货“白条”随便刷 [N] . 证券日报，2015－07－11.

[2] 李洪华 . 双汇京东联手助推我国肉类产业供给侧改革 . 中国经济网，2016－09－13.

[3] 覃秘 . 刘强东拟 43 亿元入股 永辉超市定增联姻京东 [N] . 上海证券报，2015－08－10.

[4] 朱萍 . 上海家化携手京东 发力电商应对业绩大考 [N] . 21 世纪经济报道，2016－07－07.

[5] 张涛 . 动作频频 京东全面发力整合供应链 [N] . 中国商报，2016－07－29.

[6] 张涛 . 沃尔玛京东结盟 零售行业酝酿巨变 [N] . 中国商报，2016－06－24.

[7] 吴文婷 . 美的联手京东抛 100 亿目标 家电业掀跨界潮 [N] . 中国经营报，2015－01－10.

[8] 周和双 . 卡位汽车电商大战前夜：易车结盟京东、腾讯 [N] . 经济观察报，2015－01－19.

[9] 王悦 . 京东联手上药电商巨头圈地医药流通领域 [N] . 第一财经日报，2015－05－19.

本章小结

本章探讨了企业实现外部增长的两种主要方式，即并购战略和战略联盟。首先介绍了企业并购的基本概念和类型、并购动因及并购战略实施中应注意的目标企业选择、并购定价和并购后整合的问题。战略联盟是两个或两个以上的企业为了一定的目的通过一定方式组成的网络式的联合体。其实质是一种企业组织制度的创新，它与传统的组织有着许多不同的特点。本章进一步分析了战略联盟的动因和类型，以及成功实施战略联盟应遵守的原则。

思考题

1. 企业并购的动因是什么？
2. 企业并购的定价方法有哪些？
3. 什么是并购后整合？并购后整合在企业并购中有什么意义？
4. 请运用多种分类标准描述战略联盟的类型划分。
5. 寻找一家上市公司，研究该企业通过并购或战略联盟的方式来推进企业增长型战略实施的全过程，了解并购或战略联盟在企业发展中所发挥的作用，探讨成功实施并购战略或战略联盟的关键点。

第 11 章

企业国际化经营战略

【案例导入】

海尔的国际化经营战略

海尔集团创立于 1984 年，从一个濒临倒闭的集体小厂发展壮大成为在国内外享有较高声誉的跨国企业，在短短 30 多年的时间里创造了从无到有、从小到大、从弱到强、从国内到海外的显著业绩。

海尔集团先后实施了名牌战略、多元化战略、国际化战略和全球化品牌战略。自 20 世纪 90 年代起，海尔开始走国际化战略道路。2005 年是海尔进入全球化品牌战略阶段的第一年。它提出要以创新为核心，致力成为“创新驱动”型企业。

1. 国际化战略发展阶段：走出国门，出口创牌

2001 年，中国加入 WTO，很多企业响应中央号召走出去，但出去之后非常困难，又退回来继续做贴牌。海尔认为走出去不只为创汇，更重要的是创中国自己的品牌。因此海尔提出“走出去、走进去、走上去”的“三步走”战略，以“先难后易”的思路，首先进入发达国家创名牌，再以高屋建瓴之势进入发展中国家，逐渐在海外建立起设计、制造、营销“三位一体”的本土化模式。

（1）20 世纪 90 年代以来的出口战略

这一战略可以概括为“先难后易”，以创名牌为主。一般实施出口战略是先易后难，而海尔则认为，在发达国家市场能站住脚的品牌也就是世界名牌，有了世界名牌也就很容易进入发展中国家的市场。海尔董事局主席张瑞敏曾向媒体表示，国际化对海尔是最重要的，也是最困难的。在 20 世纪 90 年代，海尔首先进军的是对质量要求最为苛刻的德国冰箱市场。海尔坚持使用自己的品牌销售，在经受住严谨苛刻的德国人的考验后，海尔产品形象和良好的口碑得到提升，之后海尔相继向其他国家扩张。

（2）国外设厂阶段

1997 年 6 月和 8 月，海尔-LKG 电器有限公司和海尔工业（亚西安）有限公司分别在菲律宾和马来西亚成立，标志着海尔开始在国外抢滩设点，从国内生产出口逐步转向国外直接投资，与外商合资在当地生产，占领国际市场。目前海尔已在较有影响力的世界10个经济共同体中建立生产工厂，并在当地国产化率达到60%。

（3）“三位一体”的国际本土化战略，即本土设计、制造和营销一体化

此后海尔又提出了“三融一创”的国际化策略，即通过融资、融智、融文化，创本土化名牌。在美国市场，海尔努力成为一家当地企业，获得了参与政府招标资格，并进入美国前十大连锁店的行列；其间应美国消费者的需求，实现了创新性的产品设计与制造。例如，在美国市场独创了透明葡萄酒冰柜。在欧洲市场，海尔也很强调当地化的设计、制造和销售，它分别在法国里昂和荷兰阿姆斯特丹建立了设计中心，在意大利米兰建立了营销中心。目前，海尔在菲律宾、马来西亚等5个国家设立的工厂和在美国、法国、德国、日本等国家设立的10个信息站、6个设计本部，都能够根据当地的消费习惯和风格来设计和生产产品。

2. 全球化品牌战略发展阶段：整合全球资源，创全球化品牌

互联网时代带来了营销的碎片化，传统企业的“生产—库存—销售”模式不能满足用户个性化的需求，企业必须从“以企业为中心卖产品”转变为“以用户为中心卖服务”，即用户驱动的“即需即供”模式。国际化和全球化之间是逻辑递进关系。“国际化”是以企业自身的资源去创造国际品牌，而“全球化”是将全球的资源为我所用，创造本土化主流品牌，是质的不同。因此，海尔整合全球的研发、制造、营销资源，创全球化品牌。这一阶段，海尔探索的商业模式是“人单合一双赢”模式。

从2011年起，海尔开始了海外并购。2011年10月，海尔集团和日本三洋电器集团签署收购协议，三洋在日本的洗衣机和家用冰箱业务及其在东南亚地区的洗衣机、家用冰箱和其他家用电器销售业务正式纳入海尔麾下。

2012年，海尔集团完成了对新西兰斐雪派克家电业务的并购，交易额约7.66亿美元，是海尔尝试全球化22年以来最大规模的海外并购，也是唯一的全资收购。斐雪派克在工业信息化、厨电、电机领域具有领先优势。

早在2008年之前，张瑞敏就已经看上了GE的家电业务。当时GE正准备出售家电业务，海尔便是接洽者之一。但是2008年金融危机爆发，多重因素迫使海尔最终选择放弃GE家电。从2015年开始，GE开始重整集团业务，确立将核心业务转向能源、医疗等领域，而家电等消费型业务则属于剥离之列。2015年7月，GE家电业务曾招标出售，最终欧洲家电品牌伊莱克斯以33亿美元中标，但后来这桩交易却因为美国司法部的干涉而告吹。2016年1月，海尔集团与GE签署了合作谅解备忘录，海尔将以54亿美元收购后者的家电业务。

资料来源

［1］孙聪颖．海尔收购GE家电 国际化再下一城［N］．中国经营报，2016－01－23.
［2］何翠云．家电业掀跨国并购潮［N］．中华工商时报，2016－04－15.
［3］张斯．海尔拟54亿美元并购GE家电业务［N］．每日经济新闻，2016－01－18.
［4］杨忠阳，刘成．海尔：锻造世界名牌 交互全球粉丝［N］．经济日报，2015－04－06.

21世纪，任何一个企业都必须着眼于全球市场而不是国内市场来思考企业经营战略。互联网缩小了地理距离，世界经济正加速全球化。中国企业，无论是内向型企业还是外向型企业，无论企业自身是否“走出国门”，是否愿意并主动挑战全球竞争对手，面对来自全球的国际化竞争已成为所有企业不可回避的现实。为了提高国际竞争力，越来越多的企业需要制定能在国际市场上获得成功的经营战略。

11.1 国际化经营战略的实施动因

国际化经营战略是企业在本国市场以外的市场生产或销售产品或服务的战略，它促使企业跨越国界从事经营活动。随着新技术革命的出现、国际分工的深化及经济全球化趋势的加快，企业国际化的发展势头迅猛。

企业通过国际化经营战略将其业务扩展到更多地方的原因有很多。雷蒙德·弗农阐述了企业实施国际化经营战略的典型原理。他认为一个企业通常先在本国市场上推出新产品，特别是那些发达国家，如德国、法国、日本、瑞典、加拿大和美国等。接着，其他国家对这项产品的需求随之产生，于是企业开始将本地生产的产品出口。当国外市场上的需求增长到一定程度时，该企业就会开始国外运营，主要是为了击败国外竞争对手。弗农认为企业实施国际化经营战略的动机之一是延长产品的生命周期。

实施国际化经营战略的另外一个原因是获得潜在的稀缺资源。某些行业中的企业在生产产品的过程中，原材料的供应，尤其是矿产和能源的供应至关重要。例如，矿产和能源企业会尽可能在全球范围内经营，以获取更多的资源，然后再将这些资源卖给有需求的制造商。

中国企业的国际化动因要从提高国际竞争力的角度来认识。具体来说，企业实施国际化经营战略的动机主要有以下几个方面。

(1) 扩大市场规模

通过进入国际市场，企业能够有效扩大潜在市场的规模。例如，大量外国医药企业对我国进行直接投资，是因为我国庞大的市场。一位研究人员发现其所研究的医药企业中大约85%通过与我国本土企业合资的方式进入我国市场，剩下的则在我国成立全资子公司。

如果本国市场的增长有限，则企业开展国际化经营是一个很有吸引力的选择。例如，当美国的软饮料市场相对饱和时，百事可乐和可口可乐纷纷进入国际市场寻求市场增长空间。百事可乐多年前就进入了苏联市场，随之可口可乐便进入了我国市场。如今，两家公司在国际市场上展开了激烈竞争。

国际市场的规模大小也影响到企业是否愿意在这个市场进行研发投资，以在该市场中创建竞争优势。较大的市场通常意味着较高的潜在投资回报和较低的投资风险。

(2) 快速得到投资回报

对于数额巨大的投资（如建立生产基地、购买基本设备和进行研发）来说，市场规模很重要，据此大多数研发密集型的行业都实行了国际化经营。例如，飞机制造业对于研制新飞机需要大量投资，为补偿这些巨额投资，飞机制造企业必须拥有国际市场。对于波音公司和空中客车公司而言，国际销售量至关重要。

另外，技术发展速度在加快，产品生命周期日益缩短，投资必须快速收回。由于各个国家的专利保护法不同，新产品被仿制的可能性增加，竞争对手通过反向工程技术，能够分解产品，用相似的技术生产仿制产品。由于竞争对手的快速模仿，使得尽快收回投资成本的需求更加迫切。对于医药企业来说，通过国际化扩张获得更大市场具有强烈的吸引力，因为这使企业有更多机会快速回收大额资本投资和大规模研发费用。

(3) 充分实现规模经济效应和学习曲线效应

规模经济是指由于经济活动规模扩大导致单位活动的成本下降所带来的效益。企业进入国际市场后，可以通过扩大产品市场来取得规模经济，尤其是在制造运营中。与跨国经营相联系的营销或分销方面的规模经济也可以使企业获得低成本的竞争优势。

在某种程度上，企业将不同国家的产品标准化，采用相同或相似的生产设备，整合重要的资源，将更有可能取得最优化的规模经济效应。规模经济效应在汽车行业很明显。例如，本田在发动机的研制、销售和制造方面已经取得了相当的规模经济效应，虽然每年的汽车销售量只有 200 万辆，但发动机的销售量却高达 1 000 万台。最近，本田和通用已结成联盟，将为通用的汽车制造发动机。在竞争范围遍及全球的行业中，低成本可以获得强大的竞争优势，这要求企业拥有最大的制造份额，将产品的生产集中在几个效率极高的工厂生产。当然，通过市场营销的多国运作也可以获得低成本竞争力。

在有些行业，部件生产或者产品组装活动的学习曲线效应非常显著，以至于企业可以设立一家或者两家大型工厂为全世界的市场提供产品。利用学习曲线效应获得低成本竞争优势的关键是：将生产集中在少数几个地区，以尽可能快的速度提高一家工厂的总产量和工厂的经验。

同时，通过不同国家企业之间的资源与知识共享，企业也可以在国际市场中发挥其核心能力。资源和知识共享产生的协同效应将有助于企业以较低的成本提供更高质量的产品和服务。另外，在国际化市场中运营，企业必须适应更多样化的环境，在适应中获得更多的机会和压力去学习、创新。企业在一国获得的经验、知识或能力可以转移和应用到另一个国家，从而带动整个企业的适应、学习和创新。发展中国家中的企业进入发达国家市场，往往以学习为主要的战略目标和动因，通过在当地经营获取知识和能力，并转移回母公司，能够提高企业整体的国际化经营能力。

(4) 区位优势

由于世界经济发展的不平衡，每个国家或地区都有自己的比较优势。比如，发达国家或地区的科技水平比较高，员工素质也比较高；而不发达国家或地区的员工素质较低，但是劳动力的价格也会相对较低。跨国公司把工厂设到海外就是为了利用不同地区或国家的比较优势。企业通过实施国际化经营战略能够在世界范围内配置资源，建立企业内部的水平分工体系与垂直分工体系，既有可能获得分工带来的好处，也能保证原料来源的稳定性。韩国的三星公司在美国的硅谷安置了大型的研发设备，并将研究结果反馈给总部，从而成为存储芯片技术的领先者。对那些以自然资源为基础（如石油和天然气、矿产、橡胶和伐木）的行业，通过国际化经营，能在其他国家获得宝贵的自然资源。

将某一活动集中于某一地区的常见原因就是低成本，国际化经营战略有助于降低经营成本。在劳动力、原材料或技术成本较低的国家生产经营，可以确保生产的低成本。服装、电子产品和制表等行业将其生产、装配环节转移到发展中国家可以提高企业的成本竞争力。例如，土耳其是欧洲工资率最低的国家之一，而工人生产率却以3.6%的速度增长（欧盟的平均增长率为2.8%），因此很多企业都把工厂迁移到土耳其。外国投资促进了土耳其经济的快速增长，以至于土耳其已经出现了劳动力短缺的现象。

跨国公司可以通过在最有优势的那些国家开展经营活动来获取在世界市场上的竞争优势，而一个只在本国发展的竞争者就没有这样的机会。

11.2 国际市场进入方式与选择

当企业确定了拟进入的目标国市场之后，就要考虑以什么方式进入，即跨国公司的产品、资本、技术、管理技能等生产要素进入其他市场的途径及相关的法律制度安排。企业在全球市场上竞争的成功或失败，很大程度上取决于其国际市场进入方式的选择。不同的国际市场进入方式将影响企业成本的高低、竞争力的大小、利润的多少及风险的状态。从经营管理的角度分析，国际市场的进入方式可以分为出口、许可协议、战略联盟、收购和新建全资子公司。不同的进入方式所需要的企业资源投入、控制的程度、灵活性和风险性等都不同。每一种方式都有优点和缺点，选择最合适的方式进入国际市场对企业在这些市场上的经营业绩至关重要。

1. 国际市场的进入方式

根据企业的发展目标、资源条件和对国际市场的了解程度，企业可以选择不同的国际市场进入方式，包括出口、许可协议、战略联盟、收购和新建全资子公司等（见表11-1）。

表11-1 国际市场进入方式

进入方式	特　点
出口	高成本，低控制
许可协议	低成本，低风险，几乎无控制，低回报
战略联盟	成本分担，资源共享，共同承担风险，整合中的问题（如两种企业文化）
并购	快速进入新市场，高风险，谈判复杂，本地运作合并中的问题
新建全资子公司	复杂，成本高，时间长，高风险，最大控制，高于平均的潜在回报

（1）出口

作为最早的国际化经营方式，出口贸易在不同国家和地区已经有了相当长的历史。与其他国际化经营方式相比，出口具有操作方便、决策相对简单、运营过程类似性高和风险易于判断等特点。尽管随着经济的全球化和国际分工的加深，国际市场进入方式越来越多，但由于出口的上述优点和贸易壁垒的逐步降低，出口仍然是一种非常重要的国际市场进入方式。

出口的缺点是运输成本高、某些货物需缴纳进口关税。此外，出口商对其产品在进口国的营销和分销控制较少，同时必须支付分销商一定费用或允许分销商通过提价来补偿其成本并获取利润。因此，出口商很难通过出口来营销有竞争力的产品或向不同的国际市场提供定制化的产品。由于相邻地域间较低的运输成本和较多的相似性，企业通常向其相邻国家出口。

很多企业以出口作为国际扩张的起点，这是跨国经营企业对国外市场介入程度最小的一种进入方式。小企业向国际扩张时最有可能使用出口。小企业要应付的最大问题是汇率。大企业有专家来帮助它们管理汇率，而小企业很少有这种专业知识。总体上说，进入国际市场的小企业要降低总成本、保持竞争力，就必须了解这些市场并掌握外汇知识。

根据出口市场的特点和企业自身的资源情况，企业可以在两种出口模式中做出选择：一种是直接出口，另一种是间接出口。在直接出口模式下，企业参与在国外市场销售产品的必要活动，可以决定是否打开其在国外市场的销售网络及控制市场营销组合决策；在间接出口模式下，企业并不直接参与国外市场上的营销活动，而是通过中间商来进行，因此企业在许多方面并没有更多的选择。

无论企业采用哪种出口模式，管理人员必须清楚地认识到出口贸易远比在国内市场做生意来得复杂和困难。这是因为：第一，由于出口市场不同的地理和文化，当地消费者对产品和服务的需求可能与本国市场不同；第二，国际市场的分销渠道比国内市场的渠道更复杂，涉及更多的中间环节，增加了各种风险；第三，由于出口市场的信息获取更加困难，信息交流也会因为文化或其他原因而容易受到阻碍，所以国际市场的分销渠道成本更高。

（2）许可协议

许可协议是指允许外国企业在其所在国或一系列国家生产和销售企业的产品。许可者通常对每件生产和销售的产品收取一定的特许权使用费，被许可者承担风险并投资设备进行生产、营销和分销产品或服务。由此可见，许可协议是成本最低的国际扩张方式。

许可协议也是扩展创新的一种方法。通过对研究成果和专利的许可授权，企业可以在未来多年内获取回报。当然许可协议也有它的缺点。例如，企业对产品在其他国家制造和销售的控制权很小。此外，许可协议的潜在回报最小，毕竟许可者和被许可者是共同分享回报的，而且过了许可期后，被许可企业可能学到了关键技术，自己生产、销售相似的产品。

虽然对制造商来说许可协议很有用，但在通常情况下，对那些在全球扩张的服务型和零售型企业来说，特许经营更为合适。麦当劳、7－11和希尔顿酒店都是通过特许权战略进入国外市场的。实施特许权的一方承担特许权授予方在当地所面临的大部分成本和风险；特许权授予方必须投入的成本包括寻找特许权代理人并对其加以培训、支持和监控。特许经营最大的问题是质量控制。

（3）战略联盟

近年来，战略联盟成为国际扩张的主要方式。战略联盟让企业之间共担风险、共享资源。此外，战略联盟能促进企业核心能力的发展。通常，新兴经济体的企业希望通过国际战略联盟来获得高端技术，非新兴经济体的企业同样能受益于这种联盟——通过与当地企业合作进入新的市场而不需要缴纳关税。通用汽车与上汽集团成立合资企业，生产别克和凯迪拉克汽车，在中国市场上销售，这个战略联盟对双方企业都非常成功。

战略联盟包括资产型联盟和非资产型联盟。资产型联盟是企业将资本、管理、技术转移到目标国家，与当地企业建立控股或者参股的企业，即所谓的国际合资。研究显示，以资产为基础的战略联盟，其中一个企业有更多的控制权，相对来说结果要更好一些。非资产型联盟则是不以资产而是以合同为纽带的合作形式。在国际航空业存在很多非资产型联盟。例如，Star联盟是一个包括联合航空、汉莎航空、新西洋航空的联盟，联盟中的成员在销售、运营支持和后勤服务方面为其他成员提供便利。

战略联盟为合作双方带来了知识和资源。事实上，战略联盟的一个重要目的就是获取创新能力，其中最主要的是技术。然而要将技术支持转移到联盟中，通常要求合作伙伴之间相互信任。协调好各方的预期有助于联盟取得更好的效果。

当然并不是所有的战略联盟都能成功，事实上很多都失败了。失败的根源是合作伙伴之间的矛盾和冲突。国际战略联盟尤其难以管理，许多因素都可能引起合作关系的恶化。合作双方的相互信任非常重要，它至少受以下4个方面的影响：合作伙伴最初的关系，达成交易的谈判过程，合作双方的互动和外部事件。信任也受到合资企业所在国文化的影响。研究显示，在面对更多的不确定性条件时，在合作伙伴之间需要共享知识时，以及在那些战略灵活性很重要的情景下，比如在中小企业中，战略联盟更加受欢迎。而在需要较低的灵活性和通过交易来维持规模经济的情况下，收购更可取。

（4）收购

随着自由贸易在全球市场的扩展，跨国收购的数量也在猛增。最近几年，跨国收购占世界收购总量的45%。

世界最大的零售商沃尔玛使用了多种进入方式来使其业务全球化。例如，在我国和一些拉美国家，它以合资企业的方式进入国际市场。在墨西哥和欧洲市场，它以收购的方式进入国际市场。企业必须认真地考虑和选择进入特定国际市场的最有效方法。

收购为进入新的国际市场提供了捷径。但国际收购比国内收购的风险更大，成本更高。收购的国际谈判可能相当复杂，应付目标企业国家的法律、法规要求及获取谈判所需的准确情报通常是个很大的难题。另外，将新企业融入收购企业要比国内收购复杂得多，收购企业不仅要处理不同的企业文化，还要处理潜在的不同的社会文化和习俗，这些让两个企业在收购之后的整合更有挑战性。所以，尽管通过跨国收购能快速进入国际市场，但是也要付出相当大的代价，并冒多重风险。据估计，只有20%的跨国收购取得成功，而国内收购的成功率为40%。

当历史悠久的英国汽车企业罗孚集团破产时，上汽集团收购了其资产，这次收购给上汽集团带来了进入欧洲市场的契机，并通过贴罗孚的标签建立了自有品牌。上汽集团开始时考虑采用合资企业的方式，但最终还是选择了以104亿美元的价格将其收购。然而这次收购遭到了英国政府的强烈反对，上汽集团不得不先清除其他规制障碍以获得批准。

（5）新建全资子公司

新建全资子公司即绿地投资，是指通过建立一个全新的企业进入国际市场。这是一个复杂而且成本很高的过程，但是它能最大限度地控制企业的运营，并且很有可能获得超额利润，尤其是当企业拥有许多无形资产且能通过新建企业扩大其影响时。但在新的国家建立新企业的成本和风险很高。研究认为，当国家风险较高时，出于风险管理的目的，企业更愿意以合资企业的方式进入，而不是进行绿地投资。但是，如果之前它们在该国有经验，就会倾向于采用新建全资子公司的方式。

研究表明，在服务业中，“全资子公司和驻外员工”特别受偏爱，这些行业与“终端客户密切接触”，并且要求“高水平的专业技能、专业化知识和定制化服务”。还有研究认为，绿地投资在资本密集的企业中更明显。

2. 影响国际市场进入方式的因素

1）国际市场进入方式的动态演化

企业选择哪一种方式进入国际市场受许多因素的影响。一般来说，出口、许可协议和战略联盟是较好的早期国际市场开发战略。而收购和新建全资子公司一般出现在国际多元化战略的后期阶段，如果企业有足够的资源，特别是有某种核心竞争力时，这两种方式成功的机会更大。

最初通常是以出口的方式进入国际市场，因为无须在国外进行专业能力的投入，只需在分销上投资。许可协议促进了进入国外市场的产品的改进。战略联盟的流行是因为可以与目标市场上有经验的合作伙伴互相配合，同时通过成本的分担降低风险。所以这三种方法是较好的早期国际市场发展方式。如果要在国际市场取得更有利的地位，就需要收购和新建全资子公司。很多日本汽车制造商，如本田、日产和丰田，就是通过建立全资子公司和合资企业在美国站稳了脚跟。丰田通过新建全资子公司将其强大而无形的生产制造能力带到了美国。收购和新建全资子公司一般出现在国际多元化战略的后期阶段。

由此可见，要进入国际市场，企业必须选择最适合本企业的进入方式。在有些情况下，可以依次使用这些国际市场进入方式，从开始的出口到最终建立全资子公司。在另一些情况下，企业可能在不同的市场中采用不同的进入方式。企业对国际市场进入方式的选择，是行业竞争状况、当地条件、政府法规和本企业独特的资源、能力和核心竞争力等多因素共同作用的结果。

2）影响国际市场进入方式的因素

影响国际市场进入方式的因素大体上可以分为外部因素和内部因素两种，如图 11－1 所示。

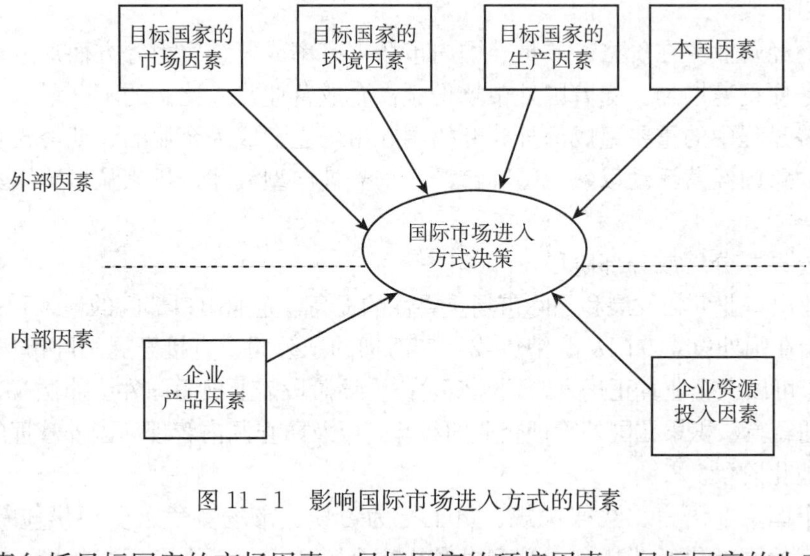

图 11－1 影响国际市场进入方式的因素

外部因素包括目标国家的市场因素、目标国家的环境因素、目标国家的生产因素和本国因素。

① 目标国家的市场因素。主要有：东道国市场规模的大小；东道国市场的竞争结构。

② 目标国家的环境因素。主要有：目标国家政府对外国企业的有关政策和法规；地理位置；经济状态；外部经济关系；本国与目标国家在社会、文化等方面的差异；政治风险。

③ 目标国家的生产因素。主要有：生产要素投入（原料、劳动力、能源等）；市场基础设施（交通、通信、港口设施等）的质量和成本。

④ 本国因素。具体包括：国内市场规模；本国的竞争态势；本国的生产成本；本国政府对出口和向海外投资的政策。

内部因素包括企业产品因素和企业资源投入因素。企业产品因素具体包括：产品的独特性；产品所要求的服务；产品的生产技术密集度；产品适应性。企业资源投入因素主要包括：资源丰裕度；投入愿望。

综合上述分析，选择国际市场进入方式的依据是企业要考虑如何发挥优势和克服劣势，优、劣势主要体现在国家和企业两个层面。如果企业资源不足，可以选择成本较低的进入方式，如出口。如果目标市场的风险很大，企业则可以选择战略联盟来降低风险。如果企业进入国际市场是为了学习和创新，则可以选择战略联盟或跨国收购。基于我国企业仍然处于国际化的早期阶段，而我国与其他国家在制度和文化上的差异较大，因此我国企业在选择国际市场进入方式时应该将适应和学习作为重要因素加以考虑。

3. 企业跨国经营的进程

企业进行跨国经营，发展阶段各不相同。有的企业在创立时，便将自己的目标市场定位在国外，进行跨国经营。但大多数企业的跨国经营是一个不断发展、循序渐进的过程。

（1）国内发展阶段

在这一阶段，企业的主要目标是在国内市场发展，扩大市场份额，形成企业自己的竞争优势。企业的国际性业务主要以进口为主，以从国外引进技术和设备来提高自己为主，出口只是企业换取外汇、寻求外汇平衡的手段，在企业中处于从属地位。在这一阶段，企业要形成自己的品牌和管理模式，形成进入国际市场的竞争优势。

（2）出口阶段

当企业的经营业务在价格、质量、国内市场占有率或资金实力等方面形成优势之后，企业的出口业务便迅速增加。随着国外市场份额占企业营业收入比例的不断增加，出口便成了企业经营发展过程中的重要组成部分，开拓国际市场逐渐成为企业的长期经营目标。在这一阶段，企业的跨国经营活动以熟悉国际市场、培养外向型人才、积累从事跨国经营活动的经验为重点。

（3）国外设立分厂或分部阶段

随着企业出口业务的发展和国际市场重要性的提高，企业出口部门的地位和作用也迅速提升，企业开始在国外设立专门从事销售或生产活动的子公司，直接开展国际市场的经营活动。在这一阶段，可以说企业真正进入跨国经营阶段。该阶段需要熟悉国外法律法规、外籍员工行为习惯和管理经验，积累在国外管理企业的经验，以及防止国内管理和国外管理的脱节等。

（4）本地化阶段

由于各个国家在语言、法律法规、员工行为习惯、市场竞争、资源供应等方面存在差异，实施统一的国际化经营战略或管理模式往往会脱离实际。为了开拓市场，有效管理，母公司在人事、市场开拓、原材料采购、员工报酬、财务管理等方面逐渐赋予国外子公司更多的权力，开始实施本地化战略，让国外子公司独立自主地开展经营业务，以使其快速成长。

（5）跨国经营阶段

随着国外子公司、分部的发展，对企业资源在全球范围内配置的要求逐渐增加，母公司开始把各国的子公司作为总公司有机整体的一部分，开始通盘考虑。在这一阶段，通过建立全球性的结算中心、发展战略中心、市场营销中心，总公司在资金、人力资源和市场推广、发展战略上，出现整体优化的趋势，并逐渐开始进行全球范围内的业务管理和经营。

11.3　国际化经营战略的类型

国际化经营战略可分为两个层次：业务层国际化经营战略和公司层国际化经营战略。无论是在一个国家市场还是在全球市场，业务层国际化经营战略主要决定在已进入的市场中，采取什么竞争战略，包括目标市场选择、市场定位、商业模式和相适应的管理模式。业务层国际化经营战略包括：成本领先战略、差别化战略和最优成本战略。公司层国际化经营战略主要决定企业如何在多个国家，甚至全球范围内实现营销、生产、采购、研发和投融资活动的配置和管理，从而提高全球经营效率。公司层国际化经营战略包括：国际本土化战略、全球化战略和跨国战略（国际本土化和全球化的结合）。但是要取得竞争优势，这些战略就必须取得基于难以模仿的资源和能力之上的核心竞争力。企业希望通过实施业务层国际化和公司层国际化来创造价值。

1. 多国竞争与全球竞争

行业之间的国际竞争方式存在差别。一个极端是多国竞争，不同国家的购买者有着不同的期望、喜好。一个国家的竞争与另一个国家的竞争是相互独立的，由于多国竞争中每一个国家的市场是自我封闭的，所以企业在一个国家的声誉、顾客群和竞争地位对它在另一个国家的竞争不会产生太大的影响。因此，企业在某一个国家的强大力量及这种力量所产生的竞争优势只限于这个国家，而不会转移到其他国家。在多国竞争的情况下，是没有“国际市场”可言的，只是一些自我封闭的国家市场而已。多国竞争特色明显的行业有：啤酒、人寿保险、服装、金属制造、食品（如咖啡、罐装食品、冷冻食品）及多种类型的零售。

另一个极端是全球竞争，国家之间的价格和竞争环境有着很强的联系，以至于可以形成一个真正的国际市场，主要竞争对手在很多国家开展直接竞争。对于一个全球性行业来说，企业在一个国家的竞争地位将影响它在其他国家的竞争地位。企业在本土拥有的竞争优势同企业来自其他国家的竞争优势有着紧密的联系，如在工资率低的国家建立生产工厂、拥有一种能够在国家之间进行转移的品牌声誉。在许多行业中存在全球竞争，如汽车、电视、轮胎、通信设备、复印机、手表及商用飞机等。

一个行业可能拥有一些竞争全球化的细分市场，同时还拥有多国竞争的细分市场。例如，在旅馆和汽车旅馆行业，中低档细分市场是多国竞争，因为在这个细分市场上只为国内的旅游者服务。然而，在商业和豪华细分市场上，竞争的全球化程度要高得多。

2. 业务层国际化经营战略

每种业务在它的本国市场有自己的竞争战略。但是，业务层国际化经营战略有其独特的地方，其运作的本国市场是其竞争优势的主要来源。企业在本国市场获取的资源和能力不断促使其追求海外市场的扩张。

（1）国际成本领先战略

需求很大的国家最有可能采用国际成本领先战略。通常这种战略的中心是本国市场，并以取得规模效应为主要目标。低附加值的业务可能会被外包，但高附加值的业务保留在国内，产品由本国生产出口。

沃尔玛采用国际成本领先战略不断向全球扩张。创始人山姆·沃尔顿的话充分体现了该战略："我们要降低每个人的生活开支，不仅是美国人。"要实现其国内和国际的低成本战略，关键是高超的零售技能，这种技能使沃尔玛能够在正确的时间把正确数量的商品放到正确的地方，从而最小化库存成本。

宜家家居（IKEA）采用了国际成本领先战略不断向全球扩展，并创造了一种独特的经营方式。宜家家居提出的战略是提供简单、耐用、质量良好且价格为大多数人所接受的产品。生产销售具有简洁的现代设计风格并可拆卸的家具，抛开欧洲家具的设计复杂、结构坚实和黑木制造的传统，并关注年轻购买者。宜家认为年轻消费者对价格敏感，愿意购买标准化设计的产品。宜家采用了许多新型的经营方式，如在低劳动力成本地区生产、利用过剩的制造能力、采取平板包装、可拆卸的工具包及把安装成本转移给顾客等，建立起优于当地企业的成本优势，并通过全球采购、全球分销整合，克服全球化的成本障碍。

（2）国际差异化战略

那些拥有高级要素和特殊要素国家的企业有可能采用该战略。例如，德国拥有很多世界级的化学公司，因为该国具备很多有利于化学工业发展的条件，科研院所和一些高校的化学研究水平非常高，并能提供全球最好的化学教育。德国对业余教育也很重视，有运行良好的学徒教育体系。因此，德国的很多化学公司就会采用差异化战略来生产一些特殊的化学制品。差异化的产品和服务可以通过改变其物理特性来实现，也可以通过改变产品在消费者心目中的形象来实现。例如，美国卷烟市场衰退时，国际市场对美国烟草商来说变得很重要，此时烟草公司主要通过广告建立品牌来实现差异化。

西方发达国家的企业在国际竞争战略方面更多的是实施差异化战略，这主要由它们所在国家的特定优势和企业所建立的特定优势所决定。企业能否把差异化的独特能力从国内转移到国际市场是国际差异化战略成功与否的关键。星巴克的国际差异化战略体现在将其在美国本土形成的咖啡文化以独特的方式在世界范围内传播。星巴克把美式咖啡文化分解为可以体验的元素：温馨的视觉、随心所欲的听觉、咖啡香味的嗅觉等。通过咖啡这一载体，把独特的格调传递给顾客，并通过一系列事件来塑造良好口碑，而不是大量广告，而且星巴克极力推广"消费教育"来保持其独特性。

（3）国际目标集中战略

当企业集中于一个小的细分市场时，其采取的就是国际目标集中战略。20 世纪 80 年代，意大利的瓷砖行业有很多中小企业，主要分布在萨索洛地区，它们共生产了约占世界总量 50%的瓷砖，这些企业实施了国际目标集中化策略。例如，Marazzi、Iris、Cisa-Cerdisa 和 Flor Gres 等公司均采取低成本战略，它们在技术上大力投资以提高产品质量、美观度和生产率，并和设备制造商保持密切关系，在保持高质量形象的同时采用集中成本领先战略。而另一些公司，包括 Piemme 和 Atlas Concorde 等更注重形象和设计，在广告和展览厅演示上大力投资，尽力吸引喜欢某种风格的顾客，采用集中差别化战略。

看到共同基金和养老基金业务有相当的增长潜力，英国 Barclays 银行和美国花旗银行将重点放在了个人银行业务。花旗银行把它在西班牙的83个分支业务机构转变成了投资顾问中心，在每一个分支机构中，顾客可以通过计算机系统来决定其风险承受能力，然后银行根据其能力提供一系列的投资建议。同花旗银行相似，Barclays银行也“将其在西班牙的零售银行业务规模化，通过精心挑选潜在客户，以大城市中上阶层个人客户为重点”。Barclays银行在西班牙有180个分支机构，在个人银行业务中的特殊业务市场与花旗银行和其他银行竞争。

（4）国际最优成本战略

国际最优成本战略不仅可以在国内市场上成功运用，也可以在国际市场中运用。随着柔性制造方法、信息网络和全面质量管理系统等技术的广泛应用，企业有条件在国际市场上实现这种整合战略。例如，企业通过全球布局开展生产制造、研发和采购等活动，可以发挥规模经济的优势而实现成本降低或费用分摊；通过营销的交叉补贴，发挥各国市场的协同作用而强化差异化。因此，企业实施国际最优成本战略也越来越流行。

在实施国际化最优成本战略的过程中，西方跨国企业更多的是采取差异—成本整合路径，而发展中国家企业更多的是采用成本—差异整合路径。西方跨国企业在发挥本国差异化优势的同时，正积极利用经济全球化趋势，迅速、深入地进入发展中国家，利用当地的要素成本和市场规模优势，克服自己在成本方面的劣势，应对发展中国家企业实施低成本竞争的压力。

3. 公司层国际化经营战略

企业在进行国际化战略定位时，有两个维度至关重要：一是降低成本的压力；二是因地制宜的压力。相应地，企业会有两种不同的国际化思维，它来自于对全球整合和地方适应能力的不同态度，由此形成了3种不同的公司层面的国际化经营战略，分别为：国际本土化战略、全球化战略和跨国战略，如图11－2所示。

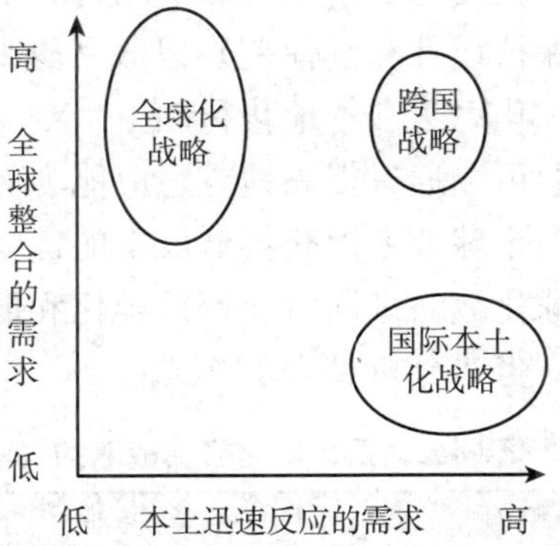

图11－2 公司层面的国际化经营战略

（1）国际本土化战略

国际本土化战略的假设是每个国家或地区的市场是不同的，它关注国家之间的差异，通过差异化的产品和服务，对消费者偏好、行业特性和政府法规方面的国别差异做出相应的反应。该战略将业务决策权分配到各个国家的战略业务单位，这些战略业务单位向本地市场提供本土化的产品。由于该战略为满足本地消费者的特殊需求创造了条件，所以能够对每个市场的需求特性做出最准确的反应。但由于不同国家的业务单元在不同市场上采取了不同的战略，对于整个企业来说，国际本土化增加了不确定性。而且，该战略不利于实现规模效应和降低成本。欧洲跨国公司实施国际本土化战略的较多，如荷兰的壳牌公司、飞利浦公司等，这些公司被称为“多国的联邦”。在这类公司中，每一个海外子公司独立负责其产品开发、制造和市场营销等，其运作过程与母公司保持独立。母子关系主要体现在母公司对子公司高级管理人员的选择、使用大额资金的批准等方面。

国际本土化战略的优势在于顾客满意度高，地方适应能力强，政治、贸易和汇率风险小，适合国家差异较大的情况。

(2) 全球化战略

和国际本土化战略相反，全球化战略的假设是：全球市场是相同的，忽略国家之间的差异，重视全球化经营过程中可能产生的规模经济效益和范围经济效益。因此，全球化战略倾向于为不同国家市场提供标准化的产品和服务，即在不同国家市场销售标准化产品并由总部确定竞争战略。全球化战略注重规模效应，但可能对本地市场反应迟钝，而且由于需要跨越国界协调战略和业务决策，因此难以管理。该战略需要资源共享及强调跨国协调合作，而这又需要中央集权和总部控制。许多日本公司成功地使用了这种以本国为基地的全球战略。例如松下和日本电气公司（NEC）等将其研发和制造集中在日本，而海外子公司主要从事销售。

(3) 跨国战略

跨国战略寻求全球化的效率与本土化的敏捷反应相统一。显然，由于这两方面目标的冲突，实现真正的跨国战略很困难，因为一方面需要全球协调、密切合作，另一方面需要本土化的弹性。所以，该战略需要“弹性协调”。

20 世纪 90 年代中期以前，福特使用国际本土化战略在欧洲和北美运作。在 20 世纪 90 年代中期以后，开始实施全球化战略。为此，它曾试图制造环球汽车。不幸的是该战略最终失败了，现在福特正试图把战略改为跨国战略，即试图将其不同车型——福特、林肯、美洲虎的一些零部件标准化，同时保持设计和其他差别以吸引这些品牌的不同目标市场的顾客。跨国战略需要企业高层进行全球化思考和本地化行动。

实施国际本土化战略的企业可以通过提高地方适应能力而获得差异化的优势，而实施全球化战略的企业则可以通过提高全球效率而获得低成本的优势，实施跨国战略的企业则试图通过整合国际本土化战略和全球化战略来同时获得差异化和低成本两方面的优势。三种不同的公司层国际化经营战略的优、劣势分析见表 11-2。

表 11-2 不同公司层国际化经营战略的优势与劣势

战略类型	优势	劣势
国际本土化战略	具有通过因地制宜实现产品和营销定制化、本土化的能力	无法实现区位经济性，无法开发和利用经验曲线效应，难以向外国市场转移独特竞争能力
全球化战略	具有充分开发和利用规模经济性、区位经济性和经验曲线效应的能力	缺乏因地制宜性
跨国战略	具有充分开发和利用经验曲线效应和区位经济性的能力，具有实现产品和营销定制化的能力，有利于组织内部知识的学习、共享、转移和核心能力的迁移	由组织问题带来的实施困难

11.4 国家竞争优势理论

迈克尔·波特提出的钻石模型（diamond model）用于分析一个国家某种产业为什么会在国际上有较强的竞争力。为了调查国家如何在产业竞争中展现优势，以及竞争优势对企业战略和国家经济的启示，波特主持了一项长达4年、涵盖10个重要贸易国家的研究，并将在该过程中的主要研究发现写成专著——《国家竞争优势》，提出了解释国家产业或企业获得竞争优势的“钻石模型”理论。该理论认为如果要寻找一个国家在某种产业的国际竞争中成功的原因，就必须从4个因素入手，即要素条件，需求条件，相关及支持产业，企业的战略、结构和竞争。这4个因素具有双向作用，形成钻石体系，如图11-3所示。当企业获得钻石体系中任何一项因素的优势时，都会创造或者提升其他因素的优势。下面逐一介绍“钻石模型”的各要素。

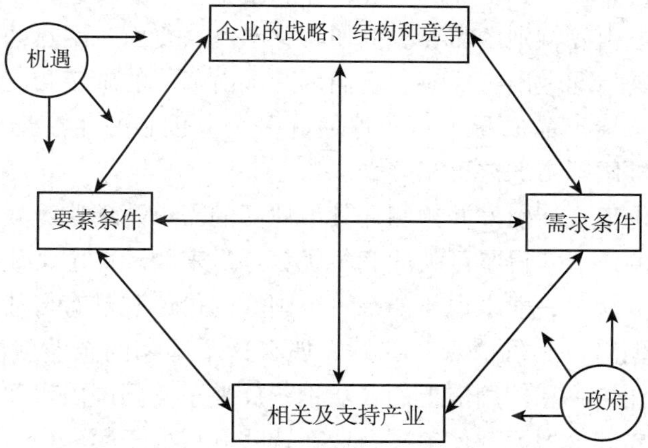

图11-3 钻石模型

1. 要素条件——互通有无的根本

要素可以分为基本要素和高级要素。自然资源、地理位置、非技术劳动力、气候等属于基本要素，基本要素的开发不需要投资或投资少。基于基本要素所形成的竞争优势易逝。高级要素需要经过不断的、大量的投资才能形成，如数字基础设施、工程师、科学家、高级学科的研究机构等，这些要素的重要性在不断提高。高级要素的建立常常需要以一定数量和质量的基本要素为基础。丹麦有两个专门研究和治疗糖尿病的医院，它们使丹麦成为世界上最主要的胰岛素出口国。荷兰有在鲜花的培植、包装和运输方面的先进研究机构，荷兰也由此成为世界上最大的鲜花出口国。

一国企业在要素方面的真正竞争优势，是经过不断努力、创新和提升取得的，而不是天然取得的。事实上，丰富的要素禀赋只能使企业简单地去利用这种优势，而不去想办法提高这些要素的使用效率。相反，要素的劣势却迫使企业想办法充分提升自己要素的质量，要素的质量比要素的数量更重要。例如，日本常常强调“自己是没有资源的岛国”，其创造的准时生产制却最有效地利用了昂贵的空间。当然，将要素劣势转化为优势需要一定的条件。一是资源劣势必须被企业所认知，这样它们才会想办法去改变这种劣势。例如，瑞士在第二次世界大战之后劳动力短缺，迫使其寻求高附加值及更大发展空间的市场领域。二是企业必须具备合适的技能和来自国内市场竞争的创新压力。另外，企业应该具有追求产业持续发展的目标，否则企业就可能安于劣势，而不会将这种劣势变成刺激创新的动因。例如，美国家用电器公司面临相对较高的劳动力成本，它们没有提升其资源优势的目标，而是接受了劳动力成本的劣势，所以它们宁愿把这种产品及其生产过程原封不动地转移给劳动密集型的发展中国家。但是与之相反，日本竞争者却用生产自动化减少了劳动力，并通过生产线的改进减少了零配件，提高了产品的品质。

2. 需求条件——产业冲刺的动力

需求条件主要是指企业国内市场的构成及性质。一般来说，国内需求大有利于企业建立国际竞争优势，但是比需求规模更加重要的是国内购买者的需求质量。如果国内购买者是世界上最老练的和苛刻的产品和服务的购买者，那么该国的企业就能获得竞争优势。因为老练、苛刻的购买者迫使企业达到更高的标准，并刺激企业不断改进、创新。

当地的特殊环境能引发特别的需要。例如，日本民众要面对湿热的夏天和较高的能源成本，日本公司对此特殊情况做出了反应，它们创造了由节能的旋转式压缩机发动的简洁、安静的空调。需要结构紧凑产品的日本市场迫使许多企业创新并生产出轻、薄、短、小的产品，这些产品要求已被国际市场认可和接受。

有时一个国家的价值观能引发并预测在其他地区的需求。瑞典对残疾人的长期关注使其有关残疾人特种需要的产业获得了巨大的竞争优势，丹麦的环保主义使生产水污染控制器的企业和风车业获得了成功。一般来说，如果一个国家的价值观具有传播力，也就是说这个国家在出口产品的同时也出口其价值观和偏好，那么这个国家的企业就能预测全球变动的方向。例如，美国企业在快餐和信用卡上的成功不仅反映了美国国内对便利的需要，而且也把这些偏好扩散到了世界其他地区，使美国企业在这些领域处于领先地位。一个国家可以通过媒体、培训外国人、政治影响、本国公民和企业在国外的活动等方式“出口”价值观和偏好。

3. 相关及支持产业——休戚与共的优势网络

相关及支持产业是指与企业产业相关的有纵向或横向一体化关系的国内产业。以国内市场为基础的优势供给者可以通过多种途径为其下游产业创造竞争优势。首先，它们可以用快捷、高效、优惠的方式提供大部分的投入。意大利的金银珠宝业在世界上是一流的，部分原因在于意大利企业提供了世界上大约 2/3 的珠宝制作和贵重金属再制造所需的机械。其次，供给者和产品用户相互靠近，由此能提供较短的沟通渠道、快速和持续的信息流动。

“意大利皮鞋产业群”现象形象地表明，一群互相靠近的、支持性的并具有国际竞争力的产业在相互间的作用中创造竞争优势。例如，皮鞋生产商在设计阶段和皮革生产商在款式和生产工艺上进行交流，并且学习运用新的皮革颜色和质地。皮革生产商能较早地掌握流行趋向，由此帮助皮鞋生产厂设计新产品。这种相互作用是互利互惠和自我强化的。又如，瑞士在制药业上的成功要归功于它以前在染料行业的国际成就；日本在电子乐器键盘上的成功来自于它在声乐器和家用电器上的成就。

4. 企业的战略、结构和竞争

在国家竞争优势与产业的关系中，第4个关键要素是企业，包括企业如何创立、组织和管理，以及竞争对手的条件如何等。而企业的目标、战略和组织结构往往随产业和国情的差异而不同，国家竞争优势也就是指各种差异条件的最佳组合。本国企业的状态，在企业创新和国家竞争优势的塑造上扮演着重要的角色。

在意大利，成功的国际竞争者经常是中小型规模企业，它们一般为私人所有，并由家族经营管理；相反，在德国，企业倾向于组织和管理上的严格科层，而且高层管理人员通常具有技术背景。显然，没有一个管理模式是普遍适用的。在意大利，成为世界领先者的产业，如照明设备、家具、鞋类产品、羊毛织物和包装机械等产业，企业通常实行强调主业、定制产品、快速变化和弹性的公司战略。相反，德国的管理系统在技术或工程导向的产业经营得很好，如在光学、化工、精密机械等领域。复杂的产品需要精密的产品制造系统、谨慎的发展过程和较高技术的售后服务，这就需要高度严格的管理结构。

强大的当地竞争的存在对竞争优势的创造和维持是一个重要的刺激。例如，瑞士国内制药公司之间的竞争很激烈；美国的计算机和软件产业竞争也很激烈；在日本，机械工具产业、半导体产业、音响设备和照相机等产业之间竞争很激烈。国内竞争像其他竞争一样，能迫使企业进行创新和改进，迫使企业不断提升竞争优势。

5. 政府的作用——干预与放任的平衡

波特认为机遇和政府是影响国家竞争优势的可变因素。

政府与关键要素之间的关系既非正面，也非负面。政府的补贴、教育和资金市场等政策会影响到生产要素，对国内市场的影响也很微妙。一方面，政府制定本地产品规格、标准之后，必然会影响到客户的需求状态；另一方面，政府本身也常常是该国市场的主要客户之一。政府也有很多影响上游和相关产业环境的方式，如它可以规范媒体的广告形式或产品的销售活动方式，它拥有的政策工具如金融市场规范、税制和反托拉斯法等，又会影响到企业的结构、战略和竞争者的状态。反过来，政府的政策也受到环境中关键要素的影响。

政府是一个“能载舟亦能覆舟”的角色。如果政府能在适当时间推动适当政策，可能对产业发展产生雪中送炭、画龙点睛的作用；反之，如果政府一味干预或放任，将会削弱国家竞争优势。政府的首要任务是要尽力去创造一个支撑生产率提升的良好环境，政府在有些方面要尽量不干预，如企业管理、产品定价等；而在另外一些方面则要扮演积极的角色，如确保强有力的公平竞争、提供高质量的教育和培训等。政府要在干预与放任之间寻求平衡。

6. 机遇——可遇不可求

机遇可能是自然演化的，也可能是由一个偶然的事件促成的，问题的关键在于如何去捕捉稍纵即逝的机遇。在各国具有优势地位的产业成功史中，机遇是一个很重要的角色。

可能形成机遇并影响产业竞争的大致有以下几种情形：基础科技的发明创新；传统技术出现断层（如生物技术、微电子科技）；生产成本突然提高（如能源危机）；全球金融市场或汇率的重大变化；全球或区域市场需求剧增；外国政府的重大决策；战争等。引发机遇的事件打破原本的状态，提供新的竞争空间，使原本的竞争者失去优势，给能够抓住机遇、满足新需求的企业创造新的环境。引发机遇的事件也会影响到钻石体系各个关键要素本身的变化，对不同的国家而言，机遇所造成的影响有好有坏。但是如果一国的钻石体系健全，往往能够化危机为转机，因为环境本身具有寻找资源、产生新优势的能力，压力也会促使企业更努力地争取新的资源。

11.5 国际化经营战略的风险

2013年我国提出的“一带一路”倡议通过积极发展与沿线国家的经济合作伙伴关系，共同打造政治互信、经济融合、文化包容的利益共同体、命运共同体和责任共同体。在“一带一路”战略的引导下，国内有实力的企业面临着进行全球化经营的机遇与挑战。如何更加安全、有效地实施跨国经营战略是每一个计划在海外进行投资的企业所必须解决的课题。

1. 全球化发展背景

众所周知，全球化（globalization）是一个不断演化的过程，它具有阶段性特征。弗里德曼在《世界是平的》的专著中将全球化划分为三个阶段：1492—1825年为全球化的第一个阶段或称全球化的1.0时代。这一阶段全球化的行为主体是国家，其所作所为都是国家意志的集中体现，这一阶段荷兰等国迅速崛起。

全球化的2.0时代从1825年开始，一直持续到20世纪末。1825年世界上第一台商用蒸汽机在英国诞生，从此有了火车和轮船。随后出现了蓬勃发展的航海业，意味着全球交往的开始。19世纪后半期到20世纪初，以轮船、铁路、汽车和飞机为代表的交通技术出现了质的飞跃，人员和物资的国际交流呈几何级数增长。对于绝大多数产业来说，全球化经营不再是奢侈的事情，也不仅是一种管理时尚，而是成为一种常见的战略。在全球化的这一阶段，跨国公司取代了国家成为全球化的活动主体，自由贸易成为第二次全球化的浪潮。

全球化的第三个阶段（3.0时代）开始于2000年。在越来越“平”的世界，几乎所有的人为限制都被取消，资金、信息、知识、技术和人才等各种生产要素在国际自由流动。当今，企业、地区及国家之间的联系和合作无论是在广度上还是在深度上都与以往不可同日而语，信息网络化、资本国际化、经济一体化、经营虚拟化和机制趋同化的趋势空前加强，全球化达到前所未有的高度。第三次全球化浪潮是全球配置资源，是技术、市场、资金、劳动的全球配置。

2. 国际化经营战略的风险与挑战

过去十几年间，我国企业国际化无论是质上还是量上都取得了巨大的进步。但是，由于我国企业的后发地位，自身能力和经验不足，加上盲目自信，不少企业在国际化进程中遭遇了各种各样的陷阱。

1）国际化经营战略的风险

全球化是一个艰辛的旅程，企业在实施国际化经营战略过程中充满了风险，主要有政治风险（political risk）和经济风险（economic risk）。政治风险是指跨国公司因为东道国、本国或国际环境变化等政治力量或者事件导致的风险，包括政府规章制度的不确定性、大量的政治冲突和军事冲突、选举和政权更迭、法律权威性和腐败、私有财产国有化的可能性等。

企业通过政治风险分析，可以发现可能导致其国外投资及经营活动非商业性中断的潜在来源和因素。

我国政治制度和意识形态的独特性常常使我国企业在国际化经营中被视为异己。此外，西方发达国家在当代世界国际交往中继续保持冷战思维，因此十分关注我国企业在一些战略资源和高科技领域的大规模投资。一旦我国企业的投资受到外界一些负面信息的干扰，东道国政府或行业协会就会对我国企业做出一些限制，从而给我国企业的国际化投资和经营带来威胁。除了在发达国家遭遇政治风险外，我国企业由于风险防范意识不够，在中东等政治风险较高地区的投资项目也曾蒙受巨大损失。抵御政治风险是企业国际化的重大挑战。

经济风险是指一个国家或地区经济中的弱点给企业成功实施国际化经营战略带来不利影响的风险。国际金融市场动荡异常，汇率、利率波动幅度大，是企业实施国际化经营战略遇到的主要经济风险。企业参与国际竞争，除需要考虑各国之间的基本差异外，还要特别考虑国际竞争所独有的东道国贸易政策、汇率波动等因素。还有一类经济风险是指当外国企业收购拥有重要自然资源或者拥有战略性知识产权的本国企业时，本国政府可能会认为这带来了风险。例如，中国企业收购了澳大利亚的自然资源公司及美国的制造公司，这使得当地政府开始担忧中国的这些企业可能会控制这些战略性资产。经济风险与政治风险是相互依存的。如果企业不能保护其知识产权，它就不可能进行大量的对外直接投资。因此，国家需要创建保护企业知识产权的制度，以吸引外国企业直接投资。

我国企业在发达国家遭遇专利纠纷的情况屡见不鲜。据汤森路透《中国企业全球化的机遇与挑战》白皮书显示，2009 年至 2014 年 6 月，美国国际贸易委员会共发起 254 起“337 调查”案，其中涉及我国企业的共有 72 起，占全部“337 调查”案件的近 1/3。在已判决的案例中，我国企业的败诉率高达 60%，远高于世界平均值 26%。

虽然，通过国际化企业可以获得国际先进的技术知识，实现逆向技术转移、技术溢出和技术扩散，从而为企业自主创新能力的形成提供外部来源。但是，企业创新能力的构建也必须要有自身持续的科技研发投入，这样才能保证企业对新科技和新技术的获得、消化与吸收，为企业形成自主创新能力提供内在支持，否则，很容易陷入因创新能力不足而导致的知识产权陷阱。

2）国际化经营战略的挑战

企业实施国际化经营战略，可以培育和提升国际竞争力。但是，在某些情况下，实施国际化经营战略会导致回报逐渐减少并趋平，甚至变成负的回报。不同国家地理位置的分散性，增加了不同部门之间协调的成本和产品分销的成本，有时规模太大或太过复杂，还会导致企业失控或增加管理成本，从而使国际化经营战略带来的成本超过它所带来的利益。另外，贸易壁垒、物流成本、文化差异和不同国家的其他差异，也增加了实施国际化经营战略的复杂程度。

制度和文化差异是企业将核心能力从国内市场转移到国际市场的重要障碍。当企业进入一个新的市场时，通常需要重新设计营销方案，建立新的分销渠道。另外，企业还可能会遇到不同的劳动力成本和资本性支出。可见，企业有效地实施、管理和控制国际化经营战略是很困难的。

根据麦肯锡统计数据，过去 20 多年我国有 67%的海外收购案例为失败案例，而不成功的收购往往伴随着劳资纠纷。这也要求企业在国际化经营过程中要做好有关劳工问题的调研，在海外经营时要遵守当地劳工法等相关法律，切实保障劳工的正当权益；同时，企业也应该运用法律来捍卫自己的正当利益。

我国企业在国内的优势或能力主要是在运营成本的控制及客户端的反应能力上，这样的能力在跨国经营中总会受到所谓“国外经营劣势”的明显影响，即由于对东道国的法律、语言、消费者偏好和商业惯例等缺乏充分的了解，导致在与东道国企业的竞争中处于劣势。

【案例 11－1】

捷安特的国际化经营战略

捷安特是台湾巨大机械股份有限公司（简称巨大）旗下的自行车研发生产企业。巨大成立于1972年，以贴牌生产外销代工起步，从1981年开始尝试建立品牌捷安特（GIANT），并在随后几年间以较快的速度在各地成立销售公司，以自建销售渠道的方式先后进军欧洲、美国、日本、澳洲、加拿大，以及中国的大陆市场，成为全球自行车产值第一的企业。捷安特国际化经营程度很深，在全球范围内有9个工厂，并拥有13家直营的销售公司，在全球多个重要的市场都铺设自有销售渠道。捷安特通过不断创造与生产最佳综合价值的产品及服务，来满足全球消费者的需求，从而使其自行车在休闲、娱乐与运动领域里具有多元化的发展空间。

1. 创品牌

1981年，当时的捷安特还不叫捷安特，还只是一家比较有规模的代工企业，叫巨大机械。巨大生产的产品品质行业内数一数二，那为什么不自己创立一个品牌？与其总是为他人做嫁衣，为何不自己穿上嫁衣呢？创立品牌进行销售，不仅能够赚得更多，还可以摆脱要看代工品牌脸色过日子的状况。于是，当时的企业领导人刘金标说做就做，开始着手筹备品牌建设事宜。

创立品牌需要很长的一段时间，不能在起步阶段就把占代工业务75%的Schwinn给得罪了。因此，巨大不断地与其最大的代工客户——美国的Schwinn进行品牌发展的合作协商。当然，对于Schwinn来说，自己的代工商要走出来和自己竞争，这总是一件遗憾的事情，所以一开始Schwinn的品牌合作意愿并不高，也更希望巨大能够安心本分地给自己做代工。经过4年的努力，捷安特与Schwinn的品牌合作计划最终确立，但是其合作条款对巨大十分不利。两公司将合作成立新公司，捷安特品牌归新公司所有，巨大仅占20%的股权。但为了日后长远的发展，巨大接受了这个合作计划，雄心勃勃地要做出一番事业。

1986年，就在巨大满心欢喜地以为可以开展品牌建设的时候，却遭遇了晴天霹雳。小道消息传来，Schwinn秘密访问深圳市，准备到大陆投资自主生产自行车。如果消息无误，巨大预测，占其收入75%的Schwinn将在5年内逐渐减少其订单并最终降为0，巨大将面临自有品牌推广计划触礁与最大代工客户流失的双重危机。在这危急关头，刘金标毅然地选择了将自创品牌之路继续走下去，摆脱这种要看代工品牌脸色过日子的状况，将生产的主动权掌握在自己的手里，避免日后再次发生这种代工品牌撤离的被动局面。

2. 国际化经营

(1) 欧洲市场

由于捷安特和 Schwinn 闹翻了，填补那 75%的生产订单缺口对于捷安特来说就显得特别重要。当时的领导层决定通过成立一个新品牌并进行销售来填补缺口，但是新品牌的销量要在较短时间内不断上升直至达到一个较高水平，其难度可想而知。因此，对于新品牌要进入的市场的选择就显得尤为重要。这就给捷安特带来了问题，世界这么大，捷安特究竟要进入哪一个细分市场呢？而又该以何种方式进入呢？

为避免与代工品牌 Schwinn 进行过于激烈的正面竞争，也为了力保市场开拓的初战告捷，捷安特在详细考虑市场容量和市场竞争两方面情况后，将 Schwinn 所在的美国市场放入后期发展计划，选择了在欧洲市场作为品牌推广的首站，并在荷兰设立了第一个海外销售公司。欧洲市场上没有捷安特的代工客户，捷安特可以放开手脚大干一番。于是，捷安特设定了要在 3 年内在荷、比、卢、德、法、英建立分公司，快速建立销售通路的目标和计划。但是，当时在欧洲市场上，台湾生产的产品在消费者心中是劣质品的代名词，捷安特要顺利进入欧洲市场也并非是一件容易的事情。为了顺利进入市场，捷安特决定凭借特色和品质来打开市场。首先，捷安特选择了以高质量的自行车作为攻坚利器，打破欧洲消费者对台湾制造的消极印象。其次，捷安特颠覆业界认为山地自行车在欧洲没有市场的传统观念，选择在欧洲市场引进山地自行车。一般的自行车厂家认为：自行车从欧洲起源，就应该是欧洲那种传统绅士穿西装也能骑才对；山地自行车是在荒郊野外奔奔跳跳，只有美国嬉皮文化才会存在的产品，欧洲消费者不会接受这种产品。但是捷安特却认为，这恰恰是欧洲市场的空白。通过创新地引入山地自行车，捷安特在欧洲市场成功建立了山地自行车的先进入者优势，甚至使消费者将山地自行车与捷安特画上等号。凭借品质、特色和准确的市场定位，捷安特在欧洲市场大获成功，于次年便开始盈利。

(2) 美国等市场

在庞大的生产压力下，捷安特亟须扩大其自行车的销售范围。因此，继欧洲市场后，捷安特选择了市场容量巨大的美国市场。然而，美国市场并不是一个容易攻克的目标。美国市场自由度高，当地拥有大量知名且实力雄厚的对手。既要提高捷安特的销量，又要对抗当地知名品牌，捷安特选择了与欧洲市场截然不同的进入方式。以中低端产品为主力进入，试图以最快的速度提升销量和市场占有率，从而以量取胜。初期，凭借低价策略，捷安特自行车销售火爆，销量和市场占有率双双提升，销售额快速增长。但是，通过中低端产品扩展市场，捷安特的品牌形象受到了极大的损害，这使消费者认定捷安特就是个普通的品牌，根本无法引进高端自行车。为了提升捷安特在美国市场的品牌形象，捷安特进行了多次尝试，包括赞助山地车赛事等。但美国市场在之后的几年中仍持续亏损，100 万美元的资本却有着累计高达 4 000 万美元的亏损，其惨烈情况可见一斑。

吃一堑长一智，在吃过以中低端产品为主力开发市场的亏后，捷安特在后期选择了以高端产品作为开拓市场的攻坚利器，从而相继成功开发日本市场（1989 年）、澳洲市场（1991 年）和加拿大市场（1993 年），初步建成了全球的销售网络。

（3）大陆市场

大陆这个不断崛起的市场，也是捷安特关注的重点。1993 年，在确定改革开放政策持续有效，且改革开放极大地提高了居民收入之后，捷安特开始进入大陆市场。但是，与当时很多企业在大陆设厂的原因不同，捷安特考虑的并不是低廉的生产成本。许特助回忆道："如果为了追求低成本，永远有人比你更低。1993 年大陆公司的员工每个月 200 元人民币，现在一般的工人都要 2 000～3 000 元了。如果为了降低成本，就要去华中、内陆，这不是我们要的。"是的，捷安特要的从来都不是低成本，而是大陆这个未来巨大的内需市场，一个人口基数如此巨大的市场，捷安特不容错失。

要在当时那个收入低、销售渠道基本闭塞的大陆市场进行开拓，捷安特需要有很大的想象力，还需要对大陆市场充满信心。捷安特在这方面有着巨大的优势，其国际化的营销网络带给它的不仅是高额的利润，还有国际一流的营销服务经验。捷安特逐步在中国大陆各地区主要城市设立了十几个直营分公司和直营店，再从这些直营店配销出去，避免了卷入当时国企三角债的问题。但是当时大陆市场的价格接受度较低，真的要在大陆推广高端车吗？或者说，当时的大陆市场有人愿意花大价钱买一辆捷安特吗？为了在大陆市场推广高端产品，捷安特选择了在销售服务环节上下功夫。市场接受度需要时间慢慢培养，捷安特就耐下性子慢慢在通路上建构，在品牌形象上建构。为此，捷安特对销售人员进行了一系列的培训，使他们具有真正的自行车专业知识，以说服消费者购买比当时凤凰自行车高 8 倍价格的捷安特自行车。这样的销售模式与当时国营商店销售人员只懂品牌来进行销售形成了巨大的对比。此外，销售人员也不是盲目将最贵的产品介绍给顾客，而是根据顾客的需求、目的、地点，推荐适合的产品。捷安特还设计了认证，对销售人员进行分级，通过培训后的认证级别决定了其可以销售的自行车档次，最高的级别还包括修理自行车的能力。这样的努力不仅为消费者带来了便利及更好的购买体验，还给捷安特带来了巨大的收益。事实证明，捷安特的眼光没有错，大陆市场在近几年快速发展。2012 年，大陆成为捷安特最大的市场，占整体营收的 26%。

捷安特实现了自有品牌的市场开发和国际营销资源的高效整合，营业收入不断提升，达成了开拓新市场、扩大产品生产和销售的企业扩展目标，也极大地帮助捷安特实现了从 OEM（贴牌生产）向 OBM（自有品牌生产）转变的升级。目前，捷安特在全球自行车产业营业收入排名第一。

在自有品牌业务与代工业务统筹发展方面，捷安特坚持两个原则：一是绝不抄袭客户的设计；二是公平对待自有品牌和代工品牌的订单，即在产能不足时，捷安特将按照自有品牌和代工品牌的生产比例安排生产计划，并不会优先生产自有品牌的产品。

捷安特在中国大陆最大的代理商——京商贸公司的创始人林清发认为，捷安特的经验在于：成立一家新的公司，规模不宜大，先学习如何经营品牌，这与 OEM 经营完全是两回事，所有的理念、价值观都需要彻底转变。在新公司的基础上，保证拥有独特的创新产品和顺畅的品牌通路，从区域性市场做起，再扩大到全球。

资料来源

[1] 李田，陈嘉殷，毛蕴诗．捷安特自行车：从 OEM 代工走向全球第一品牌．中国管理案例共享

中心案例库教学案例，2013.
[2] 刘金标．打造出自行车世界品牌“捷安特”80大寿骑行千里．中国投资咨询网，2016-11-17.
[3] 伍仕．刘金标：自行车大王的经营哲学 [J]．中国商人，2009（12）：86-89.

本章小结

企业的国际化经营从简单的商品输出到许可协议，从战略联盟、兼并收购到新建全资子公司，是一个不断发展的过程。业务层国际化经营战略有成本领先战略、差异化战略、目标集中战略和最优成本战略。公司层国际经营战略有3种类型：国际本土化战略、全球化战略和跨国战略。企业实施国际经营战略的重要目的是增强国际竞争优势。迈克尔·波特提出了影响跨国公司国际竞争优势的“钻石理论”，即决定企业国际竞争优势高低的因素有要素条件，需求条件，相关及支持行业，企业的战略、结构和竞争，还有两个辅助因素即政府和机遇。

思考题

1. 国际市场进入方式有哪几种？它们分别有什么特点？各自适用于哪些情况？
2. 企业国际化经营的动因有哪些？请举例说明。
3. 三种公司层国际化经营战略分别是什么？列出各种战略的优势和劣势，并举例说明。
4. 企业实施国际化经营战略会面临哪些风险？
5. 查阅一家中国企业国际化经营的资料，如海尔、联想、华为等，讨论这家中国企业国际化经营的动因、进入国际市场的方式，以及如何通过实施国际化经营战略来获得国际竞争优势。

第12章

企业文化战略

【案例导入】

中国港湾基于战略转型的文化变革

中国港湾工程有限责任公司（以下简称中国港湾）是中国交通建设股份有限公司（以下简称中交股份）的全资子公司，代表中交股份在国际工程市场开展业务，业务范围主要集中在交通基础设施建设方面，包括海事工程、疏浚吹填、公路桥梁、轨道交通、航空枢纽及相关的成套设备供应与安装。

中国港湾的前身是交通部在1980年成立的中国港湾工程公司，主要负责国家对外经济援助项目的建设。从20世纪80年代末到90年代末，中国港湾工程公司先后与交通部一航局、交通部水运工程设计咨询中心、水规院、航务设计院等十七个单位合并重组，并改制为中国港湾（集团）总公司。2005年中国港湾集团与中国路桥集团合并成立中国交通建设集团，原中国港湾集团改制为中国交通建设集团的全资子公司——中国港湾工程有限责任公司，成为负责中交股份海外业务的主体。

中国港湾近年来加速拓展国际市场，致力于整合产业链上的相关资源，积极从过去一个单纯的施工企业向能够提供BOT、EPC、MPC等多种服务模式的经营管理型工程公司进行战略转型。

1. 中国港湾的战略转型

中国港湾的战略转型源于国际建筑市场需求的变化、建筑施工行业市场竞争规则的变化及中国港湾自身能力的提高。

随着经济全球化步伐的加快，国际建筑市场价值链正在经历重新整合，一些大的建筑商由于拥有技术、资金、管理等方面的优势，能够为客户提供超值的一体化服务，深受客户的青睐。同时，带资承包方式日益成为国际大型工程项目中广为采用的模式。除少数国家的政府项目不需要承包商带资外，多数项目需要承包商以不同形式带资承包。在市场竞争方面，全方位嵌入价值链正成为新条件下行业内企业竞争力的核心基础。这种价值链创新模式的实质是将企业置于一个远超出竞争对手范围的大环境，将企业的客户、供应商、金融机构，以至于客户的客户都纳入企业的一个框架，通过企业自身价值链与这些密切关联的外部群体的价值链更有效的耦合，创造新的价值。这样一来，拥有一体化服务资源的大型企业在建筑行业领域就占有绝对优势。同时，由于管理科学、信息技术的蓬勃发展，行业中的一些企业依靠科学管理来降低成本并获取竞争优势。不断提高企业的管理水平成为行业内每个企业的共识。

几经改制后，目前中国港湾依托中交股份平台，资源整合能力大为增强，产业链逐步前伸，具备了提供一体化服务的能力。

因此，综观市场环境的变化、行业发展趋势及中国港湾自身的发展状况，只有实施一体化战略转型，逐步由一个单一的工程施工型企业向提供一体化服务的经营管理型工程公司转型，才是中国港湾的正确发展方向，于是中国港湾制定了“成为国际海事工程及相关建筑领域一体化服务的组织者和领导者”的发展战略。其中一体化服务就是企业利用自身专业或技术的核心优势整合资源，为客户提供相关的系列服务，并且在方便客户、为客户提供超值服务的同时企业自身也可因业务增加而提高利润。遵循新的战略，中国港湾将整合产业链上的各种资源，为客户提供全方位的一体化服务。中国港湾通过一体化服务，把产品和服务的组合镶嵌到客户的价值链中，最大限度地满足客户的需求，最终实现客户对企业的依赖与忠诚。

2. 中国港湾促进战略转型的文化变革

面对战略转型的要求，中国港湾原有的企业文化和管理水平明显滞后。中国港湾由于改制后人员构成变化较小，员工中长期形成的传统思维模式、价值观念、行为规范并不能适应中国港湾战略转型的需要。首先中国港湾的员工危机意识和竞争意识较弱，更缺乏品牌意识，而要想成为国际建筑施工领域中的优势企业，高度的竞争意识、强烈的危机意识及前瞻的品牌意识是其员工尤其是管理人员的必备素质；其次，中国港湾的技术创新能力、市场开拓能力、融资能力、管理能力等与“组织者”的要求还存在较大的差距；最后，从集团到独立公司的转制使得中国港湾的经营模式发生了很大的变化，但是公司员工的思维习惯、价值观和行为方式等还大多停留在原有的模式之上。这一切都不利于中国港湾新战略的实施，为此中国港湾开始着手推动基于公司战略转型的企业文化变革。

中国港湾首先从企业生存发展的实际出发确定了企业的基本理念及使命、愿景和价值观，然后根据一体化战略转型的需要进行了一系列意识形态的假设。具体来说，其意识形态假设主要表现在学习意识、服务意识、沟通意识、合作意识、成本意识等方面，在这些方面要形成与过去不同的文化（见表12-1）。这些文化因素的变革都是顺利实施一体化服务模式的保证，也为企业战略的转型起到支撑与促进作用。

表12-1 意识形态的比较

	过去	现在
学习意识	没有学习的意识，只满足于工作需要	主动创造环境，提高自身工作技能、知识水平
服务意识	只注重结果，忽略客户的真正需要	注重顾客价值创新，追求为顾客提供完善的问题解决方案
主动意识	把企业当作经济收入来源的场所，没有过多的情感投入	主动关心和了解企业发展状况，把自己当作企业大家庭的一员

续表

	过去	现在
沟通意识	信息传递过程中丢失现象严重	部门之间、上下级之间、同级之间形成健全的信息传递网络
合作意识	部门之间割据现象严重，利益小团体数量众多	部门之间能够团结一致，上级与下级之间形成教练式的领导风格，同级之间能够互补协作
成本意识	只注重数量，造成质量上的缺失，最后导致成本上升	讲究工作方法与效率，节约与效率意识不断增强

中国港湾还根据企业现状针对各个层级做了关于思维模式、价值观念和行为规范的一系列假设，至此中国港湾依据一体化服务模式建立起了自己的企业文化假设体系。有了这些基本假设之后，中国港湾开始采用多种方式来变革公司的企业文化。公司首先编写印发了《中国港湾企业文化建设纲要及解读》《中国港湾企业文化手册》，解读公司战略转型，宣传公司战略和文化。同时，中国港湾充分利用公司内部网络，通过向员工展示世界的发展变化不断增强员工的危机感和变革的急迫感，提高员工适应变化的心理能力。公司企业文化职能部门还制作了系列 PPT、视频资料向员工展示正确的思维模式和行为方式，以逐步培养员工正确的心智模式。此外，中国港湾还运用篮球、乒乓球、围棋、钓鱼等大家喜闻乐见的文体活动，有意识地加强不同部门之间的沟通，培养员工的大局观，不断熏陶与渗透新的文化要素。

中国港湾企业文化变革的实施，有效促进了公司一体化战略的转型。公司近年来实现了跨越式的发展，新签合同额和实现营业额连年翻番，利润快速增长，成为行业内具有较强竞争力的企业。

（资料来源：根据互联网资料整理）

企业制定战略以后，需要全体员工积极有效地贯彻实施。优良的企业文化可以成为激发员工热情、统一员工思想行为的重要管理方式，因此企业文化建设要符合企业发展战略的要求。同时企业文化必须与企业战略相互适应。从战略实施的角度来看，企业文化既可以为实施企业战略服务，又可能会制约企业战略的实施。当企业新的战略要求企业文化与之相配合时，企业原有文化的变革速度却非常慢，很难马上对新战略做出反应，这时企业原有文化就可能成为企业实施新战略的阻力。因此在战略管理过程中，企业新旧文化更替和协调是战略实施获得成功的重要保证。

12.1 企业文化概述

1. 企业文化的概念

企业文化（corporate culture）又称公司文化，这个名词的出现始于 20 世纪 80 年代初。一种新的概念和理论在形成过程中，往往众说纷纭，企业文化也不例外。

迪尔和肯尼迪在《公司文化》一书中指出，企业文化是由 5 个因素组成的系统，其中价值观、英雄人物、习俗仪式和文化网络是它的 4 个必要因素，而企业环境则是形成企业文化的最大的影响因素。

威廉·大内认为，企业的传统和氛围产生一个企业的企业文化。企业文化表明企业的风格，如激进、保守、迅速等，这些风格是企业中行为、言论、活动的固定模式，管理人员以自己为榜样把这个固定模式传输给企业员工。

爱德加·H. 沙因（Edgar H. Schein）认为，从企业的各层面上来说，文化就是根本的思维方式——企业在适应外部环境和内部整合过程中独创、发现和发展而来的思维方式，这种思维方式被证明是行之有效的，因而被作为正确的思维方式传输给新的成员，以使其在适应外部环境和内部整合过程中自觉运用这种思维方式去观察问题、思考问题、感受事物。

那么究竟应如何理解企业文化呢？本书认为，企业文化是社会文化的一个子系统。企业通过自身生产经营的产品及服务，不仅反映出企业的生产经营特色、组织特色和管理特色等，更反映出企业在生产经营活动中的战略目标、群体意识、价值观念和行为规范。它既是了解社会文明程度的一个窗口，又是社会当代文化的生长点。在结合国内外学者观点的基础上，我们认为，企业文化是指现阶段企业员工所普遍认同并自觉遵循的一系列理念和行为方式的总和，通常表现为企业的使命、愿景、价值观、管理模式、行为准则、道德规范和沿袭的传统与习惯等。

理解企业文化需要注意以下几个方面。第一，文化具有时段性。文化总是相对于一定时间段而言的，这里所指的企业文化通常是指现阶段的文化，而不是指企业过去的历史文化，也不是指将来企业可能形成的新文化。第二，文化具有共识性。只有达成共识的要素才能称为文化。企业新提出的东西，如果没有达成共识，就不能称为文化，只能说是有可能成为文化的文化种子。企业文化代表企业共同的价值判断和价值取向，即多数员工的共识。当然，共识通常是相对而言的。在现实生活中，通常很难想象一个企业的所有员工都只有一种思想、一个判断。由于人的素质参差不齐，人的追求呈现多元化，人的观念更是复杂多样，因此企业文化通常只能是相对的共识，即多数人的共识。第三，文化具有范围性。文化总是相对于一定范围而言的，这里所指的企业文化通常是企业员工所普遍认同的部分。如果只是企业领导层认同，那么它只能称为领导文化；如果只是企业某个部门的员工普遍认同，那么它只能称为该部门的文化。依据认同的范围不同，企业中的文化通常可以分为领导文化、中层管理者文化、基层管理者文化，或部门文化、分公司文化、子公司文化、企业文化等。第四，文化具有内在性。企业所倡导的理念和行为方式一旦得到普遍的认同，成为企业的文化，就必将得到广大员工的自觉遵循。

2. 企业文化管理的概念

企业文化管理是指通过文化建设，形成一套适应企业发展战略的文化体系，并使广大员工认同企业所倡导的文化体系，达成共识，从而有效发挥文化的导向、激励、凝聚、约束等功能，最大限度地实现多层面自主管理的一种现代组织管理方式。

企业文化管理主张尽可能通过文化来对企业的生产经营活动进行管理，从过去强调命令和服从的传统企业管理，上升到注重企业文化的驱动性、影响性和激励性的现代企业管理。企业文化管理是一种行之有效的人本管理模式，它把人放在企业文化的背景中，在尊重人的自主意识的前提下，强调只有当企业员工认同组织所倡导的价值理念时，才能更多地依靠员工的自我指导、自我控制，并通过员工的自律行为来发挥人力资本的最大作用，从而降低企业内部不必要的管理成本。

企业文化管理旨在建立一套适应企业发展战略的文化体系，以这一套具有适应性的文化体系贯穿、整理、提升和完善企业的管理制度和行为规范，使之体现出这种适应性文化的要求。同时用这种文化塑造员工的思想，使他们为这种文化所指引，深刻认同这种文化，成为这种文化的自觉执行者和推动者，从而使企业的市场行为一致化、自觉化，企业内部管理行为有机化，进而从整体上提高企业的竞争力。

3. 企业文化的基本结构

企业文化通常是由企业理念文化、企业制度文化、企业行为文化和企业物质文化4个层次所构成（见图12－1）。

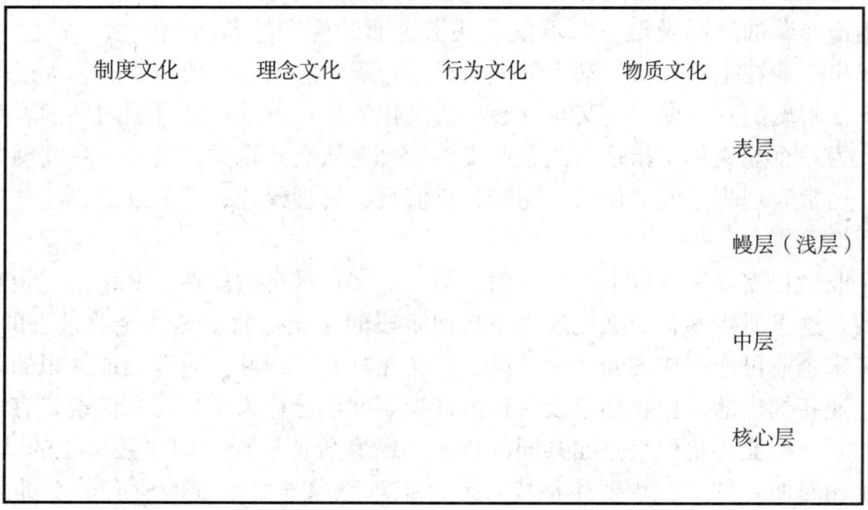

图12－1　企业文化结构图

（1）企业理念文化

企业理念文化是指企业在长期的生产经营过程中形成的价值观念，是一种深层次的文化现象，在整个企业文化系统中，它处于核心的地位。

企业理念文化通常包括企业使命、企业愿景、企业价值观、企业精神、企业伦理道德、企业作风等内容，是企业意识形态的总和。

（2）企业制度文化

企业制度文化是指得到企业广大员工认同并自觉遵从的由企业的领导体制、组织形态和经营管理形态构成的外显文化，是一种约束企业和员工行为的规范性文化。它是企业文化的中坚和桥梁，将企业文化中的物质文化、行为文化和理念文化有机地结合成一个整体。

企业制度文化一般包括企业领导体制、企业组织机构、企业经营制度、企业管理制度和企业特殊制度。

① 企业领导体制是企业领导方式、领导结构和领导制度的总称。不同的企业领导体制，反映着不同的企业文化。领导体制影响着组织机构的设置，制约着企业管理的各个方面。

② 企业组织机构是指企业为了有效实现企业目标而建立的企业内部各组成部分及其相互关系。如果把企业视为一个生物有机体，那么组织机构就是这个有机体的骨骼。

③ 企业经营制度是指通过划分生产权和经营权，在不改变所有权的情况下，强化企业

的经营责任，促进竞争，提高企业经济效益的一种经营责任制度。

④ 企业管理制度是企业在管理实践活动中制定的各种带有强制性的规定或条例。一般来说，企业管理制度将影响和制约企业文化发展的总趋势，同时也促使不同企业的企业文化朝着个性化的方向发展。

⑤ 企业特殊制度主要是指企业的非程序化制度，如员工评议干部制度、干部员工平等对话制度、总结表彰会制度等。与一般制度相比，特殊制度更能反映一个企业的管理特点和文化特色。

(3) 企业行为文化

企业行为文化是指企业员工在生产经营、对外交往及学习娱乐等活动中产生的文化，它包括企业在经营、教育宣传、人际关系、文娱体育等活动中产生的文化现象。它是企业经营作风、精神面貌、人际关系等的动态体现，也是企业理念的折射。

从人员结构上划分，企业行为又包括企业家的行为、企业模范人物的行为、企业员工的行为等。

(4) 企业物质文化

企业文化作为社会文化的一个子系统，其显著的特点是以物质为载体，企业物质文化是它的外部表现形式。优秀的企业文化总是通过重视产品的开发、服务的质量、产品的信誉和企业生产环境、办公环境、文化设施等物质现象来体现的。企业物质文化是企业文化系统的表层文化，是由企业员工创造的产品和各种物质设施等构成的文化现象。

企业文化的4个层次是紧密相连的。物质文化是企业文化的外在表现和载体，是行为文化、制度文化和理念文化的物质基础；制度文化是理念文化的载体，制度文化又规范着行为文化；理念文化是形成行为文化和制度文化的思想基础，也是企业文化的核心和灵魂。

12.2 企业价值观

企业在经营管理活动中，需要什么、相信什么、坚持什么、追求什么，都与其价值观有着密切的联系。不同的价值观，造就企业不同的个性特征。

要认识企业的价值观，首先要弄清楚何为价值、何为价值观。价值是一种关系范畴，用来表示主体与客体之间需要与满足的关系。对于主体而言，能够满足主体需要的客体属性，就是有价值的。

所谓价值观，简单地说，就是关于价值的观念。它是客观的价值关系在人们主观意识中的反映，是价值主体对自身需要的理解，以及对价值客体的意义、重要性的总的看法和根本观点。价值观回答以下基本问题：什么事至关重要？什么事很重要？我们该怎样行动？它们包括价值主体的价值取向，以及价值主体对价值客体及自身的评价。价值是客观的，价值观则是主观的。由于人们的社会生活条件、生活经验、目的、需要、兴趣、爱好、情感、意志等不同，人们的价值观也就各不相同。价值观的主体可以是一个人、一个国家、一个社会，也可以是一个企业。

概略地说，价值观是关于“对象对于主体来说是否有价值”的看法。企业价值观则是企业全体（或多数）员工一致赞同的、与企业紧密关联的关于“对象对于主体来说是否有价值”的看法。

1. 把握企业价值观内涵的两种角度

应从两种不同的角度，全面把握企业价值观的内涵。

第一种角度提出来的问题是：哪些对象对于企业来说有价值？从这种角度来看，企业价值观就是全体或多数员工一致赞同的关于“哪些对象对于企业来说有价值”的看法。如果甲企业全体（或多数）员工认为，集体主义对于企业来说有价值，就称甲企业具有集体主义价值观；反之，如果乙企业全体（或多数）员工认为，个人主义对于企业来说有价值，就称乙企业具有个人主义价值观。从这个角度来看，价值的主体是确定的，那就是企业；价值对象是不确定的。在确定对象对于企业是否有价值时，之所以出现不同的看法，往往是由于对企业的需要有不同的认识和理解或者对对象的属性有不同的认识和理解或者掌握与利用对象的属性有不同的方式。从这个角度来看，建立企业共同价值观的过程是一个成员之间加强信息交流以达成共识的过程。

第二种角度提出来的问题是：企业的价值在于什么？从这种角度来看，企业价值观就是全体（或多数）员工一致赞同的关于企业的价值在于什么的看法。例如有些企业的全体员工赞同企业的价值在于赚钱，另一些企业的员工则赞同企业的价值在于育人，还有些企业的员工认为企业的价值在于创新等。从这个角度来看，价值的对象是确定的，那就是企业；价值主体则不仅是不确定的，而且是隐含着的，即人们回答这个问题时，只是指出作为价值对象的企业所具有的某种属性，并不说明这种属性能够满足哪个主体的需要。因而企业价值观方面的分歧，往往是价值主体选择上的分歧。选择价值主体的问题，实际上涉及人们的切身利益和观察问题的立场。因此建立企业共有价值的过程，就是在企业全体员工中调整利益关系并寻求共同立场的过程。

综合以上两种角度，企业价值观的内涵就是：企业全体（或多数）员工赞同的关于“企业的价值在于什么及哪些对象对于企业来说有价值”的看法。企业的价值在于什么？什么对于企业来说有价值？这两者一般来说是统一的。但在许多情况下也可以不统一，如原料对于企业来说有价值，但却不能说“企业的价值在于能够获取原料”。

2. 价值体系和最高价值

对企业有价值的对象，不会只有一个，而是有很多。这类对象不仅可以是物质客体，而且还可以是思想观念。例如顾客意识、质量观念、创新思想等对于企业来说都具有重要的价值。企业本身的价值也不会只有一种，也有很多。这些价值不仅有物质价值，同样也包括精神价值，即企业不仅有创造新产品的价值，也有创造新观念的价值。这许许多多对于企业有价值的对象，以及企业本身所具有的多种多样的价值，集合起来就构成了一个企业的价值体系。企业的全体或多数成员，对于价值体系共同一致的看法或认识，就是这个企业成员共享的价值观体系。

价值体系中的各个价值，有时并不可兼得，于是便存在如何取舍的问题；有时虽可兼得，但各个价值或重要性并不一致，或彼此间有因果之类的关系，于是便存在如何对各个价值进行排序的问题。对有限数量的价值排序，一般总能得出一个最重要的价值，这个最重要的价值就是该范围内的最高价值。

企业文化管理的重要内容之一就是一方面要明确企业的价值体系，另一方面要对其中的各个价值进行排序，找出最高价值。企业价值观的区别，往往不是表现为对于“企业是否有某种价值”有不同的回答，也不是表现为对“某对象对于企业来说是否有价值”有相悖的意见，而往往表现为价值排序上的区别，以及对最高价值的选择和判定不同。

3. 企业核心价值观

1）企业核心价值观的概念

企业核心价值观是指在企业的价值观体系中处于核心位置的价值观，即少数几条一般性的指导原则，这些原则在企业中长盛不衰。

IBM前CEO小托马斯·华森曾经谈到核心价值观（他称之为信念）。他在1963年写的小册子《一个企业及其信念》中说：“我相信一家公司成败之间真正的差别，经常可以归因于公司能激发员工多少精力和才能，在帮这些人找到彼此共同的宗旨方面，公司做了什么？……公司在面对代代相传期间的许多变化时，如何维系这种共同的宗旨和方向感？……我认为答案在于我们称之为信念的力量，以及这些信念对员工的吸引力。首先，我坚信任何组织想要继续生存乃至获得成功，一定要有健全的信念，作为所有政策和行动的前提。其次，我相信企业成功的最重要的唯一因素是忠实地遵循这些信念……信念必须始终放在政策、做法和目标之前，如果后面这些东西违反了根本信念，就必须改变。”

沃尔顿这样说明沃尔玛的第一价值观：“我们把顾客放在前面……如果你不为顾客服务，或不支持为顾客服务的人，那么我们不需要你。”詹姆斯·甘布尔这样简洁陈述宝洁公司注重产品品质和诚实经营的核心价值：“如果不能制造足斤足两的纯粹产品，去做别的正事吧，即使是去敲石头也好。”可见，核心价值观可以用不同的方法来陈述，但始终是简单、清楚、直接而有力的。

优秀的企业通常只有几个核心价值观，因为只有少数价值观才能成为真正的核心价值观。如果企业列出的核心价值观过多，则很有可能抓不住其中的关键所在。例如惠普公司的核心价值观是：热忱对待客户；信任和尊重个人；追求卓越的成就与贡献；注重速度和灵活性；专注有意义的创新；靠团队精神达到共同目标；坚持诚实与正直。

2）企业核心价值观应遵循的基本原则

（1）企业核心价值观必须是企业真正信奉的东西

企业的核心价值观并非模仿自其他企业的价值观，并非来自研读管理书籍，也并非来自纯粹的智力运作，以便“计算”什么价值观最务实、最通俗化或最能获利。制定核心价值观时，关键是要抓住自己真正相信的东西，而不是抓住其他公司定为价值观的东西，也不是外界认为应该是价值观的东西。

（2）企业核心价值观必须与社会主导价值观相适应

如果不能与社会主导价值观相适应，那么在企业价值观导向下的企业行为难免会与周围的环境产生这样或那样的冲突，从而影响企业的发展。

（3）企业核心价值观必须充分反映其企业家的价值观

由于企业家的价值观是该企业（群体）价值观的主要来源和影响因素，因此如果不能充分反映其企业家的价值观，就会导致该企业经营管理活动的混乱。

(4) 企业核心价值观必须与员工的个人价值观相结合

企业价值观不能脱离多数员工的个人价值观，否则难以实现群体化，也就失去了成为员工行动指南的可能性。

【案例 12－1】

微软公司的核心价值观

新技术极大地改变了我们工作、休闲及沟通的方式，现在我们瞬间就可以获取想要的信息并能和世界各地的人进行交流和沟通。在人类能力所及的各个领域，新技术势如破竹的发展为我们开启了一扇通向创新的大门，并为我们的生活提供了新的机会和价值，使其变得更加便利。

自 1975 年建立至今，微软公司一直是这场技术变革的领导者。为了抓住机遇，领导产业的进一步变革，我们肩负起了新的使命。

微软的使命：激发个人潜能，实现企业潜力。

推动我们完成使命的核心源自我们的核心价值观。

(1) 广泛的客户联系

与客户进行广泛联系，了解客户的需求及他们使用技术和信息的情况，在客户遇到问题时提供及时支持，并帮助他们认识到自己的潜力。

(2) 全球范围的承诺

站在全球的角度考虑问题和采取行动，使得不同文化背景的员工能够为不同文化背景的客户和合作伙伴提供创新的决策。为降低技术成本而创新，在支持行业和社区发展方面起领导作用。

(3) 卓越

在完成使命所做的每一件事上追求尽善尽美。

(4) 高信度计算

通过提高公司产品和服务的质量，增强对客户的回应及责任感，并在我们做的每一件事中体现出非凡的预见能力，以加深客户对微软的信任。

(5) 杰出的员工及其价值观

实现我们的使命需要积极向上的、具有创造力和活力的杰出员工，而且他们又应该认同如下价值观：

正直诚实；

对客户、合作伙伴和新技术充满热情；

直率地与人相处，尊重他人并且助人为乐；

勇于迎接挑战，并且坚持不懈；

严于律己，善于思考，坚持自我提高和完善；

对客户、股东、合作伙伴或者其他员工而言，在承诺、结果和质量方面值得信赖。

(6) 创新、不断发展、可靠的平台领导地位

为客户及合作伙伴增强平台的创新、提高其利益并提供新的机遇；公开讨论我们的未来方向，获取反馈意见，通过合作来确保客户和合作伙伴的产品能够与我们的平台很好地兼容。

(7) 提供人们创新的平台

通过确定新的业务领域、孵化新产品、将新的客户需求与现有业务进行整合、探索获取新的理念和经验及将新老合作伙伴进一步整合和加强协作等方式，为客户提供更多选择。

（资料来源：根据互联网资料整理）

12.3 培育促进战略实施的企业文化

按照企业文化的形成规律，企业新文化的导入应抓好以下主要环节。

1. 科学地确定企业文化的内容

在确定企业文化内容的过程中，可考虑以下几点。

① 以企业发展战略为参照，对既有文化进行梳理，并提出未来发展需要的新文化要素。企业文化要适应企业发展战略的需要，为促进企业发展服务。对既有文化进行梳理，是对本企业的历史和现状，特别是对企业实践中直接产生的理念，进行系统深入的回顾、调查、分析和研究。对于已经被员工普遍认同的文化要素，要以企业发展战略为基准，将符合企业发展战略要求的文化要素保留下来；将不再符合企业发展战略要求的文化要素通过文化变革抛弃掉。企业通常还需要根据未来发展战略的新要求提出某些新的文化要素，经过精心培育使其逐步成为企业的新文化。

② 以企业发展战略的要求为基准，借鉴、吸收其他民族和企业的优秀文化。对于外来的企业文化，不能简单地采取“拿来主义”，而应持认真鉴别、分析研究、有选择吸收的态度。要搞清楚哪些是优秀的，哪些是适用于自己的。同时，借鉴别人的长处时必须对其进行一番改造，才能适用于自己的企业。例如20世纪50年代初，美国专家给日本企业家传授的产品质量管理考评和测量技术，很快被改造成著名的QC小组活动。

③ 重视个性发展。一个企业的文化个性是这个企业在文化上与其他企业不同的特性。国内外的优秀企业都是具有鲜明文化个性的企业。同是美国文化区域内的企业，惠普公司的文化便表现出许多与众不同的地方，它倡导团体主义，主张建立轻松、信赖、和谐的人际关系。我国企业同样需要重视企业文化个性的发展。

2. 宣传倡导，贯彻落实

(1) 广泛宣传，形成共识

西安杨森的总裁曾经在大小会议上讲：“我们的工资是谁付的？我们的水费、电费是谁付的？我们的工作环境与条件是谁提供的？是顾客！是顾客掏出腰包中的钱买我们的产品，我们才得以生存。因此，顾客是上帝。而‘世上没有免费的午餐’，如果我们不能提供优质的产品和良好的服务，使顾客花钱后得以满足，他们就会离我们而去，我们就会失业，企业也将面临倒闭。因此，市场导向、顾客至上是我们每位员工应遵循的准则，只有每位员工在每个岗位上都尽职尽责地为顾客服务，创造性地提供超值的服务，甚至提供连顾客都想不到的服务，我们的企业才能越办越有生机，我们的事业才会兴旺发达。”“世上没有免费的午餐”提醒每位员工要时刻牢记顾客至上，事事为顾客着想。甚至是节假日，只要顾客要求发货，相关人员也会立即组织安排，及时发货。“客户的需求就是命令”成为西安杨森人的共识。

（2）领导带头，身体力行

领导者是企业文化的龙头，他（们）的模范行为是一种无声的号召，对员工起着重要的示范作用。如果领导者只是在口头上高呼企业文化有多么重要、他（们）想要导入什么样的文化因素、这些文化因素将会给企业和员工带来什么益处，而领导者的行动却与之不相符，甚至背道而驰，那么员工就要花费很多时间和精力去解读领导者的行为真正反映的是什么。因此，对于领导者来说，最重要的是言行一致、身体力行。

美国三角洲航空公司的高级经理人员在圣诞节期间帮助行李搬运员干活，已成为公司的传统，并且公司高层每年至少要与全体员工聚会一次，直接交换意见，以实践“增进公司的大家庭感情”的经营哲学。日本三菱电机公司的总经理为了倡导“技术和销售两个车轮奔驰”的企业理念，以改变过去“重技术、轻销售”的状况，亲自到公司零售店站柜台，宣传自家商品，听取顾客意见。领导者亲身实践自己提出的经营理念，无疑会给员工带来很大震动，起到示范表率的作用。

领导者在企业中处于特殊的地位，他（们）的一言一行、一举一动都向员工传递着信息。领导者经常关注什么、要求什么、控制什么、批评什么、赞扬什么……这些都会从侧面反映领导者持有的价值观和态度，表达了在他（们）的期望中员工应有的价值观和行为。

（3）完善制度，体制保证

在培育企业员工整体价值观的同时，必须建立、健全、完善必要的规章制度，特别是相应的激励和约束机制，使员工既有价值观的导向，又有制度化的规范。同时，在建设企业文化时，要调整好企业内部的组织机构，建立和形成文化建设所要求的组织体系。

例如领导者招聘、甄选新员工，考核员工的绩效，决定提升谁、辞退谁，奖励什么样的行为，惩罚什么样的行为，这些都体现出领导者的文化理念和偏好。企业招聘、挑选的新员工，大都是和领导团队的文化愿景、现有员工的风格、价值观与信念合得来的。因为只有这样的员工，才能完全融入企业，在企业的文化氛围中体会到和谐、愉悦、轻松，享受到工作的乐趣。试想，如果一个人持有的价值观、信念和他在实际工作中的处理方式不一致，甚至完全矛盾，那么他在精神上会承受很大的痛苦，离开也是早晚的事。同样，绩效考核、晋升和奖惩也都是领导者深植企业文化的有力工具。将员工贯彻文化理念的情况纳入员工的绩效考核体系，纳入奖惩和晋升制度，大力提拔符合文化理念、业绩突出的员工进入领导团队，这些都有助于领导团队文化向员工传播、扩散。

（4）树立榜样，典型引导

发挥榜样的作用是建设企业文化的一种重要而有效的方法。把那些最能体现企业价值观念的个人和集体树为典型，大张旗鼓地进行宣传、表彰，并根据客观形势的发展不断调整激励方法，有利于优秀企业文化的形成和发展。迪尔和肯尼迪在其合著的《公司文化》一书中，把英雄楷模人物作为企业文化五大构成要素之一，认为没有英雄人物的企业文化是不完备的文化，是难以传播和传递的文化。

领导者创立和倡导的文化理念是主观的，许多员工由于缺乏文化透视力，难以认识企业文化，更难以把握和认同企业文化。所以，领导者必须具有塑造企业英雄、演绎文化故事的技巧，使文化具体感人，流传下去。塑造企业英雄和演绎文化故事是领导者导入、培育企业文化最简单、最直接，也是最深刻的方法。

（5）加强培训，提高素质

一个企业，若员工的基本素质不高或缺乏良好的职业道德，那么要使其生产力健康持续地发展是不可能的，企业文化建设也只能是纸上谈兵。加强培训，不断提高企业员工的基本素质，是建设企业文化的重要基础。

培训是企业领导者系统导入领导团队文化的必由之路。企业领导者授权有关部门（如企业文化部、人力资源部等）组织全体员工进行系统的宣讲和培训，帮助员工理解和接纳领导团队文化。企业文化培训也给领导者提供了一个彰显个性、传播文化理念的舞台。很多时候，领导者会亲自出马，走上培训讲台，用富有感染力的语言、真实生动地向员工宣讲文化理念，传播文化愿景。GE的企业文化变革就是杰克·韦尔奇从GE位于纽约的管理训练中心——克罗顿维尔发动开始的。除了委派专人主管克罗顿维尔的改革，韦尔奇还亲自担任克罗顿维尔的培训师。克罗顿维尔给韦尔奇提供了一次说服100人的沟通机会，成为韦尔奇宣传GE新文化的殿堂。

3. 积极强化，持之以恒

企业员工的信念、价值观、作风、习俗、礼仪等文化要素，是不断积极强化的产物。强化指的是人们的某种行为因受到一定刺激而获得继续或中断的过程。使行为继续下去的强化，叫作正强化或积极强化；使行为中断或中止的强化，叫作负强化或消极强化。积极强化的刺激使人们获得奖赏性情绪体验，而消极强化的刺激带给人们惩罚性情绪体验。趋乐避苦、趋利避害是人类行为的基本法则，在建设企业文化时也应遵循这些法则，对员工的良好行为给予积极强化，对不良行为给予必要的消极强化。

价值体系、管理思想等文化理念是人类抽象思维的结果，属于精神层面的东西，它的传播必然需要借助一些物质和外化的形式，而企业例行的典礼、仪式是企业文化传播最现实的形式。典礼和仪式使难懂的文化理念通俗易懂，易于被员工理解和接受。典礼和仪式一般都有一些固定的规矩和惯例，如固定的程序、必不可少的仪式、参与者的习惯着装等。这些固定的程式造成了一种特殊的环境心理定式，使员工受到现场气氛的感染，经历情感体验，产生新的态度。领导者如果能够运用工作中的各种仪式，如朝会、欢迎新员工、颁奖典礼、集会、欢送退休人员等，对企业的价值观进行宣传和灌输，就能够潜移默化地影响员工，使员工在情感上接受企业的价值观。

企业文化建设是企业的长期行为。由组织的少数人创造、倡导的某种文化，传播到组织的每个团体，再由一个个团体传播给每一个人，使之在企业的每个角落里生根、开花、结果，这必然是一个长期的过程。改变企业文化的模式，不仅要长期积累新文化，而且要同旧文化的“惰性”做反复较量、长期斗争。学习、引进新的文化时，不仅要经过鉴别，以决定取舍，而且要经过长时间的消化领会，这样才能把它吸收进自己的文化里。因此，企业文化建设必须长期努力、持之以恒。

【案例 12－2】

海尔质量文化形成的“三步”

第一步，提出质量理念：有缺陷的产品就是废品。

海尔在转产电冰箱时，面临的市场形势是严峻的，无论是规模还是品牌，都处于劣势。靠什么在市场上争得一席之地？只能靠质量。于是，张瑞敏提出了自己的质量理念：有缺陷的产品就是废品。这个理念得到了海尔领导层的赞同，他们认为“全面质量管理”的精髓就是创名牌，要对产品质量实行“零缺陷，精细化”管理，努力做到用户使用的“零抱怨、零起诉”……

理念的提出是容易的，但是让广大员工接受、认同，最后变成自己的理念，则需要一个过程。开始时，许多职工并不能真正理解，更难于自觉接受。所以，产品质量不稳定，客户投诉不断。1986 年，有一批 1 000 台电冰箱，检查出 76 台不合格。面对这些不合格品，许多人提出，便宜一点，卖给职工。而张瑞敏强烈意识到，企业提出的质量理念在大部分员工心中还远远没有树立起来，而理念问题解决不了，只靠事后检验是不可能提高质量的。

第二步，推出“砸冰箱”事件。

许多人都了解“砸冰箱”事件，但是对“砸冰箱”之后发生的事却知之甚少。当员工们含泪看着张瑞敏亲自带头把有缺陷的 76 台电冰箱砸碎之后，内心受到的震动是可想而知的。人们对“有缺陷的产品就是废品”有了刻骨铭心的理解与记忆，对“品牌”与“饭碗”之间的关系有了更切身的感受。但是，张瑞敏并没有就此而止，也没有把管理停留在“对责任人进行经济惩罚”这一传统手段上，他充分利用这一危机事件，将管理理念渗透到每一位员工的心里，再将理念外化为制度，构造成机制。

在接下来的一个多月里，张瑞敏发动和主持了一个又一个会议，讨论的主题却非常集中：“我这个岗位有质量隐患吗？我的工作会对质量造成什么影响？我的工作会影响谁？谁的工作会影响我？从我做起，从现在做起，应该如何提高质量?”在讨论中，大家相互启发，相互提醒，更多的则是深刻的内省与反思。于是，“产品质量零缺陷”的理念得到了广泛认同，人们开始了理性的思考：怎样才能使“零缺陷”得到机制的保证?

第三步，构造“零缺陷”管理机制。

在海尔每一条流水线的最终端，都有一个“特殊工人”。从流水线上下来的产品，一般都有一些纸条，在海尔被称为“缺陷条”。这是在产品经过各个工序时，工人检查出来的上一个工序留下的缺陷。这位特殊工人的任务，就是负责把这些缺陷维修好。他把维修每一个缺陷所用的时间记录下来，作为向“缺陷”的责任人索赔的依据。他的工资就是索赔所得。同时，当产品合格率超过规定标准时，他还有一份奖金，合格率越高，奖金越高。这就是著名的“零缺陷”机制。这个特殊工人的存在，使零缺陷有了机制与制度上的保证。目前，这一机制有了更加系统、更加科学的形式，这就是在海尔被称为市场链机制的“SST”，即“索赔、索酬、跳闸”。这一制度的推出，使海尔的产品、服务、内部各项工作都有了更高的质量平台。

在执行“零缺陷”机制的过程中，“有缺陷的产品就是废品”这一理念不断得到内化，最终变成了员工自己的质量理念。这样，海尔的质量文化理念就逐渐被广大员工认同和共享，并用以指导员工的工作，从而形成了海尔的质量文化。

（资料来源：根据互联网资料整理）

12.4　企业文化变革

企业文化变革，也可以称为企业文化重塑，是指企业为了适应环境和战略的变化，对原有的企业文化所进行的整体性（大范围）的革新。当企业原有的文化体系难以适应企业新的战略发展的需要而陷入困境时，必然要通过文化变革来创建新的企业文化。

就我国企业而言，从总体上来看，当前正是新旧体制转换、经济增长方式转变、产业结构大调整的时期，也是企业战略转型、制度创新、资产重组、管理变革和产品更新换代的加速期，还是传统价值观、道德观等文化要素受到新形势、新观念的巨大影响和冲击的时期。可以说，在这样一个大变革的时期，外部环境的变化必然会对企业的战略和文化传统提出变革的要求。

企业文化变革是企业随着所处外部环境的变化和内部条件的改变，根据自身发展的需要，自觉改变企业文化中不利于企业发展的因素，增添有利于企业发展的文化成分，形成新的企业文化特质的过程。企业文化变革时需要根据企业发展战略等因素决定变革的内容，并遵循一定的原则进行规划与推进。

1. 企业文化变革的原因

企业文化变革有很多具体原因，但总括起来还是由外部环境变化和企业自身发展这一对矛盾所引起的，因此通常可分为外部环境的变化和内部环境的变化两大动因。

1） 企业外部环境的变化

（1） 政策和法律环境的变化

国家关于经济发展政策的转变、法律的调整都可能引发企业的管理变革与相应的文化变革。例如我国市场化方向的经济改革政策、经济新常态下转变经济发展方式的政策、国有企业混合所有制改革的政策，以及公司法、消费者保护法、劳动法、环境保护法等一系列法律的出台或修订，都会成为企业文化变革的重要推动力量。

（2） 经济环境的变化

经济的快速增长可能会给企业带来不断扩张的市场机遇，而整体经济的萧条则可能降低消费者对企业产品的购买能力。国家税率、利率和汇率等方面的改变也可能通过市场对企业的管理变革和文化变革施加影响。当今时代，经济全球化和区域经济一体化的趋势日益突出，我国已于2001年加入世界贸易组织，2013年我国先后提出共建“丝绸之路经济带”和“21世纪海上丝绸之路”的重大倡议。我国企业越来越深入地融入世界经济的大舞台，这些都将推动我国企业的国际化与文化变革。

（3） 技术环境的变化

科学技术的进步，深刻地影响着企业生产设备和技术的改进及企业的发展，使企业的生产率明显提高，并进而影响着人们的工作方式和生活方式。例如随着生产自动化和办公自动化技术的发展，特别是以互联网技术为代表的高新技术的迅猛发展，企业的经营理念和管理思想发生了深刻变化。由于信息技术的迅速发展和普及运用，企业管理的信息化程度正迅速提高，这将会给传统的企业组织模式和企业的人际交往带来深刻的变革。

（4）人口环境的变化

未来的劳动力市场正在呈现多元化的趋势。企业员工在年龄、教育程度、民族、技能水平、出生地等方面的差异越来越大，给企业的文化管理带来了新的挑战。如用传统的“熔炉”（假设不同的人会在某种程度上自动同化）方法来处理企业的文化差异已经不合时宜，企业不得不改变它们的管理哲学，从同样对待每个人转向承认差别和适应差别。例如针对合资企业和跨国公司管理中的文化冲突，跨文化管理的热潮正在兴起。

（5）商业生态系统的变化

商业生态系统是一些结构松散的网络，由供应商、分销商、外包公司、相关产品的生产商或服务商、技术提供商及许许多多的其他相关组织所构成。这些网络影响着企业产品的制造和交付，同时后者也反过来影响前者。与自然生态系统中的物种一样，商业生态系统中的每一家组织最终都要与整个商业生态系统共命运。因此，整个商业生态系统的发展状况，必将影响到企业在系统中扮演的角色和业务运作，进而可能引发企业的文化变革。

2）企业内部环境的变化

（1）企业战略的转型

制定企业战略需要考虑新战略与已有文化的匹配问题。一旦战略确定，围绕战略进行文化变革便成为当务之急，变革文化阻碍新战略实施的部分内容就成为战略实施者的责任。随着中国经济发展步入新常态和经济全球化的推进，我国已经进入一个新的发展时期，许多中国企业也进入了一个新的战略转型期。做好战略转型期的文化变革，使之协同企业的变革，发挥文化的引导、促进作用，将是企业最终能否成功实现战略转型的关键。

（2）企业面临经营危机

企业文化往往成为企业经营危机的重要根源。当企业陷入重大危机时，除少数情形的不可抗力或偶然的重大决策失误外，通常可归因于企业僵化的文化。经营危机使企业的管理者和员工经受心灵的震撼，而危机的后果更使企业全体员工意识到文化变革与企业和个人的前途命运休戚相关，这就为文化的变革奠定了心理基础。

（3）企业领导人的更替

企业领导人往往是企业文化的缔造者或管理者，而不同类型的领导人通常会主张不同风格的企业文化。企业领导人的更替，往往预示着一场文化变革将要发生。

（4）企业出现病态文化

出现病态文化的企业，往往没有清晰的关于如何在它们的经营中取得成功的价值观或信念。或者企业有许多这样的信念，但自身对于其中哪些是重要的不能前后一致，在什么是重要的问题上没有建立共同的认识，或企业的不同部门有根本不同的信念。病态文化通常有以下表现。

① 只注重内部。当企业不关注外部环境的变化，特别是当企业内部开始盛行讨好上级或经常摆谱装门面或一味贬低其他企业的地位时，企业将难免陷入困境。这些目光短浅的行为可能表现为过分强调内部预算、财务分析、销售定额，而不顾及客户和竞争对手的新动向。当企业文化只注重于内部时，这家企业就会处于危险之中，企业的经济业绩滑坡只是迟早的问题。

② 只注重短期。一些企业过分重视短期效益而忽视长期发展，表现为对企业发展的定

位模糊，不清楚本行业的发展趋势和本企业的未来走向，只把注意力放在眼前利益上。当一家企业把时间和注意力全部用来适应短期目标时，持久性的经营就得不到支持。

③ 企业士气不振。当企业中的员工长期士气低落时，这种文化就是陷入困境了。一段时间之后，感到不愉快的员工会离开企业。一定的人员流动率是合乎情理的，但如果人员流动率很高或趋于上升，那么企业文化很可能出现了问题。

④ 观念和行为混乱。当来自不同文化的人们聚在一起时，由于他们对所需讨论和解决的事情看法不能取得一致，从而导致混乱和挫折。当一个分公司对总部的工作发泄不满或经常讨论总部发生的笑话时，可能就是文化没有将企业凝聚为一个整体。如不能及时调整，企业就会逐步陷入文化困境，企业内部就会发生文化冲突。

2. 企业文化变革的内容

企业文化变革是企业所有变革中最深层次的变革，它涉及对企业成员从观念到行为两个层面的改变。

（1）企业价值观的变革

这种变革既涉及对企业环境的重新认识，也涉及对企业整体运营的深层把握。在企业价值观中，管理哲学和管理思想往往会随着企业的成长和对外部环境的适应发生变化。以IBM为例，IBM的传统价值观包括：必须尊重个人；为顾客服务；必须追求优异的工作表现。1993年郭士纳开始了IBM的转型之路，将这家曾经的信息产业硬件巨头转型为向客户提供产品和服务的整体解决方案提供商，并开启了信息产业的电子商务时代。郭士纳为IBM确立了适应转型时期特点的核心价值观：赢、团队、执行。2002年彭明盛接替郭士纳担任IBM的CEO，适时提出了电子商务随需应变的战略。围绕“随需应变”理念，IBM从收购普华永道的咨询业务、剥离PC业务，到同时收购多家软件公司，全面转向服务，力求通过打包齐全的软件产品，向客户提供从战略咨询到解决方案的一体化服务。战略转型的深化促使IBM确立了新的价值观：成就客户、创新为要、诚信负责。

（2）企业制度和行为的变革

企业制度和行为变革包括企业一些特定制度和礼仪的设立与取消、员工和管理者行为规范的调整。例如有些企业为了加强领导者与员工的沟通，建立了相应的沟通制度；有些企业在创建学习型组织的过程中，制定了相应的学习制度。这些变革都是为了体现价值观的变化，是企业新价值观的制度与行为载体。

（3）企业标志等物质层面的变革

企业标志等物质层面的变革大多是为了体现企业新的理念，并树立个性鲜明的企业形象和品牌形象而进行的。2003年春，联想对沿用多年的标识“Legend”进行了调整，改为“lenovo”，以强调创新的内涵，并促进公司品牌的国际化。

3. 企业文化变革的原则

在规划和实施企业文化变革过程中，需要考虑以下重要原则。

（1）审慎原则

企业文化反映了企业多数成员的思维方式，起着行为指南的导向作用。企业文化总是在相对较长的时间内保持稳定，因此企业文化的变革必须审慎进行。对于哪些内容要变、如何变，都要进行充分思考，并具有一定的前瞻性，这样才不会出现改来改去让人无所适从的现象。反复频繁地对企业文化的内容进行改变，只能说明企业还没能形成统一的经营管理思想体系，领导层的思路尚未清晰。这将使企业文化的作用大为减弱，并使企业的经营受到影响。

(2) 系统原则

任何组织的变革都是一个系统的过程，企业文化的变革也不例外。在进行企业文化变革的时候，一定要注意相关制度的相应调整与配合，特别是用人制度和考核激励制度。它们是最直接反映企业价值导向的制度，通常需要做出调整。如果一方面强调创新，另一方面又不愿意提拔勇于开拓的管理者，不愿意改变原来强调资历的薪酬制度，那么企业价值观的改变是很难实现的。因此企业的领导者在推进企业文化变革时，一定要对整个企业经营和管理的系统进行重新审视，遵循新的价值观，这样才能促进企业文化变革的最终成功。

(3) 持久原则

企业文化的变革不会轻易迅速地产生，在大企业中所需的时间更长（见表 12－2）。

表 12－2　一些著名企业文化变革所用的时间

公司名称	企业规模	变革经历的时间
通用电气公司	超大型	10 年
帝国化学工业公司	超大型	6 年
尼桑公司	超大型	6 年
施乐公司	超大型	7 年
银行信托投资公司	大型	8 年
芝加哥第一银行	大型	10 年
英国航空公司	大型	4 年
康纳格拉公司	中型	4 年

因此企业领导者不要期望企业文化的变革很快完成，要有打持久战的思想准备，这样才不至于低估企业文化变革的阻力与难度，甚至在实施过程中因为缺乏毅力半途而废。正是由于企业文化变革的持久性，新的企业文化才能真正改变企业成员的认知和行为。

12.5　企业社会责任

企业一方面为社会创造了丰富的物质财富，但另一方面，一些企业存在的假冒伪劣问题、食品安全问题、诚信缺失问题、安全生产问题、环境污染问题等也给社会带来了诸多负面的影响。现代社会的企业应积极担负起企业的社会责任，以促进企业自身和社会的可持续发展。

1. 企业与社会

社会（society）可被定义为有共同的传统、价值观、习俗、集体活动与利益的一个社区、一个民族或一群人，如企业所在地区、国家或企业面对的一个特定的人群（消费者、一个民族及其他利益相关者）。

《商业周刊》的一篇评论曾经归纳了现代企业与社会的关系："今天，企业正被要求对社会承担比以前更大的责任，因为企业的存在是为了服务社会的，企业的未来将取决于管理者对变化着的公众期望回应的质量。"

1999年由企业领导者论坛等组织进行的一项面向全球的民意调查显示，在21世纪，人们希望大企业做下列事情。

① 通过行动表明他们是信奉社会价值观的，并愿意在人文、环境和经济方面对社会做出贡献。

② 尽力使社会不遭受企业的运营活动、产品及服务的消极影响。

③ 与包括股东在内的企业的主要利益相关者共享由企业活动带来的利益。

调查结论指出：企业社会责任正迅速成为一项全球性的期望，要求企业从战略上予以全面的回应，企业要将伦理规范和企业社会责任确立为企业的核心理念。

2. 企业利益相关者

20世纪90年代以来，企业利益相关者的概念变得越来越具有重要意义。企业利益相关者（stakeholder）是指在企业中拥有一种或多种权益的个人或群体。企业与利益相关者之间呈现互动、交叉影响的关系。利益相关者可以被认为是"企业能够通过行动、决策、政策、做法或目标影响的任何个人或群体。反过来说，这些个人或群体也能影响企业的行动、决策、政策、做法或目标"。假如企业想获得可持续的发展，它必须满足利益相关者合理合法的要求和期望。由于企业必须要与利益相关者打交道，所以它就必须采取合乎伦理的做法。

卡罗尔将企业主要的利益相关者分为外部利益相关者（如消费者、社区、政府）和内部利益相关者（如投资者、员工）。

大卫·惠勒（David Wheeler）和玛丽亚·西兰帕（Maria Sillanpaa）认为，落实"利益相关者之要义"是21世纪企业成功的关键。惠勒和西兰帕提出了一个对利益相关者进行分类的方法。他们运用主要和次要、社会和非社会的类别划分法，对利益相关者进行了如下分类。

① 主要的社会利益相关者：股东和投资者、普通员工和管理者、顾客、当地社区、供应商和其他合作企业。

② 次要的社会利益相关者：政府和监管机构、市政机构、社会压力群体、媒体和学术评论者、贸易团体、竞争者。

③ 主要的非社会利益相关者：自然环境、未来的几代人、非人类物种。

④ 次要的非社会利益相关者：环境保护压力群体、动物福利组织。

主要的社会利益相关者在企业中拥有直接的权益，对企业的成功起着直接的影响。次要的社会利益相关者也对企业具有重要的影响力，尤其是在企业的声誉和社会地位等方面，他们更能代表公众的利益。

3. 企业社会责任

阿奇·B. 卡罗尔（Archie B. Carroll）认为，企业社会责任（corporate social responsibility，CSR）是指某一特定时期社会对企业组织所寄托的经济、法律、伦理和慈善方面的期望。

（1）经济责任

美国社会规定企业首先是一个经济机构。也就是说，企业应该是一个以生产或服务提供社会需要的商品与服务为目标，并以公平的价格进行销售的机构。

经济责任是社会对企业的要求，如要求企业盈利、尽可能扩大销售、尽可能降低成本、关注股息政策的合理性等。

（2）法律责任

社会制定一些基本规则——法律，要求企业在法律的框架内开展生产经营活动，遵守法律、法规，如环境保护法、消费者保护法、劳动法；完成所有的合同义务，承兑保修承诺。

（3）伦理责任

法律是十分重要的，但永远不够用。法律涵盖不了社会对企业的所有期望行为：法律应对不了企业可能面对的所有新情况和新问题，如电子商务、基因工程食品等带来的新问题；法律常常滞后于新的科技进步；法律总是由立法者制定，往往体现的是立法者的个人利益和政治动机。

伦理责任包括那些为社会成员所期望或所禁止的、尚未形成法律条文的活动和做法。消费者、员工、股东和社区认为公平的、正义的，同时也能尊重或保护利益相关者道德权利的，凡能反映如此信义的所有规范、标准、期望都是伦理责任所包括的内容。伦理责任是社会对企业的期望，社会期望企业做正确、公平和正义的事，合乎伦理地开展经营活动，避免损害利益相关者的利益。

（4）慈善责任

企业自愿的慈善活动或行为被视为责任是因为它们反映了公众对企业的新期望。这样的活动包括企业捐款、赠送产品和服务、义务工作、帮助社区改善公共环境、与当地政府和其他组织的公益合作，以及企业及其员工自愿参与社区或其他利益相关者的公益活动。

虽然社会总是期望企业负起慈善责任，但总体而言，这类责任是否承担是由企业自由决定的。

用更实际或体现管理目的性的词语来说，一个对社会负责的企业应该努力做到：盈利、遵守法律、合乎伦理地做事、成为好的企业公民。

除企业的社会责任强调义务、责任外，还存在一些相关概念，如企业社会回应（corporate social responsiveness），强调行为、活动；企业社会表现（corporate social performance），强调产出、结果。一些人还喜欢采用“企业品行”这一术语，它与上述概念并没有实质差别。

4. 商业伦理

震惊中外的“安然事件”使此前还在世界500强中雄踞第六的安然公司于2002年灰飞烟灭。无独有偶，世界通信（Worldcom）公司因虚报38亿美元利润，引发了2002年6月26日的股票崩盘。隐藏在这些会计丑闻之下的，是西方一些企业的伦理危机。再看国内，以南京冠生园月饼事件、三聚氰胺毒奶粉事件为代表，国内企业的伦理问题也日渐凸显。

1）企业的伦理问题

企业伦理问题举例如下。

① 雇员与雇主的关系：偷打私人电话；对开支账目作弊；员工接受卖主的礼物或好处。

② 雇主与雇员的关系：工作条件不安全或不卫生；侵犯雇员的隐私；在雇用、提拔或支付工资方面有性别歧视或者种族歧视。

③ 企业与消费者的关系：产品定价不公正；欺骗性的营销广告；产品不健康或不安全；不能公正、合法地处理消费者投诉；对消费者不礼貌或傲慢。

④ 企业与其他利益相关者的关系：为高层管理人员发放过高工资；公共报告或财务声明歪曲了实际的表现。

⑤ 企业与社区、公众利益的关系：破坏环境；对公务员进行贿赂；参与社会活动方面不充分。

2）企业伦理道德的主要内容

企业伦理道德是企业文化的重要内容之一。作为规范企业员工行为的要求和准则，企业伦理道德贯穿于企业经营活动的始终，对企业文化的其他因素及整个企业的活动都有着深刻的影响。

道德一词和伦理一词，并没有根本的区别。这里讨论的伦理道德是指人类社会依据对自然、社会和个人的认识，以是非、善恶为标准，调整人们社会关系的行为规范和准则。

企业道德是指企业内部调整人与人、单位与单位、个人与集体、个人与社会、企业与社会之间关系的行为准则。

企业伦理道德主要包括以下5个方面的内容。

（1）企业与员工之间的道德规范

企业与员工的关系，其实就是集体与个人之间的关系。一方面，集体要承认员工个体的存在，为个体的存在和全面发展服务。一个合格的企业应该具有以下道德观念和道德规范。

① 确保员工的职业安全，保护员工生命价值。

② 承认个人利益，尽力满足员工合理且有实现可能的要求。

③ 尊重员工的个性、专长、价值与尊严，为员工得到全面发展和聪明才智的充分发挥创造良好的环境条件。

④ 确保员工在企业中的主体地位和人格地位的平等，为员工广泛参与管理创造条件。

另一方面，员工个体也不能离开集体。员工要加强自我修养，自觉遵守符合集体主义要求的个人行为规范。这些行为规范包括爱集体、爱公物、爱岗位、爱劳动和讲责任、讲纪律、讲协作、讲奉献。在现代企业制度下，构筑员工行为规范的理念基础：一是忠诚，即只要与一个企业签订了劳动合同，其行为就要符合企业利益的根本要求，不能背叛；二是承认差别，即承认能力差别，承认职务与权力差别，承认物质利益差别。这样员工就能成为集体的利益共同体、命运共同体、理想共同体和情感共同体中合格的一员，在发展企业的过程中不断发展和完善自己。

（2）管理者与员工之间的道德规范

管理者和员工都是构成企业生产力不可缺少的因素。管理者与员工的关系是否协调，会直接影响企业凝聚力的强弱。因此通过一定的道德规范调整彼此的行为、协调相互关系是十分必要的。为此，管理者应树立“以人为本”的管理思想，以自己良好的品德、渊博的知识、超群的能力把员工聚合在自己的周围。同时，也要求员工对管理者的工作给予尊重、理解和支持。这样，才能使管理者和普通员工在实现企业目标的轨道上保持一致。

（3）员工之间的道德规范

要使企业群体发挥整体效应，就必须正确认识和处理企业内部普遍存在的错综复杂的人际关系，必须长期不懈的努力，建立“平等、团结、友爱、互助”的新型人际关系。

（4）企业与社会之间的道德规范

企业与社会之间也同样存在伦理道德问题，如企业在处理与顾客、供应厂商、其他企业、财税与金融部门、新闻媒体等之间关系的问题上，必须受企业伦理道德的约束和调节。企业与社会的关系是否协调、和谐，关系到企业的生存和发展。正确处理企业与外部各单位的关系，同样要坚持“平等、友好、互利、互助”的伦理道德规范。例如在处理与其他企业的关系时，要做到诚信、互利、互助和联合；在处理与顾客的关系时，要讲质量、讲信誉，始终以消费者为中心，把顾客放在第一位；在处理与国家的关系时，坚持把国家利益与企业利益统一起来，把国家利益放在第一位，维护企业的正当利益时要以服从和服务于国家利益为前提。

（5）企业与环境之间的道德规范

企业的环境，大体上可以分为自然环境和社会环境两部分。企业的自然环境是指企业所在地区的地形地貌、地质土壤、河海水系、风云空气、生物植被等，它们构成了企业所在地区的自然生态系统。企业的社会环境是指企业所在地区的人口密度、习俗民情、舆论倾向、道德风尚、产业结构、市场状况、消费水平等，它们构成了企业所在地区的社会生态系统。自然环境和社会环境相互影响、相互融合，形成了统一的企业环境。

建立企业生态道德，要求企业在发展生产的同时努力预防公害。不仅劳动条件、工具手段、工艺流程应该人道化，使之符合员工生理和心理的需要，而且对自然生态系统要特别关心、爱护、优化和美化，使之更适合于人类的生存和发展。一方面，要根据生产规律采用最先进的环保设备与工艺，以减少污染物的排放；另一方面，要根据生态规律重新安排厂区的植物群落，以增强自然环境的自净化能力。

企业经营不仅会改变自然生态系统中的物质流、资金流和信息流，而且也会改变社会生态系统中的物质流、资金流和信息流。企业选定在某处建厂，既可能恶化该地区的交通和住房的紧张状况，即恶化社会生态环境；也可能给该地区带来繁荣与兴旺，提供经济腾飞的机会，即优化社会生态环境。这就要求企业采取的每一项发展计划，都要考虑如何促进社会生态的良性循环。一个能与环境共同优化发展的企业，才能称得上是一个具备了良好生态道德的企业。

本章小结

企业文化必须与企业战略相互适应和协调，它可以成为战略实施获得成功的重要保证。企业文化是指现阶段企业员工所普遍认同并自觉遵循的一系列理念和行为方式的总和，通常表现为企业的使命、愿景、价值观、管理模式、行为准则、道德规范和沿袭的传统与习惯等。企业文化通常包括理念文化、制度文化、行为文化、物质文化4个层面的内容。理念文化的核心是价值观，企业价值观的内涵就是企业全体（或多数）员工赞同的关于“企业的价值在于什么及哪些对象对于企业来说有价值”的看法。企业在导入新文化时首先要科学地确定企业文化的内容，其次要注重宣传倡导与贯彻落实，最后要积极强化并持之以恒。随着企业所处外部环境的变化和内部条件的改变，企业往往需要根据自身发展的需要，自觉改变企业文化中不利于企业发展的因素，增添有利于企业发展的文化因素，形成新的企业文化特质。企业文化变革时需要根据企业发展战略等因素决定变革的内容，并遵循一定的原则进行规划与推进。现代企业需要积极担负起企业社会责任，讲求企业伦理，以促进企业自身和社会的可持续发展。

思考题

1. 什么是企业文化?
2. 企业文化通常包括哪些层面的主要内容?
3. 试举例说明什么是企业的价值观。
4. 企业新文化的导入应抓好哪些主要环节?
5. 什么是企业文化变革?
6. 企业社会责任包括哪些主要内容?
7. 试举例说明企业遵循商业伦理的重要性。

附录 A

课堂研讨案例

A.1　中国电影业发展前景

美国好莱坞电影在全球市场上一直处于领导地位。早在电影兴起之初，美国几大电影公司就通过纵向一体化的发展战略，形成了集制片、发行、放映于一身的大公司，不仅垄断了国内电影市场，而且在海外市场上所向披靡。但是随着电视、音像、互联网等新媒体的不断涌现和快速发展，美国电影企业的市场竞争地位也受到了严峻挑战。为了把握机遇、谋求更大的发展空间，美国几大电影公司纷纷与跨国媒体集团融为一体，如哥伦比亚电影公司与日本索尼公司、20 世纪福克斯公司与澳大利亚新闻集团、环球电影公司与加拿大西格拉姆公司、派拉蒙公司与威亚康姆集团、时代华纳公司与美国在线纷纷合并成立传媒集团。这意味着美国电影企业已经逐渐融入集娱乐、信息、通信及在线服务为一体的庞大的媒体帝国中。

尽管国民经济发展水平较为落后，但被称为“宝莱坞”的印度电影业以年产 800 部左右的影片数量闻名于世。印度电影企业的发展并没有走美国式的高成本的差异化之路，而是在控制成本的同时，保证本地制作的影片的高质量。为了增强影片的吸引力，印度电影的类型更为多样化。同时，印度电影企业十分注重对海外市场及电影音像产品的开发。

自 20 世纪 90 年代以来，中国电影在国际上可谓捷报频传，先是张艺谋的《秋菊打官司》在威尼斯传来佳音，紧接着谢飞的《香魂女》又在柏林喜获金熊，当《霸王别姬》在戛纳城摘下那片金棕榈后，中国电影可以说已得到国际电影界的认可。2001 年 12 月 11 日，中国正式加入世界贸易组织，在引进国外影片的数量和外资进入中国电影业方面都做出了具体的承诺，这标志着中国电影市场更为开放，中国电影业面临新的机遇与挑战。

2001 年，广电总局经过十年的电影商品属性的讨论之后，终于迎来了电影的破冰式的改革。在 2001 年以前，所有电影只能是电影厂出品，没有著作权的保护，拍电影之后的产权、著作权还是电影厂的。从 2001 年起，从制片上解决了电影著作权的归属，并允许民营公司独立出品。与此同时，中国电影企业的各项改革活动也陆续展开，从合资合作拍片到合资建设影院，从股份制、院线制改革到制发一条龙、影视录一体化的集团化建设，无不显示出电影企业追求发展的努力。

由于电影业是一个新兴行业，监管部门除了在电影审查方面把关外，较少介入产业本身，这无形之中导致了整个行业的一些规则缺失，同时也缺乏好莱坞那样的行业协会管理，出现了“丛林状态”。2016 年 11 月 7 日，《中华人民共和国电影产业促进法》出台，并于 2017 年 3 月 1 日起正式施行，从此填补了我国电影产业立法的空白。

中国电影业在 2001 年改革之后，经历了由房地产拉动的银幕数量和票房的增长。同时，国内电影业过度依赖票房作为收入来源，也导致院线过于强势，小众的艺术电影往往得不到排片机会。近年来，兴起了 IP 开发和明星证券化的热潮，体现了电影商业化的发展。互联网及传统行业纷纷介入电影业，带来了大量的资金，推动了行业发展。互联网业对电影业的影响尤为重要。除了带来大量资金外，网上售票平台的发展和网上播放的发展也使电影业逐渐拓宽收入来源途径。

在一次关于如何促进中国电影业快速发展的讨论会中，电影界的许多人士谈了各自的看法。

某电影评论家 A 先生认为：中国电影市场的主要问题是电影的题材和质量难尽如人意。许多影片质量粗制滥造，令观众看了大倒胃口，谁也不愿再上第二次当。影片必须注重艺术性和思想性，才能赢得观众，而要拍出艺术性、思想性较高的影片，导演就必须深入了解社会，从实际生活中找题材。所以，电影作为一门独特的艺术，忽视了它的艺术性就等于放弃了思想性、时代性、民族性，从而也就丧失了真正的内涵。

某电影演员 B 女士认为：观众愿意掏腰包进电影院到底是为什么？主要应该是娱乐。人们经过了一天的紧张工作、学习后，进入电影院当然是希望放松一下，这时候电影应该有的职能只能是娱乐。当然，娱乐片并不等于粗制滥造，也必须要有一定的质量要求，能为观众所认可。

资料来源

[1] 高红岩．中国电影企业发展战略研究［M］．北京：北京大学出版社，2007.

[2] 佚名．电影业亟需良好的公平市场与产业结构［N］．21 世纪经济报道，2016 - 11 - 22.

[3] 于冬，盖虹达．电影业下一个黄金十年：还得靠内容［N］．经济观察报，2015 - 11 - 02.

[4] 顾哲瑞．博纳影业董事长：互联网公司并购冲击电影行业［N］．证券时报，2014 - 12 - 01.

[5] 葛怡婷．中国电影这一年 黯淡处有光［N］．第一财经日报，2016 - 12 - 30.

[6] 李春．中国电影：产业格局路在何方［N］．光明日报，2016 - 10 - 15.

[7] 于帆．票房之外中国电影何处寻回体面？［N］．发展导报，2016 - 05 - 24.

[8] 王彦．大 IP，中国电影解药还是毒药［N］．文汇报，2015 - 05 - 14.

思考讨论题

1. 你认为目前中国电影业在发展过程中尚存在哪些主要问题？
2. 请谈谈电影业的使命。
3. 请谈谈你对中国电影业未来发展战略的构想。
4. 对于中国电影业的进一步发展你是否还有其他方面的建议？

A. 2　从中国好声音到中国新歌声

1. 好声音初现

（1）购买好声音

大型专业音乐真人秀《中国好声音》是席卷海外的荷兰音乐节目 *The Voice of Holland* 的中国版，它是由星空传媒旗下的灿星制作公司以 350 万元三季的价格从注册在英国的版权代理公司 IPCN 手中购买 *The Voice* 的中国版权后制作的中国娱乐真人秀节目。灿星制作公司在购得节目的版权后，对于其中国版的制作产生了困惑：是按部就班的照原版来运作，还是进行本土创新将节目中国化。经过一番内心挣扎，田明决定要在原版的基础上对好声音适当地进行改造和创新，但节目的精华部分必须保持不变。

（2）寻找合作伙伴

灿星制作公司秉承海外节目的模式，由四位明星导师坐镇，而评判学生的标准只有一个，那就是声音。导师一旦选定了自己的学生，就将全程培训门下弟子的音乐才艺，力争在这些学员中培养出华语乐坛新一代的接班人。田明认为海外好声音的精华在于其拒绝"炒作"，拒绝"毒舌"的选择标准。在节目里，导师将对所有学员给予真诚的意见和指导，而不是国内以往的选秀节目中导师的讽刺和谩骂。因此，《中国好声音》将与国际接轨，为华语乐坛培养出一批坚持音乐梦想、富有音乐才华的人。灿星制作公司在寻找导师的过程中坚持音乐人的知名度和效应的大小，最终选定了四位明星导师：刘欢、那英、庾澄庆和杨坤。在田明看来，这四位算是中国音乐类节目中堪称最为专业的明星导师阵容，他们必将致力于搜寻震撼世界的中国好声音。

当灿星制作公司完成了高素质节目制作的同时，问题也随之而来，在什么平台播出该节目呢？挑选播出平台是个难题，首先版权方对收视平台有一定的要求，其次该节目的制作与推广费用太过昂贵：该节目对外播出打包售价达 8 000 万元，这两点使得不少卫视难以承受。田明曾经与国内多家一线卫视接洽，尤其是东方卫视。灿星制作公司与东方卫视的关系很深，东方卫视的《中国达人秀》《舞林大会》等比较有名的节目都是由灿星制作公司负责制作的，因此田明这次联系东方卫视觉得成功的可能性比较大，可是令他意外的是东方卫视拒绝了与灿星制作公司的这次合作。田明无奈之下又接触了几家一线卫视，但都遭到了拒绝，直到最后花落浙江卫视。到今天，说起这次大胆的决定，浙江卫视掌门人夏陈安坦陈当初台里对是否"接纳"这个高昂的节目存在很大分歧，但是他还是以自己敏锐的眼光和极大的魄力将其纳入旗下，夏陈安对外表示"浙江卫视是'第一梦想频道'，《中国好声音》与《中国梦想秀》在精神上是血脉相连的，它秉持'以精英实力打造大众文化'的宗旨，不断发挥正面能量，激励和鼓舞人们不断向前奋斗，相信梦想，也相信奇迹。"

2012 年 5 月底，浙江卫视广告部副总监王俊的一个电话让田明又一次陷入焦躁不安中。王俊透露在不到两个月就要播出的《中国好声音》节目冠名广告商难以落实，由于节目的制作成本很高，如果没有冠名，灿星制作公司和浙江卫视的压力都会非常大。田明这边的情况也不容乐观，合作多次的某国际日用化工企业由于经济不景气等原因突然放弃了冠名权，这样一来，田明和浙江卫视都没能寻找到冠名商。面对6 000万元的冠名费，很多企业都望而却步。就在田明一筹莫展之时，加多宝与王老吉的“战争”给他提供了一个机会，田明与王俊商量为加多宝量身定做了“正宗好凉茶，正宗好声音”的广告语，加多宝方面对此表现出非常大的兴趣，三方一拍即合，困扰田明和王俊许久的问题也迎刃而解了。加多宝的加入使《中国好声音》广告赞助商的主力集中在了饮料行业，加多宝、娃哈哈、郎酒、养生堂和蒙牛等的赞助占总赞助费的40%，高出位居第二的化妆品行业20%多。

(3) 制作首季好声音

在制作《中国好声音》之前，田明将好声音定位为中国首档大型励志类音乐评论节目，并对整个制作团队提出要求：《中国好声音》要在质量上做到最好，节目的创新点和本土化等都必须是高水平的。田明将目标定为：收视率同时段第一，并且开启国内音乐选秀节目的一段新旅程。

在《中国好声音》的制作过程中，田明为节目的新意绞尽脑汁。之前《超级女声》的成功让田明的压力很大，如果不能体现出《中国好声音》与其他音乐选秀节目的区别，该节目是不可能成功的。就在田明不得章法的时候，他突然想起之前参加过的罗伯特·麦基“故事”讲座，麦基在讲座时曾谈到好莱坞大片的叙事策略，主要由两个重要的方面，即利用鸿沟制造巨大的反差、营造悬念，同时以各种激励事件为辅助，带动观众的情绪进入节目。田明认为节目要获得成功，必须抓住观众的心理，他将麦基叙事策略作为制作《中国好声音》的一个标准，因此鸿沟和反差情节及激励事件成为《中国好声音》的一条主线。

首季《中国好声音》的制作及播出历时近三个半月，灿星制作公司将节目分为“导师盲选”“导师抉择”“导师对战”“年度盛典”四大阶段。

第一阶段，“导师盲选”。田明认为海外版好声音的转椅方式非常有新意，于是决定在《中国好声音》最初的学员选拔阶段，采取明星导师背对学员，仅凭参赛选手的声音来选择的方式，而不受其他任何因素的干扰。在选择过程中，若有导师在选手演唱时按下选择按钮，则标志着该选手被这位导师纳入旗下。这种方式不仅考察了选手本身的演唱功力，对于导师的决策判断能力也有着一定的考验。

当一位选手被多位导师选择时，选手自己也有反选的权利。在这一环节，灿星制作公司设计了导师们为获得自己青睐的学员而通过卖萌、撒娇等“你争我夺”的看点。田明相信让观众分享选手具有的选择权利，以及平时高高在上的导师竞相争宠会相当有趣，这一“鸿沟与反差”会使观众内心产生快感，进而爱上这档节目。

第二阶段，“导师抉择”。导师盲选过后，四位明星导师将会对所选出的门下弟子进行专门的音乐才艺培训。培训结束后，四位明星导师旗下的弟子将会同台演出进行PK，最后谁能成为优秀学员，不仅要看培训的时间及导师的指导和建议。田明另外设计了一个环节，就是听选手们的梦想故事，当然这些故事要具有激励作用，让观众们在感动的同时，还会喜欢上故事的主角，也就是通过梦想引起共鸣。

第三阶段，“导师对战”。灿星制作公司设计这一阶段，主要考验了四位明星导师的“教学能力”，更重要的是“运筹帷幄”的能力。经过相同时间的培训，谁的学生进步更快、发挥更好，这些悬念，都将在舞台上揭晓。

第四阶段，“年度盛典”。在比赛结束之后，灿星制作公司筹备了一场大型演唱会，届时首季《中国好声音》的明星导师和他们培养出来的学员将在这场盛典中接受大舞台演出的考验，也将接受所有观众的检验，这个环节的目的是让观众做一回主人。

2. 好声音完美绽放

灿星制作公司完成对《中国好声音》的制作及播出平台的选择后，田明舒缓了一口气后不禁有点担忧：《中国好声音》能沿袭它的前身《荷兰之声》一举成名吗？

2012 年 7 月 13 日，田明永远忘不了这一天，《中国好声音》在浙江卫视首播一炮而红，第一期的 10 位参赛选手登场，靠着一副好声音和全身心的投入，这些名不见经传的音乐爱好者征服了电视机前的观众，很多观众称"听出了一身鸡皮疙瘩"。通过微博的广泛传播，好声音迅速占据了微博实时热词排行榜第一名。互联网方面，《中国好声音》的访问量也是直线上升。《中国好声音》在网络上的火爆程度让很多网友赞其是"2005 年以来最值得期待的音乐盛事""耳尖上的中国"。

这令灿星制作公司上下都非常兴奋，让田明欣喜的不只是普通观众叫好，电视业界也是一片赞声。主持人李静就在微博上感叹："看到这样的好节目出现，由衷地佩服！这个幕后团队是多年执着、激情有创意的一群人，为他们高兴！"央视主持人王梁也夸道："没有居高临下，只有惺惺相惜，没有虚荣造作，只有全情投入，没有新奇特，只有好声音！"，姚晨、李湘、吴佩慈等明星也在微博上转发推荐，而张靓颖则发现了《中国好声音》现场音效的强大："The Voice，值得倾听！终于有可以让选手放心表现的音响了。一看节目的最后人员列表'金少刚'，金少刚是北京奥运会开幕式的音响总工程师。中国从不缺好声音，缺的是好平台、好环境。真心期待更多好声音被发现！"在一片"选秀末日"的浪声中，《中国好声音》可以算是个奇迹，它唤醒了大家对音乐的梦想和执着。

《中国好声音》第一期取得了 1.477%的收视率，随后的 13 期节目的收视率一路飙升，收官之作达到 5.652%，而其总决赛的收视率更是达到了 6.101%。

有网友将《中国好声音》和 2005 年红极一时的音乐选秀节目《超级女声》进行比较，田明觉得两者的可比性并不大，《超级女声》是一档本土制作节目，引起了很大的效应，而《中国好声音》除了在节目形式上引进了荷兰原版的"The Voice"，更注重的是在运营管理方面的开发及整个音乐产业链上的布局。好声音走红之后，很多媒体在了解了其背后运作后，一致认为本质上来看，《中国好声音》更是一笔"中国好生意"。对于这种说法，田明只是一笑而过，然而整个制作团队的成员知道，正是因为灿星制作公司的大胆尝试才成就了《中国好声音》。

3. 好声音的好战略

灿星制作公司买入"The Voice"之后，对于《中国好声音》的管理存在一定的分歧。尽管之前国内也有过引进国外优秀节目的例子，如《顶级厨师》《中国达人秀》等，但大多数还是沿用了国外节目的运营管理方式。站在原版——*The Voice of Holland* 这一巨人的肩膀上，田明认为必须结合国内选秀节目现状来进行战略选择。灿星制作公司在几个关键方面进行了革新，对国外节目模式进行了创新。

(1) 制播分离模式创新

到目前为止，国内卫视节目的制作和播出采取如下三种主要模式。

第一种模式是电视台的劳务输出。电视台把部分工作交付给电视台以外的人如制作公司来做，但是总控制权还是在电视台的手中，也可以下派导演负责。这种模式的本质是将劳务性质的工作，如剪辑师、编导等交由外人完成，但核心技术和节目的内容仍由电视台掌控。

第二种模式也是目前的主流模式，是电视台负责审查、付费和播出，制作公司全职生产。某制作公司独立完成一档节目，该节目的创意、理念、制作等都由该制作公司负责，节目完成后，制作公司先拿出一个样片，交由电视台的审片委员会审查，他们会预估这个节目的收视率和广告吸附力，再考虑是否购买。

第三种模式是《中国好声音》采用的一种新颖的制播分离模式。《中国好声音》的商业模式创新之一就体现在制播的分离与分成方面。

作为制作团队，灿星制作公司一直负责的是节目的制作工作，然而田明对于这次从国外引进并加以制作的《中国好声音》却有不一样的想法，但他并没有直接提出。在与浙江卫视的接洽过程中，灿星制作公司提出了第一个方案，即由浙江卫视全额出资，灿星制作公司只负责制作的模式。全额出资也就意味着要承担全部的风险，浙江卫视考虑到这点拒绝了这个提案。之后灿星制作公司又提出浙江卫视只负责作为播出平台，而灿星制作公司全额出资的模式，浙江卫视依然表示不愿意。通过双方的谈判最终达成了双方共同投资、共担风险、共同招商、均分利益的共识。

这种模式在之前中国的电视历史上从未有过，堪称是真正意义上的首次制作方和播出方的“联盟”。在这种模式下，灿星制作公司将担负节目达不到规定的收视标准时广告商的损失，而当节目达到规定的收视标准后，灿星制作公司可以直接参与浙江卫视的广告分成。

灿星制作公司的这一创新使其面临着巨大的风险和利益的刺激，这也激励灿星制作公司更好地来制作高质量的节目。从目前的数据来看，灿星制作公司无疑是赚了：《中国好声音》从第一期到现在，广告费从每15秒15万元涨到了50万元，好声音每期仅凭广告就能带来近2 000万元的收益；2012年9月13日，《中国好声音》总决赛广告招标会上，15秒广告，第一选择权，标底价45万元，111万元中标；第二选择权，116万元中标；第三选择权，109万元中标……12条15秒广告卖出约1 100万元，刷新了全国卫视15秒广告的新纪录；而在11月2日举行的浙江卫视2013年广告招标会上，加多宝和郎酒在招标底价9 000万元的基础上，经过50多个回合的较量，加多宝最终以2亿元的天价如愿获得了《中国好声音》第二季的冠名权，相比第一季6 000万元的独家冠名费，第二季的广告费溢价高达233%以上。这一系列的数字都表明灿星制作公司通过制播分离的新模式得到了相当可观的利益。

（2）传递“正能量”

灿星制作公司力求通过《中国好声音》将人们对音乐的评判回归到好声音这个标准上。田明对节目的评选要求设定为：不以貌取人，只用声音打动人；明星导师们选取学员的标准也一律以“好声音”为评判。这是对选秀节目形式的一种创新，相比于国内选秀节目以“恶俗、毒舌、冷酷、拜金、富二代、造假”等吸引观众眼球的形式，它显得更贴近生活。在中国整个流行乐坛陷入低迷，新生代好歌手、好作品匮乏的当下，急需注入一股振奋人心的力量。越想振奋人心，越需要正本清源。田明希望《中国好声音》可以带头打开“好声音”这扇窗户。

（3）打造全产业链

《中国好声音》的原版在其他国家，节目都是结束于当季冠军产生时，而除了节目本身的衍生品及线上歌曲的继续销售外，歌手的后续签约问题、演唱会的举办或者唱片的发售等获利环节都与节目的制作公司无关。灿星制作公司之前负责制作的一些节目也类似于这种情况，田明为了改变对国外引进节目的再制作的被动局面，决定从产业链着手，打造音乐选秀节目的全产业链模式。

灿星制作公司首先将明星导师作为打造全产业链的合作伙伴，以此来吸引明星们的长期共同投入。它不同于之前的节目对明星导师采取付费的方式，而是与明星导师合作，共同进行整个产业链的开发工作，也就是说导师们可以参与节目后期的开发分成，这不仅可以保证导师们全身心投入来提高节目的质量，也为参赛选手们的前景提供了保障。因为导师们的利益和他们紧密联系在一起，只有全力以赴地培养自己的学员，导师们才能名利双收。更重要的一点是后期的产业链的开发更能实现参赛选手们的音乐梦想。

如今音乐产业的主体——唱片公司、经纪公司、演出公司长期以来都保持着各自为政的局面，这使得它们各自力量薄弱，不仅易遭受互联网的冲击，而且也很难通过整合产业链释放出行业潜在的能量。考虑到这个事实，灿星制作公司为了改变自己的尴尬局面，提出了更大的创新。灿星制作公司把参赛选手签约及签约之后的商业演出等项目都收归己有，并逐步开发音乐学院、演唱会、音乐剧及线下演出在内的全产业链。除此之外，灿星制作公司与运营商签署了彩铃分成协议，学员在节目中演唱的歌曲可以同步通过彩铃下载，另外还与运营商成立了一家经纪公司，为参赛学员的后续发展保驾护航。

灿星制作公司的全产业链效应在节目第一季结束之后依然显著，2012 年 11 月 23 日的三亚国际沙滩音乐节上，《中国好声音》的明星导师及 31 名成员与来自港台、欧美的明星、乐队一起唱响三亚。2012 年 12 月 1 日，《中国好声音》世界巡演正式启动，先后到达南京、杭州、南昌、贵阳、长沙、成都、重庆、泉州、深圳、南宁十大城市，包括明星导师在内的诸多中国音乐界顶级歌手，将继续在《中国好声音》各地巡演中率领好声音人气学员用音乐上演巅峰对决。

(4) 生态圈的互利共赢

田明将与《中国好声音》有利益关系的主体所在的环境定义为一个生态圈，灿星制作公司、浙江卫视、四位导师、学员、赞助商等都是这个生态圈中的成员。在这个生态圈中，共生、互生和再生是各成员活动的共同准则。田明将《中国好声音》比作一个“公司”，该“公司”的发言人是华少，他负责沟通并了解和讲述每个学员背后的故事；曾经是老师、乐坛大姐、音乐顽童和拥有 32 场演唱会的刘欢、那英、庾澄庆和杨坤在这家“公司”里是质量总监，他们负责挑选制作好的产品，并给出指导意见，提升产品的深层价值；这家“公司”负责销售的产品是声音，并将产品进行包装，通过不同的形式将产品及其衍生品销售出去；加多宝、娃哈哈等则是这家“公司”的投资者。

好声音生态圈的健康发展是各成员共同努力的结果，而在田明看来，不管是灿星制作公司或浙江卫视，还是导师、赞助商等，他们都达到了互利共赢的目标。灿星制作公司参与了广告分成，并深挖了产业链，浙江卫视在创造收视奇迹的同时打响了知名度，而导师和学员等则成为热门话题，其中参赛学员成为最热门的话题，关注程度达 71%，导师的关注度也达到 68%。赞助《中国好声音》之后，各广告商的被关注度迅速提升，加多宝遥遥领先，关注度为 31%，促使人们的认知从王老吉转变为红罐凉茶加多宝，成功实现了品牌的转身。

4.《中国新歌声》接力

《中国新歌声》是由浙江卫视联合星空传媒旗下的灿星制作公司打造的大型原创专业音乐节目。自 2016 年起，系列节目不再引进国外版权，而是采用原创模式。《中国新歌声》第一季四位固定导师为周杰伦、汪峰、那英、庾澄庆，该季于 2016 年 7 月 15 日起每周五晚 21：10 在浙江卫视首播，于 2016 年 10 月 7 日收官。据央视索福瑞统计，首播的收视率和收视份额全国领先。

资料来源

[1] 郭焱，庞海燕．《中国好声音》：耳尖上的中国．中国管理案例共享中心案例库 2013 年入库案例．
[2] 中国新歌声．百度百科。

思考讨论题

1.《中国好声音》获得成功的原因都有哪些？
2. 国内卫视节目制作和播出的三种主要模式的利弊如何？
3. 联系战略管理理论，《中国好声音》有哪些成功的经验值得借鉴？

A. 3　海底捞的经营之道

四川海底捞餐饮股份有限公司是一家以经营川味火锅为主，融汇各地火锅特色于一体的大型直营餐饮民营企业。自 1994 年海底捞在四川简阳建立第一家门店以来，公司直营店已遍布北京、上海、西安、郑州、天津、南京、沈阳、杭州、青岛等十几个城市，公司目前拥有四个大型现代化物流配送基地和一个原料生产基地。截至 2017 年 2 月，海底捞官网显示，海底捞已在国内开设 168 家分店。自 2012 年在新加坡开设第一家海外分店以来，公司陆续已在美国、韩国等开设 8 家海外店。

在餐饮行业中，张勇认为有两家企业称得上一流：一个是麦当劳，一个是王品台塑牛排。前者的流程制度管理没的说，就算出过这样那样的问题，依然也是业内的标杆；而后者 20 年中开了 13 个品牌 400 多家店，最重要的是能持续创造让员工满意而充满热情的工作环境，所以很优秀。

1. 海底捞的服务和人性化管理

火锅是个最没有技术含量、最没有行业进入壁垒、从业素质最低、竞争最激烈的行业。海底捞能够在竞争激烈的餐饮业杀出重围，风靡全国，几乎全凭它的“变态”服务和“把员工当亲人看”的管理模式。

公司在董事长张勇确立的服务差异化战略指导下，始终秉承“服务至上、顾客至上”的理念，以创新为核心，改变传统的标准化、单一化的服务，提倡个性化的特色服务，将用心服务作为基本经营理念，致力于为顾客提供“贴心、温心、舒心”的服务；在管理上，倡导双手改变命运的价值观，为员工创建公平公正的工作环境，实施人性化和亲情化的管理模式，提升员工价值。

1）海底捞的“变态”服务

创业初期，张勇他们连炒料都不会，只好买本书，左手拿书，右手炒料，就这样边炒边学，可想而知，这样做出来的火锅味道很一般，想要生存下去只能态度好点、速度快点，有什么不满意多陪笑脸。据张勇回忆："因为我们服务态度好、上菜速度快，客人都愿意来吃，做得不好客人也乐意教我做。我发现优质的服务能够弥补味道上的不足，从此更加卖力，帮客人带孩子、拎包、擦鞋……无论客人有什么需要，我都二话不说去帮忙。这样做了几年之后，海底捞在简阳已经是家喻户晓。"他指出："我做火锅是偶然，但也算歪打正着，因为火锅相对于其他餐饮，品质的差别不大，因此服务就特别容易成为竞争中的差异性手段。"

等候的时候，服务员会给你端上免费的水果、饮料、零食；如果你们是一大帮朋友在等待，服务员还会主动送上扑克牌、跳棋之类的桌面游戏供大家打发时间；如果你还嫌等候过程比较无聊，你甚至还可以选择来个免费的美甲、擦皮鞋服务。在客人进餐的过程中，海底捞也想出了很多特色服务。服务员会细心地为长发的女士递上皮筋和发夹，以免头发垂落到食物里；戴眼镜的客人则会得到擦镜布，以免热气模糊镜片；服务员看到你把手机放在台面上，会不声不响地拿来小塑料袋装好，以防油腻；每隔 15 分钟，就会有服务员主动更换你面前的热毛巾；如果你带了小孩子，服务员还会帮你喂孩子吃饭，陪他们在儿童天地做游戏；抽烟的人，他们会给你一个烟嘴，并告知烟焦油有害健康；为了消除口味，海底捞在卫生间中准备了牙膏、牙刷，甚至护肤品；过生日的客人，还会意外得到一些小礼物；如果你点的菜太多，服务员会善意地提醒你已经够吃；随行的人数较少，他们还会建议你点半份……变态服务带来的效果就是，海底捞的顾客回头率超过了 50%，单店年销售额为火锅连锁巨头"小肥羊"的 5 倍，每天晚上的翻台率可以达到 5 次左右。

2）人性化管理

虽然海底捞以服务闻名于世，但张勇认为海底捞的成功来自海底捞的员工。张勇说："我一直在琢磨餐饮业的核心竞争力究竟是什么，是环境、口味、食品安全还是服务品质？我想了很多，发现这些到最后都不能形成核心竞争力。我觉得人力资源体系对餐饮企业是至关重要的。如果我们能把这个人力资源体系打造好，它会形成一种自下而上的文化。我认为这个可能会成为海底捞未来的一个核心竞争力。"他说："顾客满意度最重要，为了保证顾客满意度，员工就很重要，这是我们火锅店最重要的两个指标。"

（1）善待员工

海底捞的工作人员大多来自贫远的山村，受教育程度低，能吃苦耐劳，有的甚至是第一次出远门，渴望用双手改变自己的命运。而海底捞为他们创造了机会。在海底捞，只要你诚实、勤奋、踏实肯干，你的职位就能上升，甚至成为店长。

张勇曾多次在高层员工培训中说过："差异化的服务掌握在每一个员工手里，把海底捞塑造成一个家，员工就愿意为自己干活，为家无私服务。"让张勇欣慰的是，在中国餐饮行业员工平均流动率达 28.6%的背景下，这一数字在海底捞仅为 10%。

张勇说："餐饮业属于劳动密集型行业，来就餐的顾客是人，管理的员工是人，所以一定要贯彻以人为本。我始终认为，只有当员工对企业产生认同感和归属感时，才会真正快乐地工作，用心去做事，然后再通过他们去传递海底捞的价值理念。试想你可以和亲朋好友一起工作，自然就很开心，这种快乐的情绪对身边的人都是很具感染力的。"事实上，海底捞的服务员很多都是经人介绍过来的：老乡、朋友、亲戚甚至是家人，这种招聘方式在很多人看来简直是匪夷所思。

改善员工的生活条件。张勇说，"我们给员工包吃包住，连牙膏都包"，"海底捞为员工租住的房子全部是正式住宅小区的两居室或三居室，且都会配备空调；考虑到路程太远会影响员工休息，规定从小区步行到工作地点不能超过20分钟；还有专人负责保洁、为员工拆洗床单；公寓还配备了计算机；如果员工是夫妻，则考虑给单独房间……光是员工的住宿费用，一个门店一年就要花掉50万元人民币”。他说：“我鼓励夫妻俩一起在海底捞打工，很多人觉得不好管理，那我们安排在一个城市行不行？非要把夫妻拆开，就是利用权力作恶。”

改善员工父母生活。张勇说：“为了激励员工的工作积极性，公司每个月会给大堂经理、店长以上干部、优秀员工的父母寄几百元钱，这些农村的老人大多没有养老保险，这笔钱就相当于给他们发保险了，他们因此也会一再叮嘱自己的孩子在海底捞好好干。”

改善员工医疗和子女教育。张勇说：“我们出资千万元在四川简阳建了一所寄宿学校，让员工的孩子免费上学。我们还设立了专项基金，每年会拨100万元用于治疗员工和直系亲属的重大疾病。”

张勇指出：“虽然这样的福利和员工激励制度让海底捞的利润率缩水很多，但我觉得这些钱花得值当。”

（2）晋升机制

张勇认为，在所有流程制度中，“重中之重的是海底捞的各级干部升迁管理办法”。海底捞的高层必须从基层一线开始做起，北京大区的经理袁华强曾经讲到自己是一流的服务员。这样的机制能够让一线的员工看到希望，能够有长期从事本职工作的强烈愿望，更有能不断做好本职工作的动力，这也使他们能在基础工作上更加的用心，能够不断提供更加优质的服务。

张勇指出：“加入海底捞的员工，流动率在头三个月以内会比较高，因为生意太好了，确实太累了，三个月到一年之间有所降低，等过了一年就比较稳定了，能做到店经理就非常稳定了。海底捞员工的薪酬水平在行业内属于中端偏上，但有很完善的晋升机制，层层提拔，这才是最吸引他们的。绝大多数管理人员包括店长、经理都是从内部提拔上来的。我们会告诉刚进来的员工，你只要好好干，我们一定会提拔你，这是我们的承诺。”他说：“所有的基层工作都熟练了，领班岗位就可以升成大堂，然后升成店长，这样逐步形成了一个升迁体系。”

张勇指出，海底捞的员工从一进门的那天就有一个级别：初级、中级或高级。所谓初级员工，是指一进来用一天或者一会儿时间就能学会的，比如站着发个毛巾，比如说“欢迎光临，毛巾有点烫，小心”，比如端个菜等，这个是初级员工。中级员工，是指有一定技术含量的，比如切个菜、弄个小吃。高级员工，就是他的努力能够决定这家店可以走多远的这部分人，大多数是有权力接触客户的人。

他说：“其实这样分是有点多余，无论当服务员也好，还是洗碗工也好，在海底捞都是非常累的，但是对基层的员工来讲，如果不给他分个级别，就失去向上走的动力，我们人为分成初级、中级和高级之后，他就有一个向上晋升的阶梯，这样他是看得见摸得着的。让他突然当一个店长，肯定当不了，但是他可以逐步进步。”

张勇说：“为什么店长想独立开店？我们有一个独特的薪酬体系，比如说一个店长，他的薪水是2万元一个月，他的奖金只能拿到他管这个店纯利润的0.5%。也就是说，如果他的店这个月赚100万元，他能拿5 000元的奖金，赚30万元他能拿1 500元的奖金，一个是2.5万元，一个是2.15万元，只差3 500元，其实不多。我让他怎么挣钱呢？因为企业要发展，就要开店，符合标准以后店长可以开分店，他的权利非常大，能决定在什么地方开，相当于人事权、经营权、财务权完全集中在店长手里。他的收入会跟分店的业绩挂钩。如果他当了五年或者八年店长，他的收益会非常高！当他收入足够的时候，他就可以买房，在城市安家。我们有很多初中毕业的员工通过这个体系，逐步升迁到包括副总的管理岗位上。”

(3) 考核和薪酬体系

2014 年，张勇和高管们去美国考察，他们发现在那些经营状况比较好的餐厅中，服务员都是帅哥美女，干活动作极其敏捷，根本不需要监督。“为什么这么帅这么靓的人愿意来干这个行业？很简单，我给你服务，你给我小费，小费是我收入最主要的一部分。”张勇说。

但在中国小费制不成立，所以中国的餐饮业只能引入 KPI 管理体系。但小费制也启发了张勇，触动他自己鼓捣出了计件工资。计件工资是张勇考察了国内外同行不同做法后采取的一条折中之路。他说：“我没有办法改变客人采用小费制，但是我有办法引进计件工资。员工如果做得好，就让他多干。”

为了提高单店效率和盈利水平，激发店长的战斗力及张勇更为看重的拓店能力，张勇还引入了末位淘汰制。海底捞将每家分店按标准分为 A 级、B 级和 C 级，A 级店的店长拥有开拓新店的资格，而连续几个月归于 C 级的分店则有可能面临淘汰。

每两个月，海底捞就会对所有分店进行考核和排名，排出最末位的 20 家，进行淘汰。总部会为排名的标准提供一个大的框架，就是顾客满意度和员工努力程度。张勇觉得除了这些指标能够量化，其他都是凭感觉。张勇指出：“我们对每个店长的考核，只有两项指标：一是顾客的满意度，二是员工的工作积极性。而对于服务员，不可能承诺让所有的顾客都满意，只要做到让大多数顾客满意，那就足够了。我们会邀请一些神秘嘉宾去店里用餐，以此对服务员进行考核。”

(4) 重视授权

张勇对管理层的授权和对一线员工的信任一直让同行匪夷所思。张勇在公司的签字权在 100 万元以上，100 万元以下是由副总、财务总监和大区经理负责，大宗采购部长、工程部长和小区经理有 30 万元的签字权，店长也有 3 万元的签字权，甚至海底捞的普通员工就有对客人进行打折和免单的权力。这种大胆的授权在行业内极其少见。

向店长授权。张勇指出，“一个店怎么可以没有小金库呢？既然管了这个店，他一定要有小金库；没有小金库，他怎么奖励员工，有突发事故怎么处理？都去翻流程，把流程翻完了之后，突发事件谁也不知道会演变成什么后果。人事上，提拔什么干部，一定是他的权力。”

向服务员授权。张勇说：“有些人曾经问过我这个问题，海底捞的服务员都可以打折免单，成本怎么控制？我不知道成本怎么控制，但是我觉得在一个组织里边，每个层级、每一个人都是应该有相应权力的。我实在想不出道理，打折免单这个权力该由董事长或者店长来控制，我觉得就应该由服务员来控制，因为只有他才知道，是不是把油洒客人身上了，或者菜是不是咸了，他有权力根据这些判断是否打折或是免单，至于他是否会因为贪心给朋友打折给公司造成损失，这些可以事后评估。”

这种放权也带来了一些问题，例如有些门店就反映有员工“吃单”的现象。例如，员工将客人没吃的菜退回厨房却将退的菜钱放进自己的口袋，这在店里繁忙的时候特别容易发生。为了治理这个问题，公司把吃单设立成了公司的高压线，一旦发现类似情况，直接开除，而且公司还对此制定了监察流程、举证制度。

（5）避免过度规定

无论是对于服务态度还是员工福利，海底捞都不做形式主义的规定。张勇说："我把流程制度已经简化到比较少了，整个海底捞，每家店要执行的流程制度只有 18 个。"他指出："其实大多数高管都在制定一些很愚蠢的流程和规定，扼杀了员工的积极性和创造性。这种现象海底捞也有，每个公司都会有。如果你和同类企业或竞争对手相比，愚蠢的流程和规定略微少一点，就能脱颖而出。"他说："我看到有的餐厅训练服务员，微笑要露出八颗牙齿，嘴里夹着根筷子训练，我说这不是笑啊，简直比哭还难受，他们脸上僵硬的笑容，并不是发自内心的。海底捞从来不做这类规定，激情＋满足感＝快乐，这两条都满足了，员工自然就会快乐，并把这种情绪带到工作之中。"他说："至于团建等员工活动，我们并没有刻意规定。虽然我非常追求流程和制度，但有些东西不必固执坚持。以前每年我们出钱在三亚租房买车，让员工一批一批去度假，但过去两年都取消了，因为都玩遍了，员工不太喜欢了。这种亲情化的东西不能够变成流程，比如我们给店长每月固定经费用来关心生病员工，怎么花都没问题，底线就是店长不能把钱揣到自己兜里。如果变成规定，员工生病的时候，领导一定要给他送粥，那就很滑稽了。"

海底捞的服务和员工管理方式是海底捞的管理层和员工通过多年的经营管理经验积累的，这一直是张勇和所有海底捞员工的骄傲。但业界对海底捞的服务和管理是否可以复制和模仿正进行着激烈的讨论。有人说，海底捞的服务和管理只要设计流程化就能大规模地进行复制，也有人反对说，海底捞的服务和管理与海底捞特有的文化紧密联系，无法进行实质模仿。张勇明白，海底捞如果能够被直接复制，则海底捞多年来形成的优势将荡然无存；如果不能被复制，则海底捞以后很难完成上市之后快速扩张的需要，这也是海底捞不久之后很可能会面对的情况。

2. 海底捞的扩张

海底捞一直走的是稳扎稳打的路线，尽管近几年开店的速度明显加快，但是很多潜力巨大的大城市还未正式进入，张勇也一直坚持直营，拒绝采用加盟的方式进行门店扩张，这与其每个门店生意火爆的局面十分不协调，外界对此也十分费解。

张勇一直有自己的考虑。他觉得海底捞的成功来自于海底捞的员工，是这些员工将海底捞精致服务的精神不断传承下来，成了海底捞不竭的创新源泉和核心竞争力的根基。一旦盲目扩张，人员必定良莠不齐，到时候海底捞可能就会失去竞争力。而且他也不相信通过加盟的商家能够原汁原味地保证海底捞的正宗品质。所以现在的海底捞每开一家新店，店长和核心工作人员必须由海底捞的老员工担任。这种扩张模式虽然缓慢，但是张勇觉得比较放心。

3. 海底捞的 IPO

要是放在一年前，张勇绝对不会考虑上市的问题。因为公司根本不缺资金，也不缺店面，缺乏的是深受海底捞企业精神浸染的"自己人"。如果人手不够，张勇宁可不开店，即使开店了，如果发现人手短缺影响服务质量，他也会关掉。所以他一连拒绝了多家风投的注资要求。张勇很坦白，"如果用了投资银行的钱，就要按人家的计划开店。可是我觉得生意跟人一样，该干活就要干活，该吃饭就要吃饭，该睡觉就睡觉。不是每年你想开几个店就能开几个店。"

但后来，市场上纷纷掀起了模仿海底捞的热潮，海底捞的服务和管理方式不再变得神秘。与此同时，市场上也出现了越来越多的“冒牌”海底捞。张勇也开始考虑上市的事了。

“别人都以为现在海底捞很好，可是我却常常感到危机四伏，有时会在梦中惊醒。海底捞现在出名了，很多同行在学我们。所以，我总担心，搞不好我们十几年的心血就会毁于一旦。”张勇曾私下对北大黄铁鹰教授表达过他的担心。“上市可以促进公司正规化。”他心底更深的焦虑来自非商业因素，“我们海底捞是一个平民公司，没有任何根基，没有任何背景；现在做这么大，而且会越来越大，生意越大，麻烦越多；如果我们是上市公司，碰到惹不起的人和麻烦，可能就多一层保护，至少上市公司的地位和社会股东也会帮帮我们。”上市固然是个好事情，但也有不少海底捞人开始担忧：一旦上市，海底捞在快速扩展中，还能否保持自己引以为傲的“变态服务”？而上市带来的诸如控股权、股权分配等问题又会给公司经营带来什么样的后果？

一面是小肥羊通过上市募资完成了迅速扩张，一面是“真功夫”因为股权分配问题折戟沙场、功亏一篑。对于海底捞来说，上市前景如何，恐怕张勇心里也没底。

海底捞走过这么多年头，从四川一家毫不起眼的小店发展到今天的大型餐饮连锁品牌，几乎全凭它精益求精的“变态”服务和为同行纷纷效仿的“员工人性化”管理模式为自己打造的良好口碑。面对企业现今扩张的需要及上市带来的竞争战略选择和品牌维权的挑战，海底捞该何去何从？

资料来源

[1] 杜兰英，陈晓东．海底捞扩张迷局．中国管理案例共享中心

[2] 张勇．让大家的创意和创新像自来水一样流淌．http：//36kr.com/p/5058120.html，2016－12－02.

[3] 张勇．海底捞成功的章法．投资人说，2017－01－18.

[4] 张勇．让服务员可以在城市里买得起房．《哈佛商业评论》中文版，2016－03－08.

思考讨论题

1. 海底捞扩张过程中随着内外环境的变化面临哪些关键问题？
2. 海底捞目前采取了哪种类型的竞争战略？未来是否需要重新选择竞争战略？
3. 海底捞的核心能力是什么？公司是如何培育这些核心能力的？
4. 对于海底捞的未来发展，你还有哪些建议？

A.4　谭木匠：我善治木

1. 谭木匠的发展历程

在整个中国木梳产业，谭木匠一枝独秀，几乎没有对手。2009 年谭木匠顶着中国木梳业第一品牌的光环成功在港交所上市。如今，谭木匠产品在天猫平台上的销售额，占了整个木梳品类销售额的 50%。相比之下，多数小企业的梳子，产品样式单一、品牌形象不突出，一直形不成气候。北京高览投资有限公司投资总监周展宏指出：“确实，谭木匠产品质量好，设计美观，公司对社会公益很热心，但这些都不足以保证公司目前的成功。谭木匠的成功主

要源于它在一个没有品牌的产品类别里做出了品牌，而且几乎可说是这个类别唯一的品牌。在这个意义上，谭木匠在细分市场拥有独一无二的优势地位，这种地位正是拥有提价权的根源。”

1993 年年初，做木雕生意的谭传华偶然在深圳商店买到一把木梳，由于当时在市场上主要以塑料梳子为主，木质的梳子还不多见，这给了他很大的启发。拿着买回来的木梳，谭传华仔细端详，意识到了木梳中蕴含着巨大的商机。木梳消费是最普通的日用品之一，但它的普遍性却恰恰注定了使用的广泛性。中国十几亿人，有一亿人用他的梳子，就够忙一辈子了。于是，谭传华立即决定带领木雕工匠改做木梳。木梳做出来之后，起名“三峡牌”，在市场上推广。然而，没想到的是，木梳做出来之后，市场反应却非常平淡：第一天赚了两元钱，第二天只赚了 16 元钱。一直到 1995 年，公司才有所起色。

1996 年，谭传华通过大量投入研发资金、引进人才，开发出了新的工艺流程，在原先只有 10 来个品种的基础上设计出众多形状的木梳。谭传华下狠心，通过银行贷款购买先进的水磨设备等，大大提高了木梳的质量。

起初，谭传华的梳子曾使用过“先生”牌、“小姐”牌、“三峡”牌这样识别力不强的品牌。“牌子打出去后，没有人记得住。打了很多广告，也没有什么收效。我的竞争对手还说，谭老板那边打广告，我这边坐收渔利。这话对我是一个很大的刺激。就是因为这句话，我才决定改名字，改成谭木匠。”谭传华感到当时的品牌名称难以体现木梳的特色，无法将其产品与其他同行区分开来，不能叫响。1997 年 3 月，谭木匠商标注册成立。

1996 年的一天，谭传华命令工人清理库房梳子，结果清理出在技改之前生产的木梳共计 15 万把。虽说是在技改之前制作的木梳，它们的质量也比市场上的好多梳子好得多，至少按照成本价出售是没有问题的，而且也有几个批发商对这批货表达了购买意向。但是，谭传华认为，这些梳子已经不符合“谭木匠”的质量标准，如果卖出去，则会影响“谭木匠”的精品属性。谭传华不顾厂里管理人员的劝阻和银行的还贷压力，命人一把火烧了这批价值 30 万元的 15 万把梳子。正是这一烧，谭木匠的好形象得以在市场中树立起来。

1997 年，“谭木匠”小木梳终于获得了较好的市场知名度。1998 年春节，谭传华出人意料地将从建行获得的 100 万元贷款拿到中央电视台打广告，并借机大开专卖店。这些令竞争对手始料不及的招数，使谭木匠稳稳地坐上了中国梳子第一品牌的宝座。

2001 年，谭木匠更新全套设备。2005 年，他又淘汰了旧生产线，更换了新设备。产品销量虽然很好，但谭木匠并没有急速去扩张产能。首先，手工业主要是师傅带徒弟，需要帮、传、教，一旦速度过快，很难把握产品质量；其次，谭木匠手工的产品特性决定了不能快速扩张，如果量太大，生产就会跟不上。因此，谭木匠不打算实行非常工业化的流水线作业。

2014 年，谭木匠把总部从重庆万州搬到了江苏的句容。在这之前，电商部门已经搬迁到这里，并尝到了甜头。谭传华表示：“谭木匠搬迁总部，直接原因是看重南京及整个长三角地区的物流、信息流及人力资源方面的优势。”搬家之后，管理的层级变少了。之前，谭木匠的管理架构分为董事长、总裁、副总裁、总监、部门经理、主管、员工七级，而在搬家之后，公司的管理架构分为董事长、总裁、总监、员工四级。设 3 名总监，分别负责线上、线下和配套服务。独立办公室变得少了，总监和员工坐在一个大办公室里。搬迁导致队伍年轻化了，因为跟着总部搬过来的员工更多是年轻人。总裁仍然由“80 后”谭棣夫担任，3 个总监中1个“70后”，2个“80后”。

迅速成长的谭木匠执着于产品的推陈出新。谭传华2015年说：“我们就是依靠层出不穷地推出新品，以速度制胜，让竞争对手即使模仿都追不上来!”公司每年推出数百种新款式的产品，令竞争对手望尘莫及。公司除了自己的设计团队以外，还积极寻求与专业网站、《设计之窗》等艺术类杂志、四川美术学院等院校合作，整合国内的设计团队。公司还与德国、意大利、法国等国际设计师事务所建立了合作伙伴关系，邀请路易威登等国际知名奢侈品品牌的设计大师作指导。公司长期举办有奖征稿活动。通过面向全社会开展设计大赛，既给公司带来了新的设计创意，同时也促进了品牌推广，并节约了设计成本。从2016年起，公司找了“站酷”网站合作开展比赛，降低了比赛次数，却增加了比赛的奖金额度。

谭木匠坚持高价和统一定价的定价策略。谭木匠的梳子，最便宜的18元，最贵的超过200元，普通的黄杨木梳子的价格是38元。和地摊或商店中看到的几元钱一把的梳子相比，价格的差距非常大，高价使谭木匠获得了很高的毛利。谭木匠所有专卖店的价格一样，没有折扣，也不允许加盟商私自进行线上销售。然而，2016年，谭木匠开始改变自己在梳子上的定位，去开发新的能让年轻人买得起的产品，把年轻的消费者拉回来，公司不希望成为梳理用品的奢侈品。

多元化还是专注，曾经影响了中国的一代企业家。1998年的下半年，谭木匠有一次“出轨”，把目光转向了电视业，结果亏损上百万元，这让谭传华对多元化一直心有余悸。2003年，在重庆解放碑商业步行街中心正式成立“谭木匠家居专卖店”。“谭木匠家居专卖店”当时的计划是立足本埠，向全国连锁发展，再拓展海外市场。自2007年7月开始，谭木匠旗下的重庆美裕饰品有限公司先后在重庆、北京推出了名为TAN'S的直营精品店，定位高端，以销售小木制品为主。但是，2008年年底，谭木匠关闭了北京的一家TAN'S店，而谭传华也认为TAN'S店定位过于超前。2016年，谭传华指出，“这些年来，我们不少次想过去做其他的事情，但是总又觉得，梳子完全丢不下来。如果一件事情没有做好，又去做另一件事情，总觉得跨界。”

2. 谭木匠的销售渠道管理

自1993年至今，谭木匠的销售渠道经历了沿街叫卖、商场渠道、直营店销售、直营店和加盟店共同发展的阶段。

1993年，刚刚做木梳生意的谭传华一直苦于打不开销路，他就派自己的业务员挎着篮子在街头叫卖。但是以这样的方式销售，实在是太慢了。谭传华想到了进入国有大型商场，但当时的商场都认为梳子根本没有销路，不愿和他合作。被逼得走投无路的谭传华和商场的负责人说：“三天卖不掉我的梳子，你就把它全烧掉!”终于有商场同意试试，结果他的黄杨木梳子卖得很好，商场同意长期与他合作。然而好景不长。商场经营不善，拖欠谭传华近100万元，公司现金流出现严重问题。

谭传华被迫决定开店自己销售。南通的一名商人看中了谭木匠的生意，就和谭传华提出做加盟店的想法，两人一拍即合，1998年第一家谭木匠加盟店就这样在重庆万州开张了。到2000年年初，“谭木匠”专卖店已星罗棋布地开了接近100家。然而在2000年春天，专卖店加盟速度骤降，各地加盟商开始有了抱怨。2000年，公司花了当年的1/3的利润请来了专家团，为公司导入企业形象识别系统（CIS）。公司提出既传统又现代、以中国传统文化为基调的新店面设计方案，让人有置身于木梳小王国的感觉。和以往在超市、路摊上，混在杂物堆里出售的梳子相比，谭木匠的 CIS 给人一种专业的高档次的专业形象。2000 年 8 月，谭木匠在全国统一推广了新设计的连锁店装潢风格。

至此，谭木匠的销售场所形成了两个特点：一是谭木匠连锁专卖店，10 平方米左右，面积不大但都在闹市区，人流量大、消费能力高；二是陈列极具特色，谭木匠采用品牌特许经营方式，店面统一风格。

谭木匠采用连锁专卖店作为销售渠道，虽然销量相对小一些，但是毛利高，能够塑造品牌，而且加盟店分担了部分风险。此外，销售管理的成本也低很多，而且等到品牌做起来之后，还可以扩充销售渠道的模式或者延伸产品。

2003 年，受“非典”影响，谭木匠的店面扩张暂时停顿。谭传华请来咨询公司对谭木匠的现状进行分析，得出的结论是：公司应该把重心放在生产环节上，放弃对销售环节的控制，这样有利于公司更好地规避风险。谭传华采纳了咨询公司的建议，将精力集中在设计研发和加强对加盟商管理的环节上，并逐步引入对全国专卖店的物流、资金流管理的信息化管理。谭木匠把加盟商的选择看得尤为重要，认为这是维护其连锁品牌形象的首要控制要素。成为加盟商的，年龄往往集中在 30～40 岁，是对经营加盟店有较清醒认识的申请者。谭木匠要求加盟者必须在繁华商业区有面积 20 平方米以上的独立店面。谭木匠不希望加盟者太有钱，因为“太有钱就不会认真卖木梳”，所以加盟费的门槛比较低，地级城市 1 万元、省会城市 2 万元。

2015 年，谭木匠的扩张十分谨慎，一线城市主要以巩固核心商圈形象和覆盖新兴综合性购物中心、机场、高铁火车站等为主，二线城市以店中店为主，确保盈利，三线城市在发达地区试点。

2015 年年底，在沿用了之前的视觉系统十余年之后，谭木匠确定了新 LOGO 和高铁二代店铺新形象。2016 年，公司把机场和高铁、地铁站视作主要的拓展方向，同时想方设法把谭木匠的店开进购物中心去。谭传华说：“虽然我们是上市公司，但还是被大商场看不起。大商场更喜欢高大上的洋牌子，不让我们进去。我就跟张传金（营销经理）说，我们开几个好店给他们看看，让他们知道中国传统品牌也可以做得很好。”

对于电商渠道，2016 年上半年财报显示，谭木匠主要采取 B2C 模式。

资料来源

[1] 吴文治，王玮．谭木匠上半年业绩继续走低 营收净利双降．北京商报，2016-09-02.
[2] 李铎，王明杨．关店 73 家 谭木匠上市后业绩首下滑．北京商报，2016-03-30.
[3] 陶炜．谭木匠：梳子上还有很多事能做．大众证券报，2016-04-16.
[4] 李铎，孙麒翔．谭木匠转战布局县级城市．北京商报，2015-04-01.
[5] 何泱子．为什么谭木匠要迁总部？销售与市场，2014-08-15.
[6] 周展宏．谭木匠价值几何？财经天下，2014-05-20.
[7] 韩丛．谭木匠：小梳子做成上市大公司．创业邦，2013-12-09.
[8] 陶炜，夏高琴．丢不下梳子的谭木匠．大众证券报，2016-06-25.
[9] 刘辰．谭木匠的开店“秘笈”．创业邦，2013-04-12.
[10] 江积海，周长辉．谭木匠：我善治木．管理案例研究与评论，2011，4（1）：56-66.

思考讨论题

1. 谭木匠为什么要实施差异化战略？

2. 谭木匠是如何实施差异化战略的？

3. 谭木匠是否该进入家居饰品行业实施多元化战略？谭木匠在实施多元化战略时应当注意什么问题？

4. 你认为谭木匠未来应该如何创造持续的竞争优势？

A.5 娃哈哈集团的经营战略

在我国现有的饮料市场上，娃哈哈已经成为一个著名的品牌。它于1987年由个人依靠14万元起家，经过多年的拼搏，从一个默默无闻的弄堂小厂，跻身于全国最大规模500强和最大利税总额500强，走出了一条高速高效的发展路子。

1. 开发新产品，迅速占领市场

20世纪80年代中后期，国民生活水平普遍提高，人们对保健意识逐渐增强。那时我国的营养液市场并不是很大，相应的生产厂家也很少。娃哈哈看准了这个很具潜力的市场，一举推出了自己的第一代产品“娃哈哈儿童营养口服液”。新颖亲切的名字，并辅以可爱的娃娃头标志，能够引起孩子的喜欢。娃哈哈在许多报纸上做广告，请营养专家谈儿童营养、生长发育新概念。于是随着人们对这一新概念的认可，一盒盒“娃哈哈”也来到儿童手中。精美而科学的包装，良好的口感，使娃哈哈一举打开市场。

2. “小鱼吃大鱼”，企业步入规模化经营

1990年娃哈哈只有140名正式职工，生产场地仅一二百平方米。娃哈哈儿童营养液问世仅三年，销量飞涨，产品供不应求，有限的生产规模无法满足市场需求，传统的发展思路——立项、征地，既费时费力又可能错过大好时机。于是，娃哈哈变直线型发展为横向型扩张，选择了充满风险与机遇的兼并劣势企业之路——兼并了有2 200名职工，亏损积压达6 000多万元的国营老厂——杭州罐头厂，以娃哈哈的灵活经营机制取代了原厂的经营机制，以娃哈哈的优良资产盘活了原厂的不良资产，以娃哈哈的优势产品替代了原厂的滞销产品。娃哈哈将这种兼并行为称为“1+1=3”。

这一基础性的大跨越，使娃哈哈尝到了改革的甜头，看到了市场蕴含的巨大能量。兼并百日，杭州罐头厂扭亏为盈，首次盈利32.33万元，而兼并后新组建的娃哈哈集团年实现销售收入2.16亿元，比1990年的9700万元翻了一番还多。

3. 不断推陈出新，占据更大市场

娃哈哈的总经理说：“一个产品包打天下的日子早已不复存在，市场对商品吐故纳新的速度相当惊人，企业必须不断提高产品技术含量，加速产品更新换代。”

市场一旦被打开，竞争者就会很快出现，与娃哈哈几乎同时出现并争夺营养液市场的就是广东的太阳神口服液。娃哈哈并没有和太阳神硬拼下去，而是看准了儿童营养饮料这一市场，当时儿童营养饮料市场刚具雏形。广东乐百氏良好的营销开端，预示着这是一个很有潜力的市场。另外，虽然各地也有一些零散的品牌，如“喜乐”等，但由于口味、营养等因素，这些区域性品牌没有发展起来。于是娃哈哈经过试制后，推出了其第二大营养饮品——

娃哈哈果奶。由于其品牌效应，果奶立即给消费者以“好味＋营养”的印象，它先以儿歌式的趣味广告吸引了人们的注意，随即又以多样的口味、精致的包装和比同类产品稍低的价格迅速打开市场。不仅是儿童，一些成年人也喜欢上了这种甜甜的、酸酸的、有营养、味道好的果奶。

娃哈哈推出果奶后，成了儿童饮品市场上的领头企业，但乐百氏实力也很强，并与娃哈哈平分秋色。如何能在竞争中生存，除了在儿童市场上采取多样化经营之外，娃哈哈又向成人市场进军了。考虑到娃哈哈这个品牌的知名度，娃哈哈利用品牌延伸，自 1994 年以来，开发了 30 多个新品种，先后推出了桂圆莲子八宝粥、红豆沙、绿豆沙、第三代果奶、第四代果奶、AD 钙奶、纯净水等一系列产品，并由此形成了娃哈哈产品群、产品链，满足了不同的消费群体、不同层次的新需求，使企业实现了“生产一代、试制一代、储备一代、开发一代”的战略目标。

事实也再一次证明这种战略的正确性：利用已创品牌生产相关产品的战略，可以使企业紧跟市场发展，不断壮大自己的力量，而太阳神的衰落也恰为反例。

在推出新产品时，娃哈哈很注意产品的宣传和包装，从那句“妈妈我要喝——娃哈哈果奶”到“两罐都要嘛（红豆沙、绿豆沙）”，再到景岗山的“我的眼里只有你（纯净水）”，娃哈哈的广告总能给人耳目一新的感觉，歌谣式的广告词让人容易记住，非常利于产品营销。娃哈哈以其亲和的形象赢得了顾客，也占领了大片市场。在 1998 年和 1999 年的饮料市场上，娃哈哈纯净水的销售量位居第二。

4. 抓住机遇，不断扩张

在国内饮料市场刚刚起步之际，越来越多的国外品牌凭借它们的技术、资金、管理和营销上的优势，纷纷闯入中国市场。对于刚刚跨入市场经济大门的中国企业而言，无疑面临一场更为严峻的挑战。为了有效地占领市场，扩大娃哈哈市场的品牌占有率，也为发展民族品牌，娃哈哈进行了深层次的思考：沿海的劳动力低成本优势正在逐渐丧失，沿海的市场开拓毕竟有限，而中西部地区自然资源丰富，市场空间诱人，劳动力优势明显，充满了希望和机遇，于是公司确定了“西进北上，拓展经营触角，延伸生产线，提高对市场的快速反应力”的战略。

1994 年 12 月，娃哈哈抓住支援三峡库区移民建设的机遇，在涪陵市以“移民经营与移民任务总承包”的改革思路，兼并当地的三家特困企业，组建了娃哈哈涪陵公司，以当地的成本优势、运输优势及娃哈哈的品牌优势，一举打开了局面，产值、利税连年翻番。

随着经营局面的不断扩大、效益的连年增长，在西进涪陵后，1997 年下半年，娃哈哈又继续在湖北宜昌、红安，四川广元及产品的主销地辽宁、湖南、安徽、河北等地新成立了 7 家控股子公司，生产娃哈哈纯净水、钙奶等产品，均采用生产管理、质量监控、产品销售由娃哈哈统一负责的方式运营。这一举措使娃哈哈 1998 年销售收入达到 40 亿元的目标有了可操作性和现实意义。

由上可见，西进北上是娃哈哈发展的又一重大战略，是娃哈哈品牌梯度扩展的大举措。企业要想开拓更广大的市场，在外部环境及自身实力允许的情况下，突破地域局限、人文局限，走大产品、大市场之路是成功的战略。

5. 积极引进外资，注入新鲜血液

中国市场吸引了世界上的各路精英，全球 500 强中有 300 多家企业已进入我国。在可口可乐进军我国市场后，中国人传统的饮料观改变了，这不仅带动了国内一大批饮料企业的产生，也唤来了更多的洋品牌，这无疑是对娃哈哈的一个巨大冲击。在实力、技术、营销管理的激烈竞争中，若封闭自己，寻求地方性保护，带来的将是更快的衰退及被淘汰，许多企业就是这样销声匿迹的。

娃哈哈要发展民族品牌，但它也决不排斥学习和引进。国外的企业拥有先进的技术和管理模式，但对中国的市场和地域文化不甚了解，于是中外合资对双方都是一个好的举措。1996 年 3 月，娃哈哈与世界排名第六、欧洲排名第三的法国达能集团及一家香港投资银行签订了合资协议，娃哈哈以一部分原有资产为股本，外方以 4 500 万美元现汇作股本。利用这笔外资，娃哈哈进行了高起点的投资，建起了占地 300 亩、建筑面积达 30 万平方米的现代化厂房，从美国、德国、日本、意大利、加拿大等国引进了 20 世纪 90 年代国际领先水平的计算机控制全自动生产设备，推出了娃哈哈纯净水、娃哈哈 AD 钙奶等产品。

许多企业在合资后，虽短期内能扩大资本，但很快就会被外商控制。外商是想借中方企业了解中国市场，以与中方企业合资作为进入中国市场的跳板。娃哈哈注意到了这个问题，在合资时仍坚持娃哈哈的品牌，在经营管理上全部由中方负责，合资公司接纳了娃哈哈的全部员工，没有出现一个员工下岗。

6. 推出非常可乐

1998 年娃哈哈在试制两年之后，隆重推出了它的又一新产品——非常可乐，与广东的汾煌可乐几乎同时问世。但这一次，娃哈哈的竞争对手不仅仅局限于国内了，最大的则是享誉世界的可口可乐和百事可乐。

可口可乐在 20 世纪 80 年代中期首次进入中国市场，因颜色难看、味道怪异，并没有立刻被国人接受。但可口可乐公司通过密集的广告宣传及不是很高的价格，逐渐控制了我国的大城市。然后向全国渗透，于是这种糖浆式的碳酸型饮料被中国老百姓认可了。更甚之，中国传统的橘子汁式的汽水概念也被打破了，这无疑是中国饮料业的灾难。当年有名的强力、奥林、冰峰都不见了踪迹，只剩下健力宝一枝独秀。此后，虽有天府可乐、崂山可乐等民族可乐问世，但无一不以失败告终。

可口可乐冲毁了中国原有的汽水业，却又促进了中国另类饮料业的发展。例如，中国的茶文化源远流长，在经过传统与现代的技艺结合后，奥德赛乌龙茶首先问世，并收到了很好的效果。接着，康师傅柠檬茶、茉莉花茶等茶系列相继火爆起来。在如今崇尚自然、注重健康的观念下，纯果汁、果茶（如汇源、梦之源）也很受人们欢迎。矿泉水、纯净水的兴起甚至带动了净水器、矿泉壶业的发展。正是在这种情况下，娃哈哈却推出了非常可乐，于是引来纷纷议论。

非常可乐其生产设备并不比可口可乐差，口味也比前者更清淡一些。另外，非常可乐采用了与可口可乐极其相似的包装。

7. 多元化发展

饮料业务增长进入瓶颈期是不争的现实。从过去的饮料，到后来的童装、食品、商业、白酒，娃哈哈在不断地寻求自己新的增长点。2011 年两会期间，宗庆后指出，“企业做大一定要多元化发展，因为东方不亮西方亮，但企业多元化要看有没有需要、有没有能力，还有就是有没有机会。从娃哈哈的角度讲，饮料行业已经做大做强了，是一个龙头企业，很难实现千亿规模的目标，所以有多元化的需求，加上有资金、人才，关键就要看机会了。”在宗庆后看来，饮料行业经过多年发展，集中度已非常高，排名前五的企业已占据了60%的市场份额，企业想再获得高速的发展已经不易，所以多元化是最佳路径。

早在2002年，娃哈哈就已进军童装市场。当时，宗庆后说：“娃哈哈童装三个月内组建2 000家加盟连锁店，年销售额突破十亿元。”但十年后，娃哈哈童装年销售额才两亿元。娃哈哈不得不放弃童装市场。2015年，宗庆后承认，“童装一年赚两千万元是不错的。但作为大企业，品牌童装容量太小，走到头就会造成亏损。”

2010年，娃哈哈把爱迪生奶粉引入中国市场。这是一种高品质婴幼儿配方奶粉。宗庆后为其确定的目标是：要在两年内达到100亿～200亿元的销售额。当时，乳业专家王丁棉曾指出，“娃哈哈营养快线确实不错，但乳酸饮料与奶粉行业完全是两码事，无论是销售渠道、销售方式，还是消费对象、营销手段等都完全不同，婴幼儿奶粉市场非常敏感，对娃哈哈来说，是一场严峻的考验。”到2015年，爱迪生奶粉已经悄无声息，市场占有率不足1%。

2012年，娃哈哈斥资17亿元投资娃欧商场，进军零售业，这一度成为宗庆后寄托娃哈哈战略转型的关键一步。该商场定位于满足中国中产阶层消费趋势，销售知名度较低的欧洲品牌，甚至还计划5年内在全国开设100家连锁店。经过几年尝试，宗庆后承认，娃欧商场缺点不少，销售情况也不如意。2014年，有业内人士指出，杭州娃欧项目失败恐是必然。娃欧商场的定位与娃哈哈集团的主营业务关联度不大，且娃哈哈缺乏从事零售、地产的经验和人才储备。到了2015年，宗庆后指出，“我们想做零售业，电商那么厉害，你如何与他们竞争?”他说，“如果行业垄断了，你再去做就没有机会。比如零售业，已经受到电商冲击，有些零售业垮掉了。垮掉了再做，就是傻瓜。我们当时的想法是将国外的奢侈消费拿到国内。”

2013年，在整个白酒行业陷入深度调整期，娃哈哈宣布先期拟投资150亿元进入正处寒冬期的白酒业。仅半年时间，其先锋产品领酱国酒即传出靠内部摊派冲量的风波。到了2015年，中国白酒业哀鸿遍野。

宗庆后还希望使娃哈哈这个“生产饮料的企业”升级成一个“生产饮料企业的企业”，也就是向高端智能装备制造业发展。他说，“我们把自己要用的机器人都开发完了。”娃哈哈和天津大学合作，研发了放吸管机器人、铅酸电池装配机器人、炸药包装机器人，后两者都是将机器人输出给其他企业，解决生产过程中可能存在的工伤问题。2015年，宗庆后带着四个机器人参加了在上海举办的中国国际工业博览会。

资料来源

[1] 胡笑红，滕新慧. 员工称被强购快过期奶粉 娃哈哈承认奶粉业务不温不火 [N]. 京华时报，2014-06-12.
[2] 李冰. 娃哈哈多元化：饮料帝国的土豪式商业法则 [N]. 中国经营报，2014-07-19.
[3] 金骑. 娃哈哈：“一个人的帝国”日显老迈 [N]. 中国企业报，2015-06-15.
[4] 金晓岩. 路线突变 娃哈哈“进城”[N]. 华夏时报，2016-02-27.
[5] 佚名. 宗庆后回应娃哈哈营收负增长：仍有足够的抗压能力 [N]. 中国经济周刊，2016-09-26.
[6] 金微. 宗庆后说电商：幸好没被看上 看上也要遭殃 [N]. 每日经济新闻，2015-03-05.

思考讨论题

1. 娃哈哈集团成功的关键因素是什么？
2. 请分析娃哈哈集团在饮料行业的竞争战略。
3. 请分析评价娃哈哈集团的多元化战略。
4. 娃哈哈集团今后应如何进行战略定位？

参考文献

[1] 希特，爱尔兰，霍斯基森．战略管理：概念与案例．吕巍，译．8版．北京：中国人民大学出版社，2009.

[2] 徐向艺．战略管理．北京：经济科学出版社，2010.

[3] 蓝海林．企业战略管理．北京：科学出版社，2011.

[4] 韩伯棠，张平淡．企业战略管理．北京：高等教育出版社，2010.

[5] 黎群，汤小华，高红岩．企业战略管理教程．北京：中国铁道出版社，2008.

[6] 汤普森，斯特里克兰，甘布尔．战略管理：概念与案例．王智慧，译．北京：北京大学出版社，2009.

[7] 贺小刚，李新春，方海鹰．动态能力的测量与功效：基于中国经验的实证研究．管理世界，2006（3）.

[8] 巴尼，赫斯特里．战略管理．李新春，张书军，译．北京：机械工业出版社，2009.

[9] 金占明．战略管理：超竞争环境下的选择．北京：清华大学出版社，2010.

[10] 周建．“入世”与我国企业战略内核的进展：核心竞争能力的视角．南开管理评论，2005（2）.

[11] 冯根福，吴林江．我国上市公司并购绩效的实证研究．经济研究，2001（1）.

[12] 卡普兰，诺顿．平衡计分卡：化战略为行动．刘俊勇，孙薇，译．广州：广东经济出版社，2005.

[13] 蓝海林．建立“世界级企业”：优势、路径与战略选择．管理学报，2008（1）.

[14] 戴维．战略管理：概念与案例．11版．北京：清华大学出版社，2009.

[15] 希尔，琼斯，周长辉．战略管理．孙忠，译．北京：中国市场出版社，2007.

[16] 科利斯，蒙哥马利．公司战略：基于资源论的观点．王永贵，杨永恒，等译．北京：机械工业出版社，2006.

[17] 刘冀生，彭瑞．创新时代的企业战略管理．北京：企业管理出版社，2007.

[18] 明茨伯格．战略历程．魏江，译．北京：机械工业出版社，2006.

[19] 赫雷比尼亚克．有效的执行：成功领导战略实施与变革．范海滨，译．北京：中国人民大学出版社，2006.

[20] 斯特蒂纽斯．战略规划与有效执行．章佳，译．北京：中信出版社，2006.

[21] 波特．竞争战略．北京：华夏出版社，2005.

[22] 波特．竞争优势．北京：华夏出版社，2005.

[23] 波特．国家竞争优势．北京：华夏出版社，2002.
[24] 波特．竞争论．北京：中信出版社，2003.
[25] 波特．日本还有竞争力吗．北京：中信出版社，2002.
[26] 金，莫博涅．蓝海战略．北京：商务印书馆，2005.
[27] 尤费．柔道战略：小公司战胜大公司的秘密．北京：机械工业出版社，2003.
[28] 柯林斯，波勒斯．从优秀到卓越．北京：中信出版社，2002.
[29] 博西迪，查兰．执行：如何完成任务的学问．北京：机械工业出版社，2008.
[30] 稻盛和夫．活法．林惠如，译．修订版．北京：东方出版社，2009.
[31] 冯仑．野蛮生长．北京：中信出版社，2007.
[32] 项保华．战略管理：艺术与实物．5 版．北京：华夏出版社，2012.
[33] 埃立特．案例学习指南．刘刚，钱成，译．北京：中国人民大学出版社，2009.
[34] 高红岩．战略管理学．北京：北京交通大学出版社，2007.
[35] 柯林斯，波勒斯．基业长青．真如，译．北京：中信出版社，2002.
[36] 杨健．企业家的思维盛宴．北京：人民邮电出版社，2008.
[37] 芮明杰．产业经济学．上海：上海财经大学出版社，2005.
[38] 毛蕴诗．中国优秀企业成长与能力演进：基于案例的研究．北京：中国财政经济出版社，2005.
[39] 邵雨．管控力：面向目标的知性方法．北京：清华大学出版社，2008.
[40] 彭志强，刘燕，王湘云．卓越执行．2 版．北京：机械工业出版社，2007.
[41] 李维安，武立东．公司治理教程．上海：上海人民出版社，2003.
[42] 冯根福．双重委托代理理论与完善中国公司治理．经济研究，2004（12）.
[43] 席酉民，赵增耀．公司治理．北京：高等教育出版社，2004.
[44] 王文钦．公司治理结构之研究．北京：中国人民大学出版社，2005.
[45] 芮明杰．中国企业发展的战略选择．上海：复旦大学出版社，2000.
[46] 曾仕强．中国式的管理行为．北京：中国社会科学出版社，2005.
[47] 德鲁克．管理的实践．齐若兰，译．北京：机械工业出版社，2006.
[48] 王一，贾云广．战略管理工具箱．上海：上海远东出版社，2006.
[49] 包昌火，谢新洲．竞争对手分析．北京：华夏出版社，2003.
[50] 黄旭．战略管理：思维与要经．北京：机械工业出版社，2010.
[51] 李振福，孙忠．战略管理．北京：中国市场出版社，2010.
[52] 陈婷．基于纵向一体化战略转型的商业模式研究．北京：北京交通大学，2011.
[53] 徐国良，王进．企业管理案例精选精析．3 版．北京：中国社会科学出版社，2006.
[54] 戴斯，拉普金．战略管理．邱琼，刘辉锋，译．北京：中国财政经济出版社，2004.
[55] 汤姆森，斯迪克兰德．战略管理：概念与案例．段盛华，王智慧，译．北京：北京大学出版社，2000.
[56] 黎群，王莉．企业文化．2 版．北京：北京交通大学出版社，2012.
[57] 黎群，张文松，吕海军．战略管理．北京：北京交通大学出版社，2006.
[58] 钱德勒．战略与结构：美国工商企业成长的若干篇章．北京天则经济研究所，北京江南大慧经济研究有限公司选，译．昆明：云南人民出版社，2002.

[59] 希特，爱尔兰，霍斯基森．战略管理：竞争与全球化（概念）．焦豪，等译．11 版．北京：机械工业出版社，2016.
[60] 徐飞．战略管理．3 版．北京：中国人民大学出版社，2017.
[61] 徐大勇．企业战略管理，北京：清华大学出版社，2015.
[62] 王成．战略罗盘．北京：中信出版社，2014.
[63] 戴维．战略管理：概念与案例．13 版．北京：清华大学出版社，2013.
[64] 李维安，牛建波．CEO 公司治理．北京：北京大学出版社，2011.
[65] 徐飞，徐立敏．战略联盟理论研究综述．管理评论，2003（6）.
[66] 白长虹，刘春华．基于扎根理论的海尔、华为公司国际化战略案例相似性对比研究．科研管理，2014（3）.
[67] 汪建成．避免掉入国际化五大陷阱．北大商业评论，2016（2）.
[68] 唐兵，田留文，曹锦周．企业并购如何创造价值：基于东航和上航并购重组案例研究．管理世界，2012（11）.
[69] 支晓强，戴璐．组织间业绩评价的理论发展与平衡计分卡的改进：基于战略联盟情景．会计研究，2012（4）.
[70] 李维安，刘振杰，顾亮．董事会异质性、断裂带与跨国并购．管理科学，2014（7）.
[71] 陈仕华，姜广省，卢昌崇．董事联结、目标公司选择与并购绩效：基于并购双方之间信息不对称的研究视角．管理世界，2013（12）.
[72] 魏江，寿柯炎，冯军政．高管政治关联、市场发育程度与企业并购战略：中国高技术产业上市公司的实证研究．科学学研究，2013（6）.
[73] 陈仕华，卢昌崇，姜广省，等．国企高管政治晋升对企业并购行为的影响：基于企业成长压力理论的实证研究．管理世界，2015（9）.
[74] 李宁娟，高山行．环境扫描对探索式创新和新产品绩效影响的研究：被调节的中介效应．管理学报，2017（2）.
[75] 吴先明，苏志文．将跨国并购作为技术追赶的杠杆：动态能力视角．管理世界，2014（4）.
[76] 杨道广，张传财，陈汉文．内部控制、并购整合能力与并购业绩：来自我国上市公司的经验证据．审计研究，2014（3）.
[77] 王方华，吕巍．战略管理．2 版．北京：机械工业出版社，2013.
[78] 曹裕．企业战略管理．北京：清华大学出版社，2015.
[79] 马浩．战略管理：商业模式创新．北京：北京大学出版社，2015.
[80] 汤普森，彼德拉夫，甘布尔，等．战略管理：概念与案例．蓝海林，黄嫚丽，李卫宁，等译．19 版．北京：机械工业出版社，2015.
[81] AHUJAG, KATILA R. Where do resources come from? The role of idiosyncratic situations. Strategic Management Journal, 2004（25）: 887 - 907.
[82] AMBURGEY T L, KELLY D, BARNETT W P. Resetting the clock: the dynamics of organizational change and failure. Administrative Science Quarterly, 1993（38）: 51 - 73.
[83] AUDIA E A, SMITH K G, Locke P G. The paradox of success: an archival and a laboratory study of strategic persistence following radical environmental change. Acade-

my of Management Journal, 2000 (43): 537 - 553.
[84] BAIRD I S, SUDHARSAN D, THOMAS H. Addressing temporal change in strategic group analysis: a three-mode analysis approach. Journal of Management, 1988 (14): 425 - 439.
[85] BARNEY J. Firm resources and sustained competitive advantage. Journal of Management, 1991 (17): 99 - 120.
[86] BARR P S, STIMPERT J L, HUFF A S. Cognitive change, strategic action, and organizational renewal. Strategic Management Journal, 1992 (13): 15 - 36.
[87] BAUM J A, KORN H J. Dynamics of dyadic competitive interaction. Strategic Management Journal, 1999 (20): 251 - 278.
[88] BOEKER W. Strategic change: the effects of founding and history. Academy of Management Journal, 1989 (32): 489 - 515.
[89] BOHMAN H, LINDFORS M-B J. Management for change: on strategic change during recession. Journal of Business Research, 1998 (41): 57 - 70.
[90] BOISOT M, CHILD J. Organizations as adaptive systems in complex environments: the case of China. Organization Science, 1999 (10): 237 - 252.
[91] BOYER K K. Evolutionary patterns in flexible automation and performance: a longitudinal study. Management Science, 1999 (45): 824 - 842.
[92] BRANZEI O, VERTINSKY I. Strategic path ways to product innovation capabilities in SMEs. Journal of Business Venturing, 2006 (21): 75 - 105.
[93] BRUTON G D, AHLSTROM D, WAN J C. Turnaround in East Asian firms: evidence from ethnic overseas Chinese communities. Strategic Management Journal, 2003 (24): 519 - 540.
[94] CAPRON L, DUSSAUGE P, MITCHELL W. Resource redeployment following horizontal acquisitions in Europe and North America. Strategic Management Journal, 1998 (19): 631 - 661.
[95] COLLINS, JAMES C, PORRAS J I. Building your company's vision. Harvard Business Review, 1996, 74 (5) .
[96] COCKBURN I M, HENDERSON R M, STERN S. Untangling the origins of competitive advantage. Strategic Management Journal, 2000 (21): 1123 - 1145.
[97] COLLIS D J, MONTGOMERY C A. Corporate Strategy: a Resource-Based Approach. 北京：机械工业出版社，1998.
[98] BRIDGES F J, OLM K W. Business policy: cases, incidents and readings. Allyn and Bacon, Inc, 1966.
[99] GALBREATH, JEREMY. Twenty-first century management rules: the management of relationship as intangible assets. Management Decision, 2002, 40 (2) .
[100] HAGEDOORN J, SADOWSKI B. The transition from strategic technology alliances mergers and acquisitions: an exploratory study. Journal of Management Studies, 1999 (36): 87 - 105.

[101] HITT M A, BOYD B, LI D. The state of strategic management research and vision of the future//KETCHEN D J, BERGH D D. Research Methodology in Strategy and Management. Greenwich, CT: JAI Press, 2004: 1-31.

[102] KETCHEN D J, SNOW C C, HOOVER V L. Research on competitive dynamics: recent accomplishments and future challenges. Journal of Management, 2004 (30): 779-804.

[103] LEE R P, GREWAL R. Strategic responses to new technologies and their impact on firm performance. Journal of Marketing, 2004 (68): 157-171.

[104] PARK, S, BAE Z T. New venture strategies in a developing country: identifying a typology and examining growth patterns through case studies. Journal of Business Venturing, 2004 (19): 81-105.

[105] PRAHALAD C K, HAMEL GARY. The core competence of the corporation. Harvard Business Review, 1990.

[106] THOMPSON A A, STRICKLAND III A J, GAMBLE J E. Crafting and executing strategy: the quest for competitive strategy: concepts and cases. New York: McGraw Hill Companies, 2005.

